Gerd Habermann | Marcel Studer (Hg.)
Der Liberalismus – eine zeitlose Idee

Festschrift für
Gerhard Schwarz
zum 60. Geburtstag

Gerd Habermann | Marcel Studer (Hg.)

Der Liberalismus – eine zeitlose Idee

Nationale, europäische und globale Perspektiven

OLZOG

Bibliographische Information der Deutschen Nationalbibliothek
Die Deutsche Nationalbibliothek verzeichnet diese Publikation in der
Deutschen Nationalbibliographie; detaillierte bibliographische Daten
sind im Internet über http://dnb.d-nb.de abrufbar.

ISBN 978-3-7892-8221-8

© 2011 Olzog Verlag GmbH, München
Internet: http://www.olzog.de

Titelbild/Bildnachweis:
Titelseite der Erstausgabe der Neuen Zürcher Zeitung von 1780
Freiheitsstatue: © istockphoto/Nancy Nehring
Eugène Delacroix: Studie zum Bild „Die Freiheit führt das Volk an" (1830)
http://www.zeno.org – Zenodot Verlagsgesellschaft

Alle Rechte, insbesondere das Recht der Vervielfältigung und
Verbreitung sowie der Übersetzung, vorbehalten. Kein Teil des Werkes
darf in irgendeiner Form (durch Fotokopie, Mikrofilm oder ein anderes Verfahren)
ohne schriftliche Genehmigung des Verlages reproduziert oder unter
Verwendung elektronischer Systeme gespeichert, verarbeitet, vervielfältigt
oder verbreitet werden.

Umschlagentwurf: Atelier Versen, Bad Aibling
Satz: EDV-Fotosatz Huber/Verlagsservice G. Pfeifer, Germering
Druck- und Bindearbeiten: CPI – Ebner & Spiegel, Ulm
Printed in Germany

Inhalt

Vorwort der Herausgeber... 9

I. Die Schweiz als Hort des Liberalismus.................... 11

Roger Köppel
David gegen Goliath... 13

Gerd Habermann
Über den komparativen Vorteil der Schweiz –
Bemerkungen eines deutschen Liberalen...................... 21

Christoph Blocher
Bedrohung des Liberalismus durch die EU
und das Abseitsstehen der Schweiz............................ 37

II. Der Liberalismus – eine zeitlose Idee..................... 49

Václav Klaus
Die schwierigen Zeiten der Liberalen.......................... 51

Detmar Doering
Fruchtbarer oder unfruchtbarer Wettbewerb?................ 69

Gerd Habermann
Der Liberalismus und die Frauen............................... 83

Silvio Borner
Geständnis eines (Neo-) Liberalen.............................. 93

Viktor J. Vanberg
Neurowissenschaft, Verantwortung
und die Verfassung der Freiheit................................. 99

Anthony de Jasay
On Rightsism 119

Hardy Bouillon
Vorgeschützter Schutz. Anmerkungen zum
Sprach- und Bedeutungswandel des Schutzbegriffs 131

III. Die Marktwirtschaft – Leistung und Grenzen 145

Peter Ruch
Marktwirtschaft und Werte 147

Alfred Schüller
Wilhelm Röpkes „Wirtschaftshumanismus" und die Krise
des modernen Wohlfahrtsstaates 159

Franz Jaeger
Marktversagen – gibt's das überhaupt? 191

Konrad Hummler
Von der Gier zum Anstand 205

Robert Nef
Gold, Geld und Glück 223

Necla Kelek
Freiheit und Verantwortung – muslimisches Leben in Europa 231

IV. Die EU als ordnungspolitisches Problem 243

Charles B. Blankart
Macht ohne Verantwortung in der Eurozone 245

Beat Gygi
Immer wieder lockt das Mitreden 263

Eric Honegger
Subsidiarität als politisches Gestaltungsmittel
in der EU und in der Schweiz.............................. 273

Roland Vaubel
Aufstieg und Fall des sogenannten Stabilitäts-
und Wachstumspakts...................................... 283

V. Zur Geld- und Finanzpolitik 295

Ernst Baltensperger
Geld als Ausdruck nationaler Souveränität 297

Klaus-Werner Schatz
Die Gefährdung der freiheitlichen Wirtschaftsordnung
durch die Geldpolitik..................................... 313

Thomas Straubhaar
Wege aus dem Staatsinterventionismus 325

VI. Kapitalismus und Globalisierung 339

Otto Graf Lambsdorff (†)
Mit Hartnäckigkeit für die richtige Sache!.................. 341

Erich Weede
Kapitalistischer Frieden statt demokratischer Kreuzzüge 347

Urs Schöttli
Die Marktwirtschaft und Asiens Renaissance................. 367

Bruno S. Frey
Alternativen zum Weltstaat 381

VII. Zur Zukunft des Liberalismus und des Kleinstaates 393

HANS-OLAF HENKEL
Wir brauchen eine retroliberale Wende 395

KAREN HORN
Die Freiheit und der Staat 407

HANS JÖRG HENNECKE
„Was mit dem Ganzen zu geschehen hat,
ergibt sich aus der Anlage des Einzelnen".
Zur politischen Philosophie des Dezentrismus 423

ERBPRINZ ALOIS VON UND ZU LIECHTENSTEIN
Zukunftschancen von Kleinstaaten......................... 441

VIII. Zum Schluss – Ein Gruß von den Vorarlberger Freunden .. 451

IX. Anhang 455

Gerhard Schwarz – zur Person und zum Werk................ 457

Übersicht der Autoren 459

Vorwort der Herausgeber

Wir freuen uns, Gerhard Schwarz zu seinem 60. Geburtstag diese umfangreiche Festschrift überreichen zu können – ein stattlich gewordenes Buch mit Beiträgen, die vor allem durch das Band freiheitlichen Denkens zusammengehalten werden. Die weit gespannten Interessen von Gerhard Schwarz spiegeln sich in der Zahl und Art seiner Freunde und Verehrer, die zu dem Buch beigetragen haben, wider. Es sind im Wesentlichen drei Gruppen: die liberalen Politiker, wie Václav Klaus, Christoph Blocher oder der verstorbene Graf Lambsdorff, die liberalen Publizisten wie Roger Köppel, Robert Nef und Beat Gygi und die liberalen Wissenschaftler wie Erich Weede, Charles B. Blankart, Roland Vaubel oder Alfred Schüller.

Ausgehend von der Schweiz als liberalem Sonder- und Glücksfall reicht das Buch über die zeitlosen liberalen Ideen und Werte des Liberalismus bis hin zu den „Fronten der Freiheit" im gegenwärtigen Europa und in der Welt.

Gerhard Schwarz ist ein dezidiert nicht-„wertfreier", also ein bekennender und streitbarer Liberaler, wenn auch ohne dogmatische Verhärtung. Seine eigene liberale Position zeigt etliche Facetten: Man wird Friedrich August von Hayek wiederfinden und ebenso Wilhelm Röpke, den er immer besonders geschätzt hat, dazu kommt der starke Einfluss des Ordoliberalismus der Freiburger Schule.

Die Bibliografie von Gerhard Schwarz legt Zeugnis ab von seiner hohen wissenschaftlichen Kompetenz und von seiner Fähigkeit, den Liberalismus zu einer originellen und ganz persönlichen Synthese weiterzuentwickeln: als Freund des Föderalismus, noch mehr der Gemeindeautonomie und des Kleinstaates sowie als Verteidiger der direkten Demokratie nach dem Muster der Schweiz.

Die besondere Leistung von Gerhard Schwarz als Publizist dürfte wohl darin liegen, dass er wie kaum ein anderer im deutschsprachigen Raum mit seinen Beiträgen in der Neuen Zürcher Zeitung eine große und bedeutsame Leserschaft erreicht hat. Alle diese Artikel mit dem bekannten Kürzel „G.S." legten mit der ihm eigenen Unbestechlichkeit seinen liberalen Maßstab an politische und wirtschaftliche Entwicklungen. Auch und gerade deshalb ist sein geistiger Einfluss so bedeutend und geht weit über die Grenzen der Schweiz hinaus.

Nachdem man Gerhard Schwarz so viele Jahre als Leitartikler und Kommentator in der Neuen Zürcher Zeitung finden konnte, ist er nun Direktor von Avenir Suisse, einem Schweizerischen Thinktank, der ebenfalls liberale Signale aussendet.

Die Zahl seiner Ehrungen und Ämter zeigt das Maß der Anerkennung, das Gerhard Schwarz bereits mit sechzig Jahren gefunden hat. Hinzu gesellt sich nun dieser Festband mit Beiträgen von neunundzwanzig Autoren, von Freunden, Kollegen, Wegbegleitern.

Wir danken Esther Schönbucher, Zürich, für ihre Hilfe bei der Aufbereitung der Manuskripte und für die Besorgung der Korrespondenz zwischen Herausgebern und Autoren. Ein herzliches Dankeschön geht auch an Herrn Rudolf Syz, Arisdorf (Schweiz), für seinen großzügigen Beitrag an den Kosten der Festschrift.

Die Herausgeber wünschen Gerhard Schwarz bleibende Ausdauer und freudige Kraft in dem sich verschärfenden Kampf um die Selbstbehauptung einer liberalen Schweiz in einem möglichst „nonzentralen" Europa.

Berlin, im März 2011

Prof. Dr. Gerd Habermann
Vorsitzender der Friedrich
August von Hayek-Stiftung
für eine freie Gesellschaft

Zürich, im März 2011

Dr. Marcel Studer
Präsident der Progress Foundation

I.
Die Schweiz als Hort des Liberalismus

ROGER KÖPPEL

David gegen Goliath

Underdogs können überlegene Gegner besiegen. Wenn sie die Regeln brechen und härter arbeiten. Die biblische Geschichte von *David und Goliath* ist ein Lehrstück für die heutige, freiheitliche Schweiz.

Eigentlich ist es ein Rätsel, warum die Schweiz so reich und so erfolgreich wurde. Das Land hat keine Bodenschätze. Das Gelände ist an manchen Orten unzugänglich. Dünn besiedelt, mangelte es über die Jahrhunderte an guten Arbeitskräften. Da es gleichzeitig zu wenig Arbeit gab, waren die Einheimischen gezwungen, ihr Glück im Ausland, manchmal sogar auf fernen Kontinenten, zu suchen. An den Grenzen standen übermächtige Armeen. Die kurzlebigen europäischen Großmachtträume der Eidgenossen zerstoben nach der vernichtenden Niederlage ihrer Truppen bei Marignano (1515). Dennoch gelang der Aufstieg zu einer der größten Wirtschaftsmächte des Planeten, zum beneideten Erfolgsmodell, das sich heute wieder einmal unter ausländischem Druck befindet. Wie war es möglich, dass eine Art Steinhaufen im Zentrum des Kontinents eine derartige Karriere hinlegen konnte?

Griechische Hopliten und Beduinenhorden

„Wie David Goliath schlägt – Wenn Underdogs die Regeln brechen"[1], lautet der Titel eines hochinteressanten Artikels, den der amerikanische Bestsellerautor und Wissenschaftsjournalist Malcolm Gladwell kürzlich in der Zeitschrift The New Yorker publizierte. Gladwell ist ein glanzvoller Reporter und ein origineller Denker, der sich in aufsehenerregenden Texten mit dem Phänomen des Erfolgs beschäftigt. In einer seiner frühesten Reportagen für das Wochenblatt ging Gladwell der Frage nach, warum schwarze US-Sportler in der Regel besser sind als weiße. Den Historiker interessierten weniger soziologische Hintergründe als genetische, und er

---

1 Malcom Gladwell, How David Beats Goliath – When Underdogs Break The Rules, in: The New Yorker, 11.05.2009.

kam zum überraschenden Befund, dass bestimmte Talente, unter anderem athletische, bei Schwarzen statistisch gesehen viel dichter vorhanden sind als bei Weißen, bei denen allerdings der Begabungsdurchschnitt höher liegt. Den internationalen Durchbruch schaffte Gladwell mit seinem Buch „The Tipping Point" (2002). Hier zeigte er anhand von intellektuell erfrischenden Analogien, dass sich Trends bei Produkten, Musikstilen oder politischen Ideen nach dem Muster von Epidemien ausbreiten.

In seiner jüngsten Studie für den New Yorker versucht Gladwell einem der rätselhaftesten Erfolgsgeheimnisse auf die Spur zu kommen. Wie ist es möglich, dass krass unterlegene Parteien weit stärkere Gegner besiegen können? Was genau ist ausschlaggebend, wenn der Außenseiter den Favoriten schlagen will? Wie können sich Kleinstaaten gegen Großmächte behaupten? Die Geschichte kennt zahllose Beispiele: Den antiken griechischen Hopliten-Verbänden gelang es in mehreren Gefechten, die numerisch deutlich überlegenen Perser zu vernichten. Der britische Geheimagent und Schriftsteller T. E. Lawrence alias Lawrence von Arabien führte einen wilden Haufen Kamel reitender Beduinen gegen eine massiv überlegene ottomanische Streitmacht zum Erfolg. In Vietnam schafften es die schlecht ausgerüsteten Dschungelarmeen des legendären Generals Vo Nguyen Giap, die französischen Kolonialtruppen derart zu zermürben, dass die Vietminh-Soldaten sogar in der offenen Feldschlacht von Dien Bien Phu (1954) einen überraschenden Großtriumph erzielen konnten. Ein Vierteljahrhundert später jagten die zähen Gebirgsbrigaden der Mudschaheddin nach entbehrungsreichen Abnützungskämpfen die ruhmreiche sowjetische Armee aus Afghanistan. Goliath verzog sich geschlagen und gedemütigt nach Hause.

Wie Michael Chang Lendl austrickste

Auch in der Welt des Sports gibt es immer wieder glorreiche Beispiele jubelnder Außenseiter. Kürzlich jährte sich zum zwanzigsten Mal der absonderliche Finalsieg des damals siebzehnjährigen Michael Chang gegen die unschlagbare tschechische Tennismaschine Ivan Lendl in Roland Garros nach fünf Sätzen. Der kleingewachsene Chinesisch-Amerikaner Chang narrte die damalige Weltnummer eins mit einer an Selbstzerstörung grenzenden Laufarbeit und einem an Hobbyfederball erinnernden Anfängeraufschlag. Lendl knickte psychisch ein. Im Eishockey ist der Goldmedaillengewinn einer bunt zusammengewürfelten US-Truppe gegen den Serienweltmeister UdSSR 1980 in Lake Placid erwähnenswert. Die Russen verfügten über die erfahrenste und beste Mannschaft der Welt, eine hochdekorierte Kufen-Aristokratie, die von den unbeirrbar hobelnden und hebelnden Allerweltsamerikanern vom Eis gepflügt wurde.

Interessanterweise hat sich auch Gladwell in seinem Aufsatz an einem sportlichen Vorbild orientiert. Er untersucht eine amerikanische Juniorinnen-Basketballmannschaft, die aus technisch mittelmäßigen, eher kleingewachsenen Spielerinnen besteht und dennoch ihre viel stärkeren und größeren Gegnerinnen serienweise schlägt. Wie ist das möglich?

Zunächst: Außenseitererfolge sind in der Weltgeschichte keine Rarität. Der von Gladwell zitierte Politologe Ivan Arreguin-Toft erforschte alle Kriege der letzten 200 Jahre, in denen sich stark unterlegene und entsprechend deutlich überlegene Parteien gegenüberstanden. Der Wissenschaftler fand heraus, dass die Favoriten in 71,5 Prozent der Fälle siegreich waren. Immerhin fast jedes dritte Mal gewannen die Schwächeren. Dieser Wert ist insofern beachtlich, als Arreguin-Toft ein Stärkeverhältnis von 10:1 zugrunde legte, was militärische Mittel und Bevölkerungszahl betraf. Selbst gegen solche Widrigkeiten erwiesen sich die Außenseiter keineswegs als chancenlos.

Gezielter Schuss auf die Stirn

Noch interessanter wird es, wenn man sich etwas enger an das biblische Gleichnis von David und Goliath hält. Die Erzählung handelt vom israelischen Hirtenjüngling David, der zur allgemeinen Verblüffung den mächtigen Dreimeterkrieger Goliath erschlägt. Ursprünglich hätte David mit Schwert und Brustpanzer nach althergebrachter Regel gegen den überlegenen Giganten antreten sollen. Doch der schlaue Außenseiter verzichtete darauf, legte seine Rüstung, in der er sich kaum bewegen konnte, ab, fischte fünf Kieselsteine aus dem Bach und erledigte den Riesen nach einem gezielten Schuss mit seiner Schleuder. Mit anderen Worten: David war sich seiner Schwächen bewusst, passte die Taktik an und überrumpelte den Feind.

Der Politologe Arreguin-Toft überprüfte mit diesem Bild vor Augen seine Daten und ermittelte eine neue Erfolgsquote. Sie stieg von 28,5 auf 63,6 Prozent. Wenn sich die auf dem Papier schwächere Partei, so der Wissenschaftler, nicht an die Regeln der stärkeren hält, gewinnt sie meistens.

Wie aber muss der Unterlegene kämpfen, um den Stärkeren zu besiegen? Gladwell greift zur Illustration wieder auf David und Goliath zurück. Der leicht bekleidete Hirte schlug den schwer bewaffneten Giganten, weil er das Tempo erhöhte und ihm einen anderen Rhythmus aufzwang. „Als Goliath sich in Bewegung setzte und auf David losstürzen wollte, lief auch David ihm entgegen. Im Laufen nahm er einen Stein aus der Tasche, legte ihn in die Steinschleuder und schleuderte ihn mit aller Wucht gegen den Feind. Der Stein traf Goliath und bohrte sich tief in seine Stirn." Entschlossenheit, mehr Laufarbeit, ein Blick für eigene und gegnerische Schwächen brachten den Erfolg. David setzte den Riesen unter Druck, indem er von sich aus das Tempo verschärfte. Durch Anstrengung machte er seine Unzulänglichkeiten wett.

Schwächen zu Stärken machen

In diesem Urmuster erkennt Gladwell die Erfolgsstrategien der Außenseiter. In faszinierenden Exkursen legt er dar, wie Lawrence von Arabien seine Beduinenhorden gegen die Türken einsetzte. Lawrence mied die offene Schlacht, stattdessen konzentrierte er sich asymmetrisch auf die Schwächen der Feinde, die er an ihren Versorgungs- und Transportrouten empfindlich traf, den Druck immer aufrechterhaltend. Der Meisterstreich gelang ihm in der Schlacht von Akaba. Statt übers Meer anzugreifen, was die Türken erwartet hatten, kam Lawrence nach einem kräftezehrenden Gewaltritt aus der Wüste. Die Türken hatten es schlicht für unmöglich gehalten, dass die Beduinen so verrückt sein würden, sich diesen Strapazen auszusetzen. Die 700 Lawrence-Reiter töteten rund 1200 perplexe Ottomanen und verloren selber nur zwei Mann. Indem sich der Brite den Spielregeln der Feinde entzog und indem er seine Schwächen durch extremen Einsatz kompensierte, schaffte er den für unmöglich gehaltenen Erfolg.

Gladwells zentrales und schönstes Beispiel aber sind die von ihm untersuchten Basketball-Juniorinnen von Redwood City. Wie konnten kleinere, technisch weniger versierte Spielerinnen gegen technisch bessere, größer gewachsene Gegnerinnen gewinnen? Das David-Prinzip half auch hier. Normalerweise wird Basketball wie Handball gespielt. Eine Mannschaft greift an, die andere verteidigt. Das Mittelfeld wird den Angreifern fast kampflos überlassen. Die Verteidiger mauern und lauern unter dem eigenen Korb auf Konter. Was aber machten die Redwood-

Juniorinnen? Ihr Coach schärfte ihnen ein aggressives Full-Court Pressing ein, eine Art Manndeckung übers ganze Spielfeld. Statt hinter der Mittellinie zu warten, störten die Redwood-Mädchen ihre Gegnerinnen mit rotierenden, abfangbereiten Armen bereits an deren Grundlinie. Das zerstörerische Forechecking erwies sich als äußerst erfolgreich, aber anstrengend. Die Mädchen rannten doppelt so viel wie ihre begabteren Rivalinnen. Als krasser Außenseiter stieß Redwood City bis in das Final vor, wo allerdings der Schiedsrichter die unkonventionelle, von den besiegten Favoriten als „unfair" gescholtene Taktik mit einer bemerkenswert hohen Zahl an Foulpfiffen ahndete.

David braucht eine dicke Haut

Das ist die dritte Lektion des David-gegen-Goliath-Prinzips. Die Außenseiter müssen sich nicht nur ihren eigenen Schwächen stellen und ihre Handicaps durch extremen Mehreinsatz überwinden. Sie haben sich darüber hinaus auch auf harte Kritik und Anfeindungen gefasst zu machen. Wer das Establishment der Goliaths durch originelle Taktiken und Einsatz herausfordert, wird als Sonderling und Regelbrecher verfemt. Es ist verständlich, dass der biblische Riese es gar nicht lustig findet, wenn sich David nicht an die Gepflogenheiten hält, die bisher dafür gesorgt haben, dass als Sieger immer Goliath vom Platz ging. David schleuderte den Kieselstein. Lawrence von Arabien fiel den Türken in den Rücken. Die Basketballerinnen von Redwood nahmen mit einer nicht sonderlich eleganten, weithin kritisierten, aber wirksamen Taktik die favorisierten Kombinations- und Weitwurfkünstlerinnen auseinander. Aus den Beispielen wird klar, warum das David-Prinzip trotz nachweisbarer Erfolge nicht oft angewendet wird: Es ist anstrengend und schadet dem eigenen Sozialprestige. Der Außenseiter bezahlt seine Erfolge mit der Ächtung und Verachtung durch die Elite. Meistens wird er auch noch ausgelacht.

Schweiz unterwirft sich Goliath

Gladwell erwähnt die Schweiz mit keinem Wort, aber die Muster werden sichtbar. Die Schweiz hat ihre Nachteile oft und traditionsgemäß in Stärken umgeschmiedet. Sie hatte die Kraft, die damit verbundenen Entbehrungen und Beleidigungen auszuhalten. Statt unter dem Joch benachbarter Großmächte, aber in angenehmen Bedingungen zu leben, zogen sich die Ur-Eidgenossen in die Berge zurück, wo sie härter arbeiten mussten, aber dafür frei von fremder Herrschaft blieben. Wirtschaftlich gesehen, fuhren die Schweizer davideske Nischenstrategien. Statt auf hochgerüstete Goliath-Organisationen setzten sie auf Flexibilität und Beweglichkeit. Solange sie keine wettbewerbsfähigen Produkte verkaufen konnten, exportierten sie sich selber als Söldner und Unternehmer. Später stießen sie mit ihrer Wirtschaft in Lücken vor, für die sich andere aus Bequemlichkeit, Überheblichkeit oder aus einem Mangel an entsprechenden Gesetzen zu schade waren. Insgesamt ist die Schweiz geradezu ein Inbild des Gladwellschen David-Prinzips, indem sie als Kleinstaat unter Großmächten eben bewusst darauf setzte, anders zu sein und härter dafür zu arbeiten. In den Worten des früheren FDP-Nationalrats und Unternehmers Ulrich Bremi: „Die Schweizer stehen früher auf und bleiben länger im Büro."

Natürlich machte sich die Schweiz durch ihren Eigensinn oftmals unbeliebt. Ihre Selbstbehauptungstechniken fanden selten Anklang bei den benachbarten Oberschichten. Als ein österreichisches Ritterheer 1315 am Morgarten vorbeikam, trat ihm keine geordnete Formation entgegen. Stattdessen wurden aus den Wäldern Felsbrocken und Baumstämme heruntergerollt. Die Adeligen empfanden den barbarischen Angriff der Eidgenossen als weit unter ihrer Ehre, doch am Ende mussten sie sich geschlagen geben. Die Methoden haben sich geändert, aber die Konflikte sind geblieben. Die Schweiz hielt sich wie der biblische Jüngling nicht immer an die von den Goliaths gesetzten Regeln. Bis heute bleibt ihre freiheitliche Rechtsordnung im europäischen Umland deshalb eine Provokation. Die Schweiz hat niedrigere Steuern, mehr demokratische Mitsprache, also mehr Freiheit, und weniger Staat. Was die EU als „unfair", „populistisch" oder als „Rosinenpickerei" beschimpft, erinnert an den brüllenden Goliath der Bibel, als er den nur mit Stock und Schleuder bewaffneten David im Namen sämtlicher Götter verflucht: „Bin ich denn ein Hund, dass du mir nur mit einem Stock entgegenkommst? Komm nur her, ich werde dein Fleisch den Geiern und den wilden Tieren zu fressen geben." David ließ sich nicht beirren.

Wie das erfolgreiche Mädchenteam bei Gladwell, der überraschende Meisterstratege Lawrence oder das Bauernheer am Morgarten zieht der erfolgreiche Kleinstaat Schweiz gerade heute viel Kritik auf sich. Was ihn zur Provokation macht, ist seine politische Verfassung, deren zentraler Leitwert die Freiheit ist oder, da auch die real existierende Schweiz in diesem Bereich sündigt, sein sollte. Wenn man die überlegene Konkurrenz übertrumpft, schlägt sie beleidigt und aggressiv zurück. Ist es wirklich so abwegig, die europäischen Finanzminister mit dem biblischen Riesen zu vergleichen, der sich darüber ärgert, dass sich David nicht an die von Goliath gewünschten Regeln hält? Wie Goliath seinem Gegner die Rüstung und den konventionellen Schwertkampf aufzwingen will, möchten die europäischen Nachbarn die Schweiz zur Übernahme der von ihnen gewollten Gesetze nötigen. Es ist verständlich, dass Goliath das beabsichtigt. Wenn die Welt nach seinen Regeln spielt, gewinnt immer Goliath. Ob aber Goliath gewinnt, hängt wiederum davon ab, ob David beschließt, sich Goliaths Regeln zu unterwerfen.

Freiheit aus den Bergen

Es ist nicht der Fehler der Schweiz, dass sie politisch attraktiv ist. Ihre Eigenschaften haben über die Jahrhunderte hinweg große Anziehungskraft ausgeübt bis heute. Die Schweiz hat die weltweit freiheitlichste Ordnung. Ihre politische Kultur, ihre Verfassung ist geprägt vom renitenten Geist der Bergler, die ein freies, aber anstrengendes Leben in den unwirtlichen Höhen der Alpen dem bequemeren, aber unfreien Dasein im Flachland vorzogen. Es ist interessant, dass in der Folge die Bauern und die Städte gemeinsam dafür sorgten, dass die Schweiz nicht von Adeligen oder von Königen regiert wurde. Das bäuerliche Element ist in der Schweiz entscheidend dafür, dass sich die Demokratie als Staatsform des institutionalisierten Misstrauens gegen den Staat herausbildete. Direkte Demokratie, Föderalismus und Neutralität sind darauf angelegt, die Macht des Staates zu brechen und die Freiheit und die Eigenverantwortung der Bürger zu stärken. Das freiheitliche Verfassungsmodell der Schweiz ist für die Schweizer anstrengend, doch es produziert gute Resultate: Die Schweiz hat dank ihrem System einen relativ schlanken Staat, vergleichsweise maßvolle Steuern, und dank ihrer außenpolitischen Doktrin des Stillsitzens bietet sie den aus der Schweiz heraus operierenden Unternehmern größere Spielräume, als es der Fall wäre, wenn die Schweiz Zwangssolidarität innerhalb von politischen Bündnissen pflegen müsste. Botschafter Paul Widmer brachte es sinngemäß einst so auf den Punkt: Ist die Schweiz nicht mehr freier als alle anderen Länder, braucht es sie nicht mehr.

Hohn und Spott

Es gibt nicht viele Davids. Meistens gehen die Kleinen, Schwächeren den bequemeren Weg und damit unter. Der von Gladwell zitierte Politologe Arreguin-Toft stellte fest, dass die Underdogs zwar meistens gewinnen, wenn sie sich wie David verhalten. Nur seien die wenigsten bereit, das anstrengende David-Prinzip auch anzuwenden. Arreguin-Toft erforschte 200 ungleiche Konflikte. 152 Mal kämpften die Kleinen wie von den Goliaths gewünscht auf konventionelle Weise. Davon verloren sie 119 Mal. Hätten sie den Mut gehabt, die eigenen Stärken in den Vordergrund zu stellen, die Entbehrungen und den Spott zu ertragen, wäre die Quote anders ausgefallen. Anpassung an Goliath oder Widerstand nach dem David-Prinzip? Die Schweiz kämpfte in letzter Zeit nach der ersten Methode, obschon historische Erfahrungen und Statistiken das Gegenteil belegen.

GERD HABERMANN

Über den komparativen Vorteil der Schweiz – Bemerkungen eines deutschen Liberalen

Gerhard Schwarz ist als selbstbewusster Schweizer Bürger konsequenter Anhänger des liberal-nonzentralen „Sonderfalls" Kleinstaat Schweiz. Gewiss: Jede Nation hat etwas Besonderes, ist als „Kollektiv-Individuum" ein „Sonderfall". Deutschland nicht weniger als Russland, die USA oder China – mit ihrer je besonderen Geschichte und ihren institutionellen und mentalen Eigenheiten. Die Schweiz repräsentiert – das ist *ihre* Besonderheit – eine eindrucksvolle institutionelle Verkörperung des liberalen Wertekanons: Macht- und Staatsskepsis, Eigentum, Bürgerlichkeit und ein durch Erfahrung bewährter Glauben an die Produktivität des Wettbewerbs durch Vielfalt, kurz die „drei S" im Sinne von Peter Blickle – Selbstbestimmung, Selbsthilfe, Selbstverantwortung. Dies ist im Wettbewerb der Nationen auch gleichzeitig ihr komparativer Vorteil. Der kleine Beitrag zu dieser Festschrift aus Sicht eines deutschen Liberalen, dessen Nation in der jüngeren Geschichte zum Experimentierfeld ganz andersartiger Institutionen und Werte geworden ist, möchte dies deutlich machen.

Mit Verwunderung registriert ein liberaler Beobachter aus Deutschland, dass viele Schweizer dessen nicht mehr innewerden, was ein Nicht-Schweizer leicht als komparativen Vorteil der Schweiz im Wettbewerb der Nationen erkennt.

Während z. B. in Deutschland die Debatte um die Einführung oder Vertiefung von Direktdemokratie auf allen politischen Ebenen an Fahrt gewinnt, der Wiederherstellung des Wettbewerbsföderalismus und stärkerer kommunaler Autonomie das Wort geredet wird und der Widerstand gegen das zentralistisch-bürokratische „Europamodell", namentlich im Angesicht der Euro-Krise, zunimmt, geht die Debatte in der Schweiz vielfach gerade in die entgegengesetzte Richtung – ja manchmal hört man in den letzten Jahren die Frage, ob die Schweiz als Willensnation überleben könne oder sich nicht in ihre Regionen unter allenfalls dem Dach der Brüsseler Bürokratie auflöse, ja ob dies nicht wünschenswert sei.[1] Vielleicht ist es gerade der Erfolg eines jahrhundertlangen Experiments, zudem wohl ein Missverständnis von „Globalisierung", der diesen Überdruss mancher Schweizer an ihrer Eigenstaatlichkeit und politischen Selbstbestimmung herbeiführt. Hinzu kommt vielleicht die Sehnsucht, einem großen Imperium anzugehören und dadurch mehr zu gelten als im, wie man wohl meint, „hinterwäldlerischen" Kleinstaat. Schon Gottfried Keller war gelegentlich nicht frei von dem Bedürfnis, die Schweiz in einem größeren Ganzen – damals dem Deutschen Reich – aufgehen zu sehen. Jakob Burckhardt bemerkte zu jener Zeit: „Das kleinstaatliche Dasein wird wie eine bisherige Schande perhorresziert; alle Tätigkeiten für dasselbe genügt den treibenden Individuen nicht; man will nur zu etwas Großem gehören und verrät damit deutlich, dass die Macht das erste, die Kultur höchstens ein ganz sekundäres Ziel ist. Ganz besonders will man den Gesamtwillen nach außen geltend machen, anderen Völkern zum Trotz."[2]

Wo liegt der Wettbewerbsvorteil der Schweiz?

Worin, sei darum einmal gefragt, liegen die komparativen Vorteile der Schweiz, um den sie jeder großstaatliche Nachbar beneiden muss, ihr Wettbewerbsvorteil in den Augen eines liberal-kosmopolitischen wie patriotischen Deutschen?

Zunächst falsifiziert die Schweiz die „Ökonomie der Größe" in der Politik. Ihre Kleinheit ist relativ erfolgreicher als die Größe ihrer „großen" Nachbarn. Dies belegen ihre konstant vorzüglichen Plätze in internationalen Standort- und Freiheitsvergleichen, die Zahl ihrer Nobelpreisträger, die Qualität ihrer Wissenschaftler, Unternehmer, Künstler und Dichter.

„Die Kleinheit des Schweizerischen Staatsgebietes wird wettgemacht durch den Reichtum der Lebensformen, der sich aus dem Austausch der geistigen Werte von drei Kulturnationen, in ihrer schweizerischen Umprägung, ergibt."[3]

---

1 Z. B. Dreifuss 1991; als Antithese dazu aktuell: Tito Tettamanti 2010 und die Beiträge von Koeppel, Gygi, Blankart und Blocher in diesem Band.
2 Burckhardt 1963, S. 97.
3 Fleiner 1923, S. 29.

Es fällt auf, dass der Kleinstaat Schweiz und sogar City-States wie Hongkong oder Singapur bei den entscheidenden Werten von Freiheit und „evolutorischer Effizienz" im internationalen Vergleich an der Spitze stehen. Wenn die USA in dieser Hinsicht trotz Finanzkrise ebenfalls immer noch einen Spitzenplatz einnehmen, so vielleicht nur deswegen, weil sie ihrerseits in sich weitestgehend dezentralisiert sind, eine Verbindung von Klein-, Mittel- und Groß-Staaten mit starker kommunaler Autonomie darstellen.[4] Es ist darum wohl kein Zufall, dass gerade ein Schweizer, Jean-Jaques Rousseau, als erster nach Aristoteles eine Theorie der optimalen politischen Betriebsgröße aufgestellt hat und dass ihm ein anderer bekannter Schweizer – Benjamin Constant – darin folgte. „In jedem Staatskörper gibt es ein Maximum an Stärke, das er nicht überschreiten könnte, und von dem er sich oft durch seine Vergrößerung entfernt."[5] So schreibt Rousseau, den wir in anderer Hinsicht nicht loben wollen. Je mehr sich das gesellschaftliche Band ausweite, desto mehr lockere es sich. Im Allgemeinen sei ein kleiner Staat verhältnismäßig stärker als ein großer. Dies sogar in dem Fall, dass er, wie bei der Schweiz, in sich von größter Heterogenität ist. Rousseau belegt diese Behauptung u. a. mit folgenden Überlegungen: Die Verwaltung wird über große Entfernungen mühsamer, auch wird sie in dem Maße lästiger, als sich die Verwaltungsinstanzen vermehren. Jede Instanz müsse bezahlt werden und am teuersten sei die höchste: „Zuletzt kommt die Verwaltungsspitze, die alles erdrückt." Die Regierung habe weniger Schwung und Schnelligkeit, um den Gesetzen Achtung zu verschaffen, Missbräuche abzustellen oder Schikanen zu verhindern. Ferner habe das Volk hier wenig Anhänglichkeit an seine Führer, die es nie sehe, an ein Vaterland, das es nicht übersehen könne, und an seine Mitbürger, deren Mehrzahl einander Fremde sind. Auch passten gleiche Gesetze nicht zu Provinzen, die in verschiedenen geografischen und kulturellen Verhältnissen lebten. Unterschiedliche Gesetze aber würden unter Völkern mit derselben Obrigkeit und in

---

4 Vgl. eine nachdenkliche Bemerkung von Werner Kaegi 1946, S. 80: „Der Großstaat ist wohl fähig, den kleinen Nachbarn zu vernichten. Stirbt aber der Kleinstaat in ihm selbst, stirbt in ihm die Familie und die Gemeinde, dann ist im Gewebe seines eigenen Lebens eine Krankheit ausgebrochen, die noch immer tödlichen Ausgang nahm."
5 Rousseau 1961, Kapitel IX und X.

dauernder Verbindung Unruhe und Verwirrung bringen. Schließlich würden die Verwaltungsleiter von Geschäften erdrückt und sähen nichts mit eigenen Augen. „Zu guter Letzt konzentrieren sich alle staatlichen Anstrengungen auf die Maßnahme zur Aufrechterhaltung der Gesamtautorität, der sich so viele entfernt wirkende Beamte entziehen möchten, um sie sich selbst anzumaßen."[6] Diesen Betrachtungen Rousseaus (man hätte auch Justus Möser oder den Grafen Mirabeau zu diesem Thema zitieren können) ist nichts hinzuzufügen.

Die meisten Staaten sind Kleinstaaten!

Nehmen wir die Bevölkerungsgröße als Kriterium der Kleinstaatlichkeit (weniger als 10 Millionen Einwohner), so sind die Kleinstaaten heute weltweit in der Mehrheit. Sie stellen zwei Drittel aller Mitgliedsländer der UNO. 37 von ihnen haben sogar unter einer Million und 11 weniger als 100.000 Einwohner. Es gibt Mikrostaaten wie Andorra, San Marino oder Monaco, die sich gleichwohl stolz den Luxus einer UNO-Vertretung erlauben.[7] Bedenkt man diese Zahlenverhältnisse, so liegt die Schweiz eher im Mittelfeld aller Staaten. Wirtschaftlich zählt sie seit langem zu den Mittelmächten. So nimmt sie Platz 9 in den Exportstatistiken ein, Platz 5 beim Export von Dienstleistungen.[8]

Echte Demokratie gibt es nur in Kleinstaaten

Vor allem wegen ihrer relativen Kleinheit und extremen Untergliederungen kann die Schweiz den komparativen Vorteil echter Demokratie genießen. Diese ist im 19. Jahrhundert hervorgewachsen aus einer Verschmelzung altgermanischer Vorstellungen der deutschen Schweiz („Landsgemeinden") und der Theorie des „Citoyen de Genève" (Jean-Jacques Rousseau).[9] Die Schweiz hat nie eine staatsabsolutistische Epoche durchlaufen. Sie war niemals und ist bis heute kein Beamtenstaat nach Art Deutschlands oder Frankreichs. Nirgends in der Welt haben

---

6 Ebd.
7 Vgl. Schindler 1996.
8 Vgl. Lindner 1999, S. 19.
9 Ebd.

Bürger so viel zu sagen wie dort: bis hin zur Volkswahl der Richter und Lehrer und zur Volksabstimmung über öffentliche Kreditaufnahme. Nur hier ist Demokratie kein leeres Wort, nur hier können die Milizbürger noch Aufgaben übernehmen, die in Groß-Staaten Beamten und teuren Berufspolitikern überlassen werden. Allbekannt ist das Wort von Jakob Burckhardt: „Der Kleinstaat ist vorhanden, damit ein Fleck auf der Welt sei, wo die größtmögliche Quote der Staatsangehörigen Bürger im vollen Sinne sind."[10] Republikanische Bürgergleichheit gilt als Wert an sich – „Größe" in Politik (das große Individuum) oder in der Wirtschaft (die große AG) wird mit Argwohn betrachtet.

Die universelle und intensive Partizipation und politische Mitverantwortlichkeit hat eine politische Schulung der Bürger ergeben, die das gewiss überspitzte Wort rechtfertigt: Ein Schweizer Milizbürger sei politisch besser informiert als der durchschnittliche Abgeordnete des Deutschen Bundestages. „Der Staat sind wir" – dies dürfen Schweizer Bürger mit mehr Berechtigung sagen als die umliegenden, repräsentativen Demokratien oder „Wahlaristokratien" des Auslands, wo diese Behauptung mehr oder weniger eine Phrase ist. Das einzige politische Mitbestimmungsrecht, das ein Bürger in den Repräsentativstaaten hat, besteht darin, sich alle Jahre zwischen den Wahlkandidaten Meier und Schulze entscheiden zu dürfen.

Die Schweiz ist in der Tat mehr eine „Genossenschaft" als eine „Herrschaft".[11] Das vielbewunderte Milizsystem ersetzt auf der einen Seite die Berufspolitikerkaste, auf der anderen, im militärischen Bereich, verhindert sie das Entstehen einer eigenmächtigen Offiziersschicht. Auf dieses „Amateurpolitikertum" und die Schweizer Direktdemokratie passen darum die Analysen der „ökonomischen Theorie der Politik" (Downs / Buchanan) nicht, die auf großstaatliches Berufspolitikertum zugeschnitten und deren empirischer Unterbau damit unzureichend ist. Die Schweiz war nie ein Beamten- und Parteienstaat nach deutschem Muster. Der im deutschen Groß-Staat vieldiskutierte Unterschied zwischen Staats- und Selbstverwaltung ist darum für einen Schweizer Bürger wie Fritz Fleiner oder Adolf Gasser, kaum verständlich.[12] Staatsverwaltung ist eben in der

---

10 Burckhardt 1963, S. 34.
11 Nef, 1959.
12 Fleiner 1941; Gasser, 1947.

Schweiz zu einem großen Teil Selbstverwaltung oder vielmehr: echte „Selbstregierung" geblieben – trotz der gegenwärtig über 30.000 Bundesbeamten. Wo das Volk weitgehend selber amtet, hat eben nicht nur die Bürokratie wenig zu sagen, auch die Parteien treten zurück. Ein Schweizer lässt sich ungern repräsentieren. Er weiß, dass Hans Kelsen Recht hatte, als er einmal schrieb: „Wer delegiert, abdiziert." Die Parteienorganisationen der Schweiz sind überwiegend noch auf dem Stand von vor 1848 – also vor allem kantonal verankert, ihre Bundesorganisation ist schwach. Die Parteivorsitzenden sind im Allgemeinen unbekannte Leute, selbst innerhalb der Schweiz. Es ist verständlich, dass eine öffentlich ausgehaltene Parteienoligarchie (wie in Deutschland) wenig Sympathie für dieses Modell übrighat. Sie müsste im Fall praktizierter Volkssouveränität ja ihrerseits „abdizieren".

„Non-Zentralisation"

Ein weiterer komparativer Vorteil der Schweiz ist ihre weitgehende De- oder besser „Non-Zentralisation"[13], denn sie war – abgesehen von der Episode der Helvetik – niemals zentralisiert. Hier besonders kann man Erfahrungen darüber machen, wie der Wettbewerb zwischen politischen Einheiten um bestmögliche Bürgerbedienung wirkt. „Volle Bürgersouveränität ist nämlich genauso wie volle Konsumentensouveränität nur bei Wettbewerb möglich, also nur dann, wenn den Bürgern neben dem Stimmzettel auch die Abstimmung mit den Füßen und Konten zur Verfügung steht."[14]

Sowohl Kantone als auch Kommunen haben „Biss", nämlich eine eigene Steuerhoheit. Der Bund kann nur über den kleineren Teil der Steuereinnahmen verfügen und hat nur ein ergänzendes Besteuerungsrecht. Hinzu kommen die weitgespannten Rechte der Kantone und Kommunen, wegen deren starken Kompetenzen nicht einmal der Schweizer Binnenmarkt bisher vollständig verwirklicht werden konnte. Die Verschiedenheit wird eben als Chance, nicht als unerwünschte Disparität begriffen, der man mit „Harmonisierungen" beikommen muss. Wie häufig kann man in der Schweiz die Auskunft vernehmen: „Dies ist bei uns von Kanton zu Kanton

---
13 Vgl. dazu Nef, Lob des Non-Zentralismus, 2002.
14 Schwarz 2001.

verschieden". Wichtiger als mögliche Wohlstands- und Mobilitätsgewinne, niedrigere Transaktionskosten oder betriebswirtschaftliche Effizienz ist eben die Tatsache, dass die vertikale Teilung der Macht durch die Stärke kantonaler und kommunaler Selbstorganisation weit mehr Freiheitsspielräume und Wahlmöglichkeiten ergibt als die nur horizontale Gewaltenteilung in Großstaaten oder gar Imperien, die weitgehend durch Parteienherrschaft und Bürokratie unterlaufen wird. Die manchmal sogar staatsfinanzierte Parteienherrschaft in Großstaaten kosten den Stimmbürger vermutlich weit mehr als der scheinbare Luxus der politischen Fragmentierung der Schweiz in 26, z. T. winzige Kantone und derzeit etwa 2800 Gemeinden, die im Falle von Zwergkommunen wie Goumoens-le-Jux (VAUD) nur 20 Einwohner zählen. Wie undenkbar wäre hier eine gefühllose, radikal-bürokratische Gemeindeverwaltungsreform nach deutschem Vorbild, ein wahres „Gemeindelegen", das sich in den ostdeutschen Ländern fortgesetzt hat und – so trivial wie möglich – rein betriebswirtschaftlich-technisch begründet wird.[15]

Subsidiarität – nicht nur ein Wort

Aus der extremen Feingliederung der Schweiz ergibt sich damit auch eine Durchführung des Subsidiaritätsprinzips, wie sie in Europa einzigartig ist, also eine konsequente Anwendung des Grundsatzes: möglichst viel Kompetenz nach unten, lieber privat als öffentlich, lieber informell als formell[16], in Zukunft noch begünstigt durch die multimediale technische Entwicklung. Nirgendwo ist darum auch die Synthese von Weltläufigkeit und Heimatsinn so gelungen wie in der Schweiz. Im Verhältnis zu ihrer Größe ist die Schweiz wohl im europäischen Vergleich am stärksten durch wirtschaftlichen, finanziellen, kulturellen, wissenschaftlichen, juristischen und sportlichen Austausch nach außen gewandt, aufs Engste verflochten mit Europa und der Welt (dafür sorgt allein schon ihre ethnisch-kulturelle Vielfalt, die nur durch einen gemeinsamen politischen Willen zusammengehalten wird). Die Neutralität, welche politische, diplomatische und militärische Unabhängigkeit garantiert, hat das Land

---

15 Ganz verschont hat die „Fusionitis" freilich auch die Schweiz nicht, vgl. Martinaglia 2010.
16 Lutz 1996.

keinesfalls in ein nationales Reduit eingezwängt.[17] Nicht zufällig ist die Schweiz darum auch ein bevorzugter Standort internationaler Organisationen. „Ich bin Basler (Appenzeller, Zürcher usw.), bin Weltbewohner" könnte wohl ein Schweizer Bürger in Abwandlung eines bekannten Wortes des Weimarer Bürgers Goethe sagen. Der schöne deutsche Ausdruck „Heimweh" wurde nicht zufällig in der Schweiz geprägt.[18]

Die Kleinheit der Entscheidungseinheiten erzeugt eine Intensität des politischen Lebens, eine Sachgemäßheit der Entscheidungen – wenn auch nicht jeder Entscheidung – und einen Lebensschwung, der in Groß-Staaten mit ihren verödenden Großbürokratien unbekannt ist. Nirgends kann Friedrich August von Hayeks „Wettbewerb als Entdeckungsverfahren" darum lokal verstreutes, individuelles Wissen so gut verwerten wie im Kleinstaat Schweiz und seinen noch kleineren Untereinheiten. Der politische Klein- und Mittelbetrieb hat eben dieselben Vorzüge gegenüber politischen Großbetrieben, wie dies auch im ökonomischen Bereich der Fall ist. Nicht die wenigen spektakulären Großkonzerne wie VW, Daimler, BASF usw., sondern der breite unternehmerische „Mittelstand" bildet das Rückgrat der Ökonomie in Deutschland nicht anders als in der Schweiz. Starke Untergliederung, Non-Zentralisation mit zum Teil mittelalterlichen Wurzeln, schafft denn auch eine Flexibilität gegenüber Krisen, die politischen und ökonomischen Großbetrieben abgeht. Die Reichweite von Fehlentscheidungen ist darum relativ begrenzt. Sie kann eben umso weniger Schaden anrichten, je dezentralisierter die Entscheidungseinheiten sind.[19]

Historische Beispiele zeigen, wie vergleichsweise stark konföderierte Kleinstaaten selbst gegen Imperien sein können. So konnte sich der griechische Städtebund – mit Einwohnerzahlen seiner Mitglieder, die teilweise unter denen der heutigen Appenzeller Halbkantone lagen – gegen das persische Großimperium behaupten. Und dann erst noch die kulturelle Energie, die vom Wettbewerb und der Freiheit der Kleinstaaten begünstigt wird, wie David Hume ebenso wie Justus Möser feststellte![20]

---

17 Chevallaz 1991.
18 Fleiner 1923, S. 20.
19 Schwarz 2001.
20 David Hume 1988, S. 130–133: „Dass nichts Kultur und Bildung mehr fördert als eine Anzahl benachbarter und unabhängiger Staaten, die durch Handel und Politik verbunden sind. Die Konkurrenz, die zwischen diesen benach-

Ein weiterer komparativer Vorteil der Schweiz liegt darin, dass Parteien, Bürokratie und Interessenverbände nicht Herren, sondern lediglich Diener des politischen Willens der Bürger sind. Das bürokratische Zentralregime in Brüssel zeigt – nachlesbar in den Berichten des Europäischen Rechnungshofes über gigantische Mittelverschwendung der europäischen Behörden – welcher Preis zu zahlen ist, wenn nicht die unabhängige politische Kontrolle durch ein Milizsystem und durch die Überschaubarkeit der Verhältnisse gegeben ist, sondern bürokratisch-technischer Professionalismus, kombiniert mit gut getarntem Lobbyismus, herrschen. Berufspolitiker und Beamte werden immer das verständliche Bedürfnis zeigen, ihr Beglückungssortiment, ihre zwangsfinanzierten Budgets, ihre Karrieremöglichkeiten auszuweiten und den dilettantisierten Bürgern dabei ein X für ein U vorzumachen.

Trotzdem: Ein Kleinstaat wie die Schweiz ist leider politisch erpressbarer als ein Großstaat – ein *komparativer Nachteil*. Glück, geopolitische Faktoren wie in dem Fall die Verwaltung zentraler Pässe, eifersüchtiges Gleichgewichtsdenken der konkurrierenden Groß-Staaten müssen helfend hinzukommen, um seine Unabhängigkeit zu sichern.

Die Schweiz – „Hochsitz" unabhängiger Intelligenz

Der komparative Vorteil für die Schweiz liegt auch seit Langem darin, dass sie als Zufluchtsstätte für geistige Unabhängigkeit, als politischer und, wie allbekannt, ökonomischer Fluchtort dient – und so ständig ihr

---

barten Staaten entsteht, ist offensichtlich eine Quelle der Verbesserungen. In erster Linie möchte ich jedoch auf die Einschränkungen für Macht und Autorität hinweisen, die solch begrenzte Staatsgebiete mit sich bringen (…) Doch die Aufteilung in kleine Staaten ist der Bildung förderlich, in dem sie sowohl den Fortschritt der Autorität als auch den der Macht bremst (…) Europa ist heute eine vergrößerte Kopie dessen, was Griechenland früher im Kleinen war. Die Vorteile der Situation sind verschiedentlich deutlich geworden. Nur der Widerstand der übrigen Nationen Europas, die die Schwächen dieser Philosophie bald erkannt hatten, konnte das Fortschreiten einer starken Neigung zur Philosophie Descartes bremsen, die sich gegen Ende des letzten Jahrhunderts in der französischen Nation entwickelt hatte!" Ganz in diesem Sinne argumentiert auch Justus Möser, 1921, S. 192 ff. – und natürlich in unserer Zeit Leopold Kohr, 2002, mit einiger humoristischer Übertreibung.

Kapital in jeder Hinsicht durch Zuzug von außen vermehren kann. Besonders in Krisenzeiten dient sie als „kritischer Hochsitz" und Maßstab für die Beobachtung des vermachteten europäischen Umfeldes und des „großen Welttheaters" – wie so eindrucksvoll im Fall Wilhelm Röpkes. Von Voltaire an bis zu den verfolgten Liberalen, Demokraten, Sozialisten im 19. und 20. Jahrhundert war sie ein rettender Nothafen. Dies hängt auch mit ihrer strikten Neutralität zusammen, welche die Schweiz überdies in die vorteilhafte Lage versetzt, international glaubwürdig die Rolle eines unabhängigen Vermittlers zu spielen, da sie nicht in das Konzert der Mächte verwickelt ist. Wie gut, dass es gegen den Fiskalterror der benachbarten Groß-Staaten noch einen Nothafen für „Erb und Eigen" gibt. Die massive Zuwanderung aus Deutschland in jüngster Zeit zeigt, dass ihre Stabilität und ökonomische Attraktivität weiter geschätzt wird.

Ein komparativer Vorteil der Schweiz ist nicht minder ihr dezidiert bürgerlicher Charakter. Es hat auf Bundesebene niemals eine sozialdemokratische Alleinregierung gegeben. Besonders hat sie nicht die nivellierenden Katastrophen der beiden Weltkriege und keine Inflationen wie Deutschland, auch keine cäsaristischen Exzesse durchmachen müssen. Wie schon zu Zeiten Wilhelm Röpkes kann sie auch heute noch – mit den Einschränkungen, die Hans Letsch immer wieder beschrieben hat[21] – als Vorbild für Maß, Mitte, Besonnenheit, wirtschaftlichen Sinn (gewiss manchmal auch Knauserigkeit), Sachlichkeit und Realitätsnähe, vor allem auch Achtung vor dem Privateigentum dienen: ein Staat, in dem „Umverteilung" noch nicht zum Gesellschaftsspiel geworden ist, so gern sich auch „progressive" Politiker der Schweiz im geistigen Kielwasser benachbarter Versorgungsstaaten tummeln. Man kennt in der Schweiz eben nicht nur ein Anwalts-, Seelsorger-, Arztgeheimnis, nicht nur ein Post- oder Fernmeldegeheimnis, sondern auch noch ein Bankgeheimnis, das die Achtung vor der Privatsphäre des Bürgers auch hinsichtlich seines Eigentums ausdrückt – im grellen Kontrast zu Deutschland. Was den sozialpolitischen Interventionismus betrifft, so hat die Schweiz immer noch unter allen modernen westlichen Industrieländern einen ehrenvollen letzten Platz inne! Das Referendum wirkt bei dieser Verzögerung wie ein konservativ gesinntes Oberhaus.

---

21 Letsch, z. B. 1994, 1996.

Der Nutzen der Schweiz für die Welt

Aus alledem geht hervor, dass die Welt eine Schweiz braucht, die ihre relativen Vorzüge eher noch steigert als vermindert, denn ihr komparativer Vorteil ist zugleich ihr größtmöglicher Nutzen für andere. Sie sollte sich z. B. nicht dadurch entscheidender Vorteile begeben, dass sie sich einem „Imperium EU" anschließt.[22] Sie hat mehr zu verlieren als Kleinstaaten wie die Slowakei, Luxemburg oder Belgien. Was den Grad ihrer Weltoffenheit betrifft, so wäre sie durch einen EU-Beitritt im Außenhandelsregime den europäischen Behörden unterstellt, sie hätte nicht mehr die Chance, ihr Interesse an Freihandel weltweit zur Geltung zu bringen. Sie ist ja traditionell nicht nur mit der EU handelsmäßig eng verflochten. Vor allem ist sie erst einmal Mitglied des freien Welthandelssystems, das die Grenzen des EU-Blocks weit überschreitet. Sie verlöre im Falle eines Beitritts insoweit ihre „Treaty-Making Power", von der Unterwerfung unter die Brüsseler Nivellierungs- und Harmonisierungsmaschinerie abgesehen. Steuererhöhungen – und damit die Erhöhung der Produktionskosten – wären im Fall eines EU-Beitritts ebenso unvermeidlich wie eine Erhöhung der Zinsen, dadurch, dass sie in diesem Fall in den Sog der gewaltigen öffentlichen Verschuldung der EU-Länder gezogen würde. Sie tauschte ihr Selbstbestimmungsrecht (und ihre gute Währung!) gegen ein prekäres Mitbestimmungsrecht in Brüssel ein, je prekärer, desto mehr sich im EU-Block demokratisierende Tendenzen durchsetzen, etwa durch eine weitere politische Aufwertung des Europäischen Parlaments wie im Lissaboner Vertrag. Selbst ein „autonomer Nachvollzug" von EU-Regelungen, sofern er überhaupt zwingend ist, bietet der Schweiz mehr Handlungsspielraum als ein EU-Beitritt.[23]

Den komparativen Vorteil steigern

Die Schweiz kann der Welt am meisten dadurch geben, dass sie – wie jede andere Nation – ihre Eigenarten im Sinne Herders besonders ausprägt und zu steigern sucht. Das Europäische an Europa ist ja nicht die Zentralisation und „Harmonisierung", sondern die Vielfalt, die Nichtzentralisati-

---

22 Vgl. Vaubel 2001.
23 Vgl. dazu den Beitrag Gygi in diesem Buch.

on und der Wettbewerb, deren Einschränkung ein falsches Integrationskonzept vorsieht. So liegt die Staatsraison der Schweiz in jener immer gleich kühlen Distanz zur Welt- und Machtpolitik; in einer Gesellschaftsphilosophie, deren Präferenz eher in einer Schwerpunktsverlagerung nach unten statt nach oben liegt und die im Zweifelsfall freie Koordination einer erzwungenen Subordination vorzieht. Ein bürgerlicher Musterstaat, der größere Garantien für Privateigentum und Selbstständigkeit geben kann als die großen Versorgungsstaaten Europas, welche ihre Bürger durch Staatsvorsorge proletarisieren. Ein Land, das weiter ausprobieren darf, wie weit Direktdemokratie in der Moderne gehen kann; ein Land, das mehr Möglichkeiten für kommunales und kantonales Experimentieren vorsieht, als es europäische Groß-Staaten erlauben und dessen Bürger nicht durch Zentralismus und staatsfinanzierte Parteien verdummt werden.

Die Schweiz – ein Vorbild für die europäische Integration?

Denis de Rougemont stellt die Schweiz als ein Muster für ein vereinigtes Europa dar.[24] In der Tat stellt die Schweiz ja einen multiethnischen, multikulturellen Staat dar wie die USA. Ihre Legitimation und Identität beruhen nicht auf dem Selbstverständnis als Sprach-, Kultur- oder Religionsnation, sondern auf dem Bekenntnis des überwiegenden Teils der Bevölkerung zu den politischen Grundlagen des Staates: Föderalismus, Demokratie und Unabhängigkeit.[25] Nur aufgrund dieser historisch-politischen Tradition und des Gleichgewichtsdenkens könne die Schweizerische Eidgenossenschaft überhaupt als Einheit bezeichnet werden. Freilich gibt es eine starke Dominanz des deutschsprachigen Elements. Aber selbst wenn man die Schweiz nur als „Holdinggesellschaft für kantonale Interessen" interpretierte,[26] ist doch sehr die Frage, ob die Herausbildung einer solchen „Staatsnation" Europa überhaupt wünschenswert ist. Warum ein europäischer Zentralstaat auf Basis der Volkssouveränität? Warum diese imperiale Kartellbildung über die Grenzen der traditionellen europäischen Nationalstaaten oder Staatsnationen hinaus? Warum überhaupt ein „Imperium"? Ist die Zeit der Imperien und Blöcke nicht vorbei? Wozu

---

24 De Rougemont 1963.
25 Fleiner 1999, S. 251.
26 Leutwiler 1991.

ist diese Massierung von Macht und Mitteln notwendig, nachdem das Ostimperium zusammengebrochen ist?[27] Warum nicht lieber vertiefte „Globalisierung", konsequenten Freihandel und freie Zusammenarbeit der Nationen, welche Faktoren den ökonomischen und politischen Wettbewerb maximieren und gleichzeitig die Chancen für Kriege vermindern? Sollte der Gang des Fortschritts nicht in mehr Selbst- als Mitbestimmung liegen, individuell und politisch-kollektiv, nicht in weniger? Die einzig vertretbare Integrationsformel für die EU ist auf Dauer – namentlich angesichts ihrer großen territorialen Erweiterung – nur: Konföderation plus Freihandel plus Sezessionsrecht.[28] Mit dem Lissaboner Vertrag geht sie freilich weiter in die falsche Richtung.

Die Schweiz hat keinen Grund, ihren Ursprung als lockerer Staatenbund zu vergessen, der einmal zu dem einzigen Zweck geschlossen war, die Autonomie der beteiligten Städte und freien Bauerngenossenschaften zu erhalten. „Sie verbündeten sich miteinander, um voneinander verschieden zu bleiben. Der Grund ihrer Solidarität war nicht die kollektive Macht, sondern die Autonomie jedes einzelnen."[29] Herbert Lüthy hat einmal die Schweiz als „Antithese" vorgestellt: eine Antithese zum Denken in Kollektiven, in Konzentration der Macht, Monokultur und Gleichschaltung.[30] Die Schweiz sollte diese „Antithese" bleiben, auch wenn diese Rolle sie betriebswirtschaftlich etwas „kostet", ja selbst, wenn diese Position den persönlichen Komfort des Schweizer Bürgers beeinträchtigen würde. Aber in Wirklichkeit ist das „Schweizer Modell" ja auch eine Wohlstandsformel. Besser darum eine „Schweizer Antithese" auf Dauer als eine „europäische Synthese", welche die Schweiz als prägnante und sympathische Kollektivindividualität weitgehend auslöschen würde.

Literatur

Anmerkungen: Das schönste Buch über die Schweiz scheint mir immer noch Denis de Rougemont (1963) geschrieben zu haben. Zu den Vorzügen des Kleinstaates besonders Werner Kaegi (1942/1946). Aktuell:

---

27 Vgl. dazu Fürst Hans Adam der II. von Liechtenstein 2010.
28 Vgl. Vaubel 2001.
29 De Rougemont 1963.
30 Lüthy 1969.

Emmanuel La Roche (2003), Elsässer und Erne (2010). Vgl. auch zwei andere Aufsätze des Verfassers, an welche dieser Essay vielfach anknüpft (Habermann, 1993 a und b). Dort werden (1993 a) auch die bedauerlichen Zentralisierungstendenzen der Schweiz beschrieben.

Burckhardt, Jakob, Weltgeschichtliche Betrachtungen, Stuttgart 1963.
Chevallaz, Georges André, Sagt die Geschichte die Zukunft voraus?, in: Hans-Peter Treichler: Abenteuer Schweiz, Migros-Presse im Auftrag des Migros-Genossenschafts-Bundes, 1991, S. 342 ff.
Dreifuss, Ruth, Interview: „Uns ist der Konsens verlorengegangen", in: Treichler, Abenteuer Schweiz, a.a.O., S. 330 ff.
Elsässer, Jürgen und Erne, Matthias (Hg.), Erfolgsmodell Schweiz, Berlin 2010.
Fleiner, Fritz, Schweizerische Bundesstaatsrecht, Tübingen 1923.
Fleiner, Fritz, Ausgewählte Reden und Schriften, Zürich 1941.
Fleiner, Thomas, Der Föderalismus in der Schweiz, in: Reinhard C. Meier-Walser, Gerhard Hirscher (Hg.): Krise und Reform des Föderalismus, München 1999.
Gasser, Adolf, Gemeindefreiheit als Rettung Europas, Basel ^{2}1947.
Habermann, Gerd, Die Schweiz: Leitstern für Ordnungspolitik, in: Orientierungen zur Wirtschafts- und Gesellschaftspolitik, 4/1993, S. 53 ff.
Habermann, Gerd, Der bürgernahe Staat: eine jahrtausendalte Forderung, in: Orientierungen zur Wirtschafts- und Gesellschaftspolitik 2, 1993b, S. 2 ff.
Hume, David, Politische und ökonomische Essays, Teilband 1: Über Aufstieg und Fortschritt der Künste und Wissenschaften, 1988, S. 122 ff.
Kaegi, Werner, Historische Meditationen, 2 Bde., Bd. 1: Der Kleinstaat im europäischen Denken, Bd. 2: Über den Kleinstaat in der älteren Geschichte Europas, S. 249 ff., S. 4 ff., Zürich 1941/1946.
Kohr, Leopold, Das Ende der Großen. Zurück zu menschlichem Maß, Salzburg / Wien, 1957/2002.
La Roche, Emmanuel, Identität, Verantwortung und Subsidiarität – Lernen von der Schweiz? In: Veröffentlichungen der Walter Raymond-Stiftung der BDA, Nr. 43, Berlin 2003.
Letsch, Hans, Positionen, Aarau 1994.
Letsch, Hans, Stoppt den Staat, er ist zu teuer, Stäfa 1996.

Lichtenstein, Fürst Hans Adam II. von, Der Staat im dritten Jahrtausend, Schaan 2010.
Linder, Wolf, Schweizerische Demokratie, Bern, Stuttgart, Wien 1999.
Lüthy, Herbert, Die Schweiz als Antithese, Zürich 1969.
Lutz, Christian, Haben Kleinstaaten noch eine Zukunft?, in: Volkshochschule des Kantons Zürich (Hg.): Endzeit für Kleinstaaten?, Rieden b. Baden 1996, S. 11 ff.
Martinaglia, Dezentral und bürgernah, in: Elsässer, Jürgen und Erne, Matthias (Hg.), Erfolgsmodell Schweiz, Berlin 2010, S. 65 ff.
Möser, Justus, Gesellschaft und Staat, Ausgewählte Schriften, Karl Brandi (Hg.), München 1921.
Muheim, Franz, Die Schweiz im 21. Jahrhundert, Stäfa 2007.
Nef, Robert, Lob des Non-Zentralismus, Argumente der Freiheit, Bd. 8, hg. vom Liberalen Institut der Friedrich-Naumann-Stiftung, 2002.
Näf, Werner, Die Epochen der neueren Geschichte, 2 Bde., 2. Aufl., Aarau 1959.
Rougemont, Denis de, Die Schweiz: Modell Europas, Wien / München 1963.
Rousseau, Jean Jacques, Der Gesellschaftsvertrag, 1961.
Schindler, Dietrich, Veränderte Stellung der Kleinstaaten in der Staatengemeinschaft, in: Volkshochschule des Kantons Zürich (Hg.), Zürich 1996, S. 29 ff.
Senti, Richard, Außenhandelspolitische Alternativen eines Kleinstaates, in: Volkshochschule des Kantons Zürich (Hg.), Zürich 1996, S. 39 ff.
Schwarz, Gerhard, Lob der Kleinheit, Vortrag gehalten anlässlich der Hayek-Tage, 01.06.2001 in Freiburg im Breisgau 2001 (Manuskript).
Tettamanti, Tito, „Wie das Kaninchen vor der Schlange ..." Zum Verhältnis der Schweiz zur EU, Thema 10 der „Schweizer Monatshefte", September 2010.
Vaubel, Roland, Europa-Chauvinismus, Der Hochmut der Institutionen, München 2001.

CHRISTOPH BLOCHER

Bedrohung des Liberalismus durch die EU und das Abseitsstehen der Schweiz

Stimmungsbild 2010: Die Zukunftssorgen der Menschen in Europa sind groß: „Wie kommt das alles heraus?", fragen sich immer mehr Bürgerinnen und Bürger. „Die meisten EU-Staaten sind pleite und tief verschuldet", schieben sie nach. „Keiner weiß mehr, was er tun soll". Und es folgen böse Worte über die europäischen Politiker.

Tatsächlich müssen europäische Staaten mit Milliardenbeträgen vor dem Bankrott bewahrt werden – mit Milliarden, die niemand besitzt. Der Euro verliert massiv an Vertrauen und darum an Wert. Ich lese in einer deutschen Wirtschaftszeitung, dass 75 Prozent aller deutschen Unternehmer der Meinung sind, Griechenland gehe trotz der 750 Milliarden Euro-Hilfe in den Konkurs. Und 40 Prozent der Unternehmer glauben, innerhalb von fünf Jahren gebe es keinen Euro mehr.

Ein Taxifahrer in Frankfurt fragt mich verzweifelt, wie er seine für das Alter gesparten Euros in die Schweiz bringen könne. Auf meine beruhigend gemeinte Bemerkung, jetzt habe die Europäische Zentralbank den Euro doch massiv gestützt, bemerkt er vielsagend: „Der muss ja schön krank sein, wenn er eine solche Hilfe braucht." Wo ich gegenwärtig in Europa hinkomme, tönt es halb bewundernd, halb neidisch: „Ihr habt's gut, Ihr seid nicht in der EU. Aber wir können nichts machen, unsere Politiker haben uns in die Irre geführt."

Seit Wochen strömen Euros in die Schweiz auf Schweizer Banken; nicht etwa wegen des Bankkundengeheimnisses, sondern weil das Vertrauen in den Euro rapide schwindet. Ausgerechnet in den Schweizer Franken – in die Währung also des in den letzten Jahren von vielen verspotteten Sonderfalles Schweiz. Der Sonderfall wird plötzlich zum Vorbild und zum Objekt des Neides.

Die Fehlkonstruktion entlarvt sich

Wie ist all das zu werten? Hat dies überhaupt etwas mit der EU – einer doch ursprünglich „zur Wahrung des Friedens in Europa" gegründeten Gemeinschaft – zu tun? Wer der Überzeugung ist, dass nur ein freiheitlicher, demokratischer Rechtsstaat mit einer föderalistischen Struktur erfolgreich sein kann, der wird nicht einfach leichtfertig über die genannten Stimmungsbilder weggehen. Namentlich die Geschichte des 20. Jahrhunderts hat eindrücklich gezeigt: Zentralistische, sozialistische Gebilde sind keine freiheitlichen, keine bürgerfreundlichen und keine wohlhabenden Staaten. Sie sind zusammengebrochen oder stehen geblieben. Der Zentralismus und damit die Ausschaltung der Verschiedenheiten der dezentralen Gebilde – die Gleichmacherei – ist wettbewerbsfeindlich. Der Wettbewerb bildet aber einen wesentlichen Teil einer liberalen Ordnung. Wettbewerb zu ertragen heißt dauerndes Bemühen, Kampf für das Bessere, für das Erfolgreichere, aber auch gegen Bequemlichkeit und Passivität. Der Dauerkampf, dem Durchschnittlichen zu entgehen, ist unangenehm und mühsam. Aber der Wettbewerb zwingt uns dazu. So ist begreiflich, dass allzu viele bestrebt sind, den Wettbewerb abzuschaffen. Dies gilt für die Politik wie für die Wirtschaft. Ein Großteil der gigantischen Fusionen in der Wirtschaft und all die Ausgleichs- und Harmonisierungsvorlagen in der Politik sind darauf zurückzuführen. Ein freiheitlicher Mensch, ein Anhänger der liberalen Ordnung steht all diesen Bestrebungen – so unangenehm es oft ist – mit großer Skepsis gegenüber.

Was sich gegenwärtig in der Europäischen Union zeigt, ist nicht einfach eine Krise. Die EU zeigt nun mit aller Deutlichkeit, was seit zwanzig Jahren offensichtlich ist: Die heutige EU ist eine intellektuelle Fehlkonstruktion. Sie harmonisiert, behandelt gleich, was ungleich ist, verteilt um, merzt den Wettbewerb aus – kurz: Sie verletzt das Gesetz der liberalen Grundsätze.

Der schlimmste Sündenfall war die Schaffung des Euro, einer gemeinsamen Währung für Länder mit völlig unterschiedlichen Finanz-, Steuer- und Wirtschaftsordnungen. Auch hier: Verschiedenes wurde vereinheitlicht – zusammengebunden –, was nicht zusammengehört. Lange konnte man die Mangelhaftigkeit dieses Euro-Konstruktes, das über die Köpfe der Bürger fein säuberlich gesponnen worden war, überspielen und verdecken. Doch „es ist halt nichts so fein gesponnen, es kommt doch an den

Tag". Diese EU wird so scheitern. Zerplatzt ist ein Traum der europäischen Eliten in Politik, Verwaltung, Medien, Kultur und Gesellschaft. Der Versuch, die politischen, gesellschaftlichen und vor allem die wirtschaftlichen Realitäten zu übergehen und durch wohlmeinende, zentralistische Weisungen, Richtlinien, Regeln von Politikern und Bürokraten zu ersetzen, ist fehlgeschlagen. Das Experiment, verschiedenste volkswirtschaftliche Mentalitäten und Kulturen unter ein einheitliches, gleichmacherisches Recht und unter eine gleiche Währung zu zwingen, kann nicht erfolgreich sein. Es mag zunächst angenehm sein, denn es schaltet Wettbewerb und Leistungsdenken aus – aber auch Verantwortlichkeit und Realitätsbezogenheit. Zwangsläufig sind damit Umverteilungen verbunden, und die verheerenden Folgen stellen sich ein. Wann kommt die Einsicht?

Die Schadensbilanz für die europäischen Menschen ist enorm. Die Folgen der gewaltigen Umverteilung sind dramatisch. Der Tüchtige finanziert jene, die über die Verhältnisse leben. Die Empfänger verließen und verlassen sich immer mehr auf die Geber. Sie trickten und fälschten Statistiken und Bilanzen, arbeiteten immer weniger, gingen immer früher in Rente und schufen statt Arbeitsstellen in der Wirtschaft massenhaft Staatsstellen. Kommt es zum Kollaps, werden Milliarden von Euros bereitgestellt, um den Bankrott von EU-Mitgliedsländern vorläufig abzuwenden, was andere zu noch splenderem Verhalten in der Zukunft animiert. Die Verpflichtungen der Euro-Länder betreffend Verschuldungsgrad und Defizite werden von vielen Staaten unbestraft nicht eingehalten. Einschreiten und bestrafen kann niemand. Seit Jahren ist der Euro für die einen Länder zu stark und für die andern zu schwach, weil eben alle verschieden sind, aber trotzdem die gleiche Währung haben. Das musste bald zu gewaltigen Fehlentwicklungen führen. Kein Staat konnte durch die eigene Notenbank und eine eigene Währung eingreifen; man hat ihnen ja beides genommen. Ein Ausstieg aus der Währung ist in der EU nicht vorgesehen. Es zeigt sich die alte Weisheit: Politische Währungen ohne wirtschaftlich solides Fundament waren in der Geschichte noch nie über längere Zeit erfolgreich.

Und die Schweiz?

Die Schweiz steht wesentlich besser da. Doch brauchen die Politiker sich nicht allzu viel darauf einzubilden. Dass die kleine Schweiz nicht im Schlamassel der EU steckt, ist nicht der weit vorausschauenden Weisheit der Politiker, der Wirtschaftsvertreter, der Medien, kurz, nicht den führenden Schichten dieses Landes zu verdanken. Nein, im Gegenteil, diese wollten und wollen – wie alle ihre ausländischen Standeskollegen – in die EU. Große, zentralistische, gleichmacherische Systeme üben auf Politiker Faszination aus. Und diese taten und tun darum auch in der Schweiz alles, um das Land in die EU zu führen.

Die besondere, bessere Stellung der Schweiz verdanken wir allein der besonderen Staatsform der Schweiz, einer freiheitlichen Verfassung, die auf der Basis der Souveränität und der Neutralität eines direktdemokratischen Kleinstaats mit betont föderalistischer Struktur beruht. Sie gibt den Bürgern und den 26 Ständen (Kantonen) – dank der direkten Demokratie – die letzte Entscheidungsmacht.

Es waren denn auch das Volk und die Stände, die in der wichtigsten Volksabstimmung des letzten Jahrhunderts – am 6. Dezember 1992 – mit ihrem Nein zum Beitritt der Schweiz zum Europäischen Wirtschaftsraum (EWR) den Politikern den Eintritt in den Vorhof zur EU versperrten. Wir verdanken die bessere Situation also dem liberalen, bürgerfreundlichen, föderalistischen Sonderfall Schweiz. Dieser Sonderfall hat die liberale Rechtsordnung gerettet.

Der Bundesrat hat schon vor jener Europa-Abstimmung das EU-Beitrittsgesuch eingereicht. In Brüssel liegt es heute noch. Drei Regierungsparteien haben längst offiziell beschlossen, der EU beizutreten. Doch der EU-Beitritt erfolgte bisher nicht. Darum ist die Schweiz heute in einem vergleichsweise besseren Zustand.

Schon 1992 wurde auf das Schweizervolk ein Trommelfeuer von Schreckszenarien und Untergangsvoraussagen für eine Schweiz außerhalb der EU losgelassen: Das Land würde beim Nein zum EWR wirtschaftlich keine Chance haben, hieß es 1992. Außerhalb der EU würde sie arm, isoliert, einsam und müsse dereinst die wohlhabende, prosperierende EU auf den Knien bitten, beitreten zu dürfen.

Führende Leute sahen den Untergang innerhalb von fünf Jahren voraus. Und welches ist die heutige Realität? In jeder Beziehung – wirtschaftlich, freiheitlich und bezüglich Lebensqualität – ist die Schweiz der EU überlegen. Und ist sie isoliert? Alle wollen sie in die Schweiz: die Reichen, die Armen, die Flüchtlinge, die Erwerbstätigen, die Selbstständigerwerbenden, die legalen und illegalen Einwanderer.

Die EU als Brandbeschleuniger nationaler Spannungen

Die ursprüngliche, durchaus begrüßenswerte Idee zur Gründung eines gemeinsamen Europas gründete auf der hehren Absicht, europäische Kriege für alle Zukunft zu verhindern. Doch die EU und insbesondere die Währungsunion haben sich weit von diesem Ziel entfernt. Die Missachtung der menschlichen Realitäten rächt sich, die Stimmen namhafter Wirtschaftskenner wurden übergangen und in der Ideologie ertränkt.

So wurde der Aufruf von 150 deutschen Ökonomen, die den Folgen der gemeinsamen Währung misstrauten, belächelt, verspottet und ignoriert – aber nicht widerlegt. Die Politiker gingen in Europa über solch wirtschaftspolitische Bedenken hinweg. Der frühere deutsche Bundeskanzler Helmut Kohl zog in einem Fernsehauftritt Bilanz über sein Wirken: Es sei seine größte Leistung gewesen, die Bevölkerung nicht über die Abschaffung der D-Mark befragt zu haben!

Aber nicht nur die wirtschaftliche Entwicklung der EU bereitet Sorgen, sondern auch die daraus entstehenden politischen Spannungen. Das Großreich Sowjetunion musste auseinanderbrechen; europäische Großgebilde haben nie funktioniert, weder bei Karl dem Großen noch bei Napoleon noch beim sogenannten Dritten Reich.

Heute wehren sich die Griechen gegen die von der EU geforderten Sparpläne der Regierung; bei Demonstrationen gab es bereits Tote. Die Angst vor Bürgerkriegen geht um. Wie ein Flächenbrand könnte sich die Krise in Griechenland auf andere Euro-Staaten ausbreiten. Die Deutschen fühlen sich zu Recht düpiert. Nicht nur an Stammtischen werden kriegerische Töne angeschlagen, sondern auch in feinen intellektuellen Salons.

Der österreichische Sozialistenchef greift die Schweiz an und fordert von ihr als Nichtmitglied Zahlungen in der EU-Krise. Wo leere Kassen sind, werden Staaten zu Dieben. Aus solchen politischen und wirtschaftlichen Spannungen entstehen zuerst Differenzen, dann unvereinbare Standpunkte, dann Konflikte und schließlich – was wir alle nicht hoffen wollen – sogar Kriege. Das Friedensprojekt EU wird zum Brandbeschleuniger nationaler Spannungen.

Lehren für die Schweiz

Selbstverständlich ist Schadenfreude und Häme über das gescheiterte Größenwahnprojekt EU auch für die Schweiz nicht am Platz. Selbstverständlich betrifft uns die gegenwärtige Krise der Europäischen Union ganz direkt. Niemand hat je behauptet, wir wären eine Insel der Glückseligen ohne jede ausländische Verflechtung. Die Schweiz ist seit je vernetzt, unsere Wirtschaft seit Jahrhunderten global ausgerichtet. Die Schweizer sind wohl das weltoffenste und am weitesten gereiste Volk überhaupt. Selbstverständlich sind unsere Exporte in den EU-Raum beträchtlich und unsere Importe aus dem EU-Raum noch beträchtlicher. Selbstverständlich hängen unsere Währung, unsere Arbeitsplätze, unser Wohlstand auch mit dem Zustand der Europäischen Union zusammen.

Doch viel wichtiger wäre es, endlich den Irrweg zu erkennen und nicht noch dauernd nachzuvollziehen. Das Bundeshaus mit all seinen vielen Verwaltungsstellen versucht, die Schweizer mit Fehlprognosen, Falschdarstellungen und Illusionen – immer im eigenen persönlichen Interesse – wie eine Herde von Schafen vor sich her und mit der großen europäischen Masse in den Abgrund zu treiben.

Die Lehre für die Schweiz kann nur sein: Die höchsten Staatsgüter wie die Souveränität, die dauernd bewaffnete Neutralität, die freiheitliche demokratische Ordnung, die direkte Demokratie und der Föderalismus dürfen auch dann nicht preisgegeben werden, wenn die gesamte politische, wirtschaftliche, kulturelle und wissenschaftliche Elite dies tun will.

Triebfeder der EU ist längst nicht mehr die Friedenserhaltung, sondern es sind andere Dinge. Es ist der Traum eines mächtigen Europas, das USA, China und Indien ebenbürtig ist. Es ist der ewige Drang nach Größe. Doch für die europäischen Menschen gilt zunehmend das Gegenteil: Sie sehnen sich nach Übersichtlichkeit, Geborgenheit, Mitsprache und Selbstbestimmung. Die EU verfolgt übernationale Politikfelder und strebt insbesondere eine gemeinsame Außen-, Sicherheits- und Verteidigungspolitik, also eine Militärunion, an. Dieser europäische Interventionsstaat schließt die Neutralität eines Mitglieds absolut aus. Weitere Anliegen sind die Zollunion, der Binnenmarkt, die Wirtschafts- und Währungsunion sowie die Bildungs-, Forschungs-, Umweltpolitik usw.

Die Verträge von Amsterdam und Nizza machten das früher vie Einstimmigkeitsprinzip hinfällig. Nun kann eine Mehrheit au Minderheit bestimmen und zusammenarbeiten.

Ab 2002 fielen die jeweiligen Landeswährungen und Notenbanken dahin. Großbritannien und Dänemark konnten sich eine Nichtteilnahme vorbehalten, Schweden vermeidet durch gezielte Nichteinhaltung der Kriterien die Teilnahme an der Währungsunion. Grundsätzlich sind aber die EU-Mitglieder zur Teilnahme am europäischen Wirtschafts- und Währungsraum verpflichtet, sofern sie die sogenannten Konvergenzkriterien erfüllen. Es ist daher substanzloses Geschwafel, wenn gefordert wird, unser Land solle der EU beitreten, aber gleichzeitig den Franken behalten. Weil die Schweiz – im Gegensatz zu den meisten Euro-Ländern – die Konvergenzkriterien einhält, wäre sie zur Übernahme des Euro strikt verpflichtet. Wer freiheitlich und liberal denkt, der kann einen Staat wie die Schweiz nicht in der EU sehen. Ein Wettbewerb der Systeme – zwischen dem System Schweiz und dem System EU – ist für liberale Menschen nicht nur akzeptierbar, sondern eine Notwendigkeit.

Das Ende der Nationalstaaten?

Der liberale Nationalstaat bleibt die geeignete Instanz, um die Probleme der Bürger zu lösen. Es schließt Zusammenarbeit und Absprachen ja nicht aus. Wie sonst wäre das Bedürfnis der Menschen nach Bildung immer neuer Staaten zu erklären? In den letzten zwanzig Jahren sind weltweit mehr neue Staaten entstanden als in den hundert Jahren zuvor.

Selbstverständlich sind Berufspolitiker und Politfunktionäre in der Regel keine bösen Menschen, aber sie sind eben ganz gewöhnliche Menschen: Sie denken an sich selbst zuerst, streben nach schönen Posten, guter Bezahlung, fetten Pensionen, anständigen Spesen, bequemen Büros, einem zuvorkommenden Chauffeur und vielen, vielen Reisen. Kein Wunder, dass sie sich scheuen, die zahlende Bevölkerung über ihren Aufwand mitreden oder sich gar kontrollieren zu lassen. Das wissen auch Schweizer Politiker und Beamte, darum wollen sie dieser lästigen Kontrolle entweichen: Also verlangen sie den EU-Beitritt.

Was heißt dies alles für die Schweiz? Ganz einfach: Die Schweiz kann der EU nicht beitreten. Die schweizerische liberale Staatsordnung mit klarer Gewaltenteilung und direkter Demokratie ist der EU-Ordnung diametral entgegengesetzt. Die Schweiz darf aber auch nicht beitreten, weil sie sonst Wohlfahrt, Freiheit und Demokratie aufs Schwerste gefährdet. Man gibt ein Erfolgsmodell, das unsere Väter und Vorväter erkämpft, erstritten und gestaltet haben, nicht aufgrund eines unreifen, pubertären Herdentriebes preis.

Warum wollen immer weniger Schweizer in die EU?

Immer weniger Schweizer wollen in die EU. Und sie wissen genau, warum. Es ist nicht nur die staatspolitische Erkenntnis, dass es besser ist, in einem liberalen Rechtsstaat, dessen Rechtsordnung die Bürger selbst bestimmen und der sich durch klare Verantwortlichkeiten und Übersicht auszeichnet, zu leben, als im multinationalen Gebilde, wo alle für alles verantwortlich sind, aber niemand für etwas verantwortlich ist. Die Vergleiche sind heute in vielen praktischen Fragen des Alltags möglich. So wissen die Schweizer, dass ein EU-Beitritt tiefere Löhne, mehr Arbeitslose, höhere Mieten, mehr Steuern und Abgaben bringt. Ein EU-Beitritt hieße, für die Schweiz 5 bis 6 Milliarden Franken pro Jahr für fragwürdige Umverteilungen nach Brüssel zu zahlen. Ein EU-Beitritt hieße Erhöhung der Mehrwertsteuer von heute 7,6 Prozent auf mindestens 15 Prozent. Bei einer vierköpfigen Familie bedeutete das jährlich gegen 10.000 Franken zusätzliche Steuern.

Doch was noch wichtiger ist: Die Schweizer verlören mit dem EU-Beitritt ihre Selbstbestimmung. Die Schweizer verlören die direkte Demokratie, den Schweizer Franken und die Neutralität.

Beim EU-Beitritt der Schweiz verlagert sich nicht die Macht von einem nationalen auf ein europäisches Regierungsgebäude in Brüssel, sondern von der Wahlurne der Bürger auf das Regierungsgebäude in Brüssel. Ist die Schweiz ein absonderlicher Sonderfall? Es kommt auf die Messlatte an. Die EU-Konstruktion kann für einen liberalen Politiker nicht die Messlatte sein.

Die Pläne der EU-Beitrittsfreunde

Als liberaler Politiker sage ich: „Bleibt wachsam!" Eine Mehrheit der schweizerischen Regierung, der Verwaltung und des Parlamentes wollen trotz des offensichtlichen Desasters noch immer in die EU. Der Grund ist offensichtlich: Sobald die Schweiz in der EU ist, haben sie mehr Macht, mehr Prestige, mehr Einkommen. Und sie haben kein souveränes Volk mehr, das sie dabei einschränkt. Darum führen sie immer neue Verhandlungen, passen sich immer mehr an, geben immer mehr Souveränität und Freiheit preis. Die Politik der EU-Befürworter – so schädlich für unser Land sie uns auch erscheint – folgt einem Plan, steuert auf ein Ziel und ist darum weder dumm noch irrational. Nur wenn wir wissen, dass die sogenannten Eliten den EU-Beitritt wollen, können wir ihr Tun verstehen.

Darum: Wer in die EU will, kann sich leichter verschulden. Deshalb stoßen sich die EU-Befürworter nicht an der Schuldenlast in Bund, Kantonen und Gemeinden. Am raschesten funktioniert ein EU-Beitritt mit einem Staatsbankrott. Dies hat das Beispiel Island gezeigt, das nach seinem finanziellen Zusammenbruch umgehend ein Beitrittsgesuch stellte.

Wer in die EU will, muss die Steuern erhöhen. Dies gilt vor allem für die Mehrwertsteuer, die in der EU auf mindestens 15 Prozent vorgeschrieben ist. Die Schweiz ist umgeben von Hochsteuerländern; über 20 Prozent Mehrwertsteuer ist die Regel. Dies ist der Grund für die Begeisterung der euphorischen EU-Freunde, wenn sie die Mehrwertsteuer zugunsten der maroden Invalidenversicherung erhöhen können. Endlich wird für sie der Unterschied der Steuerbelastung im Vergleich zur EU kleiner!

Wer in die EU will, der macht das Wort „Grenze" zum Schimpfwort. Er macht die Grenzen auf, soweit er kann, oder schafft die Grenzen gleich ganz ab. Denn ein Land, das seine Grenzen verschwinden lässt, ist kein souveräner Staat mehr. Auch dies ist ein bewährtes Rezept für den EU-Beitritt.

Das wohl größte Hindernis auf dem Marsch in die EU ist die schweizerische direkte Demokratie. Darum heißt das Rezept der EU-Befürworter: die direkte Demokratie zu schwächen und auszuhebeln. Darum will man auf Parlaments- und Verwaltungsebene „Aufsichtsinstanzen" schaffen, die die Volksinitiative überprüft, ob sie nicht internationalem Recht widerspricht – wohlverstanden nicht nur zwingendem Völkerrecht, das schon heute ein rechtliches Hindernis für Volksinitiativen darstellt. So wird mit allen Mitteln versucht, die von Volk und Ständen angenommene Minarettverbotsinitiative nicht einzuhalten.

Der Auftrag eines liberalen Schweizer Politikers

Schlafen wir nicht ein! Angesichts der eklatanten Ereignisse in der EU, welche die Schwächen der EU-Konstruktion offensichtlich werden lassen, sind die EU-Befürworter in der Schweiz stiller geworden. Doch glauben wir ja nicht, dass sie ihr Ziel aufgegeben hätten. Nein, ein EU-Beitritt ist für sie alle mit zu verlockenden persönlichen Zielen verbunden, als dass sie davon Abstand nehmen könnten. Es geschieht auf leisen Sohlen: Die Einschränkung oder Abschaffung der direkten Demokratie steht an erster Stelle, und so haben sich etwa im Club Helvétique die Antidemokraten zusammengeschlossen, um das internationale Recht, oder – noch schöner: das Völkerrecht – über das von den Staatsbürgern gemachte Recht zu stülpen. Dies gleichsam, um angeblich „Übles" der angeblich unwissenden Mehrheit der Bürger zu verhindern. Die EU-Befürworter verschanzen sich hinter der Wortschöpfung „bilateraler Weg". (Was ist das für ein Weg, der sich durch so technokratisches Zeug wie einen „bilateralen Vertrag" definieren ließe?) Die Frage ist und bleibt: Wie haltet Ihr es mit der Souveränität der Schweiz? Wollt Ihr den Sonderfall Schweiz oder wollt Ihr im Sumpf der EU-Harmonisierung untergehen?

- Wir dürfen auf keinen Fall weitere Verträge mit der EU abschließen, die unsere Handlungsfreiheit einschränken. Das ständige Sondieren in Brüssel mit dem Ziel, stets neue Verträge mit der EU abzuschließen, muss aufhören.
- Die Schweiz muss ihr noch immer in Brüssel liegendes EU-Beitrittsgesuch endlich zurückziehen.
- Ein starker Schweizer Franken ist besser als ein schwacher Schweizer Franken: für die Erwerbstätigen, für die Sparer, für die Rentner, für alle Bürgerinnen und Bürger. Entsprechende Probleme der Exportwirtschaft sind zwar real, aber seit Jahrzehnten lösbar.
- Jede weitere Staatsverschuldung ist zu vermeiden, denn Staatsverschuldung schadet der Wirtschaft, schwächt die Wohlfahrt und verhindert Privatinvestitionen. Darum muss die Schweiz auf allen Staatsstufen die Ausgaben genau auf die beschränkten Einnahmen abstimmen.
- Gerade angesichts der europäischen und weltweiten Krise müssen die Bürger gestärkt werden, nicht der Staat. Der Staat muss den Bürgern Geld zurückgeben. Steuern, Gebühren und Abgaben müssen sinken. Das ist das Credo der geradezu revolutionären, liberalen Verfassung

von 1848, die der Schweiz eine über 150-jährige Erfolgsgeschichte beschert hat. Dass auch danach alle umliegenden Staaten die Schweiz mit ihrer demokratischen Verfassung nicht nur als Sonderfall, sondern geradezu als Sonderling behandelten, gehört mit zur Lehre der heutigen Auseinandersetzungen. Zumindest darf erwähnt werden: Die Schweiz hat im Jahre 2010 ihre anno 1848 installierte Verfassung im Wesentlichen noch immer. Während die damaligen Verfassungen der umliegenden europäischen Staaten samt und sonder untergegangen oder weggefegt wurden.
- Der Zuwanderungsdruck aus dem EU-Raum wird weiter zunehmen. Die Personenfreizügigkeit mit sofortigem Zugang zu den Sozialwerken ist untragbar und muss neu verhandelt werden.
- Angesichts leerer ausländischer Staatskassen steigt der Versuch, die Schweiz mit der Forderung nach Zahlungen, Steuerharmonisierung und Anpassungen ans EU-Recht unter Druck zu setzen. Die Schweiz hat sich diesem steigenden Druck energisch zu widersetzen.

Vor allem aber gilt: Die Schweizerinnen und Schweizer müssen weiter gegen den Anschluss an die EU und an die Eurozone kämpfen. Setzen wir uns ein für unsere Bürgerinnen und Bürger, für unsere freiheitliche schweizerische Staatsform. Es ist gut zu wissen, dass es trotz aller geistigen Gleichschaltung liberale, staatskritische und misstrauische Mitmenschen und Mitkämpfer gibt. Gerhard Schwarz gehört unter ihnen zu den besten, auch wenn er mir wohl in Vielem widersprechen möchte. Aber gerade die offene Rede und Widerrede machen die großen Werte unserer liberalen Grundordnung aus.

II.
DER LIBERALISMUS – EINE ZEITLOSE IDEE

VÁCLAV KLAUS

Die schwierigen Zeiten der Liberalen

Ich kann es kaum glauben, dass der immer so jugendlich aussehende Gerhard Schwarz schon 60 Jahre alt wird. Es ist ein schönes und in gewissem Maße würdiges Alter, in dem man in vergangenen Zeiten meistens begann, sein Leben zu verlangsamen und zu rekapitulieren, doch heutzutage ist es ein vollkommen vollwertiges mittleres Alter. Im Falle von Gerhard Schwarz ist dies sehr gut, da es nur sehr wenige Menschen gibt wie ihn – insbesondere im heutigen sehr unliberalen Europa. Ich erwarte in der Zukunft noch viel von ihm.

Ich bin kein Kenner der Details seines Lebens und Werkes und daher führe ich sogleich zu Beginn an, womit ich ihn verbinde. Es sind:
- seine außerordentlich wichtige und höchst praxisorientierte *Redaktions- und Publikationstätigkeit bei der Neuen Zürcher Zeitung*, in dieser besonders hochwertigen, aber leider wohl letzten liberalen Zeitung, die es in Europa (zumindest in deutscher Sprache, aber wohl überhaupt) noch gibt;
- seine *tiefe Kenntnis der Volkswirtschaftslehre* und zwar insbesondere ihrer Subdisziplin, der Theorie der komparativen Wirtschaftssysteme. Er war deshalb einer der wenigen, der von Anfang an den komplizierten Charakter des Transformationsprozesses gut verstand, bei dem es in Ländern – wie in der Tschechischen Republik – zur radikalen Umstellung vom Kommunismus auf die freie Gesellschaft und Marktwirtschaft kam, und der das seltene Verständnis für den originellen Weg hatte, den wir damals, zum Beginn der 1990er-Jahre, in unserem Land gewählt hatten;
- sein konsequenter und tief durchdachter *klassischer Liberalismus*, der überdies durch das Land verstärkt wird, in dem er lebt – durch die Einmaligkeit der schweizerischen Geschichte und die einmalige Stellung der Schweiz im heutigen zentralisierten und überregulierten Europa;
- die *Mitgliedschaft von uns beiden in der Mont Pelerin Society*, die uns einen guten Grund gibt, voneinander zu wissen und uns von Zeit zu Zeit zu sehen. Auch seine Tätigkeit in weiteren Institutionen steht mir

nahe – so z. B. in der Friedrich A. von Hayek-Gesellschaft, deren Vorsitzender er ist, und in der schweizerischen Progress Foundation, deren stellvertretender Vorsitzender er ist. Uns verbindet auch, dass wir beide in Deutschland mit dem sehr hochrangigen Ludwig-Erhard-Preis ausgezeichnet worden sind (er im Jahre 1996 und ich im Jahre 1993). Uns verbinden gerade Namen wie von Hayek und Erhard, aber auch einige weitere.

1. Die gegenwärtige Defensive des klassischen Liberalismus und der Anbruch der Postdemokratie

Gerade jetzt, zum Beginn des einundzwanzigsten Jahrhunderts, ist es notwendig, sehr intensiv über all diese Themen zu sprechen, da nichts davon, was Gerhard Schwarz (und mit ihm zusammen auch ich) vertritt, Mehrheitsmeinung ist. Der klassische Liberalismus gelangte wieder – trotz der Hoffnung, die mit der Beendigung seines Gegenteils, dem sehr unliberalen Kommunismus, verbunden war – in die sichtbare Defensive. So sehr wir die gegenteilige Entwicklung erwarteten, so wenig hat der Zusammenbruch des Kommunismus den klassischen Liberalismus und dessen Position in der heutigen westlichen Gesellschaft gestärkt, sondern eher, wie paradox dies auch immer klingen mag, geschwächt. Es ist bemerkenswert (und eigentlich eher traurig), dass der „stille" Verlust der ursprünglichen Ambitionen und des Elans, zu dem es ein paar Jahre nach dem Fall des Kommunismus gekommen war, von keinem der restlichen großen Liberalen explizit diskutiert wurde. Glauben denn auch sie an Fukuyamas „Ende der Geschichte"?

Die Größe, Kraft und damit auch die Gefährlichkeit des Kommunismus motivierten – ähnlich wie es auch beim Nazismus der Fall war – all jene, für die die Freiheit über allem stand, zu außerordentlicher intellektueller Aktivität. Dies bot vielen Großen des wahrhaften Liberalismus (im europäischen Sinn des Wortes) – von Mises, über von Hayek bis hin zu Friedman – den Raum, ihre grundlegenden Werke gerade diesem Thema zu widmen. Dies motivierte sicherlich auch Gerhard Schwarz.

Diese Phase der historischen Entwicklung ist jedoch zu Ende. Außerdem ist die allgemeine Achtsamkeit verschwunden. Nach dem Fall des Kommunismus begannen die Menschen das Gefühl zu haben, sie seien bereits in einer Art ständiger Sicherheit und dass man den guten alten klassischen Liberalismus nun nicht mehr benötige. Bewusst oder unbewusst nahmen

sie die Thesen der Nichtliberalen an, dass der klassische Liberalismus veraltet und unmodern und dass er ein Relikt der Vergangenheit sei.
Die Menschen glaubten an etwas vollkommen Ahistorisches. Sie glaubten, dass die Menschheit in eine neue, bislang unbekannte Etappe eingetreten sei. Sie begannen, an die Entideologisierung der Politik und an eine „Informations"- oder „Kenntnisgesellschaft" zu glauben (und sie ärgern sich sehr, wenn ich sie daran erinnere, dass auch der kommunistische „Zar" Leonid Breschnew auf ähnliche Weise am Anfang der 1970er-Jahre viel mehr an die wissenschaftlich-technische Revolution als an die Stärke des Kommunismus geglaubt hatte). Sie begannen, an das Ende der Geschichte bzw. das Ende der Ideologie zu glauben. Gerhard Schwarz weiß, dass dies ein gewaltiger Irrtum ist, der sich bald rächen wird.

Diese immer mehr Raum und Unterstützung gewinnenden Mehrheitsmeinungen führen zur allmählichen Herausbildung einer neuen Variante der „brave new world" von Aldous Huxley, die auf eine neue (oder eher altneue) Form einer unliberalen gesellschaftlichen Ordnung ausgerichtet ist. Im politischen Bereich herrscht Sozialismus (vielleicht – genauer gesagt – Neosozialismus oder Sozialdemokratismus), so sehr sich dessen heutige Ideologen für dieses unmoderne Wort auch schämen und sich daher hinter modern klingenden Etiketten des Typs: „ökologische und soziale marktwirtschaftliche Gesellschaft" verbergen. Diese Ideologie sieht – insbesondere in ihrer derzeitigen französisch-deutschen Ausführung – keinesfalls zufällig den Kapitalismus und den Markt (und gleichzeitig auch den klassischen Liberalismus) als ihren größten Feind.

In der Wirtschaft (und auch in der Volkswirtschaftslehre) hat wiederum der etwas renovierte Keynesianismus zu dominieren begonnen (in seiner europäischen Variante der sozialen Marktwirtschaft und in seiner amerikanischen, heute „Obamischen" Verpackung). In den internationalen Beziehungen wird der Staat und dessen Souveränität immer mehr unterdrückt und es siegt der europäische Kommunitarismus (als ganz besonders erfolgreiche Abzweigung der zahlreichen Globalisierungsdoktrinen). Jegliches Anzeichen von Bemühungen des einen oder anderen Staates um Stärkung seiner Souveränität wird als Nationalismus angesehen. Der weltweite Glaube an etwas derart Absurdes wie Global Governance wird deutlich stärker.

In der Ideologie (und unter den säkularen Religionen) ist der Environmentalismus in Mode, der sich im Verlauf der letzten zwei Jahrzehnte in die größte – da attraktiver als alles andere – Bedrohung der menschlichen Freiheit und der sie begleitenden Prosperität wandelte. Im philosophischen Denken herrscht der vernichtende Relativismus, die Missachtung der Rationalität, die postmoderne Inkonsistenz des Denkens vor. Zu all dem hat Gerhard Schwarz etwas zu sagen, und es ist wichtig, dass er es sagt und dass er imstande ist, es zu sagen. Ich glaube, dass er – ebenso wie ich – keine Angst hat, sich zum Kapitalismus, zum konservativen Gedankengut und zu den traditionellen europäischen Werten zu bekennen. Und dass ihm alle Varianten des Sozialismus und des modernistischen oder postmodernistischen Denkens fremd sind.

Es ist kein Zufall oder historischer Irrtum, dass wir in der westlichen Welt erneut in diese offensichtlich unliberale Ordnung gelangt sind. Ich glaube sogar, dass wir wissen, warum dies geschehen ist. Der ausschlaggebende Grund liegt m. E. darin, dass jene grobe, totalitäre Unterdrückung der Freiheit bereits mindestens zwei Jahrzehnte Vergangenheit ist, dass sich bereits alle in gewissem Maße zufrieden gegeben haben und daher in der heutigen Zeit fast niemand die tatsächliche Freiheit verteidigt. Es sieht so aus, bzw. einige versuchen, dies derart zu präsentieren, als würde es sich lediglich um Kleinigkeiten und Haarspalterei handeln. Warum stören die obligatorischen Helme beim Radfahren und Skilaufen? Warum stört das Rauchverbot? Warum stört der obligatorische Austausch der Glühbirnen gegen die angeblich sparsameren (aber schlechter leuchtenden) Glühlampen? Warum stört die obligatorische Impfung gegen die Schweinegrippe? Es ist doch dem Wohl aller, auch derjenigen, bestimmt, die dies noch gar nicht wissen.

In den derzeitigen, sehr trivialisierten Überlegungen über die menschliche Gesellschaft spielt die schematisch – und daher völlig falsch – wahrgenommene Dichotomie der Gegensätze *Totalität – Freiheit* die ausschlaggebende Rolle. Menschen wie Gerhard Schwarz wissen gut, dass es nicht genügt, dabei stehen zu bleiben, dass dies sogar gefährlich sein kann. Es gibt auch andere Bedrohungen der Freiheit als grobe Gewalt, Konzentrationslager oder Gulags. Der Nicht-Totalitarismus ist bei Weitem noch keine Freiheit.

Viele Menschen verstehen das nicht. Der Hauptgrund für das Unverständnis des Wesens der tatsächlichen Freiheit einerseits und der Gründe und Folgen des dramatischen Rückgangs des Glaubens an die Wichtigkeit der Freiheit und der individuellen Verantwortlichkeit andererseits besteht – neben der Existenz der nominalen Freiheit und der relativen materiellen Fülle und des sich daraus ergebenden Fehlens der Angst vor deren Verlust – in der unglaublichen Oberflächlichkeit und Bequemlichkeit des heutigen Denkens.

Dazu trägt in bedeutsamer Weise auch die nachlassende Qualität der modernistisch bzw. postmodernistisch geprägten Bildung bei, die zur Absenz einer tieferen und ausgewogenen Bildung führt, die früher – zumindest bei Menschen mit Hochschulausbildung – existierte. Auf wesentliche Art und Weise wird dies alles auch durch die allmächtige mediale Popkultur beeinflusst. Beides ist mit Mangel an Demut, der sich aus dem Verlust des Glaubens an was auch immer ergibt, was das Individuum übersteigt, und mit der Dominanz der Kultur einer durch nichts gebremsten Toleranz gegenüber fast jedem Verhalten dieses – von den verschiedensten „Fesseln" befreiten – Individuums verbunden, das sich bei der von niemandem in Zweifel gezogenen Apotheose der heutigen permissiven Gesellschaft vollzieht. Wiederum – Permissivität ist nicht Freiheit.

Das Bildungsproblem betrifft alle Schulstufen, wobei die größte Bedeutung darin liegt, dass das Hochschulwesen seinen ursprünglichen universalen Charakter verloren hat. Anstelle seiner tatsächlichen Berufung widmen sich die Universitäten der Produktion von sehr spezialisierten, nur partiell gebildeten Experten und wandeln sich in eine Fabrik zur Herstellung von Diplomen und Titeln für diejenigen, die diese zwar nicht verdient haben, aber die die heutige moderne „Kenntnis-" und europäisch harmonisierte, also nivellierte Gesellschaft (und Wirtschaft) fordern. Daher werden alle in der Vergangenheit existierenden Kriterien verweichlicht.

Allein die Inflation der Hochschulen führt zum Niedergang der Bildung, wozu es unter dem gefälligen, quasi-demokratischen Motto kommt: „Alle an die Hochschule". Es wurde politisch inkorrekt und fast zu einem Skandal, wenn man die offensichtliche Wahrheit aussprach, dass die Menschen nicht gleich sind und sie nicht gleich talentiert auf die Welt kommen. Aus dem gleichen Grund ist es auch nicht möglich, zu dieser Überproduktion von Hochschulen die notwendige Anzahl von Hochschullehrern zu „produzieren", auch wenn gerade sie das wahrhafte Wesen des Schulwesens darstellen. Es ist traurig, dass dies nur wenige Menschen ärgert und dass die Folgen der heutigen gefährlichen Nivellierungsprozesse unterschätzt werden. Darauf reagieren wir, nach einem halben Jahrhundert im Kommunismus, sehr empfindlich.

Eine Schlüsselrolle bei der Vertiefung und Verstärkung dieser Prozesse spielt die mediale Popkultur[1] und insbesondere ihre am meisten sichtbare Komponente: das Fernsehen. Es ersetzte das Wort durch das Bild. Die Folge davon ist, dass das Nachdenken (das in Worten geschieht) durch das Zuschauen abgelöst wurde. Die meisten Menschen sind bloße Zuschauer der sie umgebenden Welt und passiver Gegenstand ihres eigenen Schicksals. Sie sind über die Welt nicht seriös informiert, sie sind mystifiziert und manipuliert. In der unendlichen Internetdatenflut sind die Informationen verloren gegangen, wobei diese für die rationalen Entscheidungen von Menschen unerlässlich sind. (Ich würde jetzt gerne die Überlegungen entwickeln, dass Daten keine Informationen und dass Informationen kein Wissen und keine Kenntnisse sind – aber dies würde mich in eine ganz andere Richtung treiben).

Der mediale und der politische Mainstream weisen eine noch nie da gewesene Einheit auf. Während im klassischen Alter der liberalen Demokratie die Medien in der Regel gegenüber dem Establishment in Opposition standen, sehen wir heutzutage etwas ganz anderes: Die Politiker übernehmen die medialen Katastrophenszenarien (z. B. globale Erwärmung) und passen ihre Politik an sie an, und ebenso unterstützen die Medien propagandistisch die Regierungen (z. B. immer tiefer greifende EU-Integration) und manipulieren die Bürger zur unkritischen Annahme sehr strittiger politischer Entscheidungen und Trends. In „kollegialer" Einheit stellen sie uns die Welt als Schauplatz beständiger Bedrohungen und als Raum vor, in dem es nur eine einzige richtige Lösung gibt.

Tag für Tag wird eine sich vor unseren Augen ereignende Katastrophe von einer anderen abgelöst, und wenn diese dann medial ausgeschlachtet ist, kommt die nächste an die Reihe. Heute kann sich wohl kaum noch jemand an den Wahnsinn um den sogenannten Rinderwahn erinnern, bei dem ganze Herden notgeschlachtet und liquidiert worden sind, ohne einen einzigen nachgewiesenen Fall der Übertragung dieser Krankheit auf den Menschen verzeichnet zu haben. Bei der sogenannten Vogelgrippe wiederholte sich dann das gleiche Szenario in den Geflügelbeständen. Ganz zu schweigen von der jüngsten Hysterie um die Schweinegrippe. Dort wandelte sogar die World Health Organization (WHO) ihre bishe-

---

1 Die Analyse der medialen Popkultur würde uns in eine unerträgliche Breite führen, daher werde ich mich hier diesem Thema nicht widmen.

rigen Regeln, um diese Grippe vollkommen verantwortungslos zur Pandemie erklären zu können.

Nichts anderes war auch der Alarm und die „Schließung des Himmels über Europa" während des Ausbruchs des Vulkans Eyjafjallajökull auf Island. In der Welt brodeln an den verschiedensten Orten mächtigere Vulkane, doch noch nie wurde deswegen der dichte Flugverkehr auf dem halben Kontinent eingeschränkt. Alles hat neben der allgemeinen Angstmacherei noch einen weiteren bemerkenswerten gemeinsamen Nenner: riesige Finanztransfers von öffentlichen Quellen an Privatfirmen. Doch die investigativen Medien interessieren sich merkwürdigerweise für diesen offensichtlichen Fakt nicht.

Eine derartige Einheit des propagandistischen und manipulativen Zusammenspiels zwischen dem politischen und medialen Mainstream ist nur aus totalitären Diktaturen bekannt – einige von uns können sich noch gut daran erinnern. Die Mediokratie wird zur postmodernen Alternative der Demokratie.

Ähnlich destruktive Prozesse finden auch in der Politik und im politischen Gedankengut statt. Die Politiker streben bereits lange keine Verteidigung ihrer „großen" Ideen mehr an. Sie gaben auch die Suche und Artikulierung des größten gemeinsamen Nenners der Interessen der Bürgergruppen auf, die sie vertreten oder die sie zumindest vertreten sollten. Stattdessen konzentrieren sie sich auf Medienbilder, Symbole und Emotionen, das einzige wahrhafte und authentische Interesse, das man heute in der Politik beobachten kann. Dies ist das Interesse an der eigenen Wiederwahl, das Mittel für den Machteinfluss bzw. den wirtschaftlichen Einfluss zu Gunsten von konkreten persönlichen Interessen oder Interessen bestimmter politischer Mitspieler.

2. Die Wiedergeburt von Keynes

Sehr deutlich ist das auch in der Wirtschaft und im ökonomischen Denken. Während in der Politik die Extreme des zwanzigsten Jahrhunderts – der Nazismus und der Kommunismus – mehr oder weniger verlassen wurden und heute von niemandem mehr verteidigt werden, ist es in der Wirtschaft anders. Für die meisten Menschen wurde die Krise der 1920er- und 1930er-Jahren des letzten Jahrhunderts als endgültiger Beweis dafür genommen, dass die damalige Form des Kapitalismus nicht weiter bestehen kann.² In den 1930er-Jahren ist – als Reaktion auf diese Krise – eine szientistisch erscheinende Doktrin entstanden, die zudem nicht von einem Outsider formuliert wurde, sondern von einer wichtigen Persönlichkeit des damaligen Establishments der Wirtschaftswissenschaft (Universität Cambridge), des kulturellen Lebens (Londoner Bloomsbury-Gruppe), der Wirtschaftspolitik (bedeutende Funktionen auf wichtigen internationalen Konferenzen nach dem Ersten und Zweiten Weltkrieg) – John Maynard Keynes. Dieser attraktiven, leicht verständlichen und leicht politisch durchsetzbaren Doktrin wurde Glauben geschenkt.

Mit seinem genialen Gespür traf Keynes voll die gesellschaftliche Nachfrage. Es gelang ihm, den Kapitalismus überzeugend genug zu desinterpretieren (und schaffte dies durch eine Karikatur des bedeutenden klassischen Ökonomen Jean-Baptiste Say auch für die gesamte bis dahin bestehende Wirtschaftswissenschaft) und den Ökonomen, Politikern und Medien die Überzeugung aufzudrängen, dass ein rasantes Eingreifen des Staates in die Wirtschaft in Form von umfangreichen „staatlichen Ausgaben" zur Ergänzung der inhärent ungenügenden „effektiven Nachfrage" des nichtstaatlichen Sektors der Wirtschaft – von uns allen in unserer Rolle als Verbraucher oder Investoren die einzige mögliche Zukunft für den Kapitalismus sein kann. Keynes „spielte" dramatisch mit dem Bild vom Versagen des Marktes, die Frage nach dem Versagen des Staates stellte er sich nie.

Der Sieg des Keynesianismus bzw. der auf ihm basierenden Wirtschaftspolitik der westlichen Staaten hatte fatale Folgen. Vergleichen wir den Anteil der Staatsausgaben am Bruttoinlandsprodukt (BIP) im Jahr 1930 und im Jahr 2000, ist der Unterschied enorm. Vergleichen wir die Steuerquote, wieder ein großer Unterschied (dabei sollten wir das Jahr 1930 eher mit 1980 vergleichen, d. h. mit der Welt von R. Reagan und M. Thatcher). Das Gleiche gilt für den Vergleich der Staatsverschuldung. Vergleichen wir die damalige und heutige Höhe der Sozialeinkommen mit anderen Einkommen, sehen wir wieder eine enorme Differenz. Dasselbe gilt für die Zahl der staatlichen Beamten. Dasselbe gilt für den Umfang der Gesetzestexte.

---

2 Mehr zu diesem Thema ist in meinem Text „Gefahr des aggressiven Keynesianismus der zweiten Generation" zu finden; http://www.klaus.cz/clanky/419. In verkürzter Form publiziert in: Wirtschaftswoche, 18.05.2009.

Die Krisen können nicht ganz vermieden werden. Die Krise muss stattfinden. Sie ist ein Gesundungsprozess. Sie ist die notwendige und durch nichts zu ersetzende Liquidation von nicht haltbaren wirtschaftlichen Aktivitäten, die auf vorherigen falschen Entscheidungen basieren. Es ist unvernünftig, die Krisen durch eine künstliche Aufrechterhaltung dieser Aktivitäten um den Preis einer enormen Verschuldung zu eliminieren.

Früher oder später wird die Krise überwunden sein. Ein langfristiger Schaden wird gerade durch die Errichtung dieser weitgehenden makroökonomischen und regulatorischen staatlichen Eingriffe entstehen. Den Gegnern des Marktes gelang es wieder, ein großes Misstrauen in das System hervorzurufen. Dieses Mal ist die Kritik jedoch nicht gegen den Kapitalismus des freien Marktes, gegen Laisser-faire, gegen den Kapitalismus von Adam Smith, Friedrich A. von Hayek, Milton Friedman wie vor 70 bis 80 Jahren gerichtet. Die Kritik richtet sich heute gegen den schon sehr stark regulierten, verstaatlichten Kapitalismus der Gegenwart. Die heutigen Kritiker erwecken den Anschein, dass das heutige System gar nicht reguliert ist, als ob es nicht unter einer immensen Beeinflussung des Staates ist, als ob es sich wirklich um ein System der Art „free market" handeln würde, dies ist aber nicht wahr. Den gegenwärtigen sozialistischen „Visionären" ist die keynesianische Revolution nicht genug. Sie wollen eine weitere Revolution – den Markt noch mehr einschränken.

Die gegenwärtige Finanz- und Wirtschaftskrise, die ohne Zweifel größer ist als die Krisen der letzten Jahrzehnte, hat ihnen in die Hände gespielt. Sie wurde nicht vom Markt verursacht. Diese konkrete Krise entstand durch ehrgeizige, jedoch irrationale staatliche Eingriffe in die Zinssätze und in den Umfang des Geldangebots in den USA, begleitet von einer fehlerhaften Regulierung des Finanzsektors. Als Lösung bietet sich eine weitere Unterdrückung und Deformierung des Marktes, was ihn jedoch aus dem Spiel ausschließt. Der Markt wird nicht mehr als autonomes System betrachtet, sondern als ein Instrument in Händen der Politiker. Dass dies schlecht ist, hat uns der Kommunismus ganz klar gezeigt. Obwohl das kommunistische Regime schon vor mehr als zwei Jahrzehnten gefallen ist, traue ich meinen Augen nicht, wenn ich mit Slogans wie „die Wirtschaft muss den Menschen dienen" (das Hauptmotto eines der letzten Treffen des Weltwirtschaftsforums in Davos), „Finanzsystem im Dienste der Menschheit" (der Titel der Rede eines Staatspräsidenten eines

EU-Landes auf einer großen internationalen Finanzkonferenz). Das Schlimmste ist, dass die Nobelpreisträger für Wirtschaftswissenschaft, Stiglitz und Krugman, in ihren akademisch aussehenden Texten etwas sehr Ähnliches sagen. Ich bin mir nicht sicher, ob der Kapitalismus und vor allem der Markt all dies überlebt. Den Markt gibt es, oder es gibt ihn nicht. Der Markt ist kein Instrument, wie es die Zentralplaner glauben wollten, nachdem auch sie verstanden hatten, dass es nicht ganz ohne Markt geht. Sie wollten den Markt deshalb benutzen – der Markt lässt sich jedoch nicht nutzen. Genauso ist auch das Angebot von Waren und Dienstleistungen das Ergebnis des Funktionierens des Marktes. Ohne Markt kann es keine Waren und Dienstleistungen geben. Die Produktion von Waren und Dienstleistungen besteht nicht neben dem Markt, sie ist der Markt selbst. Zukünftige Krisen können deshalb infolge weiterer staatlicher Eingriffe in den Markt nicht ausgeschlossen werden. Der Markt kann vernichtet werden, gerade in Europa sind wir nicht weit davon entfernt.

3. Konversion der europäischen Integration in eine bürokratische Unifikation

Überall um uns herum sehen wir anwachsende Probleme, man braucht nicht gerade weit in die Ferne zu schauen. Uns in Europa und insbesondere diejenigen unter uns, die die tragische Ära des Kommunismus erlebt haben (und dabei versucht haben, sie tatsächlich zu verstehen und daraus tiefere Schlussfolgerungen zu ziehen, als nur den allgemein bekannten Fakt, dass dies eine grausame totalitäre Diktatur war) muss heute am dringendsten interessieren, was gerade jetzt in der Europäischen Union und mit der Europäischen Union geschieht. Zu diesem Thema habe ich in den letzten Jahren in deutscher Sprache recht viel gesagt und geschrieben. Erwähnen möchte ich insbesondere die Rede im Europaparlament (Februar 2009)[3], die Rede in der Bertelsmann Stiftung (April 2008)[4],

---

3 Rede vor dem Europa-Parlament, Brüssel, 19.02.2009; www.klaus.cz/clanky/310.
4 „Zukunft Europas: Beethoven oder Schönberg, Ode an die Freude oder Dodekaphonic? Rede in der Bertelsmann Stiftung in Berlin, 23.04.2008; www.klaus.cz/clanky/1751.

die Rede in Bochum (Februar 2009)[5], die Rede in Passau (September 2009)[6], aber insbesondere meine jüngste Europa-Rede in Berlin (April 2010)[7].
Meine Meinung zur europäischen Entwicklung ist relativ klar, häufig publiziert und daher bekannt. Deshalb füge ich hier nur einige Thesen an. Wie ich im April 2010 in Berlin sagte, vertrete ich nicht die Meinung: „je mehr Europa, desto besser," „je tiefer wir integrieren, desto mehr gewinnen wir", „je mehr der Staat in Europa zugunsten der europäischen Institutionen unterdrückt wird, desto besser". Ich bin überzeugt, dass eine Fortsetzung in diese Richtung keine positive Zukunft Europas garantieren kann. Eine weitere meiner Thesen ist folgende: „Es ist notwendig, Europa und seine historische Evolution zu respektieren und nicht zu wollen, Europa gerade jetzt mit unserer Arroganz der Vernunft zu konstruieren. Dies lernten wir von Hayek (und Mises) und tagtäglich können wir uns davon überzeugen, dass das heutige Europa auch diesen Respekt vergessen hat.

Ich weiß, dass auch die heutigen europäischen Liberalen mit der europäischen Entwicklung nicht geringe Probleme haben, was mich außerordentlich traurig macht. Es scheint mir, dass sie die Entwicklung in Europa in gewissen Aspekten unterschätzen und in anderen wiederum überschätzen. Es hat den Anschein, dass sie allzu lang geglaubt haben – oder wohl nur glauben wollten –, dass die Liberalisierungsprozesse in der Europäischen Union dominieren, d. h. Öffnung, freie Bewegung über Grenzen hinweg, Auflösung verschiedener Barrieren für diese freizügige Bewegung, was aber schon lange nicht mehr wahr ist. In gewissem Maße könnte dies in der ersten Phase der Entwicklung der europäischen Integration nach dem Zweiten Weltkrieg wahr gewesen sein. Seit jener Zeit hat sich die europäische Integration bereits lange zu einem anderen Pro-

---

5 „Was sagt uns die heutige Zeit über Europas Zukunft?" Rede im Rahmen des Projektes „Herausforderung Zukunft", Christuskirche Bochum, 19.02.2009; www.klaus.cz/clanky/654.
6 Passauer Gespräche, Mediazentrum der Verlagsgruppe Passau, Passau, 16.09.2009; http://www.klaus.cz/clanky/1247.
7 Humboldt-Rede: Kritik der heutigen Form der europäischen Integration, Walter Hallstein-Institut für Europäisches Verfassungsrecht, Humboldt-Universität, Berlin, 29.04.2010; http://www.klaus.cz/clanky/2579.

jekt, zur Unifikation, gewandelt. Diese Unifizierung bedeutet keinesfalls Liberalisierung, sondern Harmonisierung sehr unliberaler Politiken und einen schnellen Anstieg des Demokratiedefizits.

Im Allgemeinen ist es sicherlich wahr, dass das Wort Integration – im Unterschied zum Wort Desintegration – eine positive Konnotation hat. Viele europäische Liberale wollten glauben, dass die europäische Integration Schwächung des Staates bedeutet, sie meinten damit ihren Heimatstaat und erachteten dies als eine positive Entwicklung. Sie unterschätzten dabei, dass dieser neue – von der Kontrolle des Bürgers viel mehr entfernte – europäische Staat im Wesen noch weitaus schlimmer ist. „Der „Liberalisierungsbeitrag" der heutigen europäischen Integrationsphase ist daher weitaus geringer als ihr Beitrag in entgegengesetzter Richtung.[8]

Ein weiteres Problem, das ich heute in Europa sehe, ist der von Demut losgelöste und stolze Konstruktivismus der Brüsseler Politiker und ihrer Ideologen, der immer mehr mit der Realität in Konflikt gerät. Das heutige Europa ist ein sehr kompliziertes Konglomerat von historischen Entwicklungen, von rationalen oder irrationalen Befürchtungen und Vorurteilen sowie von vielfältigen und belastenden historischen Erfahrungen, aber auch von völlig legitimen und sich stark unterscheidenden Interessen einzelner Personen und ganzer Völker. Auf diesem Terrain sich ohne Respekt vor seiner Zerbrechlichkeit und Verletzlichkeit zu bewegen, ist ein Ausdruck gewisser Blindheit und Taubheit, was eine große Gefahr in sich birgt.[9]

Da ich mir dessen sehr stark bewusst bin, steht meine Position in starkem Widerspruch zur aktuellen Mode: Ich wünsche eine vollkommen andere institutionelle Gestaltung der Europäischen Union. Wenn ich meine Position kurz in ein paar Sätzen zusammenfassen sollte und dabei

---

8 Ich erinnere mich zum Beispiel an den Artikel eines ehemaligen Präsidenten der Mont Pelerin Society, meines Freundes Antonio Martino, der darin aufgrund einer derartigen „verspäteten" Argumentation die Existenz der gemeinsamen europäischen Währung verteidigte. Er glaubte an ihre Liberalisierungswirkung, was ein absoluter Irrtum ist. Antonio Martino, Milton Friedman and the Euro, in: CATO Journal, Bd. 28, Nr. 2, 2008.
9 Im Folgenden benutze ich in freier Weise einige Absätze aus meiner Humboldt-Rede, Berlin, 29.04.2010.

auch bei einer normativen Aussage bleiben würde, müsste ich sagen, dass ich ein Europa auf der Basis von Intergovernmentalismus will, das heißt auf einem Minimum von Supranationalismus. *Ich will ein Europa, das auf vernünftiger und freundschaftlicher Zusammenarbeit von gleichwertigen und souveränen europäischen Staaten basiert.* Ich will kein von oben organisiertes Heimatland aller Europäer. *Vor allem will ich die Bürgerschaft,* die das Grundprinzip jeder menschlichen Gemeinschaft darstellt, in der es möglich ist, in Freiheit zu leben. Dadurch hat sich Europa vom Rest der Welt bis jetzt am meisten unterschieden. *Die Bürgerschaft auf kontinentaler Ebene zu erschaffen, geht aber nicht.* Sie kann nur auf der Ebene des Staates (und der Staaten) existieren. Dies halte ich für unbestreitbar.

Die Schärfe meiner Position folgt wahrscheinlich aus meinen eigenen Erlebnissen und Erfahrungen aus der kommunistischen Ära, in der ich mehr als zwei Drittel meines Lebens verbracht habe. Das kommunistische Regime hat die Gleichheit und die Souveränität der Staaten eingeschränkt. Es wurde von oben, nicht von unten organisiert. Es hat die Bürgerschaft unterdrückt. Es wurde auf Internationalismus aufgebaut, nicht auf dem Respekt vor dem Staat als der notwendigen und unersetzlichen Entität jeglicher wirklich demokratischen politischen Ordnung. Dies hat bei mir zu einer hohen Empfindlichkeit bei jedwedem Anschein von ähnlichen Erscheinungen geführt. Mit diesem verschärften Blick beobachte ich die heutige Europäische Union und sehe darin eine Reihe von Erscheinungen, mit denen ich nicht einverstanden sein kann.

Das ist aber nicht alles. Die schnell anwachsende Unifizierung, Harmonisierung, Standardisierung und Reglementierung Europas ist nur eines der Elemente der heutigen europäischen Entwicklung. *Die EU hat sich in den letzten Jahren grundlegend auch noch in anderer Hinsicht gewandelt.* Diese Wandlung wurde durch die massive Osterweiterung der Union verursacht, zu der es im ersten Jahrzehnt des einundzwanzigsten Jahrhunderts gekommen ist. Von den ursprünglichen sechs Staaten wurde die EU zunächst auf 12, dann auf 15, nach zehn Jahren auf 25 und vor drei Jahren auf 27 Staaten erweitert.

Man könnte sagen, dass die ursprüngliche Gruppe der sechs Staaten, aber möglicherweise auch die folgenden 12 oder 15 Staaten in gewissem Maße (und mit einigen Ausnahmen) eine *spezifische, relativ homogene Entität* waren, die sich klar gegen die anderen europäischen Staaten abgrenzten. Dank dessen konnten sie langfristig möglicherweise anstreben, ein besonderes, quasi-staatliches Gebilde zu erschaffen, das eventuell mit immer wieder neuen und neuen „Lissabonverträgen" schrittweise vereint und zentralisiert werden würde. Die Aufnahme der ersten mittel- und osteuropäischen Länder im Jahre 2004 und dann auch die Beitritte Rumäniens und Bulgariens in dieses Gebilde – und diese mussten realisiert werden, da es nicht akzeptabel und zu verteidigen gewesen wäre, dass sich die EU wie ein abgeschotteter Klub, wie etwas Ausschließendes und Elitäres verhielt – gaben der Europäischen Union eine fast gesamtkontinentale Dimension. Bis auf Ausnahmen im exjugoslawischen Balkanraum und in der ehemaligen Sowjetunion umfasst die europäische 27-Gruppe die überwiegende Mehrheit der Länder, die historisch zu Europa gehörten und gehören.

Durch diese Erweiterung beginnen sich die EU und Europa zu überlappen und es scheint, als ob das alte Europa auf diesem Wege zu uns mit seinen alten, historisch „geprüften" Verhaltensmustern zurückkehrte. Neben der Schwächung der Mitgliedstaaten zu Gunsten des Brüsseler Zentrums, neben der in immer mehr Angelegenheiten eingreifenden zentralen europäischen Regierung – was Prozesse sind, die ich mir nie gewünscht habe – beginnt sich langsam aber sicher die Machtordnung zu erneuern, die auf dem europäischen Kontinent insbesondere im 19. Jahrhundert überwogen hatte.

Die heutige europäische Politik wird strategisch nicht von der supranationalen Brüsseler Bürokratie formuliert, wie dies in der Regel (scheinbar kritisch, da Kritik an der Brüsseler Bürokratie „genehmigt" ist) interpretiert wird, sondern von dem traditionellen Trio der alten europäischen Großmächte – Deutschland, Frankreich und Großbritannien. Die Stimme Italiens, Spaniens und Polens ist bereits weitaus schwächer und die Stimmen der anderen Mitglieder sind fast irrelevant. Darüber, dass die Europäische Union insbesondere ein Mechanismus zur Durchsetzung des Willens der Großmächte bleiben soll, zeugt auch die jüngste Besetzung der Funktion des Vorsitzenden des Europäischen Rates und des sogenannten Außenministers. Diese Posten wurden durch den Lissabonvertrag geschaffen, der als Schritt zur politischen Einigung Europas ausgegeben wurde. Das ist nicht der Fall. *H. van Rompuy und C. Ashton symbolisieren die Zweitklassigkeit, die Abgeleitetheit und Unselbstständigkeit des Brüsseler Zentrums gegenüber den Schwergewichten der deutschen, französischen und britischen Innenpolitik.* Dies steht im absoluten Widerspruch zu den Ambitionen des Lissabonvertrags.

In diesem „neuen" Europa, das zu den Wurzeln von Metternich und Bismarck zurückkehrt, kommt – fast paradoxerweise – auch Russland zu seiner ehemaligen Position zurück. Es zeigt sich, dass die traditionellen Muster der Allianzen, der Einflusssphären und der wirtschaftlichen Interessen nie vollkommen aufgehört haben zu existieren. Und gerade dies rehabilitiert Russland in den Augen seiner jahrhundertelangen, traditionellen europäischen Großmächtemitspieler – insbesondere Deutschland – als Partner, der seine legitimen Interessen hat, die respektiert werden müssen. Nachdem der Kommunismus, der eine globale Bedrohung war und den traditionellen europäischen historischen Zusammenhängen entglitt, am Ende war und das geschwächte und kleiner gewordene Russland erneut zur Großmacht wurde, die ihre sehr verständlichen Machtinteressen hat, steht seiner Zusammenarbeit (einschließlich der strategischen Aufteilung der Einflusssphären) mit der heutigen EU nichts im Wege. Dies wollen jedoch einige Länder Mittel- und Osteuropas, die traditionell Befürchtungen vor Russland haben, nicht verstehen.

Es scheint, dass sich auf unserem Kontinent als Zusatz zu diesen Prozessen der Raum für die Rolle der Vereinigten Staaten verkleinert, denen die europäischen Mächte nach dem Zweiten Weltkrieg die dominante Position in Europa überlassen mussten – nachdem sie selbst keine Mächte ersten Rangs mehr waren. Die Europäische Union errichtet heute auf unserem Kontinent eine Art Sonderbarriere vor den USA und verdrängt sie aus ihren bisherigen Positionen. In diesem Konzept, das unter dem Schlagwort „Europa den Europäern" zusammengefasst werden könnte, hat Russland für die heutigen Gestalter der europäischen Politik eine größere Bedeutung als die USA. Doch auch dies wird nicht explizit diskutiert, was ein offensichtlicher Fehler ist, gerade wenn man dies mit den mitteleuropäischen Augen betrachtet.

Das Verständnis der heutigen Probleme Europas wird durch die absichtliche Ignoranz des Umstandes erschwert, dass es keine gemeinsame, von den Bürgern Europas angenommene und von der breiten Öffentlichkeit geteilte europäische Identität gibt, dass es kein einheitliches europäisches politisches Volk gibt und dass die auf natürlicher Weise entstandenen und die Europäer trennenden nationalen Identitäten immer noch dominant bleiben. Mit ihnen sind Traditionen, historische

Erfahrungen, aber auch Befürchtungen, Vorurteile und Antagonismen verbunden, die sich in unterschiedlichen nationalen Interessen niederschlagen. Die Absenz einer gemeinsamen europäischen Identität bedeutet, dass es auf europäischer Ebene keine hinreichend tiefe Solidarität gibt, die die Bürger der einzelnen Länder tatsächlich spüren würden. Das ist die Realität, von der ausgegangen werden muss. Sie kann nicht durch die Bestrebungen um eine künstliche Regionalisierung Europas, durch die Übertragung immer weiterer Kompetenzen an Brüssel, durch neue Verträge oder Gesetzgebung, durch künstliche Zentralisierung und Unifizierung oder bürokratische und administrative Regulierung umgangen werden.

Das Ignorieren der Realität kann leicht dazu führen, dass die Europäische Union nach dem Überschreiten einer bestimmten Grenze von der Organisation, die die alten Konflikte versöhnt und neuen Konflikten vorbeugt, zu einer Organisation wird, die neue und angespannte Nationalismen, neue nationale Antagonismen und neue Konflikte stimuliert.

Die Vielfalt der nationalen Identitäten, der Traditionen, der Kulturen, der Gewohnheiten und der historischen Erfahrungen war immer und ist auch heute der Reichtum Europas. Doch die Gegenwart der europäischen Integration sieht dies als Problem oder mindestens ignoriert die Kompliziertheit dieses historischen Terrains. Daher wird die Bemühung immer stärker, alle Seiten des Lebens der Menschen in den Mitgliedstaaten einheitlichen Regeln zu unterwerfen. Das Fehlen politischer Voraussetzungen und die Unmöglichkeit der Schaffung von funktionstüchtigen demokratischen Mechanismen auf gesamteuropäischer Ebene führen jedoch dazu, dass die Vertiefung und Beschleunigung der europäischen Integration immer mehr mit Hilfe von technokratischen und bürokratischen Methoden hinter dem Rücken der Bürger erfolgt. Ein Beispiel ist die fragliche Durchsetzung des Lissabonvertrags.

Eine vollkommen andere Dimension bei der Ernüchterung von den ursprünglichen Träumen über den gemeinsamen europäischen Superstaat bringt die heutige Wirtschaftskrise mit sich, die bis zur Krise des Euro und der Eurozone führte.[10] Sie zeigt sehr offensichtlich das Maß an Risiken und Kosten, die die – überflüssig akzelerierenden und in jedem

---

10 Wann geht die Eurozone pleite?, in: Ekonom 16/2010, 22.04.2010; www.klaus.cz/clanky/2575 (auf Tschechisch).

Fall vorzeitig vorgenommenen – Unifizierungsschritte für die großen und kleinen, reichen und ärmeren Mitgliedstaaten brachten. Heute, nach der Annahme des Lissabon-Vertrags, kann man sagen, dass *Deutschland auf friedlichem Wege die klare europäische Hegemonie erlangte, um die es erfolglos zwei Weltkriege geführt hatte.*

Wenn wir dies jedoch aufmerksam betrachten, müssen wir wahrnehmen, dass die deutsche Reaktion auf diesen „historischen Erfolg" eher die Desillusion und der Unwille ist, die Kosten zu tragen, die von Deutschland allgemein erwartet werden. Ganz klar und deutlich zeigt dies die griechische Schuldenkrise und die deutsche Position dazu. Wir werden mit einem großen Interesse verfolgen, ob die griechische Krise zu einer Vertiefung der europäischen Integration oder zu einer Neubewertung der bisherigen Integrationsambitionen führen wird.

Wenn nichts geschieht, dann tritt die so dringend notwendige „Neubewertung" von selbst ein. Wie das Beispiel Griechenlands zeigt, können spontane Prozesse eine sehr dramatische Entwicklung annehmen.

Ohne Gerhard Schwarz etwas „unterschieben" zu wollen (geschweige denn, dass ich es mit ihm abgesprochen hätte) scheint es mir, dass vieles davon, was ich auf den vorhergehenden Seiten festgehalten habe, auf ähnliche oder fast gleiche Weise gerade auch von ihm gesagt wird. Ebenso gefällt auch ihm die aktuelle Politik nicht. In der Neuen Zürcher Zeitung sagt er: „Zugleich ist in der Politik eine merkwürdige Koalition von besserwisserischen Moralisten, linken Ideologen, empörten Romantikern und opportunistischen Nachbetern entstanden, die das Mantra, Markt und Liberalismus hätten versagt, verbindet und die sich nach einem Paradies mit lauter guten Menschen und ohne schnöden Mammon sehnen."[11]

Ebenso wie ich sorgt auch er „sich über den wachsenden politischen Einfluss von Intellektuellen, die eine geistige Affinität mit dem Sozialismus verbindet".[12] Auf dem Weltwirtschaftsforum in Davos im Jahr 2009 habe ich den dort versammelten Weltpolitikern (in einer geschlossenen Verhandlung der „World Economic Leaders") persönlich gesagt, dass ich mehr Angst vor den von ihnen vorgeschlagenen staatlichen Interventionen und regulierenden Eingriffen habe als vor der Krise selbst. Daher

---

11 Neue Zürcher Zeitung, 31.12.2008.
12 Neue Zürcher Zeitung, 15.08.2009.

erfreute es mich, als Gerhard Schwarz auf ähnliche Weise zwei Monate später schrieb, dass „wir in einer Lage sind, in der die Medizin gefährlicher ist als die Krankheit"[13]. Auch dies haben wir nicht miteinander abgesprochen.

---

13 Neue Zürcher Zeitung, 03.04.2009.

DETMAR DOERING

Fruchtbarer oder unfruchtbarer Wettbewerb?

Ordoliberale und Libertäre im Zeichen der Finanzkrise

Die 2008 einsetzende Finanzkrise hat der Idee und auch der Praxis der marktwirtschaftlichen Ordnung einen Schlag versetzt. Hatte sich seit den 1980er-Jahren – der Blütezeit von Thatcherismus und Reaganomics – das Blatt ein wenig zugunsten von Privatisierung, Deregulierung, Währungsstabilisierung und Freihandel gewendet, so scheint nun ein deutlicher Backslash einzusetzen. Zugegeben: Es hätte noch schlimmer ausgehen können. Die Vergleiche mit der Weltwirtschaftskrise der 1930er-Jahre, die in Totalitarismus und Krieg endete, waren zumindest verfrüht, doch ist das Image von Marktwirtschaft und (Neo-) Liberalismus nachhaltig angekratzt. Nicht zu Unrecht spricht Gerhard Schwarz von einer „Gegenreformation der Staatsanbeter", die nun eingesetzt habe.

Das blieb nicht ohne Folgen für die Beschuldigten, die Verfechter liberaler Wirtschaftspolitik:

- Der Ton wurde zweifellos defensiver. Allenfalls der Abwehr der schrecklichsten Exzesse des neu erwachten Etatismus, nicht aber der aktiven Verfolgung einer Reform-Agenda galten von nun an die Bemühungen.
- Schuldbekenntnisse wurden auch dort abgelegt, wo sie unangebracht waren. Ja, Remeduren für die Krise, die eigentlich Tabu hätten sein müssen, wurden häufig akzeptiert.
- Gegenseitige Beschuldigungen, man hätte „Exzesse" zugelassen, kamen auf, gemäß dem Motto: „Aber natürlich, so eine Art libertinistischer Liberaler bin ich nicht." Unter Liberalen distanziert man sich wieder voneinander ...

Alle drei Punkte sind natürlich eng miteinander verflochten. Der dritte Punkt ist ein Ausdruck der anderen beiden. Er ist besonders dazu angetan, den Spielraum des politischen Gegners zu erweitern und die Verzettelung von Kräften im eigenen Lager zu erhöhen. Es ist natürlich richtig, Differenzen, die es in jedem Lager gibt, nicht zu übertünchen und so möglicherweise fruchtbare Debatten zu unterdrücken. „Der Liberalismus ist keine abgeschlossene Lehre, er ist kein starres Dogma; er ist das Gegenteil von alledem (…)", hat schon 1927 Ludwig von Mises festgestellt.

Zu den in der Öffentlichkeit gerade von soliden Ordoliberalen präsentierten innerliberalen Distanzierungen gehörte nach Ausbruch der Finanzkrise die Behauptung, man sei schließlich kein Libertärer, der einen nicht an Regeln gebundenen Kapitalismus wolle. Diese Regellosigkeit sei das Problem und die Libertären hätten ihr das Wort geredet.

Bei den Libertären handelt es sich um besonders radikale Verfechter der Freiheit, die dem Staat entweder die Minimalfunktion der inneren und äußeren Sicherheit zusprechen oder ihn gar ganz abschaffen möchten, weil auch Güter wie Recht und Ordnung besser funktionierten, wenn man sie effizienter Privatinitiative und Wettbewerb aussetzen würde. Auch hier geht es nicht um Regellosigkeit, sondern darum, ob es des Staates dafür bedarf. Vor allem in den Vereinigten Staaten hat der *Libertarianism* wichtige Denker hervorgebracht – für die Minimalstaatler haben wohl der Harvard-Philosoph Robert Nozick mit seinem Buch „Anarchy, State, and Utopia" (1974) und für die extremen Anarchokapitalisten der Ökonom Murray N. Rothbard mit „For a New Liberty" (1973) die repräsentativsten Werke produziert.

Dass die Ordoliberalen, die sich auf die Ideen von Ludwig Erhard, Walter Eucken, Franz Böhm oder Wilhelm Röpke – allesamt Architekten des deutschen Wirtschaftswunders – stützen, ihre Differenzen mit diesem Extrem-Liberalismus haben würden, ist einleuchtend. Sie weisen dem Staat schon eine beschränkte sozialpolitische Funktion zu und sehen die Schaffung marktwirtschaftlichen Wettbewerbs als öffentliche Aufgabe an.

Dennoch fragt man sich, warum ausgerechnet im Zuge der Krise die Attacken gegen die Libertären so zugenommen haben. Nun, die Intention dahinter scheint auf den ersten Blick eindeutig und auch nachvollziehbar. Man will sich so aus der Schusslinie einer Kritik nehmen, die Marktversagen als Hauptursache annimmt und die bereits so weit verbreitet ist, dass sie kaum noch besiegbar erscheint. Und deshalb versucht man eine Siegstrategie erst gar nicht mehr.

Der Mythos der „unbeschränkten Marktwirtschaft"

Aber erreicht diese zunächst plausible Argumentationsstrategie ihr Ziel? In der Tat stellt sich die Frage, ob denn eine liberale Lösung der Probleme, die sich aus der Finanzkrise ergeben, und eine erfolgreiche Positionierung des Liberalismus und der Marktwirtschaft in der Öffentlichkeit funktionieren können, wenn man schon zu Beginn die falsche Prämisse wählt. Diese lautet: In den letzten Jahren hätte der Neoliberalismus den Staat fast völlig als Kontroll- und Rechtsinstanz vernichtet, wodurch die verantwortungslose Gier von Managern freigesetzt wurde, die wiederum zu leichtfertiger Spekulation im großen Stile führte.

Wenn zu Ausbruch der Krise groß verkündet wurde, „le laisser-faire, c'est fini", um es mit Nicolas Sarkozy zu sagen, dann wäre das eigentlich genau der Schuh gewesen, den man sich als Liberaler gleich welcher Provenienz (oder auch nur als Mensch mit gesundem Menschenverstand) nun gerade nicht hätte anziehen sollen. Wenn es etwas in den Industrieländern, die sich alle mit den Problemen ausufernder Staatsquoten herumschlagen, nun wirklich nicht gibt, dann ist es der wilde unregulierte Raubtierkapitalismus, das Laisser-faire und der totale Rückzug eines angeblich nun machtlos gewordenen Staates.

In Wirklichkeit hat es in einigen Ländern zwar einen minimalen Rückgang der Staatsquote gegeben – was aber immer noch mit einem Anwachsen der Staatsausgaben einhergehen konnte, doch ist das Gesamtbild ein anderes. Hier ein paar Zahlen aus der OECD über die Entwicklung der Staatsquote von 1990 bis 2008, die tatsächlich insgesamt ein Staatswachstum anzeigen:

Land	Gesamtausgaben des Staates in % des BIP		Veränderung
	1990	2008	1990–2008
Vereinigte Staaten	37,1	38,6	+ 1,5
Deutschland	44,5	43,4	– 1,1
Großbritannien	42,2	45,4	+ 3,2
Australien	35,2	33,7	– 1,5
Schweiz	30,0	32,6	+ 2,6
OECD Gesamt	40,2	40,9	+ 0,7

Quelle: OECD, Economic Outlook, No. 84, Paris 2008

Die Libertären (eine letztlich marginale, meist auf Akademia beschränkte Gruppe) und ihre vermeintliche Abschaffung des Staates zur Krisenursache zu verklären, verrät eine ungeheure Realitätsferne. Das Staatswachstum galt im Übrigen auch – und zwar ganz besonders – für den Finanzsektor, der eine überaus hohe Regeldichte aufweist. Gerade in den USA hatte die Finanzmarktregulierung – insbesondere mit dem Sarbanes-Oxley Act von 2002 – sogar noch eine Verschärfung erfahren. Nicht wenige Experten sind der Meinung, dass diese Regulierungen sogar kontraproduktiv waren. Man kann jedenfalls in Bezug auf die „gierigen und spekulationswütigen" Manager nur konstatieren, dass sie ihr Geschäft trotz hoher Staatsquote und dichter Regulierung durchzogen. Die Frage ist, warum sie das taten. War es wirklich nur ein offenbar unmotiviert und plötzlich auftretender zyklischer Kollektivanfall von Gier unter Managern?

Auf das falsche Schlachtfeld geführt

Der Erfolg der medialen Liberalen-Schmähung nach Ausbruch der Finanzkrise hatte viel damit zu tun, dass die „Gierdebatte" die politische Debatte auf das falsche Schlachtfeld führte. Plötzlich wurde über Tugend und Moral von Managern und den Verfall der guten Sitten diskutiert. Die Klischeefigur des „ehrbaren Kaufmanns" von „anno damals" wurde beschworen – so als ob sich der in den Jahren vor der Gründerkrise nicht genauso benommen hätte wie seine heutigen Nachfahren.

Das Problem ist, dass eine Debatte, die auf dieser Ebene stattfindet, kaum noch anders geführt werden kann, als dass Regulierung und Restriktion individuellen Strebens dabei herauskommen. So wurde sich etwa ernsthaft an der Diskussion um die Festlegung der Höhe von Managergehältern und -abfindungen beteiligt, die allenfalls ein Nebenthema sind. Es nutzt dann gar nichts, wenn man sich dabei von besonders extremen Regulierungsgegnern distanziert, denn hier ist ein essentieller Grundbaustein des Liberalismus direkt unter Beschuss geraten.

Der Ordoliberale müsste eigentlich an diesem Punkt an den Grund erinnert werden, weshalb er überhaupt Ordoliberaler heißt. Der Ordoliberale glaubt daran, dass Freiheit, Marktwirtschaft und Wettbewerb öffentliche Aufgaben sind, über die der Staat, der hierin seine Kernaufgabe sieht, wachen soll. Wo der Staat handelt, soll er dies marktkonform tun, das heißt, er soll Rahmenbedingungen setzen, innerhalb derer der Preis als Steuerungsmechanismus der Marktwirtschaft unverfälscht wirken kann. Was deshalb konsequenterweise abgelehnt wird, ist der direkte Eingriff in Marktprozesse.

Es war von allen Teilen des politischen Spektrums nach der Finanzkrise schon bald immer und immer wieder von der Aufgabe der „Rahmenbedingungen" die Rede, aber gemeint war damit fast unweigerlich der direkte Eingriff – mustergültig durchexerziert bei der Diskussion um die Managergehälter. Wenn man das Problem der Ursachen der Finanzkrise erst einmal als zu steuerndes Verhaltens- und Charakterproblem von Akteuren definiert, wird wohl auch kaum eine andere Lösung dabei herauskommen. Distanziert man sich dann auch noch von anderen Freiheitsfreunden – in diesem Falle den Libertären – wird dadurch nur die falsche Botschaft noch einmal unterstrichen und verstärkt, nämlich die Forderung nach Prozesseingriffen.

Der Ordoliberale wird den Menschen nicht als homo homini lupus definieren, aber er wird auch Zweifel an der beliebigen Perfektionierbarkeit des Menschen haben. Er glaubt natürlich nicht, dass Manager oder Banker Engel sind. Gerade deshalb glaubt er ja an den positiven Einfluss überpersönlicher Regeln und Institutionen. Diese sollen nicht dafür sorgen, dass immer alle Menschen tugendsame „ehrbare" Kaufleute o. Ä. werden, sondern dass sie ihre durchaus legitimen Eigeninteressen frei und selbstbestimmt ausleben können, wenn sie dies möchten, aber dies eben nicht zum Schaden der Gesellschaft.

In diesem Interesse an der unverzerrten Freiheit und der sich aus ihr ergebenden spontanen Prozesse und Ordnungen findet sich der Ordoliberale mit dem Libertären in einem Boot. Letzterer mag zwar logisch konsequent, doch naiv sein, wenn er meint, dass sich die Institutionen, die diese Freiheit sichern, von selbst bilden. Zumindest die Erfahrung hat dies noch nicht belegen können. Er ist in dieser Hinsicht utopisch. Aber dies ist in gewisser Weise der Ordoliberalismus auch, weil er glaubt, dass der Staat tatsächlich so präzise steuerbar ist, dass er nur noch ordnungspolitisch präzise agiert und diesen Zustand auch noch stabil wahren kann. In dieser Form hat es das Modell noch nie realisiert gegeben, wenngleich man in Deutschland in der Erhard-Ära sich dem Ideal sehr näherte. Und seither kämpft er mit Verfallserscheinungen.

Man sollte sich daher zunächst einmal klar machen, was die Gemeinsamkeiten in Bezug auf die Erklärung der Finanzkrise sind und inwiefern diese Erklärung wirklich überzeugend ist.

Krisenerklärung

Die Abschaffung des Staates, der ungebändigte Markt und die – wodurch auf einmal so plötzlich entstandene? – Entwicklung von übermäßiger Gier bei vorher so ehrbaren Kaufleuten, das alles ist eigentlich nur das Zerrbild der marktwirtschaftlichen Ordnung, das durch Medien und sogenannte intellektuelle Eliten verbreitet wurde. Es ist schon auf den ersten Blick so sehr unwahrscheinlich und widerspricht aller Erfahrung, dass es nur durch eine erdrückende und permanente kulturelle Dominanz marktfeindlicher Kräfte in Medien, Kulturbetrieb und Bildungswesen zu erklären ist, weshalb immer noch so viele Menschen überhaupt daran glauben.

Inzwischen scheint man in der Wissenschaft dann doch zu dem Schluss gekommen zu sein, dass es zwei Hauptursachen für die Krise gab, die sich nicht einfach auf die Frage von „zuviel Freiheit für die Gier" und die (Un-)Tugenden der Manager zurückführen lassen.

Erstens: Die lockere Geldpolitik der US-Zentralbank seit 2001. Als Antwort auf die vermutete Wirtschaftskrise nach den Anschlägen vom 11. September wurden über mehrere Jahre die Zinsen auf Tiefstniveau gedrückt. Das Ausmaß kann man erkennen, wenn man den realen US-Leitzins mit dem „idealen" Zins der sogenannten Taylor-Rule vergleicht, die genau den Zinssatz definiert, bei dem es weder zu Überhitzung noch zum Abwürgen der Konjunktur kommt. Dieses Schaubild aus der Neuen Zürcher Zeitung zeigt es:

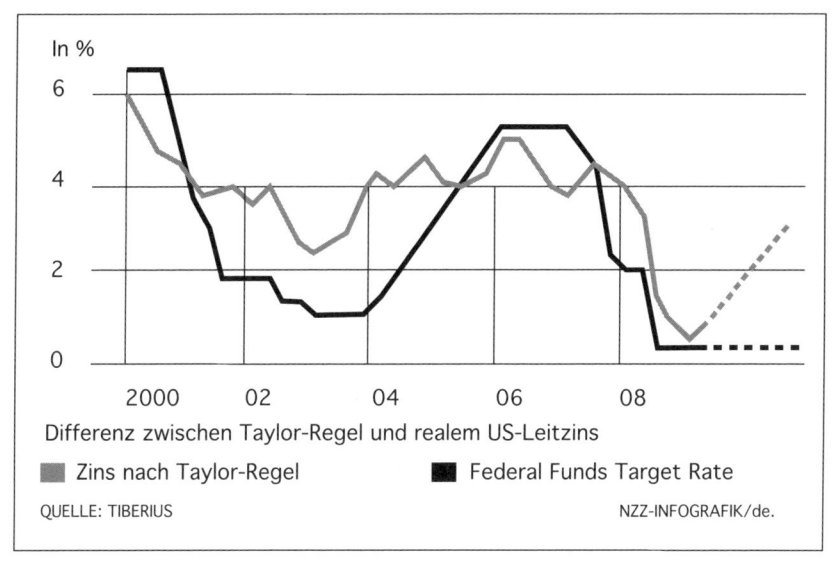

Fruchtbarer oder unfruchtbarer Wettbewerb? 75

```
In %
6
4
2
0
    2000    02    04    06    08
Differenz zwischen Taylor-Regel und realem US-Leitzins
■ Zins nach Taylor-Regel        ■ Federal Funds Target Rate
QUELLE: TIBERIUS                          NZZ-INFOGRAFIK/de.
```

Quelle: NZZ-Infografik

Umfang und Dauer der Niedrigzinspolitik waren nicht nur im Sinne des Monetarismus dazu angetan, die Geldmenge generell inflationär zu erhöhen. Nebenbei bemerkt: Dieser Effekt wurde anscheinend dank des internationalen Wettbewerbsdrucks durch die Globalisierung nicht in einen sichtbaren Preisanstieg (der oft mit seiner Ursache, der Inflation, verwechselt wird) verwandelt, was die Sache irgendwie heimtückischer machte, weil der Bürger die latente Inflation nicht direkt spürte. Mindestens ebenso wichtig ist, dass auch eine gigantische Marktverzerrung stattfindet. Das „leichte Geld" ist eben mehr als nur eine Erhöhung der Geldmenge, es zerstört auch die Struktur der Geldströme in unvorhersehbarer Weise. Dadurch kommt es zu unzähligen, teils riesigen Fehlinvestitionen. Geld und Kapital werden nicht mehr effizient alloziert. Der Steuerungsmechanismus des Marktes wird durch den Wegfall bzw. die Verfälschung des Preises des Geldes partiell außer Kraft gesetzt. Überall entstehen kleinere und größere Investitionsblasen.

Zweitens: In einem besonders kapitalintensiven Bereich wurde der Effekt des „leichten Geldes", der schon für sich genommen zu hochriskanten Investitionen führen kann, noch einmal verschärft. Der richtige Gedanke, dass (Wohn-) Eigentumsbildung die bessere Sozialpolitik ist als die Abhängigkeit von Sozialhilfe, wurde in den USA in großem Stile falsch umgesetzt. Alles wurde getan, damit Menschen, die keinerlei Sicherheiten bieten konnten, einen Kredit für Wohneigentum als „Recht" bekamen. Der Staat gab unhaltbare Garantien, die dazu führten, dass niemals rückzahlbare Schulden monetarisiert wurden. Das Resultat war die große künstliche Superblase, die die Finanzkrise dann ins Rollen brachte.

Was dann passierte, hatte natürlich auch etwas mit Gier zu tun. Weder die keineswegs privilegierten Menschen, die nun angeblich die Gelegenheit bekamen, für „Nichts" eine Wohnimmobilie zu erwerben, noch die Banker und Investoren, die die Kredite vermittelten oder damit spekulierten, waren Heilige, sondern sie verfolgten ihr zunächst einmal durchaus legitimes Eigeninteresse. Die Politik des „leichten Geldes" vermittelt ja kurzfristig zunächst einmal das Gefühl angenehmer Zuversicht, die sich in einen Hyperoptimismus mit Staatsgarantie steigert – bevor dann der Absturz erfolgt. Dass das alles langfristig dann nicht mehr im Sinne von Adam Smiths „unsichtbarer Hand" positive Wirkungen zeitigte, lag daran, dass hier ganz eindeutig eine „sichtbare Hand" am Werke war, die nur niemand sehen wollte. Ja, es wurde „gezockt", aber die falsche Abzocke wurde systematisch belohnt und gefördert. Mit Marktwirtschaft im eigentlichen Sinne hatte das wenig zu tun.

Unfruchtbarer Wettbewerb

Ein unter falschen Grundvoraussetzungen und Rahmenbedingungen operierender Markt wird stets zu Problemen führen. Das mag auch beim Wettbewerb der Ideen so sein. Wie steht es nun mit dem Wettbewerb zwischen der libertären und der ordoliberalen Idee im Angesicht der Finanzkrise?

Die staatliche Aufblähung des Geldsektors, die Wirtschaftsankurbelung mit „leichtem" Geld sind von allen Theoretikern des Ordoliberalismus – allen voran Wilhelm Röpke – als der beste Weg beschrieben worden, wie man eine Marktwirtschaft in die Krise treiben und diskreditieren kann. Dass dies auch eine Frage des Geldmonopols des Staates und seiner Zentralbanken ist, hat auch die ordoliberale Schule spätestens seit der Rezeption von Friedrich August von Hayeks Buch „The Denationalisation of Money" (1976) klar erkannt.

In der Ursachenerklärung für die Krise stimmen die Ordoliberalen daher durchaus weitgehend mit den Libertären überein, die übrigens viel früher und heftiger vor der geldpolitischen Katastrophe gewarnt hatten. Wo Hayek zumindest anfänglich sein Konzept des Währungswettbewerbs noch auf einen Wettbewerb zwischen staatlichen Währungen beschränkt sah, wollten Libertäre meist die Totalprivatisierung der Geldproduktion und die Rückkehr zur völligen Golddeckung. Auf Fachkonferenzen gibt es zwischen Ökonomen beider Richtungen darüber bisweilen heftige Auseinandersetzungen. Aber hier bewegt man sich im Angesicht der Realität im Raum luftleerer Theorie.

Letztlich kann nur konstatiert werden, dass es sich um unterschiedlich radikale Ansätze zur Lösung ein und desselben Problems handelt, das keine der beiden Schulen zu verschulden hat. Der innerliberale Wettbewerb, den die öffentliche Debatte irgendwie in den Mittelpunkt platziert hatte, und der besonders von den Ordoliberalen auch gerne aufgenommen wurde, hat nur dazu geführt, dass der Liberalismus als solcher suspekt wurde. Die „Täter" – ein oberflächlicher Keynesianismus in der Geldpolitik und der schuldentreibende Wohlfahrtsetatismus – blieben dadurch ungeschoren. Ja, sie konnten es sich in der Folge leisten, sich als die unschuldigen Retter aufzuspielen – als zu Gärtnern gemachte Böcke.

In mancher Hinsicht ähnelt das Ganze ein wenig dem Dauerstreit zwischen den unzähligen marxistischen Sektierergrüppchen unmittelbar nach der Achtundsechziger-Revolution, die gewiss noch schlimmer geworden wäre, hätten die Gruppen damals ihre zweifellos beträchtlichen Energien gemeinsam auf den „bourgeoisen Klassenfeind" gerichtet statt aufeinander.

Das hat Zeit gekostet, die hätte genutzt werden können – so wie es bei der Linken damals auch war, die erst mit den Grünen in den 1980er-Jahren ihre volle Schlagkraft erhielt, um dann zur kulturhegemonialen Partei schlechthin zu werden. Anscheinend stehen nun Liberale da, wo man auf der linken Seite des Spektrums in den frühen Siebzigern war. Von dieser Stelle sollte man sich möglichst schnell wegbewegen.

Fruchtbarer Wettbewerb ...

... ist also zunächst einmal der Wettbewerb, der sich primär mit dem politischen Gegner befasst. Derartiges hätte in der Stunde der Finanzkrise die liberale Sache wenigstens ein bisschen aus dem Schussfeld nehmen können.

Aber natürlich sind der Wettbewerb und die Debatte innerhalb einer politischen Strömung keine Tabuzone. Im Gegenteil: Sie sind es, die die Sache erst vital und interessant machen. Ohne sie gibt es keinen Fortschritt. Gegensätze dürfen nicht von falscher Harmonie überdeckt werden.

Große und nicht zu leugnende Gegensätze gibt es zwischen Ordoliberalen und Libertären ohne Zweifel. Und beide können sich in der Diskussion durch ihre Differenzen gegenseitig befruchten.

Der Ordoliberalismus hat dabei sicher die „Realpolitik" auf seiner Seite. Da eine „revolutionäre Situation", die zu einem funktionierenden Kapitalismus in Reinkultur im libertären Sinne führen könnte, (noch?) nicht vorhanden zu sein scheint, weist er den Weg, wie man innerhalb der gegebenen Verhältnisse größtmögliche Verbesserungen erreichen kann. Das mag der kompromisslose Libertäre belächeln, aber immerhin ist es dem praktischen Liberalismus trotz aller Fehler und Kompromisse doch gelungen, die Vorteile von „mehr Marktwirtschaft" eindrücklich vor Augen zu führen. Der partielle Kapitalismus des Westens schaffte es letztlich, das planwirtschaftliche Modell des Sowjetimperiums deutlich zu deklassieren. Länder, die wenigstens zum großen Teil dem Markt gegenüber der Staatswirtschaft den Vorzug geben, haben schlichtweg gezeigt, dass sie ihre etatistische Konkurrenz in allen sozialen Faktoren menschlicher Lebensqualität hinter sich lassen – sei es Einkommen, Bildung, Bürgerrechte, Lebenserwartung oder Umweltqualität. Man sollte die tatsächlichen Fortschritte, die erreicht wurden, nicht klein reden. Und diese Fortschritte wurden bisher in der Regel nur durch liberale Realpolitik im Sinne der Ordoliberalen erreicht.

Aber natürlich stimmt auch die libertäre Kritik, dass ein solcher Ansatz der permanenten (wenn nicht sogar unvermeidlichen) Gefahr ausgesetzt ist, dass man sich in den Mechanismus der Politik verstrickt, der Erosion der Marktordnung Vorschub leistet oder das Ziel aus den Augen verliert. Bei solchen Problemen muss man sich schon fragen, wie der ordoliberale Praktiker ohne eine libertäre Fundamentalkritik überhaupt richtig funktionieren könnte.

Mit Eucken geht der Ordoliberalismus davon aus, dass es weniger die Frage sei, wie viel Staat es gebe, sondern wie der Staat die Dinge erledige – ordnungspolitisch marktkonform oder in den Wirtschaftsprozess intervenierend? In der Realität läuft dieser Ansatz aber dann dennoch wieder auf die Frage des „Wieviel" zurück, denn zumindest bei der gegenwärtigen Staatsquote dürfte der Anteil der „falschen" Interventionen gigantisch sein, sodass der Ordoliberale dann letztlich doch auch massiven „Abbau" betreiben muss. Ziel muss also eine umfassende, d. h. qualitative und quantitative Staatsaufgabenkritik sein.

Womit man bei der eigentlichen Zielvorstellung ist: Bei welcher Ordnung endet man eigentlich? Kein Ordoliberaler spricht darüber gerne, denn als Pragmatiker kennt er keinen utopischen „Endzustand". Aber die Vorgaben zeigen dennoch eine Tendenz auf. Schließlich geht es um den Vorrang der Freiheit, um möglichst marktwirtschaftliche Arrangements in der Wirtschafts- und Sozialpolitik, um Selbstbestimmung statt Staatsabhängigkeit beim Bürger, um unverzerrte Geldsysteme statt staatlicher Geldschwemme. Im Grunde steckt somit in jedem echten Ordoliberalen auch ein klein wenig von einem (vorsichtigen) Libertären.

Wenn es also letztlich um den Grad der Radikalität und die Wahl der Mittel geht, dann wäre ein anderer Wettbewerb angesagt als der, der unmittelbar nach Ausbruch der Finanzkrise einsetzte, nämlich: hier die ungehindert waltende Diskreditierung konsequenter liberaler Ideen, dort das ängstliche Ducken vor dem eigentlichen Gegner, dem man auch noch partiell Recht gibt – das funktioniert nicht wirklich.

Um den weitreichenden Schaden durch die Finanzkrise zu vermeiden, wäre eigentlich ein Wettbewerb um die Erreichung liberaler Ziele das Gebot der Stunde. In der Sache sind die schonungslose Aufklärung der wirklichen Ursachen der Krise und die Abwehr falscher etatistischer Lösungsansätze die Aufgabe, die sich zwangsläufig stellt.

Dies setzt voraus, dass die „kulturelle Hegemonie" der Gegner der marktwirtschaftlichen Ordnung wenigstens teilweise gebrochen wird. Dazu wiederum bedarf es notwendigerweise einer interessanten innerliberalen Debatte, die sowohl pragmatische und vertrauenerweckende Lösungen als auch inspirierende Visionen beinhaltet. Hayek hat in seinem Aufsatz „The Intellectuals and Socialism" von 1949 einmal neidvoll auf den Gegner, der dieses Spiel beherrscht, hingewiesen, um dann einen genuinen „liberalen Radikalismus" herbei zu wünschen. Nun, die Libertären haben letztlich geliefert, was Hayek forderte! Und das sollte man ihnen nicht vorwerfen.

Prüfsteine für den Staat

Aber es geht natürlich nicht nur um die Dominanz in gesellschaftlichen Debatten, sondern es geht auch um die Sache selbst. Die ordoliberale Logik verlangt schon aus sich selbst heraus einen Prozess ständiger kritischer Hinterfragung. Das Anstreben marktkonformer Lösungen innerhalb eines etablierten Ordnungsrahmens führt schnell dazu, dass man sich mit „zweitbesten" Vorschlägen zufriedengibt. Ein Beispiel: So hat der auch unter Ordoliberalen populäre Vorschlag Milton Friedmans, die Schulpflicht und das staatliche Schulsystem durch die Vergabe von Bildungsgutscheinen und die Einführung von Wahlfreiheit zu ersetzen, durchaus unter den gegebenen Umständen einiges für sich. Mittlerweile gibt es ordoliberale Experten, die das Gleiche auch für den Sport fordern. Um die Volksgesundheit zu fördern, sollten geldwerte Gutscheine ausgegeben werden, die vom Bürger nur gegen Sportleistungen (Gymnastikkurse etc.) eingetauscht werden können. Dieses (wahllos herausgegriffene) Beispiel zeigt, dass es eben nicht nur darauf ankommt, staatliche Systeme ab und an mit Marktelementen zu verbessern, sondern dass die prioritäre Aufgabe sein muss, die Notwendigkeit der staatlichen Aufgabe generell zu hinterfragen. Sonst degeneriert der Liberalismus zu einer vorsichtigen und kompromissbereiten Variante der Kräfte, die er eigentlich als Gegner bezeichnen müsste. Es bedarf also der Instanzen, die diese Frage auch thematisieren.

Dass die Libertären, die aufgrund ihrer prinzipiellen Staatsablehnung per se unter dem Beweiszwang stehen, dass jedes staatliche Subsystem auch in privatwirtschaftlicher Weise funktionieren könne, für diese Aufgabe bestens geeignet sind, wird wohl niemand bestreiten. Als Rothbard 1973 sein Buch „For a New Liberty" veröffentlichte, da machte er ein paar Vorschläge, die damals von den meisten liberalen Ökonomen des Mainstreams als utopisch belächelt wurden. Man könne, so meinte er, etwa die Telekommunikation, die Bahn oder die Stromversorgung privatisieren. Insbesondere die britische Thatcher-Regierung machte damit in den 1980er-Jahren schon ernst. Heute ist das alles völlig selbstverständlich und in den meisten Fällen würden heute nicht einmal links angehauchte Regierende diese Privatisierungen zurücknehmen. Es waren anfänglich radikale Libertäre, die die Prüfsteine für den Staat entwickelten.

Ein Gewissen für Liberale

Es mag sein, dass die libertäre Vision der vollständigen zwangs- und staatsfreien Welt zumindest heutzutage unrealistisch ist, was im Übrigen nicht heißt, dass dies immer so bleiben muss. Aber selbst wenn man diesen pessimistischen Schluss zunächst akzeptiert, bleibt ihr Nutzen bestehen. Gerade in der unvollkommenen Welt, in der wir leben oder leben müssen, ist es gut, wenn es eine Stimme des liberalen Gewissens gibt, die auch gehört wird. Deshalb ist ein fruchtbarer Wettbewerb und die gelebte Vielfalt unter Liberalen gut, gegenseitiges Ausgrenzen und Vorschub leisten für den Gegner schlecht.

Oder um es mit Gerhard Schwarz zu formulieren: „Ich bin selbst kein Libertärer, aber ich hielt die Ausgrenzung der Libertären aus freiheitlich denkenden Organisationen für genauso falsch, wie ich die dogmatische Intoleranz der Libertären, die alle, die nicht so denken wie sie, als unliberal, mindestens als weniger liberal als sie diskreditieren, für verheerend halte. Wir Liberale aller Schattierungen sind, selbst wenn wir alle an einem Strick ziehen, eine Minderheit. Deshalb müssen wir zusammenstehen und uns auf den Balken in den Augen der anderen statt auf die Splitter in den eigenen Augen konzentrieren."

GERD HABERMANN

Der Liberalismus und die Frauen

Gerhard Schwarz und mich verbindet seit langen Jahren das interdisziplinäre Interesse, so wie es auch seinen Lehrer Gustav Adolf Jöhr ausgezeichnet hat. Ich danke ihm für Jahre anhaltender freundschaftlicher Zusammenarbeit über die Friedrich August von Hayek-Gesellschaft und auch über seine von mir seit Studentenzeiten abonnierte Zeitung, der berühmten „NZZ". So wird es ihm wohl willkommen sein, dass auch dieser Beitrag zu seinem 60. Geburtstag sich ein Thema vornimmt, das über die engeren Grenzen der Ökonomie hinausreicht und bisher von männlicher Seite nicht häufig behandelt wurde.

1. Die Kernideen des Liberalismus sind nicht geschlechtsgebunden: sie sprechen immer vom „Menschen" und seiner Freiheit. Das Vernunft- oder Naturrecht, die Lehren der Stoa, Epikurs, Ciceros, auch die Lehren des Christentums von der Gleichheit vor Gott – sie sind die Basis des modernen Liberalismus seit der Renaissance bis hin zu Ludwig von Mises und Friedrich August von Hayek und den aktuellen „Neoliberalen". An die Stelle des Gewaltprinzips tritt der freie Vertrag, der Konsens an die Stelle der Unterwerfung, die Gleichheit vor dem Gesetz an die Stelle des Privilegs. Und dies sind auch die Grundgedanken der Marktwirtschaft, des „modernen Kapitalismus". Es ist der Liberalismus, der auch die freie Ehegattenwahl ermöglichte, indem er den Abschluss einer Ehe unabhängig vom Konsens des staatlichen Dienstherrn oder sonst einer Obrigkeit oder der Eltern machte. Erst Liberalismus und Kapitalismus machten so die „Liebesehe" möglich. Alle liberalen Autoren sprechen vom „Menschen" schlechthin, nicht von Männern oder Frauen. Diese liberale Doktrin ist – genau wie die sozialistische, ihre illegitime Tochter – eine ausschließlich *männliche* Schöpfung. Dass diese theoretischen Ansätze nicht, sogar *regelmäßig nicht*, auch der politischen oder ökonomischen Wirklichkeit entsprachen, ist eine andere Sache.

2. Der *liberale* Feminismus des 18. bis 20. Jahrhunderts nimmt die Lehre der männlichen Liberalismustheoretiker beim Wort, er fügt keine eigenen Ideen hinzu: Weder Mary Wollstonecraft noch Harriet Taylor

noch Marianne Weber tun dies. Was er vor allem verlangt ist: *Gleichberechtigung* sowohl im öffentlichen als auch im privaten und besonders im Erwerbsleben.

Noch 1976 konnte z. B. in der Bundesrepublik Deutschland der Ehemann seiner Frau eine Erwerbstätigkeit untersagen. Es ist allbekannt, wie zögernd sich das politische Frauenstimmrecht in der Schweiz durchgesetzt hat. Die letzte Männerbastion war der Kanton Appenzell-Innerhoden (bis zum Jahre 1990). Sieht man näher hin, ist für diese Besonderheit nicht allein der Nonzentralismus der Schweiz, sondern auch die Tatsache verantwortlich, dass politisches Mitentscheidungsrecht mit dem Waffendienst verbunden war. Nur wer mit seinem Leben für das Gemeinwesen eintrat, hatte auch das Recht, darüber politisch mitzubestimmen. In Sachen Waffenzwang war also die Schweizer Frau privilegiert – und dies entsprach ihrer Unterprivilegierung im politischen Bereich. „Häuslich" mag dies indessen (wie schon bei den Germanen) anders gewesen sein: Man schaue sich nur prachtvolle Frauengestalten wie Gertrud oder Hedwig in Schillers „Wilhelm Tell" an: „Der Mann dominiert, die Frau domestiziert" (Eugen Bolz).

3. Der *liberale* Feminismus hatte keine Mühe mit den evidenten natürlichen und kulturellen Unterschieden zwischen den Geschlechtern. Namentlich die geschlechtliche Arbeitsteilung hat weitreichende Konsequenzen, die indessen einer Gleich*berechtigung* nicht im Wege stehen. Man muss ja nicht aus dem spezifischen Vermögen und Vorteil der Frau eine besondere Behinderung machen! Ein Ethologe wie Desmond Morris hat diese Unterschiede zusammengestellt: von der weit geringeren Muskelbildung, der etwas anderen Architektur ihres Körpers einerseits bis zu ihrer überlegenen Sprachbegabung und dem größeren Einfühlungsvermögen auf der anderen Seite. Diesen Unterschieden wurde selbst in sonst noch so egalitären Staaten teilweise Rechnung getragen. So in den sportlichen Wettbewerben, die überall (mit Ausnahme des Reitens) nach Geschlechtern getrennt vor sich gehen. Männer treten hier nie direkt gegen Frauen an bzw. umgekehrt, weil das Ergebnis klar wäre. Die Privilegierung der Frau beim Militärdienst, wie sie Martin van Creveld eindrucksvoll über die Jahrhunderte geschildert hat, kommt hinzu: kein Einsatz in Kampfeinheiten (auch nicht in Israel) und getrennte Ausbildung. Im Vietnamkrieg starben 57.000 Männer der US-Army, aber nur acht Frauen! Sogar in der Sowjetunion gab es im Zweiten Weltkrieg kei-

nen allgemeinen Wehrzwang für Frauen. Der Grund hierfür ist schlicht: die physische Unterlegenheit der Frau im Kampf.

4. Das liberale Programm ist heute weitgehend durchgesetzt. Aber auf die liberale folgte die *sozialistische* Frauenbewegung, die nicht nur eine Gleichberechtigung mit dem Mann verlangte, sondern die *faktische Gleichheit* nach einem idealisierten und normierten Bild des Mannes (auch der Sozialismus ist ein Konstrukt männlicher Autoren). Im sogenannten „Gender Mainstreaming" wird die sozialistische Umweltlehre auf die Spitze getrieben: Es gibt keine natürliche Determination der Geschlechterrolle, d.h., sie ist kulturell beliebig formbar. Daraus wird dann ein krudes Programm der Egalisierung durch den Staat – der reine „Konstruktivismus", welcher mit dem Liberalismus nichts gemein hat und welcher darum der Zwangsmittel nicht entraten kann.

5. So macht sich in konsequentem Egalitarismus mehr und mehr ein „Staatsfeminismus" mit entsprechender „Frauenpolitik" breit. Unter Verabsolutierung bestimmter Lebens- und Entscheidungsmuster sollen Frauen sich in wichtigsten privaten Lebensentscheidungen an einem vorgegebenen Einheitsmodell orientieren, abgeleitet aus dem Bild des erwerbstätigen Normalmannes. Über „Frauenquoten" in staatlichen und privaten Leitungsgremien soll diese Entwicklung – nach der Meinung der Frauen wird wenig gefragt – politisch forciert werden. Im striktesten Fall werden Frauen prinzipiell bevorzugt behandelt, bis die angestrebte Frauenquote von X (am besten 50) Prozent im entsprechenden Gremium erreicht ist. Besonders fortschrittlich ist Norwegen, wo nicht nur im Bereich des Staates, sondern auch in allen Verwaltungsräten der 600 börsennotierten Unternehmen gesetzlich 40 Prozent für Frauen reserviert sind. In Deutschland ist bisher als einziges DAX-Unternehmen die Telekom vorgeprescht, mit vorgeschriebenen Frauenquoten von 30 Prozent im Führungspersonal. Die noch fanatischeren Frauenpolitiker (und, natürlich, -politikerinnen) möchten auch die überkommene geschlechtsspezifische Berufswahl zugunsten von Gleichheit verändern: also 50 Prozent Frauenanteil auch bei den Schlossern, Bergarbeitern, in der Bauwirtschaft, in der Hochseefischerei, auf den Ölfeldern, bei der Müllabfuhr etc. Von entsprechenden Männerquoten in den bisher weiblich beherrschten Berufsbereichen (besonders Sozial- und Bildungswesen, z. B. Hebammen, Sekretariat, Grundschulen) wird ebenfalls gehört. Besonders den fanatischeren Vertretern eines „Gender Mainstreaming" kann die Leugnung der

Unterschiedlichkeit zwischen Mann und Frau nicht weit genug gehen: Sie soll ausschließlich auf kulturellen Konventionen beruhen, d.h. beliebig machbar sein. Man wird demnach nicht als Mann oder Frau geboren, sondern sozial und kulturell erst dazu geformt. Etwelche „natürlichen" Vorbestimmungen werden einfach geleugnet oder bagatellisiert – im Widerspruch zur Empirie und zur seriösen wissenschaftlichen Erkenntnis.

6. Hinter diesem Staatsfeminismus steckt eine Spielart des Egalitarismus, der *männliche* Maßstäbe und Werte verabsolutiert. Soweit Frauen nicht männlichen Entscheidungs- und Erfolgsmustern folgen, werden sie als „rückständig" dargestellt, möglichst isoliert und finanziell benachteiligt. Besonders hinderlich für die Entfaltung der Frau ist nach dieser Ansicht ihre häufige Orientierung an der *Familie*. Es ist ein Dogma sozialistischer Frauen- und Familienpolitik, die Frau von der „Versklavung" durch Haushalt und Familie zu befreien. Dies soll durch die Abschaffung der bürgerlichen Familie und ihren Ersatz durch staatliche Betreuungseinrichtungen (wie Kita etc.) und durch die Ersetzung des privaten Haushaltes durch Kollektivunterbringung, Kollektivspeisung der nur locker verbundenen Paare in Hotels o.Ä. geschehen (siehe dazu den Klassiker August Bebel).

7. Seit langem verwirklicht ist in westlichen Gesellschaften die Gleich*berechtigung*: Es gibt keine Ungleichheiten vor dem Gesetz, der Staat ist unparteiisch und behandelt jedermann ohne Rücksicht auf Geschlecht etc. Im Falle der Gleich*machung* oder Gleich*stellung* wird ein *bestimmtes* Entscheidungs- und Rollenmuster politisch-propagandistisch überhöht, finanziell gefördert und schließlich mit Zwangsmitteln durchgesetzt. Damit wird die Neutralität des Staates vor der Privatsphäre aufgegeben, bestimmte Lebensweisen und freie Absprachen geradezu „diskriminiert". Wie z. B. die Arbeit eines Ehepaares in der Familie aufgeteilt wird, geht in einer freien Gesellschaft den Staat nichts an. Auch wird seit Langem gegen die angeblich ungleiche Bezahlung von Mann und Frau polemisiert, so als ob die männerbeherrschten Unternehmen sich zusammentäten, um den Frauen ihren „gerechten Lohn" vorzuenthalten. In Wirklichkeit entspricht diese Ungleichheit der Ungleichheit der Erwerbsbiografien, hat nichts mit willkürlicher „Diskriminierung" zu tun, sondern ist Ausdruck realer Kostenverhältnisse und persönlicher Entscheidungen.

8. Dieses Denken ist ein Ausschnitt aus der allgemeinen „Antidiskriminierungspolitik", die nicht nur leugnet, dass es wünschenswerte Unter-

schiede zwischen Menschen gibt, sondern auch, dass es Vorlieben geben darf für diese Unterschiede, z. B. bei der Einstellung von Mitarbeitern, bei der Vermietung von Privatwohnungen, für den Abschluss von Kaufverträgen etc. So interessiert sich unser Staat neuerdings dafür, ob man lieber mit Frauen oder Männern, mit Katholiken oder Protestanten, mit Ausländern oder Inländern, mit Kommunisten oder Liberalen, mit Hetero- oder Homosexuellen, mit Alten oder mit Jungen zusammenarbeiten möchte und schafft so eine Art Verbrüderungszwang mit den angeblich – gemessen an dem Einheitsmuster – jeweils benachteiligten Gruppen. Dies ist aber ein *Angriff auf das Herz der Vertrags- und Meinungsfreiheit*. Inzwischen wird vielerorts sogar das Ausschreibungsverhalten überwacht! Bewerbungen sollen keinen Hinweis mehr auf das gewünschte Alter, das Geschlecht oder sonstige persönliche Merkmale enthalten (darum am besten auch ohne Bild!). Damit soll erreicht werden, dass „der Mensch" nicht länger nach persönlichen Eigenschaften (auch Aussehen, Charme oder Nicht-Charme können „diskriminieren"), sondern nur nach angeblich objektiv fassbaren technischen Leistungskriterien ausgelesen wird.

Aber was geht es einen freiheitlichen Staat an, welche Lebensmuster bevorzugt werden oder mit wem man zusammenarbeiten, an wen man sein Haus vermieten oder nicht vermieten möchte? Hier beginnt der engere Bereich des „Privaten". Der Staat lässt sich nach liberalen Begriffen nur legitimieren durch seinen Auftrag zur Sicherung der Freiheit. Wie die Freiheit inhaltlich genutzt wird, sollte ihm (außer, was die „Spielregeln" betrifft) gleichgültig sein. Wo er diese Grenze überschreitet und Lebens- und Entscheidungsmuster zwangsweise formen will, missbraucht er seinen Auftrag und macht sich zum Tyrannen.

9. Bezeichnet man im Übrigen jede Bevorzugung als „Diskriminierung", so würde jedermann, der nach klaren Präferenzen *eine* Frau heiratet, alle anderen Frauen „diskriminieren", die diesen nicht entsprechen: also z. B. die Blondinen gegenüber den Brünetten, die Blauäugigen gegenüber den Braunäugigen, die Kleineren gegenüber den Größeren, die Hässlichen gegenüber den Schönen. Aber so weit geht es vorläufig nicht. Es gibt sogar einige anerkannte Ausnahmen, so z. B. hinsichtlich des Dienstes behinderter oder älterer Menschen in der Bundeswehr: Die Absurdität einer Anwendung dieser gleichstellenden Gesetze ist hier allzu offensichtlich! Auch Sonderöffnungszeiten für Frauen in Schwimmbä-

dern oder Saunabetrieben oder Schutzzonen wie im Falle der Frauenparkplätze sind zugelassen. Ebenso darf man weiterhin in der Kaufhausabteilung für Damenunterwäsche ausschließlich Damen beschäftigen. Grundsätzlich: Wo ist hier eine Grenze für erlaubte und nicht erlaubte subjektive Unterscheidungen? In jedem Fall wurde nur eine Entscheidung gemessen an eigenen Vorlieben und Interessen getroffen, unabhängig davon, ob eine soziologische Gruppe, der jemand zugehört, „strukturell" angeblich benachteiligt ist oder nicht. Das gilt auch für den Besuch eines bestimmten Restaurants, der nichts mit einer Diskriminierung anderer Wirte oder Köche zu tun hat, so wenig wie bei der Wahl einer Automarke oder einer Zahnpasta alle anderen Konkurrenzprodukte „diskriminiert" werden. Im Ergebnis würde bei einem weitgefassten Begriff von Diskriminierung von Privaten jeder Mensch bei jedem Vertragsabschluss mit einem ausgewählten Partner nahezu alle anderen Menschen als potenzielle Vertragspartner in „diskriminierender" Weise ausschließen. Der Ausdruck „Diskriminierung" passt eben nur in die öffentlich-rechtliche Sphäre – als Verbot rechtlicher Ungleichbehandlung durch den Staat, der über ein physisches Zwangsmonopol verfügt.

10. Unterrichtend ist ein Blick auf die *Frauenutopien* in der Geschichte, die durchweg frei von liberalen Zügen sind. Grundlegende Tendenz: Die Familienstrukturen, jene angeblichen Behinderungen fraulicher Freiheit, werden aufgelöst, durch Kollektiveinrichtungen ersetzt. Häufig ist ein männerfeindlicher Akzent. Gemäßigt und verständig, anmutig und eher defensiv ist noch die „Stadt der Frauen" der Venezianerin Christine de Pizan. Im 19. und 20. Jahrhundert folgen dann radikalere Entwürfe. Warum nicht auch den sexuellen Dimorphismus, diese Quelle unendlicher Konflikte, überwinden? Nach Gabriel de Foigny, „La Terre Australe connue" (1676), wären alle Menschen am besten zweigeschlechtlich geboren. In Joanna Russ' „Planet der Frauen" (1979) werden die meisten Männer von einer mysteriösen Krankheit getötet, die sie fast ausrottet. Die Überlebenden werden vor einer Männer hassenden Furie, Jamael, mit einziehbaren stählernen Fingernägeln zur Strecke gebracht. Kinder entstehen, indem man zwei Eier zusammen bringt. In einer anderen Utopie vermehrt sich eine Frauenkolonie am Amazonasgebiet durch Parthenogenese – und diese Frauen bringen wunderbarerweise auch nur Mädchen zur Welt. Sally Miller Gearhart zeigt kommunitär-kooperative und herrschaftsfreie, lesbische Frauengemeinschaften, in denen Kinder eben-

falls ohne Männer erzeugt werden. In einer anderen Utopie bleiben ein paar Männer am Leben – vorausgesetzt, dass sie eine feministische, von einem primitiven Kommunismus geprägte Gesellschaft akzeptieren, keine Ansprüche auf die Kinder erheben, die sie zeugen, und ihre Haare lang tragen. Aber es gibt noch Charmanteres, wie das von der Schauspielerin Valerie Solanas 1969 vorgelegte „Manifest der Gesellschaft zur Vernichtung der Männer" (SCUM). Dagegen haben männliche Autoren kaum jemals versucht, die Welt von den Frauen zu befreien, wohl deswegen, weil ihnen klar ist, dass Frauen unverzichtbar sind und, wohl auch, weil wir sie zu sehr mögen.

11. Diese Gleichmachungspolitik ist der Gang in die Tyrannei. Warum?
- Der allgemeine Gleichheitsgrundsatz wird verletzt: Menschen werden aufgrund eines sexuellen Merkmals bevorzugt.
- Das demokratische Gleichheitsprinzip wird verletzt: Das Gewicht der Stimme hängt mit dem Geschlecht zusammen (rechtliche Diskriminierung der Männer).
- Die Vertrags- und Meinungsfreiheit wird verletzt: Es ist nicht mehr erlaubt, nach eigenen Präferenzen einzustellen, zu vermieten usw.
- Die politisch Begünstigten werden durch diese Bevorzugung gedemütigt: Nicht aufgrund ihrer Leistung, sondern aufgrund ihrer geschlechtlichen Merkmale werden sie ausgewählt – die bekannten Quoten- und Alibifrauen. Diese männliche Patronage ist eine Scham für jede selbstbewusste Frau.

12. Wie stehen die Frauen ihrerseits zum „Liberalismus"? Zunächst muss man sagen, dass die Frauengleichberechtigung weitgehend eine freie Entscheidung der Männer war, obwohl die liberale wie die sozialistische Frauenbewegung zweifellos dazu fördernd beitrugen. Vor allem nach den totalen Kriegen mit kriegswirtschaftlicher Erfassung auch der Frauen waren die Männer fair und realistisch genug, den Frauen die gleichen Rechte wie sich selber zu gewähren, von der Politik an. Indessen hat die politische Gleichberechtigung der Frau keine Verschiebung in Bezug auf die politischen Strukturen gebracht. Die politische Präferenzlandschaft blieb weitgehend erhalten. Dennoch ist oft bemerkt worden, dass Frauen zu einer Art „Gefühlssozialismus" neigen. Wahrscheinlich spielt dabei eine Täuschung durch den Familienjargon unseres Wohlfahrtsstaates eine Rolle. Der Wohlfahrtsstaat arbeitet ja, wie auch der Sozialismus, mit den Begriffen der Familienethik – versucht sie, auf die gesamte

Gesellschaft auszudehnen (Gemeinschaftsrhetorik, „Solidarität", „soziale Gerechtigkeit" als „Teilen", „Generationenvertrag", familiäre Auffassung des Staates). Diese emotionsgeladenen Begriffe scheinen Frauen im Besonderen anzusprechen, während die angebliche „soziale Kälte" der liberalen Lehre sie eher abstoßen mag.

13. Für die *Schlichteren* unter den Lesern eine Anmerkung: Es geht hier nicht um die Verteidigung traditionellen Frauenlebens mit den „3 K", nicht um das „Heimchen am Herd" (ein ziemlich „diskriminierendes" Bild übrigens), sondern darum, dass der Staat in diesen Fragen sich nicht einmischen sollte, den Frauen keine Verhaltens- und Lebensmuster zumutet oder gar oktroyiert oder doch finanziell und propagandistisch fördert, die nicht ihrer eigenen Entscheidung entsprechen. Den Politikern sollte es gleich sein, wie Frauen ihr Leben gestalten, welche Schwerpunkte sie setzen und wie sie ggf. die häusliche Arbeitsteilung mit den Männern organisieren. „Frauenpolitik" ist Anmaßung und das Gegenteil von weiblicher Selbstbestimmung und Selbstverwirklichung. *Es gibt keinen einheitlichen Weg für alle!*

14. Es ist erstaunlich, wie wenig geistiger Widerstand bisher gegen diese freiheitsfeindliche Gleichmachungspolitik beobachtet wird, auch nicht unter den „Alphamännchen". Die maßgebenden Parteien, selbst die sich liberal nennenden, machen beim Wettlauf zum geschlechts- und individualitätslosen Standardmenschen (so eine Art androgyner Mitte) mit Standardlaufbahn mit. Man hört allenfalls das Verlegenheitsargument, dass diese „Antidiskriminierungspolitik" Kosten und Bürokratie verursache. Mit Recht wird darauf entgegnet: Die wünschenswerte Gleichheit muss uns diese Opfer und Prozeduren wert sein! So billig kommt man im Kampf gegen die egalitären Verirrungen eben nicht davon!

15. So ist der Liberalismus auch von dieser Seite her in Bedrängnis. Es gibt wohl kaum eine liberale Partei in Europa, die dem egalitären Feminismus entschieden und gut begründet entgegentritt. Der Siegeszug der sogenannten Antidiskriminierungspolitik und des „Gender Mainstreaming" legen hierfür ein Zeugnis ab. Ist es nicht Zeit, auch hier eine liberale Wende anzustreben? Man kann auch über den Umweg eines egalitären Feminismus unversehens in die Tyrannei geraten. Es ist wohl sehr die Frage, ob dies im Interesse „der Frau" liegen kann.

Literaturnotiz

August Bebel, Die Frau und der Sozialismus, 1883/2010.
Norbert Bolz, Diskurs über die Ungleichheit, 2009.
Martin van Creveld, Das bevorzugte Geschlecht, 2003.
Martin van Creveld, Die Frauen und der Krieg, 2001.
Deutsche Bank Research, Frau auf Expedition in das Jahr 2020, Das Wechselspiel zwischen Strukturwandel und Frauen: Auf dem Weg zu mehr Gleichstellung in Deutschland (Aktuelle Themen, 419, Mai 2008: als Beispiel für den Gleichstellungs-Mainstream).
Ludwig von Mises, Die Gemeinwirtschaft, 1932/1996.
Ludwig von Mises, Der Liberalismus, 1927/2006.
Desmond Morris, Mars und Venus, 1997.
Harriet Taylor/John Stuart Mill, Die Hörigkeit der Frau, 1869/1997.
Marianne Weber, Frau und Mutter in der Rechtsentwicklung, 1907.
Volker Zastrow, Gender – Politische Geschlechtsumwandlung, 2006.

SILVIO BORNER

Geständnis eines (Neo-) Liberalen

Einleitung

Als Gerhard Schwarz mir – als dem um zehn Jahre älteren Dozenten – vor etwa vierzig Jahren in der Forschungsgemeinschaft für Nationalökonomie erstmals begegnete, waren wir beide weniger liberal als heute. Unser gemeinsames Vorbild, Walter Adolf Jöhr, war nicht leicht einzuordnen, aber den liberalen Grundinstinkt hatten wir schon mitbekommen. So kämpfte Gerhard Schwarz wie ein Löwe gegen seinen Jugendfreund James Schwarzenbach und dessen Überfremdungskampagnen. Und wenn er auch Dependenztheoretiker und Neo-Marxisten intensiv studierte und mit uns diskutierte, so blieb er stets auf sicherer Distanz dazu. Diese Offenheit hat uns beiden die Option offen gelassen, durch eigene Erfahrungen klüger zu werden. Bei Gerhard Schwarz hat dies zu einer eindrücklichen Karriere als Wirtschaftspublizist geführt, dessen liberale Ausrichtung nie mehr in Zweifel geriet. Gerade weil Liberale in der Publizistik eher noch rarer sind als in der Wissenschaft, ist seine standhafte Position über Jahrzehnte ein Markenzeichen der Neuen Zürcher Zeitung geworden. Und für den akademischen Lehrer zu einer wertvollen Stütze. Liberale Stimmen in der Öffentlichkeit bilden und bleiben immer eine Minderheit. Sie dürfen nur nicht verstummen. Und so widme ich Gerhard Schwarz das folgende Geständnis eines Liberalen – und meinetwegen auch eines Neo-Liberalen, für den selbst dieses Etikett eher eine Ehre als ein Schimpfwort ist.

Wirtschaftlicher Liberalismus

Liberalismus ist eine Strömung, die in der zweiten Hälfte des 17. Jahrhunderts aus der „gloriosen Revolution" in England hervorgegangen ist und das 18. und 19. Jahrhundert geprägt hat. Wegweisender als die französische Revolution, die alsbald in Diktatur und Staatsterror zurückfiel, war die Verfassung der USA. Liberalismus ist eine einfache Philosophie mit dramatischen Konsequenzen. Zentrale Idee ist die individuelle Freiheit in Verbindung mit „rule of law". Die Einzelnen sind frei, ihre eigenen Interessen zu verfolgen, aber eben zum Schutze der anderen nur im Rahmen des Gesetzes. Historisch gesehen, ging es den Liberalen nicht darum, eine ideale oder gar utopische Staatsvision zu erfinden, sondern den absolutistischen Herrschern Stück für Stück bürgerliche Rechte abzutrotzen und die Macht des Staates zu begrenzen. Angelsächsischer Liberalismus war somit ein Reformprozess an den überlieferten feudalen und absolutistischen Strukturen des Staates.

Daraus folgt unmittelbar, dass der Liberalismus an der Wiege des marktwirtschaftlichen Kapitalismus stand: Zentral waren private Eigentumsrechte, Handels- und Gewerbefreiheit, Mobilität von Gütern und Menschen. Aber der Liberalismus war auch Wegbereiter der politischen Demokratie. Er schuf individuelle Rechte wie auf körperliche Unversehrtheit (habeas corpus), Religions- und Pressefreiheit und die Gleichheit der Bürger vor dem Gesetz. Daraus entstanden vorerst eine elitäre Bourgeoisie und ein Rechtsstaat. Und diese beiden waren wiederum die Vorläufer der modernen Demokratie, indem die gesellschaftliche und politische Mitwirkung nach und nach auf alle Bürger ausgedehnt wurde. Die USA waren zuerst einmal eine Republik und entwickelten sich erst später zur voll ausgebauten Demokratie – ohne Sklaverei, Rassensegregation oder Frauendiskriminierung und mit allgemeinem Wahlrecht. Letzteres schaffte die Schweiz, die sich gerne als die älteste Demokratie der Welt (selbst) darstellt, gerade mal vor einer Generation. Freiheit und Rechtsstaat sind der harte Kern, Demokratie die Krönung einer liberalen Gesellschaft. Freiheitsrechte und Volksrechte sind nicht dasselbe. Die Freiheit des Einzelnen muss auch in der Demokratie geschützt bleiben, wenn wir keine „Tyrannei der Mehrheit" (Tocqueville) riskieren wollen. Genauso wie der Souverän als absoluter Herrscher ist auch der Souverän als Volksherrschaft an die Verfassung und die Gewaltenteilung zu binden.

Mit dem ersten Weltkrieg ging dieser klassische Liberalismus weitgehend unter. Treibende Reformkräfte wurden der Sozialismus in Gestalt des Kommunismus oder des Nationalsozialismus, beides anti-liberale und anti-demokratische Bewegungen, die 1945 bzw. 1989 zusammenbrachen. Zum endgültigen Siegeszug des Liberalismus ist es trotzdem nur in Francis Fukuyamas Schrift „The End of History" gekommen. In Tat und Wahrheit sind die wirklich liberalen Volkswirtschaften und Demokratien nach wie vor in der Minderheit. Noch werden die meisten

Länder von autoritären Regimes regiert: von gewählten Diktatoren, mögen sie Lukaschenko, Morales oder Chávez heißen. Wahlen allein können den fehlenden Rechtsstaat auf der Basis freiheitlicher Prinzipien nicht ersetzen.

Liberale erkennt man also daran, dass sie einen starken Staat befürworten, ja fordern, weil nur dieser die zentralen Freiheitsgarantien für eine liberale Marktwirtschaft und Demokratie glaubwürdig abgeben kann. Ohne dieses Fundament entsteht ein Macht-Kapitalismus in einer entweder kriminell-anarchischen oder autoritären politischen Ordnung. Das Gegenstück zum starken Staat ist allerdings dessen Begrenzung bezüglich seiner Zuständigkeit, seiner Verfassungstreue und seinen fiskalischen Zugriffsmöglichkeiten.

Aber auch der Sozialismus ist alles andere als gestorben. Tot (oder zumindest scheintot) sind die Maximen des Kollektiveigentums und der zentralen Wirtschaftsplanung. Quicklebendig ist jedoch der sozial- und christlichdemokratische Umverteilungswahn, soziale Gerechtigkeit durch Umverteilung nach dem Mehrheitsprinzip zu schaffen. Hier berühren sich Sozialismus und Liberalismus gar, waren es doch Leute wie Keynes oder Lord Beveridge, die als durchaus Liberale die gesamtwirtschaftliche Lenkung und den Sozialstaat lanciert haben, aber mit dessen Übermarchungen wohl nicht gerechnet haben.

Und hier treten die heute so geschmähten *Neoliberalen* auf die Bühne der Geschichte, um den Menschen jetzt aus den Fängen des etatistischen Interventions- und sozialen Umverteilungsstaates zu befreien. Deshalb der Ruf nach Liberalisierung, Deregulierung und Privatisierung. Der Neo-Liberalismus wurzelt viel weniger in einer Ideologie als vielmehr in der historischen Erfahrung, dass die unzähligen und oft gut gemeinten Interventionen in die Märkte letztlich zu viel Wohlstand und zu viel Freiheit kosten. Die klassischen Liberalen kämpften gegen einen allmächtigen Obrigkeitsstaat, die Neo-Liberalen gegen einen überbordenden und grenzenlosen Sozial- und Interventionsstaat.

Politischer Liberalismus

Die erste Gefahr für die liberale Demokratie sind „gewählte Diktatoren", die zweite ist der Populismus. Der argentinische Peronismus wie auch der deutsche Nationalsozialismus widerspiegelten durchaus den „Volkswillen". Hat der Populismus auch in unserer Demokratie eine Chance? Seit den 1970er-Jahren hat sich die direkte Demokratie kontinuierlich ausgebreitet und ist zum dominanten Faktor der Politik geworden. Dies war eben nicht immer so, stieg doch die Anzahl von Volksabstimmungen von ca. 12 pro Jahrzehnt zu Anfang des 20. Jahrhunderts auf über 100 in der letzten Dekade. Aber mehr Mitsprache des Volkes ist nicht immer besser als weniger. Die Vorstellung eines Optimums sitzt tief in jedem Ökonomenhirn. Die Frage ist somit nicht die nach der Abschaffung der direkten Demokratie, sondern diejenige nach dem optimalen Verhältnis zwischen allgemeinen Wahlen und spezifischen Sachabstimmungen. Die Ausweitung der Staatstätigkeit in Form von steigenden Zwangsabgaben und Beschränkungen der Freiheit sind Hand in Hand mit einer populistischen Deregulierung der Demokratie einhergegangen. Hier liegt der liberale Ansatzpunkt einer Kritik an der Entwicklung vor allem der Volksinitiativen: dass diese in immer mehr Bereiche eindringen, die a priori in der Politik nichts zu suchen haben. Ob es um Verbote von Minaretten oder Geländewagen geht oder um Verwahrung von Straftätern und Ausschaffung von Ausländern, das Gemeinsame ist eine Verletzung individueller Freiheitsrechte – oder das Eindringen in die geschützte Privatsphäre des Einzelnen. Ich will nicht, dass Volksmehrheiten die Gewaltenteilung über den Haufen werfen, meine individuellen Entscheidungsspielräume beschneiden oder Vorschriften bzw. Verbote für alltägliche Aktivitäten wie Rauchen, Essen und Trinken etc. erlassen. Das scheint mir weit schwerwiegender als der im Vordergrund der Debatte stehende Konflikt zwischen Schweizerrecht und Völkerrecht. Einfach willkürliche Mehrheiten in Volksabstimmungen zu beschaffen, genügt als Legitimation für die Zerstörung der individuellen Freiheit nicht. Und dass die im Bundesrat vertretenen Parteien immer mehr diesen Weg wählen, ist der eigentliche Mechanismus, der die Konkordanz an den Rand des politischen Geschehens drängt. Einig ist sich die liberale wissenschaftliche Literatur darüber, dass die Macht im Staat vom Volk ausgehen muss und nicht von Vorrechten der Familie oder Klasse. Ein ideales Demokratiemodell für alle Länder und Zeiten gibt es jedoch nicht. Kernpunkt jeder Demokratie sind allgemeine und freie Wahlen.

Die direkte Demokratie als unmittelbare Volksherrschaft gilt für sehr große Gemeinschaften als nicht funktionsfähig. In der Gemeinde sind die Probleme nicht nur überschaubar, sondern ihre Regulierungs- und

Umverteilungsmacht ist durch den Standortwettbewerb stark eingeschränkt. Ob Referenden und Initiativen die Qualität der Demokratie auf höherer Ebene verbessern, bleibt kontrovers. Als politisch gefährlich gelten von oben angeordnete „Plebiszite" sowie ein (wie z. B. in Kalifornien) zu weit gehendes Initiativrecht. Ein Blick auf die Liste der angekündigten, beim Bundesrat oder Parlament anhängigen, den in Behandlung befindlichen und abstimmungsreifen Volksinitiativen verheißt wenig Gutes für die Konkordanz in der politischen Entscheidungsvorbereitung und der Kohärenz der daraus resultierenden Politik. Das Schicksal Kaliforniens müsste zu denken geben.

Die liberale angelsächsische Demokratietradition beruht auf zwei Pfeilern: erstens den periodischen Wahlen als Sanktionsmechanismus gegenüber den Volksvertretern und zweitens den „checks and balances" einschließlich der Verfassungsgerichtsbarkeit. Diese haben sich in der angelsächsischen Welt über Jahrhunderte entwickelt und bewährt. Die populistische Version der Demokratie beruht demgegenüber auf den folgenden drei Axiomen:

1. Das Volk ersetzt den ehemals „souveränen" Herrscher. Es hat somit in allen politischen Fragen das letzte Wort.
2. Der Volkswille kann mit Abstimmungen eindeutig und demokratisch ermittelt werden.
3. Die Menschen sind nur frei, wenn die Gesetze dem Volkswillen entsprechen.

Diese auf J.-J. Rousseau zurückgehende Elemente sind unhaltbar und anti-liberal. Zum ersten Punkt hat der Nobelpreisträger Amartya Sen den Konflikt zwischen Volksrechten und minimalen liberalen Freiheitsrechten aufgedeckt. Zum zweiten bewies der Nobelpreisträger Kenneth Arrow die logische Unmöglichkeit, in jedem Fall faire und konsistente Abstimmungsergebnisse zu erhalten.

Ein weiteres Problem stellt die politische Diskussion dar. Ist diese nicht gegeben, so widerspiegeln die Voten eher Emotionen oder Illusionen. Die Anti-Schengen- oder die Minarett-Plakate waren hier wirklich „der letzte Schrei". Wird mehr als nur ein Bruchteil der Stimmen so abgegeben, sind Qualität und Legitimität des Volkswillens auch von daher fragwürdig. Seit der Wirtschaftskrise ist unser Volk – ob zu Recht oder nicht – emotional aufgeladen, empört, entrüstet und empfänglich für leere Gesten oder Strafaktionen gegen angebliche Sündenböcke. Daraus folgt, dass Abstimmungen manipulierbar sind. So kann man durch eine geschickte Reihenfolge oder Abstimmungsmethode das Ergebnis vorbestimmen. Oder man kann irrelevante Alternativen einführen, um potenzielle Mehrheiten zu spalten. Selbst die Wahl des Zeitpunktes kann strategisch genutzt werden, ebenso wie die Bündelung verschiedener Teilvorlagen in ein „Paket". Und dann wäre da auch noch die (nie gestellte) Frage nach dem Geld. Wenn es keinen eindeutigen Volkswillen gibt, dann kann dieser auch nicht absolute Gültigkeit beanspruchen. Es verwundert daher nicht, dass schon am Abend des Abstimmungssonntags ganz verschiedene Interpretationen des Volkswillens auftauchen.

Der Föderalismus stand schon an der Wiege der modernen Schweiz. Nicht so die „direkte Demokratie", die erst 1873 über das Abstimmen über Verfassungsänderungen hinausging und von da an bis in die neueste Zeit ständig ausgeweitet wurde. Dies muss(te) eines Tages über das Optimum hinaus führen. Unsere Politik wird durch ständig wechselnde Mehrheiten von Sonderinteressen zu unverbundenen Einzelaspekten getrieben. Demokratie ist gut, aber „je direkter desto besser" ist nicht besser. Die Überregulierung einer ehemals relativ freien Marktwirtschaft und die übermäßige Deregulierung der ehedem (weise) begrenzten direkten Demokratie gehen Hand in Hand. Dieser Prozess gefährdet nicht nur das wirtschaftliche Wachstum, sondern auch die Qualität der Demokratie.

Schon vor 25 Jahren meinte Ralf Dahrendorf geradezu prophetisch: "At such a time, liberalism is gaining new momentum. It will not solve all issues, but it will remain a source of dynamism towards more chances for more people." Wenn man zu dieser Vision *Neoliberalismus* sagen will, dann bin ich gerne „einer von denen".

VIKTOR J. VANBERG

Neurowissenschaft, Verantwortung und die Verfassung der Freiheit[1]

1. Einleitung

Der Hirnforscher Wolf Singer und einige seiner Kollegen wie Gerhard Roth und Wolfgang Prinz haben eine viel beachtete Kontroverse mit der These entfacht, dass die Erkenntnisse der modernen Neurowissenschaft gängige Vorstellungen von menschlicher Willensfreiheit widerlegen und zu dem Schluss zwingen, dass unser Verhalten neuronal, also durch physiko-chemische Gehirnprozesse determiniert ist. In den Worten „Keiner kann anders, als er ist (...) Wir sollten aufhören, von Freiheit zu reden", mit denen ein in der Frankfurter Allgemeinen Zeitung erschienener Beitrag überschrieben war, hat Singer[2] diese These provokativ zusammengefasst. Mit nicht weniger provokanten Formulierungen wie „Wir sind determiniert"[3] oder „Der Mensch ist nicht frei"[4] haben Roth und Prinz die Kontroverse befeuert.

Von vielen Kommentatoren sind die Thesen Singers und seiner Kollegen als Angriff auf grundlegende Prinzipien verstanden worden, auf denen unsere Rechtsordnung und allgemein unsere freiheitliche Gesellschaftsordnung beruhen, und die Autoren geben solchen Interpretationen wohl auch Nahrung, wenn sie etwa davon sprechen, dass die Erkenntnisse der Hirnforschung „weitreichende Folgen für unser Rechtssystem"[5] und „schwerwiegende Konsequenzen für das Bild des Menschen als eines – weitgehend – frei und verantwortlich handelnden Wesens haben (könnten), das den westlichen Gesellschaftsformen (...) zugrunde liegt"[6]. Mitt-

---

1 Friedrich A. von Hayek-Vorlesung, Hayek-Tage 2010, Münster, 24.06.2010; zuerst veröff. in ORDO, Bd. 61, 2010, S. 23 ff.
2 Singer 2004a.
3 Roth 2004b.
4 Prinz 2004.
5 Roth 2009, S. 14.
6 Roth 2004a, S. 74.

lerweile gibt es eine umfangreiche, in entsprechenden Publikationen dokumentierte Diskussion um die neurowissenschaftlichen Thesen, an der sich neben Philosophen und Psychologen vor allem Juristen (und hier wiederum insbesondere Strafrechtswissenschaftler) und auch Theologen beteiligt haben. Zu meiner Verwunderung fand ich in keinem der mir bekannten Beiträge zu dieser Diskussion eine Abhandlung erwähnt, die – obwohl sie bereits vor fünf Jahrzehnten erschienen ist – Wesentliches zur Klärung der zur Debatte stehenden Fragen beitragen kann und deren Argumente nichts an Aktualität eingebüßt haben. Die Abhandlung, auf die ich mich beziehe, ist ein Aufsatz von F. A. Hayek, der zuerst 1959 unter dem Titel „Verantwortlichkeit und Freiheit"[7] erschien und dann in modifizierter Fassung unter dem Titel „Verantwortung und Freiheit" als fünftes Kapitel in *Die Verfassung der Freiheit*[8] aufgenommen wurde, jenes Hauptwerk Hayeks, dessen Erscheinen sich in diesem Jahr zum fünfzigsten Mal jährt. In diesem Beitrag hat Hayek sich ausführlich mit der – wie er es formuliert – „philosophischen Konfusion über die sogenannte *Willensfreiheit*"[9] und der Begriffsverwirrung auseinandergesetzt, die er Vorstellungen anlastet, nach denen die wissenschaftliche Auffassung von der kausalen Determiniertheit menschlichen Handelns mit dem Ideal einer Ordnung der Freiheit in Konflikt geraten muss.

Auf Hayeks Überlegungen aufbauend möchte ich im vorliegenden Beitrag versuchen, einige der Missverständnisse aufzuklären, die die aktuelle Diskussion um die neurowissenschaftlichen Erkenntnisse unnötigerweise belasten, Missverständnisse, die in der Tat, wie zu zeigen sein wird, in Begriffsverwirrungen ihre Ursache haben. Mein Hauptargument wird dabei sein, dass der Schlüssel zur Auflösung des vermeintlichen Spannungsverhältnisses zwischen Auffassungen von der Determiniertheit menschlichen Handelns einerseits und dem Ordnungsideal einer Verfassung der Freiheit andererseits darin liegt, dass wir zwei Probleme deutlich unterscheiden, nämlich einerseits das Problem der *Verhaltenserklärung*, also die Frage, wie wir unsere Handlungen und Entscheidungen erklären können, und andererseits das Problem der *Ordnungsgestaltung*, also die Frage, nach welchen Prinzipien oder Regeln wir die Ordnung

---

7 Hayek 2002a.
8 Hayek 2005, S. 93–109.
9 Hayek 2005, S. 21.

unseres Zusammenlebens zweckmäßigerweise gestalten sollten. Bevor ich dieses Argument ausführlicher darlegen kann, ist es zunächst erforderlich, einen näheren Blick auf die theoretischen Vorstellungen zu werfen, die der These von der neuronalen Determiniertheit und fehlender Willensfreiheit zugrunde liegen.

2. Die Herausforderung der Neurowissenschaft

Die Neurowissenschaft betrachtet unser menschliches Gehirn als ein auf Informationsspeicherung und -verarbeitung spezialisiertes Organ, das – wie unsere anderen Organe auch – aufgrund evolutionärer Anpassungsprozesse seine Struktur und Funktionsprinzipien angenommen hat. Ihre Kernaussagen lassen sich in Kürze wie folgt zusammenfassen. Die Nervenzellen, aus denen Gehirne bestehen, funktionieren beim menschlichen Gehirn nach den gleichen physiko-chemischen Prinzipien wie bei einfachen Organismen. Einfache und hochdifferenzierte Gehirne unterscheiden sich daher „im Wesentlichen nur durch die Zahl der Nervenzellen und die Komplexität der Vernetzung"[10]. Hoch entwickelte Wirbeltiergehirne, und so auch das menschliche Gehirn, stellen distributiv organisierte Systeme dar, die aus Dutzenden räumlich getrennter, aber hochvernetzter Hirnareale bestehen, in denen eine riesige Zahl von Operationen gleichzeitig ablaufen, wobei diese parallelen Prozesse sich selbst organisieren „ohne eines singulären Konvergenzzentrums zu bedürfen"[11]. Die Handlungsentscheidungen, die aus solchen Selbstorganisationsprozessen hervorgehen, stützen „sich auf eine ungemein große Zahl von Variablen: auf die aktuell verfügbaren Signale aus der Umwelt und dem Körper sowie auf das gesamte gespeicherte Wissen"[12] angeborener und durch Erfahrung erworbener Art, ein Wissen, das in der funktionalen Architektur des Gehirns, „in der Verschaltung der vielen Milliarden Nervenzellen"[13] residiert.

Da das Gehirn situationsbezogene Signale und gespeichertes Wissen nur neuronal verarbeiten kann, und da neuronale Prozesse auf physiko-chemischen Gesetzmäßigkeiten basieren, gehen Neurowissenschaftler davon

---

10 Singer 2004b, S. 53.
11 Ebd., S. 43.
12 Ebd., S. 56.
13 Ebd., S. 54.

aus, dass vom Gehirn produzierte Handlungsentscheidungen durch die jeweils gegebenen neuronal wirksamen Ausgangsbedingungen determiniert sind, eine Sicht, die als „neuronaler Determinismus" bezeichnet wird. Das aus dieser Sicht entscheidende Argument zur Frage der Willensfreiheit besagt, dass unser heutiges Wissen vom Gehirn als einem sich selbst organisierenden System, das „ohne übergeordneten Schiedsrichter" auskommt, keinen Platz lässt für die auf unsere subjektive Wahrnehmung gestützte Vorstellung eines steuernden bewussten ‚Ich' oder ‚Selbst', das Willensfreiheit im Sinne einer letztentscheidenden Zentralinstanz auszuüben imstande wäre. Mit dem neurowissenschaftlichen Verständnis von Gehirnvorgängen inkompatibel ist daher nicht nur der sogenannte ‚starke' oder metaphysische Begriff von Willensfreiheit, der eine „außerhalb der Determiniertheit alles natürlichen Geschehens"[14] stehende Willenskraft unterstellt, die, selbst unverursacht, in die neuronalen Prozesse des Gehirns hineinzuwirken in der Lage sein soll. Damit inkompatibel ist auch eine Vorstellung, die unter Willensfreiheit versteht, dass bewusstes Überlegen und rationales Abwägen von Gründen die ausschlaggebende Kontrolle über Handlungsentscheidungen ausüben. Denn, so das Argument der Neurowissenschaftler, um handlungssteuernd wirksam werden zu können, müssen auch bewusste Gründe und rationale Argumente vom Gehirn neuronal prozessiert werden und unterliegen damit den gleichen physikochemischen Gesetzmäßigkeiten wie sonstige Gehirnvorgänge. Zwar wird durchaus anerkannt, „dass bewusste Informationsverarbeitungsprozesse im Gehirn ganz andere neuronale Ereignisse darstellen als unbewusste und somit auch andere Ergebnisse hervorbringen"[15], und es wird eingeräumt, dass wir noch wenig darüber wissen, wodurch sich die beiden Prozesse unterscheiden[16]. Aber es wird darauf bestanden, dass auch „das bewusste Verhandeln von Argumenten auf neuronalen Prozessen beruht"[17] und daher einem „neuronalen Determinismus in gleicher Weise unterliegen (muss) wie das unbewusste Entscheiden"[18].

---

14 Roth 2003, S. 499.
15 Merkel und Roth 2008, S. 62.
16 Singer 2004b, S. 46.
17 Ebd., S. 57.
18 Ebd., S. 57f.

Überdies, so wird argumentiert, machen die uns bewusst werdenden und von uns in ein rationales Abwägungskalkül einbezogenen Gründe und Argumente immer nur einen Teil der im Selbstorganisationsprozess des Gehirns insgesamt verarbeiteten Information aus, wobei ihr relatives Gewicht im Gesamtprozess sehr unterschiedlich sein kann und keineswegs den Ausschlag geben muss. Der Umstand, dass die von uns bewusst erwogenen Gründe in Entscheidungsprozessen des Gehirns nicht unbedingt die entscheidende Rolle spielen, entspricht aus neurowissenschaftlicher Sicht dabei durchaus einer evolutionären Logik. Denn zwar bietet die Deliberationsfähigkeit wichtige Vorteile, etwa für langfristige Handlungsplanung[19], aber der Umstand, dass das Gehirn ein weit umfangreicheres Repertoire an gespeichertem Wissen mobilisiert als die zwangsläufig äußerst begrenzte Auswahl der bewusstseinsfähigen und bewusst verarbeiteten Informationen, kann durchaus „bessere", für die Person vorteilhaftere Entscheidungen hervorbringen als die, zu der sie allein aufgrund rationaler Abwägung von Gründen kommen würde. Auf diese Weise, so formuliert es Roth, „wird sichergestellt, dass wir erfahrungsgesteuert handeln, (…) dass alles was wir tun, im Lichte der gesamten individuellen (und auch sozial vermittelten) Erfahrung geschieht"[20], die im Gehirn gespeichert ist. „Dies nicht zu tun", so fügt Roth hinzu, „wäre *höchst irrational.*"[21]

Ein weiterer, im hier interessierenden Zusammenhang entscheidender Schritt in der neurowissenschaftlichen Argumentationskette besteht in den Folgerungen, die aus der These der neuronalen Determiniertheit menschlichen Handelns für die Frage der persönlichen Verantwortung für das eigene Handeln gezogen werden. Wenn, so argumentiert wiederum Gerhard Roth, die Annahme einer Willensfreiheit im vorhin erläuterten Sinne zurückgewiesen werden muss, dann müssen wir auch „das Prinzip der persönlichen Verantwortung und der persönlichen Schuld (…) als wissenschaftlich unhaltbar ablehnen"[22]. Denn wenn unsere Handlungen nicht durch ein bewusstes „Ich" zentral gesteuert werden sondern im distributiven Selbstorganisationsprozess des Gehirns neuro-

---

19 Roth 2009, S. 15.
20 Roth 2003, S. 532 f.
21 Ebd., S. 532.
22 Roth 2003, S. 544.

nal determiniert sind, dann können, so das Argument, Menschen „als bewusste Individuen nichts für das, was sie tun"[23].

Ein so gedeuteter neuronaler Determinismus steht, dieser Eindruck drängt sich auf, in einem grundlegenden Widerspruch zur Auffassung, die „den Glauben an persönliche Verantwortlichkeit (…) als wesentliche Voraussetzung einer freien Gesellschaft"[24] betrachtet, eine Auffassung, die Hayek in den Einleitungssätzen des erwähnten Kapitels in „Die Verfassung der Freiheit" mit den Worten ausdrückt: „Freiheit bedeutet nicht nur, dass der Mensch sowohl die Gelegenheit als auch die Last der Wahl hat; sie bedeutet auch, dass er die Folgen seines Handelns tragen muss und Lob und Tadel dafür erhalten wird. Freiheit und Verantwortung sind untrennbar."[25] Der Bundesverfassungsrichter Udo di Fabio sieht einen solchen Widerspruch gegeben, wenn er Hirnforschern, die „die Existenz von Freiheit und so auch die Möglichkeit der Verantwortung für das eigene Tun" bestreiten, entgegenhält: „Das moderne Verfassungsverständnis jedenfalls baut in der Tiefe seiner Fundamente auf die Idee der individuellen Verantwortung. Der Verlust dieser Zurechnung wäre das Ende einer freiheitlichen Ordnung, die den freien Menschen in den Mittelpunkt stellt."[26] Und in ähnlicher Weise hat ein weiterer Bundesverfassungsrichter, Winfried Hassemer vor den, wie er es formuliert, „Sirenen der Neurowissenschaften" mit den Worten gewarnt: „Wer – aus welchen Gründen immer – bestreitet, dass Menschen verantwortlich sein können, für das, was sie tun, entfernt einen Schlussstein nicht nur aus unserer Rechtsordnung, sondern aus unserer Welt. Er tastet die normative Grundlage unseres sozialen Umgangs an."[27]

Ob solche schwerwiegenden Konsequenzen in der Tat aus den oben skizzierten neurowissenschaftlichen Thesen zu ziehen sind, soll im Folgenden näher geprüft werden.

---

23 Ebd., S. 554.
24 Hayek 2002b, S. 296.
25 Hayek 2005, S. 93.
26 Fabio 2002a, S. 10.
27 Hassamer 2010; S. 35.

3. Handlungserklärung und Ordnungsgestaltung

Die Frage, ob ein Widerspruch zwischen neurowissenschaftlichen Erkenntnissen und dem Ideal einer freiheitlichen Ordnung besteht, lässt sich in zweierlei Hinsicht prüfen. Zum einen im Hinblick auf die sachliche Angemessenheit der neurowissenschaftlichen Erklärung von Handlungsentscheidungen, also im Hinblick auf die Frage, ob überhaupt ein ausreichender Grund besteht, diese Erklärung als zutreffend anzuerkennen. Und zum anderen im Hinblick auf die Folgerungen, die aus der neurowissenschaftlichen Sicht folgen, also im Hinblick auf die Frage, ob diese Sicht, sollte man sie als angemessene Handlungserklärung betrachten, für die Frage der Ordnungsgestaltung zu Folgerungen zwingt, die mit dem Ideal einer Verfassung der Freiheit in Konflikt geraten.

Ein Widerspruch zwischen dem von der modernen Hirnforschung behaupteten neuronalen Determinismus und dem Ideal einer freien Gesellschaft wäre offenkundig folgenlos, wenn es wichtige Gründe gäbe, anzuzweifeln, dass damit ein angemessenes Bild menschlichen Entscheidungsverhaltens gezeichnet würde. Doch, wenn sich auch einige Philosophen und Theologen in diesem Sinne kritisch zu den neurowissenschaftlichen Thesen geäußert haben, so glaube ich nicht, dass die Anmeldung derartiger Zweifel eine aussichtsreiche Strategie ist, die Werte einer freien Gesellschaft zu verteidigen. Hayek jedenfalls hätte wohl wenig Anlass gesehen, die grundsätzlichen Aussagen der modernen Hirnforschung in Zweifel zu ziehen. In der Tat, in dem wohl ungewöhnlichsten seiner Bücher, der 1952 erschienenen „Sensory Order"[28], und bereits in einem 1920 verfassten Manuskript „Beiträge zur Theorie der Entwicklung des Bewusstseins"[29] hat Hayek selbst eine Sichtweise der Gehirnfunktionen vertreten, die im Kern mit den Erkenntnissen der modernen Forschung völlig kompatibel ist. Insbesondere die Vorstellung vom Gehirn als einem nicht-hierarchischen, sich spontan selbst organisierenden System steht auch bei ihm im Zentrum, ebenso wie der Gedanke, dass die uns bewusst werdenden Handlungsgründe nur einen Bruchteil der unser Handeln bestimmenden Gehirnoperationen ausmachen, wobei Hayek, nicht anders als die modernen Hirnforscher, den

---

28 Hayek 2006.
29 Ebd., S. 199–226.

evolutionären Vorteil des Umstandes betont, dass unser Gehirn gespeichertes Erfahrungswissen nutzt, das weit über die uns bewusst verfügbaren Wissensbestände hinausgeht.

Wenn wir aber gute Gründe haben, die neurowissenschaftliche Sicht als maßgeblichen Stand der Forschung anzuerkennen, dann bleibt als einzige zu prüfende Frage, ob diese Sicht denn in der Tat mit dem Ideal einer freiheitlichen Ordnung in Konflikt geraten muss. Hayek ging, wie eingangs erwähnt, in seiner fünf Jahrzehnte zurückliegenden Beschäftigung mit dieser Frage davon aus, dass es sich bei dem vermeintlichen Widerspruch zwischen der These von der kausalen Determiniertheit menschlichen Handelns und der für eine freiheitliche Ordnung grundlegenden Überzeugung von der „Komplementarität von Freiheit und Verantwortung"[30] um ein auf Begriffsverwirrung beruhendes „Scheinproblem" und einen reinen „Wortstreit" handelt[31]. Es heißt dort bei ihm: „Denn es scheint, dass die Schwierigkeiten, die die Menschen hinsichtlich des Sinnes von freiwilligem Handeln und Verantwortung hatten, keineswegs einer notwendigen Konsequenz des Glaubens entspringen, dass das menschliche Handeln kausal determiniert ist, sondern das Ergebnis einer gedanklichen Verwirrung sind, dass nämlich Schlüsse gezogen werden, die aus den Prämissen nicht folgen"[32].

Die von Hayek angesprochene „gedankliche Verwirrung" lässt sich, so mein bereits erwähntes Hauptargument, auflösen, wenn man die Unterschiedlichkeit des Problems der Handlungserklärung einerseits und des Problems der Ordnungsgestaltung andererseits beachtet. Mit dem erstgenannten beschäftigt sich die Neurowissenschaft, das zweite bildet die besondere Domäne einer *ordnungsökonomischen* Sichtweise, wie sie den Hayekschen Gedanken zur Verfassung der Freiheit zugrunde liegt und wie sie vor allem in den Forschungsansätzen der Freiburger Schule und der modernen konstitutionellen Ökonomik ausgearbeitet worden ist. Der im gegebenen Kontext relevante Unterschied zwischen den beiden Sichtweisen wird deutlich, wenn man die Fragestellungen vergleicht, auf die sie sich jeweils konzentrieren.

Die auf die Erklärung menschlichen Entscheidungsverhaltens ausgerichtete neurowissenschaftliche Perspektive fragt nach den in der Ver-

---

30 Hayek 2005, S. 101.
31 Ebd., S. 96.
32 Ebd., S. 95.

gangenheit liegenden Einflüssen, die eine Person zu dem gemacht haben, was sie ist, und nach den aktuellen äußeren Umständen und in ihr selbst liegenden Bedingungen, die sie so handeln lassen, wie sie es tut. Da es um die Identifikation von handlungsbestimmenden Ursachen geht, ist diese *rückblickende* Perspektive zwangsläufig in ihrer Logik deterministisch. Sie fragt nach der Bedingungskonstellation, die die Handlungsentscheidungen einer Person – bzw. ihres Gehirns – erklärbar macht, eine Bedingungskonstellation, die alle vom Organismus wahrgenommenen Außenreize und endogenen Signale ebenso einschließt, wie alles im Gehirn gespeicherte, bewusste und unbewusste Erfahrungswissen. Im Kontrast zur rückblickenden Perspektive neurowissenschaftlicher Handlungserklärung blickt die ordnungsökonomische Sichtweise *voraus*. Sie sucht nach Antworten auf die prospektive, in die Zukunft gerichtete Frage, wie Menschen die Rahmenbedingungen – also die Ordnungsprinzipien, die Regeln und die entsprechenden Durchsetzungsmechanismen –, unter denen sie zusammenleben, so gestalten können, dass davon eine für alle Beteiligten möglichst vorteilhafte Verhaltenssteuerung und eine möglichst wünschenswerte Prägung der Dispositionen und Persönlichkeitsmerkmale der einzelnen Akteure erwartet werden kann. In dieser vorausblickenden Sichtweise ist nicht die Frage relevant, wie Menschen dazu gekommen sind, so zu handeln, wie sie gehandelt haben, sondern die Frage, wie sie dazu gebracht werden können, in Zukunft so zu handeln, wie es einem gedeihlichen sozialen Zusammenleben zuträglich ist.

Die neurowissenschaftliche These, dass, gegeben die im genannten Sinne umfassend definierte Bedingungskonstellation, die Entscheidungen einer Person so ausfallen mussten, wie sie ausgefallen sind, entspricht der Logik eines auf Handlungserklärung ausgerichteten Forschungsansatzes. Dies gilt auch für die These, dass das im Gehirn einer Person gespeicherte, angeborene und erworbene Wissen und ihre angeborenen und erlernten Verhaltensdispositionen zwangsläufig so sind, wie sie sind, weil die Person mit einer bestimmten genetischen Ausstattung auf die Welt gekommen ist und weil sie die gesamte Erfahrungsgeschichte hinter sich hat, die aus ihrem bisherigen Lebensweg resultiert. Etwas anderes anzunehmen, würde bedeuten, menschliches Handeln außerhalb der die Welt ansonsten beherrschenden Ursache-Wirkungs-Zusammenhänge zu verorten. Ein solcher auf Handlungserklärung zielender Forschungsansatz kann zugestehen, dass die Komplexität der in konkreten Fällen gegebenen

Bedingungskonstellation – insbesondere, was die unzähligen in die Erfahrungsgeschichte einer Person eingegangenen Einflüsse anbelangt – es häufig, oder gar meist, unmöglich machen dürfte, einzelne Handlungen vollständig zu erklären oder genau vorauszusagen. Aber er muss darauf bestehen, dass Handlungsentscheidungen grundsätzlich determiniert sind, und kann, ohne Aufgabe des ihn identifizierenden Erklärungsanspruchs, keinen Raum lassen für einen außerhalb des realweltlichen Kausalnexus stehenden „freien Willen". Wie Wolfgang Prinz es ausdrückt: „Im Spiel der wissenschaftlichen Erklärung von Handlungen und Handlungsursachen ist für die Idee der Willensfreiheit kein Platz."

Entgegen dem Anschein, dass eine solche deterministische Sicht mit dem Ideal einer Verfassung der Freiheit in Konflikt geraten könnte, zeigt sich bei näherem Hinschauen, dass daraus für das vorausblickende Projekt der Ordnungsgestaltung keinerlei Schwierigkeiten erwachsen. Sondern im Gegenteil: Es zeigt sich, dass diesem Projekt ohne die Annahme, dass auf menschliches Handeln kausal eingewirkt werden kann, jede rationale Grundlage fehlen würde, geht es doch darum, durch geeignete Vorkehrungen zukünftiges Verhalten in eine wünschenswerte Richtung zu lenken. In diesem Sinne kommentiert Hayek die Sicht der Deterministen mit den Worten:

„Was sie behaupten ist, dass das Verhalten eines Menschen in einem gegebenen Augenblick, seine Reaktion auf alle äußeren Umstände, durch die vereinten Wirkungen seiner ererbten Konstitution und all seiner angesammelten Erfahrung bestimmt wird. (…) Die deterministische Position behauptet, dass jene angesammelten Ergebnisse von Ererbung und vergangener Erfahrung die ganze individuelle Persönlichkeit ausmachen, dass es kein anderes *Ich* oder *Selbst* gibt, das von äußeren oder materiellen Einflüssen unberührt bleibt. Das bedeutet (aber auch; V. V.), dass (…) Faktoren (…) wie Überlegung und Argumentation, Überredung oder Kritik, oder die Erwartung von Lob und Tadel, in Wirklichkeit zu den wichtigsten Faktoren gehören, die die Persönlichkeit und damit die einzelne Handlung des Individuums bestimmen. Gerade weil es kein getrenntes *Ich* gibt, das außerhalb der Kausalkette steht, gibt es auch kein *Ich*, das wir nicht vernünftigerweise durch Lohn oder Strafe zu beeinflussen suchen könnten."[33]

---

33 Hayek 2005, S. 97 f.

Und er fügt dem hinzu:

„Wie oft gezeigt worden ist, beruht die Vorstellung von Verantwortlichkeit tatsächlich auf einem deterministischen Standpunkt, während nur die Konstruktion eines metaphysischen *Ich*, das außerhalb der ganzen Kausalkette steht und daher als von Lob und Tadel unbeeinflussbar behandelt werden kann, die Freistellung des Menschen von Verantwortlichkeit rechtfertigen könnte"[34].

Die eingangs zitierte und provokant klingende These von Wolf Singer, „dass keiner anders kann, als er ist", läuft im Kontext neurowissenschaftlicher Handlungserklärung auf nicht mehr als die eher triviale Aussage hinaus, dass es bei der durch ererbte Ausstattung und Erfahrungsgeschichte bedingten gesamten Persönlichkeitsstruktur eines Menschen und allen zum Entscheidungszeitpunkt obwaltenden Umständen der Selbstorganisationsprozess des Gehirns zwangsläufig zu einer bestimmten Handlungsentscheidung führt. Dieser Umstand ist aber für das Projekt der Ordnungsgestaltung ohne jeden Belang, sind dessen Erfolgsaussichten doch allein davon abhängig, dass Menschen durch geeignete Gestaltung der Rahmenbedingungen, unter denen sie handeln, dazu gebracht werden können, sich anders – nämlich in sozial wünschenswerterer Weise – zu verhalten, als sie es tun würden, wenn ihnen diese Rahmenbedingungen nicht vorgegeben wären. Bei Hayek lesen wir dazu:

„Genau genommen ist es sinnlos zu sagen, wie es so oft geschieht, dass *ein Mensch nichts dafür kann, dass er ist, wie er ist*, denn der Zweck der Zuschreibung von Verantwortung ist, ihn anders zu machen, als er ist oder sein könnte. Wenn wir sagen, dass jemand für die Folgen einer Handlung verantwortlich ist, so ist das nicht eine Tatsachenaussage oder eine Behauptung über Kausalität (…) (Damit) meinen wir nicht, dass im Augenblick seiner Entscheidung in ihm irgendetwas anderes vorging, als was die notwendige Wirkung der Kausalgesetze in den gegebenen Umständen war (…) Wir schreiben einem Menschen nicht Verantwor-

---

34 Ebd., S. 97.

tung zu, um zu sagen, dass er, so wie er war, anders hätte handeln können, sondern um ihn anders zu machen."[35]

4. Freiheit, Verantwortung und Schuld

Die Begriffsverwirrung, die den Eindruck hervorruft, dass eine deterministische Sicht menschlichen Verhaltens mit einer Ordnung der Freiheit inkompatibel ist, muss dann entstehen, wenn nicht beachtet wird, dass im Kontext neurowissenschaftlicher Handlungserklärung die Begriffe *Freiheit*, *Verantwortung* und *Schuld* zwar ebenso zu finden sind wie in der Erörterung von Problemen der Ordnungsgestaltung, dass diese Begriffe aber in beiden Kontexten mit gänzlich unterschiedlichen Bedeutungen belegt werden. Im einen Fall beziehen sie sich auf die Frage, warum ein Mensch in einer bestimmten Situation so und nicht anders handelte, im anderen auf die Frage, von welchen Prinzipien der Ordnungsgestaltung man wünschenswerte Steuerungswirkungen auf das menschliche Zusammenleben erwarten kann. Im Kontext der Handlungserklärung wird den Begriffen eine *psychologische*, auf die Frage der willentlichen Verhaltenssteuerung durch ein „bewusstes Ich" bezogene Bedeutung beigelegt. Im Kontext der Ordnungsgestaltung werden sie in einem *sozial-funktionalen*, auf die Frage der Regeln des sozialen Umgangs bezogenen Sinn verwandt.

Wenn Neurowissenschaftler davon sprechen, dass der Mensch „nicht frei" sei, und das Prinzip „persönlicher Verantwortung" und „persönlicher Schuld" ablehnen, dann wenden sie sich damit, wie vorhin erläutert, gegen eine Vorstellung, die den handlungssteuernden Einfluss unbewusster Gehirnprozesse unterschätzt und einen „freien Willen" postuliert, dem die Fähigkeit letztentscheidender Verhaltenskontrolle zugeschrieben wird. Die These, dass menschliches Handeln „nicht frei" sei, besagt dann nicht mehr, als dass unser Verhalten stets auch von Gehirnprozessen gelenkt wird, derer wir uns nicht bewusst sind. Wenn andererseits im Kontext ordnungsökonomischer Erwägungen zu einer freiheitlichen Verfassung davon die Rede ist, dass Menschen Entscheidungsfreiheit haben, so hat dies nichts mit der Frage der Gehirnprozesse zu tun, die Handlungsentscheidungen hervorbringen, oder mit der Frage, inwieweit eine

---

35 Hayek, 2005, S. 98

Person ihr Handeln durch nüchterne Überlegung oder durch momentane Impulse lenken lässt. Damit ist vielmehr gemeint, dass Menschen in einer sozialen Ordnung leben, in der ihnen wirksam durchgesetzte Regeln einen geschützten Bereich sichern, in dem sie ihr Handeln frei von äußerem Zwang nach eigenem Gutdünken einrichten können. Um Verwirrung zu vermeiden gilt es daher, wie Hayek betont, klar zu unterscheiden zwischen der *psychologischen* Frage, ob „ein Mensch in seinen Handlungen von seinem bewussten Willen, von seiner Vernunft (…) geleitet ist und nicht von Impulsen oder Umständen des Augenblicks"[36], und der Frage, „ob ihm andere Leute ihren Willen aufzwingen oder nicht"[37].

Dass in dieser Hinsicht begrifflicher Differenzierungsbedarf besteht, dass zwischen „Willensfreiheit" als psychologischer Kategorie und „Handlungsfreiheit" als Rechtskategorie unterschieden werden muss, ist denn auch – wenn auch eher nur am Rande – in der Diskussion um die neurowissenschaftlichen Thesen verschiedentlich festgestellt worden. So wird etwa mit kritischem Bezug auf Argumente von Gerhard Roth angemahnt, dass die „manifeste Vernachlässigung der Unterscheidung zwischen Handlungs- und Willensfreiheit (…) zu Konfusionen in der Freiheitsdebatte"[38] führt, und es wird konstatiert: „Die Zwänge, auf die das Recht reagieren kann, sind solche, die von Menschen gegenüber anderen Menschen ausgehen. Das Recht soll Freiheit *ermöglichen*, indem es durch die Koordination von Freiheitssphären (…) diese erst ermöglicht"[39].

Entsprechende Differenzierungen sind bezüglich der Begriffe „Verantwortung" und „Schuld" erforderlich, die im neurowissenschaftlichen Kontext in einer Weise verstanden werden, die sie an das Konzept der Willensfreiheit binden, sodass der Anspruch, menschliches Handeln naturalistisch, als kausal determiniert zu erklären, die Verneinung von persönlicher Verantwortung und Schuld impliziert. Die These, dass es „persönliche Verantwortung" und „persönliche Schuld" nicht gibt, besagt in diesem Kontext nicht mehr und nicht weniger, als dass unsere Handlungsentscheidungen nie vollständig von unserem „bewussten Ich" kontrolliert werden. Damit wird diesen Begriffen aber eine gänzlich andere Bedeutung gegeben als es

---

36 Hayek 2005, S. 21.
37 Ebd.
38 Mohr 2008, S. 75.
39 Ebd., S. 88.

ihrem Verständnis entspricht, wenn sie im Zusammenhang mit der Frage der Gestaltung sozialer Ordnung verwandt werden. Wenn dort von Verantwortung oder Schuld die Rede ist, so ist damit gemeint, dass es Regeln gibt, nach denen die Einzelnen für ihr Handeln und dessen Konsequenzen zur Verantwortung gezogen werden und nach denen sie für Schäden, die sie anderen durch ihr Handeln zufügen, schuldig erachtet und haftbar gemacht werden. Die Zuschreibung von Verantwortung ist, wie Hayek betont, eine soziale „Konvention"[40], „ein Instrument, das die Gesellschaft entwickelt hat"[41], weil sie für die Ordnung des Zusammenlebens zweckmäßig ist. Ihre Rechtfertigung gründet sich nicht auf ein Urteil über die konkreten psychologischen Prozesse, die einzelnen Handlungsentscheidungen zugrunde liegen, sondern liegt, in den Worten Hayeks[42], „in ihrer vermutlichen Wirkung auf zukünftiges Handeln; der Zweck ist, die Menschen zu lehren, was sie in vergleichbaren zukünftigen Situationen überlegen sollen."

5. Strafrechtspraxis und Strafrechtsbegründung

Es ist aufschlussreich, in diesem Zusammenhang einen Blick auf die Diskussion zu werfen, die Wolf Singer und seine Kollegen mit ihren speziell auf die Rolle des Strafrechts gemünzten Thesen ausgelöst haben. Erscheint der Anspruch, der mit den neurowissenschaftlichen Erkenntnissen verbunden wird, zunächst recht weitgehend, wenn ihnen etwa von Gerhard Roth „weitreichende Folgen für unser Rechtssystem, insbesondere für das Strafrecht und den Strafvollzug"[43] zugeschrieben werden, so klingt es doch wesentlich zurückhaltender, wenn derselbe Autor feststellt: „Ein Verzicht auf den Begriff der persönlichen Schuld (...) bedeutet aber keineswegs einen Verzicht auf Bestrafung einer Tat als Verletzung gesellschaftlicher Normen. Das ist bereits in der Idee der General- und Spezialprävention enthalten."[44] Ebenso zurückhaltend klingt es bei Wolf Singer, wenn er im Hinblick auf die Strafrechts*praxis* betont: „An dieser Praxis würde die differenziertere Sicht der Entscheidungsprozesse, zu der die

---

40 Hayek 2002a, S. 283.
41 Ebd., S. 285.
42 Hayek 2005, S. 100.
43 Roth 2009, S. 14.
44 Ebd., S. 18.

neurobiologischen Erkenntnisse zwingen, wenig ändern. Die Gesellschaft darf nicht davon ablassen, Verhalten zu bewerten. Sie muss natürlich weiterhin versuchen, durch Erziehung, Belohnung und Sanktionen Entscheidungsprozesse so zu beeinflussen, dass unerwünschte Entscheidungen unwahrscheinlicher werden."[45] Und bei Roth liest man sogar, der Verzicht auf die Annahme der Willensfreiheit und persönlicher Schuld schließe „nicht den Gedanken der *Verantwortlichkeit* für das eigene Handeln und dessen Konsequenzen aus"[46].

Im Kern geht es bei der neurowissenschaftlichen Strafrechtskritik nicht so sehr um die tatsächlich geübte Strafrechtspraxis als vielmehr um die theoretischen Grundlagen, auf denen diese Praxis ruht. Wenn Singer bemerkt, es könne sich „lohnen, die geltende Praxis im Lichte der Erkenntnisse der Hirnforschung einer Überprüfung auf Kohärenz zu unterziehen"[47], so zielt dies auf die Rolle ab, die die Vorstellung von an Willensfreiheit gebundener persönlicher Schuld in der herkömmlichen Strafrechtsbegründung spielt.[48] Nach höchstrichterlicher Entscheidung ebenso wie nach der herrschenden Strafrechtstheorie, so wird konstatiert, sei der „Schuldbegriff (...) unabdingbar an die Annahme einer Willensfreiheit im Sinne des *Unter-denselben-physiologischen-Bedingungen-willentlich-andershandeln-Könnens* gebunden"[49]. Wenn aber das „Vorhandensein von Schuld die legitimierende Bedingung des Strafrechts (und) der Nachweis von Schuld deshalb Voraussetzung für Bestrafung"[50] ist, dann, so das Argument der Neurowissenschaftler, werde das Strafrecht mit einem solchen Schuldbegriff „in einer Weise begründet, die aus Sicht der modernen Hirnforschung (...) nicht haltbar ist"[51]. Um sich auf eine neurowissenschaftlichen Erkenntnissen Rechnung tragende Legitimationsgrundlage zu stützen, müsse es daher in anderer Weise begründet werden.

---

45 Singer 2004b, S. 64.
46 Roth 2003, S. 554.
47 Singer 2004b, S. 64.
48 Roth 2003, S. 504; 2004, S. 74.
49 Roth 2004b, S. 222.
50 Merkel und Roth 2008, S. 54.
51 Roth 2009, S. 18.

„For the law, neuroscience changes nothing and everything" – also: „Für das Recht ändert die Neurowissenschaft nichts und alles"[52], so haben Joshua Greene und Jonathan Cohen, Psychologen am *Center for Study of Brain, Mind, and Behavior* der Princeton University, einen Aufsatz überschrieben, in dem sie eine Bilanz der Diskussion zum Thema „Willensfreiheit und Strafrecht" ziehen, und in dem sie argumentieren, dass die Erkenntnisse der modernen Hirnforschung die Strafrechts*praxis*, kaum aber die Strafrechts*begründung* doch ganz wesentlich berühren. In diesem Aufsatz gehen sie auch ausführlich der Frage nach, wie denn eine mit dem Stand der modernen Neurowissenschaft kompatible Begründung staatlichen Strafens auszusehen habe. Einer auf dem Postulat der Willensfreiheit beruhenden und auf Vergeltung persönlicher Schuld abstellenden Rechtfertigung, die sie als „backward-looking, retributivist account"[53] charakterisieren, stellen sie eine „forward-looking consequentialist theory"[54] entgegen, die die Strafpraxis mit ihren wünschenswerten zukünftigen Konsequenzen für die soziale Ordnung, insbesondere ihrer präventiven Wirkung begründet. – In ähnlichem Sinne argumentiert auch etwa Gerhard Roth für eine „allein im Sinne der General- und Spezialprävention, nicht aufgrund des Vergeltungsprinzips"[55], begründete Strafpraxis.

Nun gibt es bekanntlich, worauf Greene und Cohen auch verweisen, in der Rechtsphilosophie eine seit langem schwelende Kontroverse, in der sich die beiden Sichtweisen der Vergeltungs- und Präventionstheorie der Strafe hartnäckig behaupten, ohne dass es zu einer abschließenden Klärung gekommen wäre. Und auch Greene und Cohen betonen, dass der von ihnen favorisierte „consequentialist approach to punishment"[56] mit der Alltagsintuition kollidiere, die auf der Bedeutung beharrt, die dem Vergeltungsprinzip und seiner rückblickend auf die Verantwortung und Schuld des Täters gerichteten Sicht zukommt. Nun liegt in Fällen wie in diesem, in denen sich zwei scheinbar einander ausschließende Positionen auf Dauer behaupten, die Vermutung nahe, dass die Vertreter der

---

52 Greene and Cohen 2004.
53 Ebd., S. 1776.
54 Ebd.
55 Roth 2003, S. 539.
56 Green und Cohen 2004, S. 1776.

einen und der anderen Sichtweise vielleicht Antworten auf unterschiedliche Fragen geben wollen und deshalb aneinander vorbeireden. Mir scheint genau dies in der angesprochenen Kontroverse der Fall zu sein, können doch beide Positionen sinnvoll nebeneinander Bestand haben, wenn man zwei Fragen deutlich voneinander unterscheidet, nämlich einerseits die Frage nach der Legitimation der Strafrechtspraxis als sozialer Institution und andererseits die Frage nach der Legitimation der Anwendung dieser Institution im konkreten Fall.

Die vorausblickende, konsequentialistische Sicht der Präventionstheorie ist offensichtlich von Bedeutung, wenn es um die Frage der Gründe geht, die für die Institution staatlichen Strafens bei Rechtsverletzungen sprechen. Hier geht es um auf die allgemeine soziale Funktion von Strafe als Institution abstellende Zweckmäßigkeitsgründe, wie sie Hayek in seinen Überlegungen zur Zweckmäßigkeit der Zuschreibung von Verantwortung als sozialer Konvention darlegt. Andererseits hat die rückblickende, die Schuld des Täters zum Kriterium nehmende Sicht der Vergeltungstheorie ihre offensichtliche Bedeutung, wenn es um die Frage geht, wie denn die Verhängung von Strafe gegen eine bestimmte Person legitimiert werden kann. Vertreter dieser Theorie bestehen ohne Zweifel zu Recht darauf, dass die Zweckmäßigkeitsgründe, die die Präventionstheorie für die *Institution* der Strafe anführt, per se nicht den konkreten Bestrafungsakt legitimieren können, sondern dass dafür der Nachweis der „Schuld" des Angeklagten erforderlich ist, wobei „Schuld" hier die Zurechnung der Tat zum Angeklagten meint, nicht die „persönliche Schuld", wie sie in der neurowissenschaftlichen Kritik der Willensfreiheit verstanden wird. Weist man der Vergeltungs- und der Präventionstheorie der Strafe im erläuterten Sinne ihre jeweiligen Domänen zu, dann haben beide ihre Berechtigung und können nicht nur konfliktfrei nebeneinander bestehen, sondern ergänzen einander.

6. Schluss

Dass wir, wenn es um die aus der Vorstellung eines neuronalen Determinismus zu ziehenden Konsequenzen geht, deutlich zwischen Fragen der Verhaltenserklärung und Fragen der Ordnungsgestaltung unterscheiden müssen, wird offenkundig auch von den Neurowissenschaftlern erkannt. Allerdings scheint der daraus folgenden Notwendigkeit eines differenzierteren Umgangs mit den Begriffen Freiheit, Verantwortung und Schuld kaum Rechnung getragen zu werden, wenn es heißt:

„Zu konstatieren bleibt der paradoxe Zustand, dass wir das Prinzip der persönlichen Verantwortung und der persönlichen Schuld und ihrer Begründung durch eine freie Willensentscheidung als wissenschaftlich nicht gerechtfertigt ablehnen müssen, dass aber gleichzeitig die Gesellschaft sehr wohl in der Lage sein muss, durch geeignete Erziehungsmaßnahmen ihren Mitgliedern das Gefühl der Verantwortung für das eigene Tun einzupflanzen, ... aus der durch Versuch und Irrtum herbeigeführten Einsicht, dass ohne ein solches Gefühl der Verantwortung das gesellschaftliche Zusammenleben nachhaltig gestört ist."[57]

„Paradox" ist der von Roth beschriebene Zustand nur, wenn man die Bedeutungsverschiebung nicht berücksichtigt, die der Begriff der Verantwortung erfährt, wird er aus dem Kontext neurowissenschaftlicher Handlungserklärung in den Kontext der Ordnungsgestaltung übertragen, wenn man es versäumt, zwischen persönlicher Verantwortung als psychologischer Kategorie und der Zuschreibung von Verantwortung als sozialer Konvention deutlich zu unterscheiden. Beachtet man den Unterschied zwischen dem Problem der Handlungserklärung, mit dem sich die Neurowissenschaft befasst, und dem Problem der Ordnungsgestaltung, mit dem es unser Rechtssystem zu tun hat, und trägt man den unterschiedlichen Bedeutungen Rechnung, mit denen die Begriffe *Freiheit*, *Verantwortung* und *Schuld* in dem einen und dem anderen Kontext belegt sind, so löst sich das von Roth konstatierte Paradox ebenso auf wie der vermeintliche Konflikt zwischen neuronalem Determinismus und freiheitlicher Ordnung.

Literatur

Di Fabio, Udo, „Ein großes Wort: Verantwortung als Verfassungsprinzip", in: Frankfurter Allgemeine Zeitung, Ausgabe Nr. 101 v. 02.05.2002, 2002a, S. 10.

---

57 Roth 2003, S. 544.

Greene, Joshua und Jonathan Cohen, „For the law, neuroscience changes nothing and everything", Philosophical Transactions of the Royal Society, B, 359, 2004, 17751785.

Hassemer, Winfried, Haltet den Dieb! Muss das Strafrecht geändert werden, weil Hirnforscher die Möglichkeit von Freiheit, Schuld und Verantwortlichkeit bestreiten? Ein Plädoyer für reife Rationalität, Frankfurter Allgemeine Zeitung, 15.06.2010, S. 35.

Hayek, Friedrich A., The Sensory Order, Chicago 1952.

Hayek, Friedrich A. von, Wahrer und falscher Individualismus, in: Ders., Grundsätze einer liberalen Gesellschaftsordnung. Aufsätze zur Politischen Philosophie und Theorie (Gesammelte Schriften A5), Tübingen 2002a, S. 3–32 (Erstveröffentlichung in Englisch 1946).

Hayek, Friedrich A. von, Was ist und was heißt ‚sozial'?, in: Ders., Grundsätze einer liberalen Gesellschaftsordnung. Aufsätze zur Politischen Philosophie und Theorie (Gesammelte Schriften A5), Tübingen 2002b, S. 251–260 (Erstveröffentlichung 1957).

Hayek, Friedrich A. von, Verantwortlichkeit und Freiheit, in: Ders., Grundsätze einer liberalen Gesellschaftsordnung. Aufsätze zur Politischen Philosophie und Theorie (Gesammelte Schriften A5), Tübingen 2002a, S. 277–293 (Erstveröffentlichung 1959).

Hayek, Friedrich A. von, Das moralische Element in der Unternehmerwirtschaft, in: Ders., Grundsätze einer liberalen Gesellschaftsordnung. Aufsätze zur Politischen Philosophie und Theorie (Gesammelte Schriften A5), Tübingen 2002b, S. 294–301 (Erstveröffentlichung in Englisch 1962).

Hayek, Friedrich A. von, Die Verfassung der Freiheit (Gesammelte Schriften B3), Tübingen 2005 (Erstveröffentlichung in Englisch 1960).

Hayek, Friedrich A. von, Die sensorische Ordnung. Eine Untersuchung der Grundlagen der theoretischen Psychologie. Übersetzt und mit ergänzenden Beiträgen herausgegeben von Manfred E. Streit, (Gesammelte Schriften B 5), Tübingen 2006.

Merkel, Grischa und Gerhard Roth, Freiheitsgefühl, Schuld und Strafe, in: K.-J. Grün, M. Friedmann, G. Roth (Hg.), Entmoralisierung des Rechts. Maßstäbe der Hirnforschung für das Strafrecht, Göttingen 2008, S. 54–95.

Mohr, Georg, Welche Freiheit braucht das Strafrecht?, in: E.-J. Lampe, M. Pauen und G. Roth (Hg.), Willensfreiheit und rechtliche Ordnung, Frankfurt a. M. 2008, S. 72–96.

Prinz, Wolfgang, Der Mensch ist nicht frei. Ein Gespräch, in: Ch. Geyer (Hg.), Hirnforschung und Willensfreiheit. Zur Deutung der neuesten Experimente, Frankfurt 2004, S. 20–26.

Roth, Gerhard: Fühlen, Denken, Handeln. Wie das Gehirn unser Verhalten steuert, Frankfurt a. M. 2003.

Roth, Gerhard, Worüber dürfen Hirnforscher reden – und in welcher Weise?, in: Ch. Geyer (Hg.), Hirnforschung und Willensfreiheit. Zur Deutung der neuesten Experimente, Frankfurt a. M. 2004a, S. 66–85.

Roth, Gerhard, Wir sind determiniert. Die Hirnforschung befreit von Illusionen, in: Ch. Geyer (Hg.), Hirnforschung und Willensfreiheit. Zur Deutung der neuesten Experimente, Frankfurt a. M. 2004b, S. 218–222.

Roth, Gerhard, Willensfreiheit und Schuldfähigkeit aus der Sicht der Hirnforschung, in: G. Roth, K.-J. Grün (Hg.), Das Gehirn und seine Freiheit. Beiträge zur neurowissenschaftlichen Grundlegung der Philosophie, Göttingen ³2009, S. 9–27.

Singer, Wolf, Keiner kann anders, als er ist. Verschaltungen legen und fest: Wir sollten aufhören, von Freiheit zu reden", Frankfurter Allgemeine Zeitung, 08.01.2004.

Singer, Wolf, Verschaltungen legen uns fest: Wir sollten aufhören, von Freiheit zu sprechen, in: Ch. Geyer (Hg.), Hirnforschung und Willensfreiheit. Zur Deutung der neuesten Experimente, Frankfurt a. M. 2004b, S. 30–65.

Anthony de Jasay

On Rightsism

Both when it seeks to describe and to prescribe, modern political thought proceeds as if it were exploring and shaping a virtual *tabula rasa*, unimpeded by the deeply rooted *status quo* that is inevitably in the way. It is either ignored, or reasons are found for sweeping it aside. Mainstream theories of property, liberty, and their functionally necessary complement, justice suffer from logical and moral defects as a result.

Three Children and a Flute

In his influential *The Idea of Justice*,[1] Amartya Sen tells an allegorical story of three children, Anne, Bob and Carla, in a dispute about who among them should posses a flute. Sen's object is to show that the argument of each child in favour of getting the flute is of sufficient force, difficult to reject and admits no tradeoffs, so that no compromises can reconcile the three distinct claims. Each aspires to be the single guiding principle of the ideally just society. With his characteristically mild-mannered persuasiveness, Sen leads us to the conclusion that such a single principle may be impossible to find.

A clever device steers the argument to this conclusion. It is that the flute appears to be *unowned*. This means that one can discuss its being *given* to someone without having to *take it away* from someone else. In this sense, the *status quo* is empty. No one holds the flute and no one has a *status quo* to defend. Nor is there an impartial third party judging the case made by the defendant. Theorists of justice find it convenient to employ some such device. They show that the just distribution of manna fallen from heaven is equal sharing. They describe the way the national cake should be sliced without remembering the before we can slice it, somebody must have baked the cake. One theorist postulates that since

---

1 Amartya Sen, The Idea Of Justice, London 2010, S. 12–15.

the *status quo* is "morally arbitrary", it should be shrouded from our conscience by a veil of ignorance, creating an "original position" where they can agree on a just distribution of all things without knowing whether such a distribution would *give or take* from them some of what is concealed behind the hypothetical veil of ignorance.

Sen is too fine and fastidious an intellect to resort to the crude device of non-owned value. But in his story of the three children quarrelling over the flute, he reduces prior ownership to insignificance.

Clara argues that it was she who made the flute with several months of her own labour, so by rights she should have it. Sen finds that "no-nonsense libertarians" would support her. But why only no-nonsense libertarians? Sen, in an afterthought, adds Marxists, too, on the less than clear ground of labour entitling to ownership.

Be this as it may, the fact is that Clara at present neither possess nor owns the flute. However, she neither sold nor lost the flute; instead, it was taken from her by the "expropriators". Sen does not say who they were and on what ground they expropriated the flute .If the expropriation was a breach of the rules of justice governing ownership the flute should of course be restored to Clara and everybody, rather than just no-nonsense libertarians and maybe Marxists, should insist on this. Clara should then win the argument against the two other children, not because she has made the flute, but because she owns it by the rules of justice. Before the other two children can expect their arguments for getting the flute to be heard and considered at all, they should first make and win a case for *taking* the flute away from Clara, invalidating the ownership that had been restored to her after the unjust expropriation got corrected. On the other hand, if the expropriation was just, it is now the expropriators who own the flute and the children must first defeat the *status quo*, i. e. show case for invalidating the ownership of the expropriators, before quarrelling over the flute among themselves.

Though they look crucial to the problem, Sen does not wrestle with these difficulties. He finds it sufficient to establish that thanks to the unidentified expropriators, Carla does not own the flute. Since none of the other children does, they can get on with their dispute and, fortunately for what is to be demonstrated, they do so on an equal footing.

Alone among them, Anne can play the flute. She maintains that she would get more pleasure out of it than the other two and therefore she should get it. Utilitarians hold it for axiomatic that maximisation of pleasure is the criterion of the good, hence they support Anne. They need to be sternly reminded that what is supposed to be maximised is the net balance between pleasure and pain, –and that balance must be struck, not for the pleasure and pain of a single plaintiff or supplicant, but for the pleasures and pains of all the different persons who ate affected by the decision in favour or against the plaintiff. We may or may not believe it, but cannot conclusively deny it, that if Anne got the flute, the unhappiness, envy and frustration of Bob and Carla would be very great, while if she were denied it, Bob and Carla would rub their hands with pleasure that the selfish girl was seen off as she deserved. In other words, the utilitarian, before knowing whom to support, would have to strike an aggregate balance between positive and negative sensations, states of mind or maybe objective levels of wellbeing of different persons.

This utilitarian arithmetic was in vogue from the early 19th to the mid-20th century and strong residual elements of it often emerge even today in sub-intellectual political discourse. However, the dominant philosophical view now is that the additions and subtractions of different people's pains and pleasures or "utilities", involving as they do non-commensurate magnitudes, defy logic and are meaningless. Interpersonal comparisons can, of course, be made quite freely, but they must be avowed as personal value judgments of whoever is doing the comparison. Recommendations that Anne should get the flute, no matter how many wise judges would agree with them, cannot claim to be "objective and impartial" because they must rely on evaluations about which *bona fide* disagreement can never be excluded.

Is Bob's demand to get the flute subject to a similar disability? He is the poorest of the three, and argues that the other two would have enough toys even without the flute, but he would have none. "Economic egalitarians", as Sen calls them, would no doubt support Bob, but would anyone else do so? In the last analysis, egalitarians (no doubt unconsciously and in fond belief) are prisoners of the illusion that "equal" is self-evidently better than "unequal" and should be preferred over an unequal alternative unless a sufficiently strong reason speaks to the contrary. This is a presumption that the egalitarian finds embedded in the very forms of the two words, the second being a denial of the first, coming into its own only after the first is for good reason dismissed.

However, there is no such presumption. To claim that equal is somehow superior to unequal is no more valid than the claim that in like and unlike, like is superior.

In the matter of Bob and the others, flutes and other toys, the only unobjectionable statements are neutral and cut both ways. "Bob should get the flute unless sufficient reasons speak against it", but "Bob should not get the flute unless sufficient reasons are found why he should". The formal equivalence between "he should" and "he should not" gets us precisely nowhere, which is as it should be, for whether a distribution of good or bad things should be equal or unequal cannot be decided on the totally question-begging ground that equal should generally trump unequal. A choice for or against a particular distribution must be made (*if indeed it must be made*) on the relevant evidence and the particular reasons pertaining to the case. Before the reasons are examined, there is no reason whatever to expect the judgment to favour an equal distribution. As there is no presumption either way, the unequal distribution may just as well prove to be the just one. One qualification may be added to this verdict to satisfy the scrupulous, though perhaps it need not be given major significance. This is because there may be reasons why a distribution is what it is without these reasons necessarily be discovered. If revealed, we might deem them good or bad. Our evaluations may be faulty and this source of irreducible uncertainty extends over the whole range of reasons we weigh when trying to decide, if indeed we must, whether Bob should or should not get the flute or, more ambitiously, whether a given distributive *status quo* should be altered to the profit of some and at the expense of others. This being the case, we may be persuaded to exercise some presumption in favour of the *status quo*.

To wind up the story of the three children, we must ask whether it is really impossible to find a unifying principle of what Sen calls ideal justice, that would lead straight to the flute being given to one of the children and not to any of the other two.

Neither the utilitarian principle backing Anne's claim nor the egalitarian one pleading for Bob's is solid nor difficult for reasonable persons to reject, especially after they are scrutinised with a modicum of rigour. However, it is not the weakness of their internal logic that disqualifies both for the role of sole or dominant principle of justice. It is rather that they are not principles of justice at all. They are features of imaginary societies that appeal to the moral sentiments of many who think that social coexistence could be rendered nicer than it is when pleasures exceed pains, and nicer when nobody is either richer or poorer than anybody else. However, more pleasure than pain, or lesser inequalities, are not matters of justice and it is vain to search among such features for some unifying principle of just arrangements.

Out of the arguments advocating alternative assignments of the flute, only the one favouring Carla is an argument of, and from, justice. The reason she should have the flute is not, as Sen suggests, that she has made it with her own labour (though disciples of Locke would think so). The reason rather is that she is the presumptive owner. She was the possessor of the flute; there was no known reason for doubting her title to it; she was dispossessed by the "expropriators", but there is no known reason for holding that they had a stronger claim to it; therefore, as far as is known, she is still the owner and the flute should in justice be restored to her.

Pace Sen, this is not a "no-nonsense libertarian" conclusion. It is the conclusion of all who play by the rules and look for an answer in justice, and not in a niceness.

Property, Liberty and the Ambiguity of Rights

There is a theory of both the narrow concept of the social order, namely property, and of the broader one, liberty, that is simpler and makes a lesser demand on our credulity and wishful thinking than any other habitually cited. Its basic building block is the Nash equilibrium, in which individuals spontaneously co-ordinate their conduct with one another in such a way that neither party to an interaction can unilaterally increase his advantage ("payoff") derived from it. An interaction offers the possibility of two or more (pure or mixed-strategy) equilibria. Conduct settles on one, hopefully nearer the higher than the lower end of the range of mutual advantages produced by the range of possible equilibria. The one selected partly by luck and partly by deliberate search for reciprocity of behaviour becomes a convention, enforced by the threat of retaliation or other social sanctions. The passage of time refines and consolidates conventions into rules. Some have their origins in distant pre-history, others are more recent. There is sufficient empirical evidence of their existence, and their survival beneath subsequent layers of non-spontaneous, collectively decided legislation testifies to their durability and the social mechanisms that enforce them.

Hume, the first major thinker explicitly to recognise the presence and nature of conventional rules, singled out three for special mention: they ensure "the stability of possession, its translation by consent and the keeping of promises". They were "antecedent to government". Unowned resources become owned property by "first possession[2] by such interactions as first come, first served and finders, keepers. Property is respected by non-owners obeying the rule that reflects the equilibrium of mutual advantage. It may be transferred to others by inheritance, gift or exchange, the latter including non-simultaneous execution (credit) made practicable by the rule of promise-keeping (notably, the performance of contracts).

This theory of the incentive-based origins of property is ascertainable, demanding no belief in moral intuition or the ordering hand of government. Sufficient evidence from anthropology and social history testifies to it.

Conventions to yield mutual advantage by banning wrongs do not stop at the wrongs to property, such as trespass, usurpation, theft, default and fraud. With greater or lesser stringency, they reach out to all wrongs that may arise in social coexistence, ranging from killing or maiming to interference with the pursuit of the peaceful purposes of others. Bad-neighbourliness, nuisances (including pollution) and incivilities are objects of more recent or less strict rules.

The set of our feasible actions is thus divided in two. A subset is selected as wrong and banned by spontaneous rules. The non-banned complement of the set, that is the entire residual universe of feasible acts, is free. The theory of liberty and of justice stripped of rhetoric, is a theory of rules. Perfect liberty, unalloyed by meta-rules of authority, is defined by spontaneously adopted rules alone. The theory of property from this perspective turns out to be a special case of the more general theory of liberty. Succinctly, property is a liberty.

This is not what mainstream political theory teaches today. It tells us instead that property is a right, that there are property rights conferred by society, that they are assigned, that there are rights to liberties codified by

---

[2] David Hume, A Treatise Of Human Nature, Oxford 1978, S. 541.

bills of rights, and that the first principle of justice is that everybody must have a right to the greatest possible system of liberties. What, if anything, is the word "right" doing here that would not be done without it? – and if it is not an irrelevance, where does it come from and what is its force?

In properly used language, a right has meaning only in an implied conjunction with a matching obligation. The right holder has the option to exercise it by requiring the obligor to perform a defined act (I have a right to his performance) or not to perform one (I have a right to his forbearance). The obligation is a sham, and so is the right, if the obligor was in any case rule-bound to do or not to do what the right supposedly requires him to do or not to do. "I have a right that all respect my home" is a sham right if all must respect my home anyway, and never mind my right.

Rights and the matching obligations are created voluntarily by agreement (including its reciprocal form, the contract), or by authority with powers to confer a right and impose the obligation. It is not clear how else rights originate and the language which treats them is charged with ambiguity.

Grasping the differences between a theatre, a church and a nunnery is not hard; nor should the one between a right and a liberty be beyond common comprehension. If you bought a ticket, you have a right to come and see the play and the theatre manager is obliged to put it on. When a church is open, you are free to enter. It makes no sense to say that you have a right to this freedom. A nunnery is closed to men except to the nuns' confessor and the physician. It is not that they have a right that other men do not; it is that the rules governing access to the nunnery leave them free.

The Bill of Rights states that you (and all others similarly placed) have a right to free speech. However, gagging is intrinsically wrong and is banned, quite regardless of whether it violates your right to free speech. Giving you a right purporting to protect you from wrongs impairing your speech is giving you something you already have.

Gifts of Rights

There may or may not be a unifying principle of justice that dominates others in shaping the social order, but men usually believe in one, particularly in retrospect. Thus, the Christian era until the 18th century was understood to see ideal order in Natural Law. Natural Law was a corollary of natural rights whose source was the divine purpose that God destines for man. This is an adequate foundation for rights provided the belief is uncontested. As religious belief faded, man's purpose and his natural rights faded with it. The Enlightenment put a more or less clearly defined Reason in the position of supreme ordering principle. With hindsight, it was predictable that utilitarianism would be its successor after a reign that wrought a quite fundamental change in the political arrangements of the Western world, utilitarianism went into steep decline. By the mid-20th century, such ideas as the "separateness of individuals" and "man must not be a means" came to be widely voiced. The doctrine starting with Bentham and ending with Pigou and the "social welfare function" was being kicked when it was already down. Rights, sometimes embellished to become "human rights" or "social rights" became the dominant idea in political thought.

Unlike natural rights before their source dried out, secular rights have the curious characteristic that they have no visible or even particularly plausible source. They rest on one of two assertions. One is as Robert Nozick audaciously put it in the starting sentence of his chief book, that "Individuals have rights"[3]. This is an arbitrary statement and though we may agree to it, there is no reason why we should. The rights so affirmed have no identifiable source. Alternatively, it may be held that in a well-ordered society, individuals ought to have an array of rights. They may actually have some of these, but if they lack others, something should be done to remedy the insufficiency. Within the "rightsism" that characterizes current political theory and discourse, it is not always clear which of these two senses the word is meant to convey. What is clear throughout, however, is that no attention at all is paid to whether the right in question is genuine, i.e. ready to be exercised at the rightholder's option thanks to the existence of a matching obligation, or spurious because no matching obligation exists that would enable the right holder to exercise it. In the latter case, instead of using a spurious concept, it would be more telling and also more honest to speak, not of rights, but of aspirations we share,

---

3 Robert Nozick, Anarchy, State, and Utopia, Oxford 1974, S. ix.

approve in others and endeavour to transform into realisable options, though such goals may be out of reach for the time being.

However, it may well be that the force of rightsism resides precisely in this dishonesty. Rightsism *gives* without *taking*, or at least without taking visibly. It confers rights (or confirms that they exist) without at the same time imposing the obligations that would make these rights into real ones. Such gifts of rights are irresistibly attractive to anyone who is even a shade gullible. They have become the standard currency of practical politics. The gift raises expectations, which will either turn out to be false and turn into angry, pressing claims, or else they are gradually and partially satisfied by the *a posteriori* imposition of obligations. The practical upshot is a tendency for welfare states to expand into a fiscal danger zone in which indebtedness gets out of control and the distribution of income between generations shifts in a way nobody really intended.

It is worth noting that the 19th century precursors of rightsism, the American Bill of Rights and the French Declaration of the Rights of Man and Citizen, do not hand out gifts in the above sense. They merely proclaim rights to an itemised list of freedoms that are considered more important than the myriad other freedoms not figuring on the list. The present paper argues that a right to a liberty is a wellhead from which confused thought gushes and spreads out to contaminate commonsense understanding.

Commonsense understanding takes us to rules that separate the set of feasible acts into a part that is banned and a residual one that is left free. The rule-abiding individual chooses to perform acts belonging to this residual universe. The acts are freedoms by definition and it is oxymoronic to say that he has a right to perform them. It might be thought, though, that the matter is not as simple as that, for what if the individual is prevented, by force or the threat of force, from performing a certain act that the rules leave free? Would that not violate his right? The answer, of course, is that whoever was doing the forcible interference with his freedom, – whether it was a rogue individual or a rogue state – would be breaching the rules and this would be a wrong, regardless of whether or not our individual had a right to perform the act in question. This is the case if the rules in force ("the rule of law") are beyond question, separating the banned from the free not only in the *de facto*, bur also in some normative sense. Interestingly, the 1789 French Declaration of the Rights of Man and Citizen fails to grasp this point; in Article 4 it states that the rights it declares are in effect subordinated to the existing legal order (hence they cannot be contesting it) and this limitation renders them redundant.

It is possible, and all too often true, that the legal order bans as unfree a range of acts that many of us would judge as deserving to be left free. Does that mean that we have "rights" to them? Lack of unanimity about an act deserving to be treated as a freedom cannot be resolved by rhetoric and the solemnity of proclamations. There is one objective test that minimises the role of persuasion and moral sentiments: it is whether liberation of the act would generate additional mutual advantage. We may reasonably hold that if it would add to net mutual advantage, it would at least potentially be protected by the system of spontaneous rules. The legal rule suppressing it would then be a wrong, a destroyer of mutual advantage. However, to declare that we have a right not to be subjected to such a legal rule would be saying no more than that we ought not to be wronged. Assuming a right, namely that we must have a right not to be wronged, would be redundant at best, asinine by slightly more exacting standards.

If having a right to freedom means all freedoms excluding none (which the US Bill of Rights professes to do, warning us that dressing a list of freedoms does not imply neglect of those not on the list), "we have a right to all the freedoms" would be synonymous with "all freedoms are free", – hardly an exciting tautology.

However, if a bill of rights necessarily implies that the freedoms not inventoried in the bill differ from those that are, (though it may be unclear in exactly what way they differ), a bill of rights takes a good part of the road towards a truly ominous split of the presumption of liberty into two contradictory versions. It used to be said that one version defined the general attitude to liberty west of the river Elbe, the other east of it. The world west of the Elbe held to the presumption that "everything is free that is not prohibited", while that east of the Elbe accepted that "everything that is not stated to be free is prohibited". West of the Elbe prohibitions were itemised and the non-itemised residual universe was left free. East of the Elbe, freedoms were itemised (and were perceived as permissions), and the residual universe became unfree by implication. It is no doubt inexact to have the two contrary presumptions coincide with geographical areas. Both can be found both in the West and in the East. Some observers would contend that in both West and East, the drift of political thought towards rightsism is crowding out the presumption that all is free unless explicitly ruled out, and is eagerly making more room for the presumption that free is what we get explicit rights to, with the rest ranging from the dubious and uncertain to the prohibited.

Here, we are no longer dealing with the misuse of language, but with its sinister consequences that show why we should not dismiss the misuse with a shrug.

Rightsism distributes gifts with both hands. One bestows freedoms; we have just been looking at them. The other hands out rights to goods and services that are mostly sham rights not matched by the corresponding obligations; the *giving* is displayed, but the *taking* that the exercise of these putative rights would require, is passed over in silence.

The 1948 Declaration of Human Rights of the United Nations, the first in a series of other proclamations and charters, serves as a classic example. In its preamble, it fixes the double goal of securing rights to two freedoms, one the freedom from fear, the other from want. The freedom from fear must relieve anxiety about the stability of rules that secure liberty by banning wrongdoing, including wrongdoing by governments. The rules are presumably made safe by declaring that we have a right to the freedoms they secure. Freedom from want, in turn, is offered in the form of another type of proclaimed rights to a sufficiency of goods and services. Various rights assure this directly or indirectly. Article 24, for instance, states that we have a right to work, which the article interprets as a right to gainful employment on agreeable terms, consistent with human dignity and permitting human development. No one is designated as responsible for offering this gainful employment on such conditions, though mention is made of the efforts of national governments and of international cooperation in the service of this end. The article leaves its reader wondering whether it was hypocrisy, cynicism, or just plain woolly thinking that mainly inspired this text.

In fairness, it must be added that in the postwarpost war crop of international manifestos of rights there are elements that do impose obligations on consenting governments to satisfy the proclaimed rights. This is the case with the 1950 European Convention that binds the signatory governments in some matters concerning individual immunities ("civil liberties"). It is particularly the case with the Charter of Fundamental Rights in the aborted European constitution, which was reborn as an annex of the Lisbon Treaty into which it found its way through the back door. This Charter declares "social" or workers' rights which national governments are supposed to enforce as obligations of employers. The rights created by these treaty instruments are not sham. However, their exercise provokes inconsistencies with policies on illegal immigration and anti-terrorist controls. Enforcement of "social" rights renders labour markets dysfunctional, damages the very worker interests it tries to protect, and contributes to an expansion of the welfare state that the economy can ultimately not sustain and that benefits nobody. In this context, gifts of spurious rights may prove less harmful than gifts of real ones.

HARDY BOUILLON

Vorgeschützter Schutz. Anmerkungen zum Sprach- und Bedeutungswandel des Schutzbegriffs

Einleitung

Wer den Namen *Gerhard Schwarz* hört, denkt nicht nur an die *Neue Zürcher Zeitung*, deren Wirtschaftsredaktion er seit vielen Jahren leitet, sondern auch an den vehementen Mahner, der nicht müde wird, auf die in Europa endemisch gewordene ordnungspolitische Verwahrlosung und deren Folgen hinzuweisen.

Ordnungspolitische Verwahrlosung zeigt sich in vielem. Wer, wie der Autor, der analytischen Sprachphilosophie zugeneigt ist, erkennt sie vor allem am Wandel im Sprachduktus. Als wollte man die Verwahrlosung camouflieren, werden ordnungspolitisch eindeutig besetzte Begriffe mit neuem und mehrdeutigem Inhalt gefüllt. Das gilt z. B. für den Begriff des Schutzes. Im Klassischen Liberalismus war dessen Verwendung klar: Es war Aufgabe des Staates, das Individuum, dessen Eigentum und Freiheit zu schützen – sowohl vor Dritten, als auch vor dem Staat. Die Herrschaft des Rechts war die Gegenleistung des Staates für ein an ihn abgetretenes Sicherheitsmonopol. Schützen konnte der Staat nur das, was bereits vorhanden war, was der zu schützenden Person lieb und eigen war (Schutz *von*). Und er konnte den Bürger nur *vor* etwas schützen, das diesen bedrohte und von diesem nicht alleine, wohl aber von der Staatsgewalt abgewehrt werden konnte (Schutz *vor*).

Heute wird oft anders und viel mehr geschützt als der Einzelne, dessen Vermögen, dessen Souveränität; zumindest scheinen die Befürworter einer bestimmten politischen Terminologie, die inzwischen auch Einzug in die Wissenschaftssprache gehalten hat, uns das nahelegen zu wollen. So wird der Konsument *vor* dem Konsum geschützt[1], der Geringverdienende *vor* der Armut und wir alle *vor* dem Klimawandel. Konsum ist keine Bedrohung, man kann ihn alleine abwehren. Dazu genügt Enthalt-

---

1 Vgl. Geschützt oder gefangen? Der Konsument und seine Freiheit, hg. von Hardy Bouillon und Detmar Doering, Berlin / Brüssel 2002.

samkeit. Armut ist ein Phänomen, kein Aggressor. Phänomene können nicht drohen, bestenfalls unerwünscht sein. Das gilt auch für den Klimawandel, die Sinnhaftigkeit des Begriffs diskussionshalber angenommen.[2] Armut und Klimawandel mögen zwar unerwünscht sein (und insofern ablehnbar sein), sie dürften auch unbestritten nicht von einer Person alleine abgewehrt werden können. Doch letzteres gilt ganz allgemein: Weder Armut noch Klimawandel können vom Staat abgewehrt werden wie ein innerer oder äußerer Feind. Sie sind keine Akteure, denen der Staat die Hände binden könnte. Überspitzt formuliert: Man schützt oft vor, vor etwas schützen zu können.

Kurz: Das Schutzverständnis ist einem signifikanten Deutungswandel anheim gefallen. Teils ist aus dem „Schutz von" ein „Schutz vor" geworden – und umgekehrt. Heute wird – wie oben gesagt – der Konsument *vor* dem Konsum geschützt und der Schutz *von* Konsumentenfreiheit aufgegeben bzw. aufgeweicht. In der von Gerhard Schwarz hochgeschätzten Tradition des Klassischen Liberalismus war das anders. Wegweisend für viele andere, erkannten deren Repräsentanten, wie z. B. John Locke, die Aufgabe des Staates darin, den Menschen, dessen Eigentum und Freiheit zu schützen.

Die Idee des Eigentums und Eigentumsschutzes bei Locke

Lockes Position war von Anfang an mit einem Problem befrachtet, das bis heute eine unbequeme Last darstellt. Während Lockes Befürworter es als großes Verdienst ansahen, die Grundsatzfrage „Was legitimiert den Erwerb von Eigentum?" mit einer auf den *Common Sense* zurückgreifenden Begründung beantwortet zu haben, erblickten die Skeptiker gerade darin die Schwäche der naturrechtlichen Begründung von Eigentum. Bekanntlich beginnt Locke seine Theorie der legitimen Erstinbesitznahme natürlicher Güter mit dem Hinweis, dass der Mensch einem Produkt der Natur Arbeit beimischen könne. „Die *Arbeit* seines Körpers und das *Werk* seiner Hände sind, so können wir sagen, im eigentlichen Sinne sein Eigentum. Was immer er also dem Zustand entrückt, den die Natur vorgesehen und in dem sie es belassen hat, hat er mit seiner *Arbeit* gemischt

---

2 Vgl. Edgar L. Gärtner, Öko-Nihilismus, Jena 2007.

und ihm etwas eigenes hinzugefügt. Er hat es somit zu seinem *Eigentum* gemacht." (II §27)³ Und weiter heißt es bei ihm:

„Wenn man die ausdrückliche Zustimmung aller Mitbesitzenden notwendig macht, damit sich jemand einen Teil dessen, was als Gemeingut verliehen ist, aneignen kann, so würden Kinder oder Knechte nicht das Fleisch schneiden dürfen, das ihr Vater oder Herr für sie gemeinsam besorgt hat, ohne daß er einem jeden seinen besonderen Anteil bestimmt hätte. Wenn auch das Wasser, das aus der Quelle fließt, Eigentum aller ist, wer kann zweifeln, daß es dennoch im Kruge nur demjenigen gehört, der es geschöpft hat?" (II § 29).⁴

Man kann sich kaum des Eindrucks erwehren, dass Locke das Legitimierungsproblem zu leichtfertig abhandelt. Denn der Hinweis, dass eine andere Problemlösung kaum praktikabel sei und die Einsicht in die Richtigkeit dieses Sachverhalts zum *Common Sense* gehöre, kann zur Legitimierung der praktikableren Lösung nicht ausreichen.

Lockes Scheitern an der Legitimierungsfrage ist mehrfach in der Literatur bemerkt[5] und diskutiert worden – u. a. von dem von Schwarz sehr geschätzten Anthony de Jasay. Einerseits richtet sich Jasay mit seiner Kritik gegen Lockes Zusatz, es müsse bei der Aneignung natürlicher Güter

---

3 John Locke, Zwei Abhandlungen über die Regierung (1689), hg. und eingeleitet von Walter Euchner, Frankfurt 1989, S. 216 f.
4 Ebenda, S. 218.
5 Interessanterweise hat schon Kant Lockes Verstoß gegen die Regel, nicht mehr zu schließen, als die Prämissenmenge erlaube, erkannt. So heißt es bei ihm in der Metaphysik der Sitten (1797): „Die Arbeit an einer Sache, die nicht bereits mein Eigentum ist, führt also nicht zum Eigentum an ihr (ihrer Substanz), sondern nur zum Besitz ihrer Accidenzen. Wenn ich z. B. auf einem Acker pflüge und säe, der nicht bereits mein Eigentum ist, erwerbe ich den Acker nicht durch meine Arbeit. Durch meine Tun bin ich lediglich im Besitz der Arbeit, des Fleißes und der Mühe." Immanuel Kant, Die Metaphysik der Sitten, Akademieausgabe VI, S. 268 f. Recht an einer Sache, so Kant, kann nur aus dem Eigentum ihrer Substanz, nicht aber aus dem Besitz der Accidenzen der Substanz erwachsen.

noch genug und ebenso Gutes für die anderen übrig bleiben.[6] Genau besehen, nimmt gerade dieser Zusatz der Notwendigkeit von Privateigentum den Wind aus den Segeln. Denn wozu ein Gut aneignen, das im Überfluss vorhanden ist? Wenn es aber knapp ist, dann zerstört jede Privatisierung die Chance, noch genug und ebenso Gutes für andere übrig zu lassen.[7] Kurz: Jasay weist hier auf eine logische Inkonsistenz bei Locke hin.

Doch der Nachweis logischer Ungereimtheiten ist nur ein Teil der Kritik, die Jasay an Locke übt. Ein anderer erscheint mir weitaus wichtiger, nämlich jener, der Lockes These gilt, natürliche Güter seien Gemeingut. Er ist insofern hier von besonderem Interesse, weil er – anders als die herkömmlichen Kritiken – die normative Annahme von Locke, freie Güter seien Gemeingut, infrage stellt.

Folgt man der Argumentation Jasays, dann sind freie Güter – faktisch betrachtet – lediglich freie Güter, nichts weiter. Sie Gemeingut zu nennen, heißt, ihnen eine normative Bedeutung zuzuweisen, die begründungsbedürftig ist.

Das normative Problem in der Eigentumstheorie

Normative Aussagen sind bekanntlich nicht aus empirischen Aussagen ableitbar. Versuche solcher Ableitungen stellen – wie wir seit Hume und Moore wissen – einen *naturalistischen Fehlschluss* dar. Dieser Umstand wirft für alle normativen Behauptungen ein erhebliches Problem auf und führt zur Frage, unter welchen Bedingungen Normen sich überhaupt im Sinne einer Ableitung aus Sätzen implizieren lassen. Logisch problemlos lassen sich Normen nur aus normativen Sätzen ableiten, was allerdings Anlass zu der Vermutung gibt, dass eine solche Herleitung zu keinem zufriedenstellenden Ergebnis führen kann, sondern Gefahr läuft,

---

6 John Locke, Zwei Abhandlungen über die Regierung (1689), hg. und eingeleitet von Walter Euchner, Frankfurt 1989, S. 217: „Denn da diese Arbeit das unbestreitbare Eigentum des Arbeiters ist, kann niemand außer ihm ein Recht auf etwas haben, was einmal mit seiner Arbeit verbunden ist. Zumindest nicht dort, wo genug und ebenso gutes den anderen gemeinsam verbleibt." (II §27)
7 Vgl. Anthony de Jasay, Choice, Contract, Consent: A Restatement of Liberalism, London 1991, S. 72.

in einen infiniten Regress zu münden. Wer das *Münchhausen-Trilemma* von Hans Albert kennt, ahnt zwar, dass es zwei Möglichkeiten gibt, dieser Gefahr zu entrinnen, weiß aber auch, dass diese beiden Alternativen ebenfalls zu unbefriedigenden Resultaten führen.[8]

Dabei ist anzumerken, dass die von Hans Albert rekonstruierte Entscheidungssituation auf das begründungsphilosophische Verfahren, die Wahrheit einer empirischen Aussage zu beweisen, gemünzt ist. Wer eine Aussage als wahr beweisen will, kann seine Aussage auf Vorannahmen, diese auf zusätzliche Vorannahmen usw. infinit auf immer neue Vorannahmen gründen (*infiniter Regress*). Er kann diesen infiniten Regress aber auch abbrechen und dabei entweder in einem zirkulären Verfahren von einer zu begründenden Aussage auf eine andere zu begründende Aussage schließen (*logischer Zirkel*) oder schlicht verkünden, mit den bisher genannten Gründen sei die behauptete Aussage endgültig bewiesen (*Dogma*).

Diese Überlegungen lassen gewisse Rückschlüsse auf die Frage der Normherleitung zu. Nicht alle Versuche der Normherleitung müssen in einen unendlichen Regress münden. Manche Versuche können auch Zirkelschlüsse inkludieren, wieder andere dogmatische Festsetzungen. Das vielleicht bekannteste Beispiel einer zirkulären Normherleitung bietet Joseph Hellers Roman *Catch-22*.[9] Auch dogmatische Festsetzungen von

---

8 Mit dem Münchausen-Trilemma kennzeichnet Hans Albert eine Entscheidungssituation mit drei, im Sinne der Zielführung, nicht akzeptablen Alternativen: „1. einem infiniten Regreß, der durch die Notwendigkeit gegeben erscheint, in der Suche nach Gründen immer weiter zurückzugehen, der aber praktisch nicht durchzuführen ist und daher keine sichere Grundlage liefert; 2. einem logischen Zirkel in der Deduktion, der dadurch entsteht, daß man im Begründungsverfahren auf Aussagen zurückgreift, die vorher schon als begründungsbedürftig aufgetreten waren, und der ebenfalls zu keiner sicheren Grundlage führt; und schließlich: 3. einem Abbruch des Verfahrens an einem bestimmten Punkt, der zwar prinzipiell durchführbar erscheint, aber eine willkürliche Suspendierung des Prinzips der zureichenden Begründung involvieren würde." Vgl. Hans Albert, Traktat über kritische Vernunft. Tübingen 1915, S. 15.
9 Joseph Heller, Catch-22, London 1994 (1961). In diesem Roman, der während des Zweiten Weltkrieges spielt, versucht der Protagonist John Yossarian, Hauptmann und Bombenschütze der US Air Force auf der italienischen

Normen dürften dem Leser nicht fremd sein. Autoritäre Regimes bedienen sich solcher Verfahren gerne. Aber auch Glaubensgemeinschaften bedienen sich der Möglichkeit, Normen zu dogmatisieren. Gemäß der Albert'schen Überlegungen kann auch Lockes Norm, freie Güter als Gemeingut anzusehen, lediglich als ein Dogma angesehen werden, das manche teilen, andere nicht. Aus sich heraus hat aber eine Norm nichts, das andere verpflichten könnte, sie zu akzeptieren.

Folgt man dieser Argumentation, dann sieht man sich vor ein großes Problem gestellt: Wie kann man Eigentum begründen, wenn nicht in der Art von Locke?[10]

Insel Pianosa, sich krankschreiben zu lassen, um den höchst riskant gewordenen Flugeinsätzen zu entgehen. Die Möglichkeit, durch Krankschreibung nach Hause geschickt zu werden, macht aber die Regel Catch-22 zunichte. Gemäß Catch-22 kann nur nach Hause geschickt werden, wer geisteskrank ist und selbst nach Heimatverschickung verlangt. Wer aber selbst verlangt, nach Hause geschickt zu werden, kann nicht geisteskrank sein, weil der Wunsch, sein Leben durch Drücken vor dem Kriegsdienst zu retten, als Beweis für das tadellose Funktionieren des Verstandes gewertet wird. Ergo kann dem Wunsch regelgemäß nicht stattgegeben werden. Wer wegen Geisteskrankheit nach Hause geschickt werden will, muss also auf die Äußerung des Wunsches verzichten. Deshalb argumentiert Yossarian gegenüber dem Truppenarzt, er müsse deshalb wegen Verrücktheit fluguntauglich geschrieben werden, weil er bei seinen Einsätzen immer aus Angst verrückt werde. Der Arzt klärt ihn jedoch auf, dass es völlig normal sei, bei einem Feindflug verrückt vor Angst zu sein. Hätte er bei einem Feindflug keine Angst, wäre er verrückt und müsste auf dem Boden bleiben.

10 Auch moderne Varianten der Lockeschen Eigentumstheorie – etwa die von Rothbard oder Hoppe – unterliegen den hier genannten Schwierigkeiten und stellen – wie ich an anderer Stelle zu zeigen versucht habe – keinen Ausweg aus dem Begründungstrilemma dar; vgl. dazu Hardy Bouillon, Wirtschaft, Ethik und Gerechtigkeit, Flörsheim 2010, S. 97 ff. – Der vorliegende Aufsatz greift viele in jener Monographie vorgelegten Überlegungen auf. Dem Leser sei daher zur Vertiefung der hier vorgetragenen Thesen die Lektüre von Wirtschaft, Ethik und Gerechtigkeit empfohlen.

Die Bedeutung asymmetrischer Forderungen für die Eigentumstheorie

Die Legitimierungsfrage von Eigentum setzt stillschweigend voraus, dass die Aneignung von Eigentum (bzw. die Akzeptabilität eines Modus für Eigentumsaneignung) der Legitimität bedürfe. Folgt man der Auffassung von Anthony de Jasay, dann ist diese stillschweigende Annahme alles andere als selbstverständlich. Jasay beschreibt einen anderen Weg zur Erklärung von Eigentum und orientiert sich dabei am *Finders-Keepers-Prinzip*.[11] Um dem Problem der Normbegründung zu entgehen, kann dieses Prinzip nicht als eine Regel gedeutet werden, deren Plausibilität Legitimität erzeugte. Eine solche Zauberwirkung wäre letztlich Ausdruck eines naturalistischen Fehlschlusses und verstieße gegen die logische Grundregel, nicht mehr zu schließen, als die Menge der Prämissen erlaubt. Das *Finders-Keepers-Prinzip* ist vielmehr als eine Regel zu deuten, die im Falle fehlender Vorrangigkeitskriterien befolgt werden kann, ohne dass mit ihrer Befolgung Ansprüche erhoben würden, für deren Berechtigung es eines Kriteriums bedürfte. Was das im Hinblick auf die Frage der Erstinbesitznahme heißt, sei hier erläutert.

Der Erste, der eine Sache S (ein freies Gut) findet, trifft zum Zeitpunkt der Auffindung nicht auf jemanden, der eine andere Nutzenpräferenz hat. Die Frage, ob er ein Kriterium habe, das es erlaube, seine Nutzenpräferenz anderen Nutzenpräferenzen vorzuordnen, stellt sich mithin nicht. Eignet er sich die Sache an, wirft diese Aneignung kein Problem hinsichtlich der Vorrangigkeit von Nutzenpräferenzen auf. Er kann über das vorgefundene Gut S nach Belieben verfügen, nach seinen Regeln spielen.

Ab dem Zweiten, der Interesse an der aufgefundenen Sache S anmeldet, ändern sich die Verhältnisse. Nun konkurrieren verschiedene Nutzenpräferenzen. Doch die Anspruchslage des Ersten unterscheidet sich grundsätzlich von der des Zweiten, Dritten, Vierten usw. Der Zweite (wie auch alle anderen Nachfolgenden) hat kein Kriterium, das erklärte, warum seine Nutzenpräferenz zum Zeitpunkt seines Eintreffens Vorrang vor der Nutzenpräferenz des Ersten haben sollte. Der Zweite kann den Status

---

11 Vgl. Anthony de Jasay, Choice, Contract, Consent: A Restatement of Liberalism, London 1991, S. 72 ff., oder die deutsche Übersetzung, Anthony de Jasay, Liberalismus neu gefaßt, Berlin 1995, S. 99 ff.

anerkennen oder nicht, versuchen, ihn friedlich oder konfligierend zu ändern, aber er kann nichts an dem Umstand ändern, dass seine Nutzenpräferenz ihm keine Vorrangigkeit gewährt. Für den Ersten hingegen stellt sich die Frage nach der Vorrangigkeit seiner Nutzenpräferenz nicht. Er kann sich darauf berufen, dass die mit Eintreffen des Zweiten einsetzende Konkurrenz der Nutzenpräferenzen keine einseitige Forderung an die Änderung des Status quo hinsichtlich der Nutzung von S begründe.

Es ist also nicht so, dass mit dem Eintreffen des Zweiten die bereits geltende Inbesitznahme aufgehoben würde und fortan pendent wäre. Sie ist eine vom Ersten gesetzte Tatsache, deren Setzung zum Zeitpunkt ihres Erschaffens nichts entgegenstand.[12] Genau auf diesen Umstand, dass der Setzung neuer Regeln, neuer Güterverfügungen nichts entgegenstünde, kann sich der Zweite (genauso wie alle anderen Folgenden) *nicht* berufen.

Übertragen wir die Situation auf ein homologes Beispiel. Drei Freunde spielen Skat. Drei weitere Personen kommen hinzu und schlagen vor, das Spiel einzustellen. Die Einstellung des Spiels würde bedeuten, dass sich die drei Skatfreunde verschlechterten, ohne die drei anderen Personen schlechter zu stellen. Die Forderung nach Beendigung des Spiels erweckt den Eindruck, unbilliger zu sein als die Forderung nach Fortsetzung des Spiels, und zwar deshalb, weil mit der ersten Forderung eine einseitige Verschlechterung beteiligter Personen einhergeht, mit der zweiten aber nicht. Anders ausgedrückt: Die beiden Forderungen sind asymmetrisch.

Eine solche Asymmetrie liegt auch dann vor, wenn (wie im Falle der ursprünglichen Appropriation, d. h. Erstinbesitznahme), der Zweite vom Ersten verlangt, seine Erstnutzung einzustellen, während der Erste fordert, die Nutzung aufrechtzuerhalten. Die Forderung des Zweiten impliziert, dass der Erste sich schlechter stellte, ohne den Zweiten (sowie alle

---

12 Jasay meint, die Verpflichtung eines anderen zur Respektierung dieser Tatsache sei zumindest kein unbilliger Verstoß gegen dessen Interessen, „wenn die in Frage stehende Verpflichtung ihn keiner Freiheit, keines subjektiven Rechtes beraubt, das er andernfalls gehabt hätte." S. Anthony de Jasay, Liberalismus neu gefaßt, Berlin 1995, S. 125. M. E. ist der Begriff „Verpflichtung" in diesem Zusammenhang irreführend. Vgl. dazu Hardy Bouillon, „Rights, liberties, and obligations", in: Ordered Anarchy: Jasay and his surroundings, hg. von Hardy Bouillon und Hartmut Kliemt, Aldershot 2007, S. 7–12.

Weiteren) schlechter zu stellen. Die Forderung des Ersten würde hingegen niemanden schlechter stellen. Insofern ist die Forderung des Zweiten unbilliger als die des Ersten.

Mancher mag hier einwenden, auch die Erstinbesitznahme impliziere eine einseitige Schlechterstellung, da der Erstinbesitznehmer A ein Gut nutze, auf das der später kommende B nicht zurückgreifen könne. Angesichts dessen gehe auch mit der Erstinbesitznahme eine Asymmetrie und mit dieser eine unbillige Forderung einher. Dieser Einwand ist (nur) insoweit zutreffend, als jede Nutzung von (materiellen) Ressourcen notwendigerweise den Ausschluss rivalisierender Nutzungen impliziert. Er verkennt jedoch, dass diese Schlechterstellung (nennen wir sie S*) anderer Art ist als Schlechterstellung S. S* ist insofern anders als S, als sie für beide Parteien gilt. Nutzt A das Gut G, steht G für B nicht mehr zur Verfügung. Nutzt hingegen B das Gut G, dann steht G für A nicht mehr zur Verfügung. Die Forderungen von A und B, wegen S* einseitig auf eine Güternutzung zu verzichten, sind *symmetrisch*, die Forderungen von A und B, wegen S einseitig auf eine Güternutzung zu verzichten, sind hingegen *asymmetrisch*.[13] Die beiden Schlechterstellungen S und S* würden dann von gleicher Art sein, wenn zu fordern wäre, dass Güter, die niemandem gehören, allen gehörten. Doch diese Forderung ist – wie oben gezeigt – *per se* begründungsbedürftig und allen Problemen ausgesetzt, die Normableitungen aufwerfen.

Um das oben Gesagte anders zu formulieren und um eventuellen, aus Missverständnissen resultierenden Einwänden zuvorzukommen, sei hier Folgendes ergänzt:

1. Die oben erläuterte Folge des *Finders-Keepers-Prinzips* bezieht sich nur auf existierende Güterverfügungen. Der Erstinbesitznehmer eines Gutes dokumentiert mit seiner Güterverfügung nicht, dass der von ihm angewendete Modus auch auf andere Güter anzuwenden wäre

---

13 Anders formuliert: Die Erstinbesitznahme fordert nicht die Aufgabe bereits erworbenen Eigentums, dessen Erwerb zum Erwerbszeitpunkt nichts entgegenstand. Der Anspruch auf Verzicht auf Güternutzung mit dem Hinweis, das Gut stünde sonst niemandem mehr zur Verfügung, fordert indes vom Erstbesitznehmer sehr wohl die Aufgabe bereits erworbenen Eigentums, dessen Erwerb zum Erwerbszeitpunkt nichts entgegenstand.

oder er durch seine Inbesitznahme eines Gutes zugleich auch andere Güter in Besitz genommen hätte. Beide Folgen wären Überdehnungen des Prinzips, dass die Konklusion keine Elemente enthalten darf, die nicht auch Elemente der Prämissenmenge sind. Im Sinne einer logischen Implizierung gilt zudem, dass bei der Vermehrung von einmal eingeführtem Eigentum kein Weg eingeschlagen werden darf, der mit dem gewählten Weg der Eigentumseinführung logisch inkompatibel wäre. Wer G in Besitz genommen hat, darf z. B. nicht bei der Mehrung dieses Gutes auf ein Gut H zurückgreifen, das bereits ein anderer in Besitz genommen hat. Allerdings spricht nichts dagegen, dass er das in Besitz genommene Gut G in der Weise verwendet, die seiner Nutzenpräferenz entspricht, also auch, um es als ein Komplementärgut zur Erzeugung anderer Güter (G^*, G^{**}, G^{***}, ...) einzusetzen oder gegen Güter anderer Personen (für die Analoges gilt) zu tauschen. Kurz: Alle späteren Güter, die in logisch kompatibler Weise zum Aneignungsprinzip der ursprünglichen Appropriation hinzukommen, gehören zu jenen Gütern einer Person, über die diese verfügen kann, ohne dass dem etwas widerspräche.[14]
2. Die Frage, wodurch eine Inbesitznahme dokumentiert wird, ist zwar praktisch äußerst relevant, berührt aber das logische Verhältnis, das hier erörtert wird, nicht. Unsere Überlegungen zielen ausschließlich (und könnten es auch nicht anders) auf die Erkenntnis der Folgen, die sich ergeben, *falls* die Dokumentation vorliegt.
3. Die dritte und gleichwohl wichtigste Ergänzung ist aber folgende: Von der ersten Inbesitznahme geht *keine* normative Kraft aus, die Späterkommende binden würde. Die Ableitung normativer Kraft aus faktischen Gegebenheiten ist – wie oben erwähnt – nicht möglich. Die erste Erstinbesitznahme ist also keine Implizierung im normativen Sinne, die sich aus der empirischen Vorgeschichte ergäbe. Aber – und diese Erkenntnis ist viel wichtiger – von der Forderung auf Änderung des Status quo geht auch *keine* normative Kraft aus, kein Recht, den Status quo zu verändern oder auch nur den Nachweis der Legitimität

---

14 Man könnte in diesem Zusammenhang mit Jasay von den Gütern der sekundären Inbesitznahme (secondary acquisition) sprechen; vgl. Anthony de Jasay, „Justice, luck, liberty", in: Liberty and Justice, hg. von Tibor Machan, Stanford 2006, S. 10.

zu fordern. Der Änderungssuchende kann seine Forderung nicht damit begründen, der Erste habe es nicht verstanden, seinen Anspruch zu legitimieren. Wer die Änderung will, muss entweder dokumentieren, dass der Status quo fraglich ist (es könnte ja sein, dass der Erstinbesitznehmer nur ein vermeintlicher Erstinbesitznehmer ist), oder die Änderung auf einem friedlichen oder konfligierenden Weg suchen. Keine Änderung anzustreben, ist kein Zugeständnis an die Legitimität der bestehenden Eigentumsordnung, sondern lediglich ein Zeichen dafür, die bestehende (Priorisierung der) Güterverfügung *pro tempore* zu akzeptieren.

Radnitzkys argumentum pro libertate

Die entscheidende Einsicht aus dem Gesagten ist, dass die Legitimierungsfrage keine Frage ist, die sich Güterverfügungen *per se* stellte. Bestehende Modi der Einführung von Eigentum und darauf bezogene Eigentumsregeln, welche die Priorisierung der Nutzenverfügung dokumentieren, sind *nicht an sich* fragwürdig. Sie tragen keine Legitimierungslast mit sich herum. Sie schulden niemandem eine Erklärung.

Trifft man auf ein Gut, über das bereits verfügt wird, dann gilt, wie Jasay ausführt[15], zunächst einmal die Unschuldsvermutung „*in dubio pro reo*".[16] Wer bezweifelt, dass die bestehende Güterverfügung (im Hinblick auf eines der hier genannten Argumente) unproblematisch ist, hat die Möglichkeit, Gründe für seine Zweifel vorzubringen. Solange er keine hinreichenden Gründe gegen die bestehende Güterverfügung vorbringen kann, gilt diese als unproblematisch.

Gerard Radnitzky hat diese Überlegung unter Zuhilfenahme der Regel *Sollen-impliziert-Können* und der Analogie zur falsifikationistischen Methodologie in ein *argumentum pro libertate* verwandelt. Radnitzky beruft sich dabei auf Karl Popper. Laut Popper können empirisch-wissenschaftliche Theorien nicht bewiesen (verifiziert) werden, weil die Liste der möglichen Widerlegungen offen und somit abzählbar unendlich ist. So ist z. B. die Liste möglicher Widerlegungen der Theorie „Alle Schwäne sind

---

15 Vgl. Anthony de Jasay, Liberalismus neu gefaßt, Berlin, 1995, S. 100.
16 Vgl. Anthony de Jasay, Liberale Vernunft, soziale Verwirrung. Gesammelte Essays, Colombo 2008, S. 130 ff.

weiß." offen. Sie ist zwar auch endlich (in einem absoluten Sinne), aber für uns Menschen abzählbar unendlich. Vereinfacht gesagt: Wir können es in unserem Leben nicht schaffen, alle möglichen Widerlegungen zu zählen oder gar zu testen. D. h., es ist logisch und somit auch praktisch unmöglich, die Wahrheit einer empirischen Theorie zu beweisen. An dieser Stelle kommt *Sollen-impliziert-Können* ins Spiel. Niemand sollte von uns verlangen, was wir prinzipiell nicht leisten können. Was aber im Zusammenhang mit einem Überprüfungsverfahren sehr wohl geleistet werden kann, ist die Herbeiführung eines Gegenbeispiels. Zur Widerlegung (Falsifikation) braucht es nur ein Gegenbeispiel.[17] Insofern scheint es nur recht und billig, von den Verfechtern einer für den betrachteten Zeitraum bewährten und somit unproblematischen Theorie nicht das Unmögliche (nämlich den Beweis der Wahrheit ihrer Theorie) zu verlangen, sondern diese so lange als unproblematisch zu betrachten, bis jemand mit einer Falsifikation aufwarten kann. Der Ball ist also bei dem, der die bewährte Theorie infrage stellt.

Ähnliches gilt laut Radnitzky auch für das, was er *Grundfreiheiten* nennt. Grundfreiheiten umfassen für ihn all jene Handlungsspielräume der Individuen, für die in der jeweils geltenden Sozialordnung keine Einschränkungen vereinbart sind. Die Annahme solcher Grundfreiheiten zeigt sich z. B. in der Behauptung einer Person A, frei zu sein, bestimmte Handlungen auszuführen. Man kann diese Behauptung auch als Theorie formulieren: „Alle meine Handlungen, gegen deren Durchführung in der geltenden Sozialordnung keine Einwände vorliegen, sind frei." Laut Radnitzky stellt dieser Fall ein Analogon zum oben genannten Fall empirischer Theorien dar. Insofern sei auch Entsprechendes zu fordern. „Die Beweislast liegt bei demjenigen, der verneint, dass *A* – oder eine beliebige Person – eine bestimmte Grundfreiheit habe, der verneint, dass eine

---

17 Genauer gesagt: Es braucht für eine Falsifikation nur einen Basissatz, der mit der Theorie in Widerspruch steht und als weniger problematisch erachtet wird als diese. Die Aussage „Am 16. Mai 1934 stand ein schwarzer Schwan zwischen 10 und 11 Uhr morgens vor dem Denkmal der Kaiserin Elisabeth im Volksgarten in Wien." wäre ein solcher Basissatz. Vgl. dazu Karl Popper, „Falsifizierbarkeit, zwei Bedeutungen von", in: Handlexikon zur Wissenschaftstheorie, hg. von Helmut Seiffert und Gerard Radnitzky, München 1989, S. 83.

x-beliebige Person frei sei zu handeln, solange gegen diese Art von Handlung keine in der relevanten Sozialordnung gültigen Einwände vorliegen. Der Gegenredner hat die Aufgabe, gegebenenfalls solche Einwände vorzubringen. Damit kann er seine Behauptung verifizieren. Der Handlungswillige dagegen kann den Einwand des Gegenredners nicht falsifizieren, wenn – wie es normalerweise der Fall ist – die Liste der gültigen Einwände offen und daher abzählbar unendlich ist. Denn dann ist es logisch unmöglich, den Einwand von B zu falsifizieren. Deshalb muss ein rationaler Gesetzgeber die Beweislast dem Gegenredner auferlegen."[18]

Es ist leicht zu erkennen, inwieweit Radnitzkys Überlegungen sich auf das *Finders-Keepers-Prinzip* übertragen lassen: Erstinbesitznahmen sind Ausdruck wahrgenommener Grundfreiheiten. Wer mit der Wahrnehmung von Grundfreiheiten nicht einverstanden ist, kann Einwände gegen diese vorbringen, kann aber nicht von demjenigen, der von seinen Grundfreiheiten Gebrauch macht, verlangen, nachzuweisen, dass diesem Gebrauch keine Einwände im Wege stehen.[19] Tut er es doch, dann stellt er in zweierlei Hinsicht eine unbillige Forderung – man kann sagen in einer relativen und einer absoluten Hinsicht. Unbillig ist es in einem relativen Sinn, weil Asymmetrisches gefordert wird. Unbillig ist es aber auch in einem absoluten Sinn, weil von einem (dem Wahrnehmer der Grundfreiheiten) mehr verlangt wird, als dieser überhaupt leisten kann.

Ausblick

Kann man Freiheit und Eigentum allein mit dem Asymmetrieargument und dem argumentum pro libertate verteidigen? Auf einer neulich ausgerichteten Tagung, die den Ideen Anthony de Jasays gewidmet war, wur-

---

18 Vgl. Gerard Radnitzky, Das verdammte 20. Jahrhundert. Erinnerungen und Reflexionen eines politisch Unkorrekten, Hildesheim 2006, S. 330 f. Für eine ausführlichere Darstellung des argumentum pro libertate vgl. auch Gerard Radnitzky, Die Wissenschaftstheorie des kritischen Rationalismus und das Argument zugunsten der Freiheit, in: Realismus – Disziplin – Interdisziplinarität, hg. von Dariusz Aleksandrowicz und Hans Günther Ruß, Amsterdam/Atlanta 2001, S. 260–275.
19 Vgl. dazu Anthony de Jasay, Liberale Vernunft, soziale Verwirrung. Gesammelte Essays, Colombo 2008, S. 200.

den Zweifel an dieser Möglichkeit geäußert. So verständlich oder gar berechtigt die Motive für eine solche Skepsis auch sein mögen, sie verstellen den Blick für die m. E. tiefe Einsicht, dass nicht die Aneignung herrenloser Güter und die mit ihr kompatiblen Wege der Vermehrung von Wohlstand der Legitimierung bedürfen, sondern die Forderung nach Änderung des Status quo, sofern dieser von Personen herbeigeführt wurde, die bei ihrem Tun sich nichts zu Schulden kommen ließen.

＃ III.
DIE MARKTWIRTSCHAFT – LEISTUNG UND GRENZEN

Peter Ruch

Marktwirtschaft und Werte

„Die Herolde der rücksichtslosen, freien und freibeuterischen Marktwirtschaft sind kleinlaut geworden. Beides, soziale Marktwirtschaft und Europäische Einigung, ist den Kasinokapitalisten zuwider. Die Generation Kasino hat sich des Staates bemächtigt, nun plündert sie ihn aus. Ein schwacher, verachteter Staat ist aber Gift für unsere Wirtschaft: Er reguliert sie schlecht." – „Der Markt ist unsere Diktatur: nützlich und maßlos."[1] – Mit dieser Beurteilung dürfte Roger de Weck manchen Leuten aus der Seele gesprochen haben. Ärger und Empörung angesichts der Finanzkrise sind weit verbreitet, und selbst Freunde der Freiheit votierten dafür, mit Staatsinterventionen Verluste zu mildern und Kollapse abzuwenden. Es folgten gigantische Infusionen der wichtigsten Währungen Dollar und Euro durch tiefe Zinsen und Notenpresse. Die langfristigen Folgen lassen sich noch nicht abschätzen. Fest steht jedoch, dass die Mechanismen des Marktes durch die Interventionen verfälscht und die Allokation der Mittel massiv beeinflusst werden.

Im Weltbild, wie es bei „einem der angesehensten Journalisten in Europa" zum Ausdruck kommt, stehen sich Markt und Staat als Alternativen gegenüber. Der Markt ist außer Kontrolle geraten und hat die Krise verursacht. Der Markt ist der Übeltäter oder bringt Übeltäter hervor. Wer anders als der Staat sollte fähig sein, die Schieflage zu korrigieren? Nach dieser Denkart bedeutet mehr Staat automatisch eine höhere Moral. Dieses Weltbild ist eingängig und spricht viele Menschen an. Dazu trägt auch die Tatsache bei, dass ökonomische Grundbegriffe hierzulande nicht zur Allgemeinbildung gehören. Die Frage nach der Wahrheit ist jedoch immer notwendig – und hier ganz besonders. Ist es wahr, dass die Finanzkrise durch die Märkte ausgelöst wurde? Für eine Antwort genügt es nicht, die letzten zwei oder drei Jahre ins Auge zu fassen.

---

1 Das Magazin, 11.07.2009 bzw. 15.08.2009.

Die Wahrheit verbirgt sich oft unter der Oberfläche und gibt sich erst zu erkennen, wenn man etwas tiefer schürft. Die unmittelbare Vorgeschichte der Finanzkrise reicht in die 1990er-Jahre zurück, als durch die neuen Kommunikationstechniken und das Internet manche Börsenwerte in den Himmel zu wachsen schienen. Das Jahr 2000 brachte eine Korrektur, was Rezessionsängste weckte. Zufällig folgten der Terroranschlag vom September 2001 und die kostspieligen Militärinterventionen in Afghanistan und im Irak. Die Angst vor einer Rezession hatte nun ernsthafte Gründe. Die amerikanische Regierung gab Gegensteuer und stellte Liquidität zur Verfügung, die real gar nicht vorhanden war. In den Jahren 2001 bis 2003 senkte die Fed den Leitzins von 6 auf 1 Prozent. Dadurch wurde es möglich, praktisch ohne Eigenkapital Immobilien zu erwerben. Insbesondere durch die Förderung des Eigenheimbesitzes wollte die Regierung die Stimmung aufhellen und drängte die Banken per Gesetz dazu, Hypotheken auch an kreditunwürdige Personen zu vergeben. Werkzeuge für diese Art Sozialpolitik waren die Banken Fannie Mae und Freddie Mac. „Since Fannie Mae began in 1968, it has helped more than 63 million families achieve the American Dream of homeownership", ist noch immer auf der Homepage zu lesen. Die beiden Banken waren Früchte des New Deal in den 1930er-Jahren und wurden 1968 privatisiert. Als staatsnahe Unternehmen erhielten sie weiterhin erstklassige Bewertungen und konnten sich günstig refinanzieren. Sie und auch andere Banken konnten hohe Risiken eingehen, ohne dass sie entsprechende Schäden befürchten mussten. Durch die Fehlanreize entstand ein Immobilienboom mit massiven Überbewertungen. Die Blase musste platzen. 2008 machte Fannie Mae 58,7 Milliarden Dollar Verlust, was die Finanzkrise ausklinkte. Versagt hatte der Staat als Verantwortlicher für die Rahmenbedingungen – etwa so wie wenn eine Autobahn ohne Ankündigung in eine Dorfstraße überginge und das Tempolimit bei 120 km/h verbliebe. Wer wäre schuld an den Unfällen?

Den Markt unter Generalverdacht zu stellen, ist zynisch. Der Markt gehört zu den kostbarsten Errungenschaften der Kulturgeschichte. Er ist die Quelle höheren Wohlstands und einer höheren Ethik. Seine Urform ist der Tauschhandel zwischen zwei Menschen. Der Tausch setzt voraus, dass jeder Partner von einem Gut zu wenig und von einem anderen zu viel besitzt. Der Tausch ist für beide Tauschpartner vorteilhaft und bildet eine Win-win-Situation. In der Regel ist es die Spezialisierung, welche zu einseitigen Besitzständen führt und den Tausch attraktiv macht. Selbstversorger benötigen keinen Tausch, verharren jedoch wegen der geringeren Wertschöpfung auf einem tiefen Wohlstandsniveau.

Das prototypische zwischenmenschliche Verhältnis in der Bibel ist dasjenige zwischen Mann und Frau. Mann und Frau unterscheiden sich konstitutiv voneinander und haben biblischem Menschenbild gemäß mit der Kinderzeugung und -erziehung eine besondere Aufgabe. Mann und Frau sind nicht Tauschpartner, sondern Lebenspartner. Bei Tauschpartnern handelt es sich um Menschen, die sich nicht unterscheiden beziehungsweise deren Unterschiede für den Tausch keine Rolle spielen. Das erste biblische Beispiel dafür sind Kain und Abel. Beide sind Söhne von Adam und Eva. Sie unterscheiden sich voneinander durch den Beruf: Ackerbauer und Schafhirt. Der Name Abel bedeutet Hirt, der Name Kain Schmied. Es handelt sich um Berufe, die sich ergänzen. Zugleich stehen sie für unterschiedliche Kulturen, die sich beargwöhnen. Abel pflegt das urtümliche Nomadenleben mit dem Nutzvieh. Der sesshafte Kain ist der Meister des Feuers und verfügt über gefährliche magische Kräfte. Kain wurde zum Erbauer einer Stadt und zum Vorfahren aller Erz- und Eisenschmiede. Berufe gehören grundlegend zum Menschen. Zwischen Berufsleuten erwachsen jedoch Rivalitäten, was der Mord Kains an Abel gleichnishaft darstellt. Dass die Interaktion zwischen Menschen mit verschiedenen Berufen und Lebensformen gelingt, versteht sich nicht von selbst.

Berufsbildung und Spezialisierung fördern den Tausch, und der Tausch fördert den Wohlstand. Wo getauscht wird, braucht es Eigentum und Eigentumsschutz. Das Eigentum hat in der biblischen Überlieferung einen hohen Stellenwert. „Du sollst nicht stehlen" steht immerhin in den Zehn Geboten. Mehr noch: „Du sollst nicht begehren nach dem, was dein Nächster hat." Die Gebote begnügen sich nicht damit, dass der Diebstahl unterbleibt, sondern zielen auf die Gesinnung. „Nicht begehren" heißt soviel wie den andern nicht beneiden. Zugegebenermaßen ist es nicht einfach, dieses Gebot zu erfüllen. Das gilt übrigens auch vom ersten Gebot, wonach du „keine anderen Götter neben mir haben" sollst. Das erste wie das letzte Gebot richten sich an die Gesinnung. In Bezug auf Gott besteht der Gesinnungsübergriff darin, offen oder stillschweigend anderes für göttlicher zu halten als Ihn. In Bezug auf die Menschen manifestiert sich der Übergriff als Neid und zielt auf das Eigentum oder auf das Leben. Eigentum ist konstitutiv für die menschliche Gemeinschaft. Etwas gehört jemandem, oder es gehört einer Gruppe oder Familie. Damit ist klar, dass es allen anderen nicht gehört. Die meisten Dinge sind zugehörig, aber alle Zugehörigkeit lässt sich verändern durch den Tausch. Der Tausch ist neben dem Erbgang die einzige rechtmäßige Aneignung.

Die Zehn Gebote erhielten die Israeliten bei der Wüstenwanderung nach dem Auszug aus Ägypten. Der im zweiten Buch Mose (Exodus) erzählte Auszug gilt als Geburtsstunde des Judentums. Er hatte mehrere Gründe. Der wichtigste war die Gleichsetzung des Pharaos mit der Gottheit. Hinzu kam, dass das Leben in den unwirtlichen Sumpfgebieten und Urwäldern der Flusstäler beschwerlich und strapaziös war. Auch die Ägypter lebten hier keineswegs freiwillig. Nur unter dem bitteren Zwang des Wassermangels waren Steppenbewohner dorthin gezogen. Das gilt nach den Erzählungen des ersten Buch Mose auch für die Israeliten. Die sieben mageren Jahre bezeichnen eine ausgedehnte Dürreperiode. Das Leben in der Steppe, geschweige denn im Gelobten Land, war viel bekömmlicher. In den Flusstälern des Nil und auch in Mesopotamien waren zudem soziologische Umwälzungen erforderlich. Um die Überschwemmungen zu nutzen, mussten durch Menschenhand Kanalsysteme erstellt und Dämme aufgeworfen werden. Das überstieg die Möglichkeiten des Einzelnen. Die Stämme mussten sich zusammentun und sich einem Führer unterwerfen. Es entstand ein staatlicher Zentralismus mit Bürokratie. Der Einzelne wurde zum Rädchen in einer gigantischen Maschinerie. Überdies wurde eine Militarisierung erforderlich, denn die Aufwertung des Flusstales lockte Eindringlinge an.

So entstand der Typus des kollektivistischen Großreiches, des Weltreiches, des autoritären Absolutismus und der Theokratie. Die orientalische Despotie war geboren, nicht allein im Niltal, sondern auch in Mesopotamien. Weil diese Kultur mit dem Gott der Bibel nicht kompatibel ist, mussten die Israeliten sie verlassen. Gott duldet keinen Despoten, der sich als Gott ausgibt. Er will kein Staatswesen wie einen Ameisen- oder Termitenhaufen, sondern Individuen in freier Interaktion mit ihm und miteinander. Die Zehn Gebote sind in der zweiten Person Singular formuliert und richten sich an den einzelnen Menschen. Der Mensch braucht Freiheit, und Freiheit steht ihm zu.

Freiheit ist jedoch eine Herausforderung, und der Mensch hat oft Mühe, adäquat mit ihr umzugehen. Deshalb führt Mose die Israeliten nicht ins Niemandsland von Willkür und Verwilderung, sondern in die Kultur der Zehn Gebote. Schon das Beispiel von Kain und Abel zeigt, dass dem Menschen ein destruktives Potenzial innewohnt. Die Bibel nennt dieses Potenzial Sünde und stellt es in den Zusammenhang mit der Rebellion gegen Gott. Die Rebellion gegen Gott beginnt bei Adam und Eva. Die beiden ließen sich zur Ansicht hinreißen, dass Gott ihnen den Genuss vom Baum der Erkenntnis bloß verbiete, um sie böswillig zu erniedrigen. Die Übertretung seines Verbots führte jedoch wider Erwarten weder zur Erkenntnis noch zur erhofften Göttlichkeit, sondern vielmehr zur Entfremdung zwischen Mann und Frau und zwischen Mensch und Gott. Ein Grundaspekt dieser Entfremdung ist die Begrenztheit des Menschen. Die entscheidende Metapher für die Umstände, denen menschliches Dasein unterworfen ist, lautet: „Verflucht ist der Erdboden um deinetwillen, mit Mühsal wirst du dich von ihm nähren dein Leben lang. Dornen und Disteln wird er dir tragen, und das Kraut des Feldes wirst du essen. Im Schweiß deines Angesichts wirst du dein Brot essen, bis du zum Erdboden zurückkehrst, denn von ihm bist du genommen. Denn Staub bist du, und zum Staub kehrst du zurück." (1. Mose 3,17 ff.) Zwischen dem realen Leben hier und jetzt und dem Paradies tut sich eine Kluft auf. Das Paradies ist zwar nicht ein für alle Mal verschlossen. Der Weg zum Baum des Lebens wird vom Cherub bewacht, das heißt bewahrt. Aber das Paradies ist nicht die irdische Realität, sondern eine Verheißung.

Das destruktive Potenzial beginnt damit, dass Menschen sich mit Gott und miteinander vergleichen. Dabei entdecken sie Unterschiede, die Neid wecken. Der Neid dürfte eines der größten, wenn nicht das größte Tabu der Kulturgeschichte sein. Mit der Neid-These lassen sich viele rätselhafte Konflikte erklären. Um die Eigendynamik der Konflikte zu stoppen, braucht es neben Eigentum und Freiheit als drittes Postulat den Frieden. Auch er steht an prominenter Stelle in den Zehn Geboten: Als Tötungsverbot, als Schutz der Gemeinschaft von Mann und Frau, als Aufforderung zur Wahrheit und als Diebstahlverbot. Diese Gebote, welche die Verhältnisse unter Menschen betreffen, sollen den Frieden festigen.

Friede gehört zu den zentralen Begriffen der Bibel. Der Gruß, den die Hebräer, auch Jesus von Nazareth, aussprechen, heißt Schalom. Im wichtigsten Segensspruch des Alten Testaments heißt es: „Der Herr erhebe sein Angesicht zu dir und gebe dir Frieden." (Numeri 6,24) Im Neuen Testament bringt die Geburt des Gottessohnes „Friede auf Erden – unter den Menschen seines Wohlgefallens". Friede ist eine entscheidende Voraussetzung für eine gute Lebensqualität.

Das entscheidende Argument gegen den Krieg ist nicht, dass er Opfer fordert. Opfer können auch in anderen Lebenssituationen unvermeidlich sein. Das entscheidende Argument gegen den Krieg ist, dass auch der Sieger verliert. Das gilt sowohl für militärische Auseinandersetzungen zwischen Staaten als auch für Übergriffe im individuellen Bereich. Missachte ich das Eigentum anderer, indem ich es mir aneigne, so kann ich zwar vorübergehend gewinnen. Aber der Schaden am allgemeinen Konsens und damit am Gemeinwesen reicht weiter als im Augenblick erkennbar. Jeder Täter kann postwendend zum Opfer werden, und am Ende folgt ein Krieg aller gegen alle.

Das Argument für den Frieden ist, dass er am meisten Wohlstand für alle hervorbringt. Zwischenmenschliche Vergleiche und Neidgefühle löscht er zwar nicht aus. Aber er erlaubt, dass ich mit Menschen, die mir fremd sind, in Interaktion, konkret in einen Tauschhandel trete. Ich gebe etwas und bekomme etwas dafür. Noch einleuchtender ist es, wenn man es umgekehrt formuliert: Menschen, mit denen ich tausche, sind Partner, auch wenn sie mir fremd sind und vielleicht fremd bleiben. Weil beide vom Tausch profitieren, sind sie am guten Einvernehmen, an Fairness und Vertragstreue interessiert. Es entsteht eine vielschichtige Win-win-Situation und eine hohe Bereitschaft zum Frieden. Allerdings nur, wenn ich mir meine Tauschpartner nach eigenem Gutdünken aussuchen kann. Soll die Allokation von Leistungen und Gütern gelingen, so ist Freiheit ist unabdingbar.

Nun gibt es stets eine geringe Anzahl Menschen, welche nicht nur in ihrem Denken, sondern auch in ihrem Tun das Eigentum anderer Menschen missachten, andere schädigen oder sogar töten. Dass solches geschieht, sollte uns angesichts der Erzählung von Kain und Abel nicht wundern. In gut orientalischer Übertreibung sagt es die Bibel an manchen Stellen noch krasser. „Keiner ist, der Gutes tut, auch nicht einer." (Psalm 14, zitiert von Paulus in Römer 3) Um solche Übergriffe zu begrenzen beziehungsweise zu verhindern, braucht es eine Instanz, welche für Sanktionen zuständig ist. Jede menschliche Gemeinschaft benötigt ein Strafsystem für Ausnahmefälle.

Die Strafe ist nichts anderes als ein Verbrechen mit umgekehrten Vorzeichen. Sie unterliegt einem hohen Risiko, selber zum Verbrechen zu werden. Deshalb postuliert die Bibel das Ius talionis, *Auge um Auge, Zahn um Zahn*. Es entspringt der Erkenntnis, dass unkontrollierte Rache leicht außer Kontrolle gerät und deshalb dimensioniert werden muss. Das Ius talionis ist nicht barbarisch, im Gegenteil: Es markiert den entscheidenden Schritt Richtung Herrschaft des Gesetzes. So entstand in einem jahrhundertelangen Prozess das staatliche Gewaltmonopol. Aber auch der Staat als Gewaltmonopolist besteht aus Menschen, von denen der Psalm sagt: „Da ist keiner der Gutes tut, auch nicht einer." Es ist also Skepsis selbst gegenüber dem Rechtsstaat angebracht. Weil der Staat nicht Gott ist, unterstehen seine Sachwalter und Funktionäre dem göttlichen Gericht. Das Alte Testament bietet dafür eindrückliche Beispiele: Nachdem der König David sich an Batseba vergangen hatte, wurde er vom Propheten Nathan zur Verantwortung gezogen und bestraft. Die Priester und andere privilegierte Funktionäre wurden von den Propheten heftig kritisiert. Jesus ging noch weiter und schaffte den Tempel als Vermittlungsinstanz zwischen Mensch und Gott ab. Von den 42 Königen Israels und Judas wird berichtet, 33 von ihnen „taten, was böse war in den Augen des Herrn". Das ergibt eine Fehlbesetzungsquote von 78 Prozent. Niemand wird im Ernst annehmen, dass diese Quote in der Demokratie tiefer sei. Macht ist immer eine gefährliche Versuchung und darf deshalb nur äußerst restriktiv verliehen werden.

Daraus ergibt sich, wo man sich zu Humanität, Gerechtigkeit und christlichen Werten bekennt, ein heftiges Plädoyer für einen minimalen Staat. Und für ein maximales Spielfeld der Zivilgesellschaft in allen Facetten. Der Staat hat eine unverzichtbare Aufgabe als Gewaltmonopolist, als Bollwerk gegen das Faustrecht und als Garant der Rahmenbedingungen für den freien Handel. Alles andere darf und soll er der freien Interaktion zwischen freien Menschen überlassen. Insbesondere gibt es keinen Grund, dem Staat die Definition eines allgemeinen Tauschmittels anzuvertrauen. In der Bibel werden alle Preise in Gewichtsmaßen angegeben. Es handelt sich stets um eine bestimmte Menge Edelmetall, welche den Gegenwert für ein Gut bildet. Geld ist per se keine obrigkeitliche Angelegenheit, sondern eine Ware. Diese Ware muss drei Voraussetzungen erfüllen: keine beliebige Vermehrbarkeit, hohe Mobilität und Haltbarkeit. Als „Geld" bildeten sich deshalb vor Jahrtausenden die Edelmetalle heraus. Würde sich – ein Gedankenspiel – bei einer allgemein gültigen Platinwährung durch ein Erdbeben plötzlich ein Platinkrater öffnen, aus dem jedermann mit der Karrette beliebig viel Platin abführen könnte, so würden die Menschen zwar schnell reich. Aber der Reichtum würde ihnen nichts nützen, denn Platin bringt keinen Lebensunterhalt. Es ergäbe sich eine Inflation, und das Platin wäre als Währung von einem Tag auf den anderen ungeeignet.

Eine solche wunderbare Geldvermehrung wurde von den Regierungen inszeniert, als sie die Goldwährungen abschafften. Im 19. Jahrhundert hatten sich in allen wichtigen Handelsländern Goldwährungen durchgesetzt. Sie schützten die Werte und verhinderten eine explosive Entwicklung, jahrelange Kriege und eine exzessive Steigerung der Lebenserwartung. Noch 1906 gab der Brockhaus unter dem Stichwort Goldwährung an: „Das Gold bildet die Grundlage der Münzeinheit, wirklich durchgeführt in England und seinen Kolonien, grundsätzlich angenommen in Deutschland, Österreich-Ungarn, Russland, Rumänien, Dänemark, Schweden, Norwegen, den Niederlanden, Chile, doch vielfach noch im Übergang begriffen." Es ist kein Zufall, dass die Goldwährung 1913/14 aufgeweicht wurde und nach dem Ersten Weltkrieg zusammenbrach. Mit der Goldwährung wären die Weltkriege gar nicht finanzierbar gewesen.

Die logische Folge war die Geldentwertung in vielen Ländern, insbesondere im Leitwährungsland USA. Sie führte zu steigender Diskrepanz zwischen der Goldparität des Dollars und dem freien Goldpreis, was Goldspekulationen auslöste. Die Mitglieder des Internationalen Währungsfonds (IWF) beschlossen im März 1968 eine Spaltung des Goldmarktes in einen amtlichen Goldpreis für die Verrechnung zwischen den Notenbanken und einen freien Preis für Warengold. Dies ist ein klassisches Beispiel dafür, wie man Fehlentscheidungen, anstatt sie rückgängig zu machen, mit neuen Fehlregulierungen zu Leibe rückt und damit die Dinge verschlimmert. Die seit Ende der 1960er-Jahre überproportional steigende Zunahme der Verbindlichkeiten veranlassten die USA 1971, die Einlösungspflicht des Dollars in Gold vollends aufzuheben.

Marktwirtschaft und Werte

„Eine falsche Waage verabscheut der Herr." (Sprüche 11,1) Aus theologischer Sicht ist die Entgrenzung des Geldes zu kritisieren. Sie entspricht weder dem Willen Gottes noch den Verhältnissen dieser Welt. Um der Entgrenzung entgegen zu wirken, ist jedoch die Strangulation der Märkte das falsche Mittel. Richtig wäre das Gegenteil: Die Märkte zu befreien und zu liberalisieren. Aber konsequent. Auch in jenen Bereichen, die in den meisten Köpfen als Staatsdomänen tabuisiert sind wie Geld, öffentlicher Verkehr und Gesundheitswesen. Banknoten sollten Gutscheine für einen realen Gegenwert darstellen. Als Referenzgröße gibt es bis heute nichts Gescheiteres als Edelmetalle, vor allem Gold. Zwar könnten auch private Herausgeber auf die Idee kommen, Gutscheine zu fälschen. Dann würde jedoch das Publikum rasch auf andere, ihm verlässlich erscheinende Währungen umsteigen. Es würden sich Leitwährungen herauskristallisieren, die den Namen Währung verdienen, weil sie, anders als das Papiergeld der staatlichen Notenbanken, wahrhaftig wären.

Es ist kein Zufall, dass der Ausdruck „Wert" aus der Ökonomie in die Ethik übergegangen ist. Er hängt etymologisch höchstwahrscheinlich mit „werden" zusammen und meint soviel wie „einen Gegenwert habend". In der Ethik stehen die Werte den spontanen Ansprüchen, Gelüsten und Trieben entgegen. Sie setzen Schranken und sorgen für Beschränkungen. Der Gegenwert des Verzichts ist ein gedeihliches und nachhaltiges Werden von Gütern, Wohlstand und Solidarität. Gotthelf sagt über die jungen Handwerker, die ständig über die „himmelschreiende Ungerechtigkeit" schimpfen:

„Die guten Burschen dachten nicht daran, dass das Gut der meisten Reichen durch hartes Schaffen bei spärlichem Essen erworben worden, dass eben das die gerechte Ordnung Gottes sei, dass, was einer erworben, er behalten dürfe, seinen Kindern hinterlassen könne, sodass also, wenn sie hart schafften und sparsam lebten, auch ihre Kinder oder Kindeskinder gut essen und in der Kutsche fahren könnten, wenn es ihnen beliebe. Dieses Entbehren auf die Zukunft hinaus, dieses Tüchtigsein in der Gegenwart, damit man sich ein Haus erbaue in der Zukunft, dass man eines habe, wenn diese arme Hütte bricht, ist wohlweise Ordnung Gottes. Das Hadern mit dieser Ordnung, das Verzehren der Gegenwart in sinnlichen Genüssen ist aller Gottlosigkeit Anfang, betreffe es nun reich oder arm, und das Anschwellen der Gottlosigkeit ist aller bürgerlichen Ordnung Auflösung, ist der Barbarei Anfang." (Gotthelf, Jakobs Wanderungen, Viertes Kapitel)

Der moderne Staat mit seiner Umverteilungsbürokratie, seinem Papiergeld und seinen launischen Übergriffen auf die Wirtschaft ist zum Sachwalter der Ansprüche und Triebe geworden. Die Gier mancher Banker ist gewiss eine Realität, doch gehört die Gier konstitutiv zum sündhaften Menschen. Das Kernproblem ist nicht die Gier, sondern die von den Notenbanken servierte Möglichkeit, sie zügellos auszuleben. Das ist Staatsversagen, nicht Marktversagen. Der Staat hat nicht nur die Banker, sondern alle Bürger dazu verführt, Werte zu beanspruchen und zu verbrauchen, die nicht durch Leistungen gedeckt sind. Auch solches hat einen Gegenwert, der allerdings negativ zu Buche schlägt. Defizitäre Rentensysteme sind ein Schlag ins Gesicht der Kinder und Enkel. Der Protest beispielsweise vieler Franzosen gegen die Erhöhung des Rentenalters von 60 auf 62 Jahre ist symptomatisch. Das ökonomisch und ethisch korrekte Rentenalter liegt in Europa angesichts der Lebenserwartung bei rund 70 Jahren. Für körperlich strapaziöse Berufe müsste ein früherer Eintritt in den Ruhestand möglich sein. Dieser müsste jedoch versicherungsmathematisch gedeckt sein, was beispielsweise die Baukosten beeinflussen würde. Hier liegt sogar für Gewerkschaften ein sinnvolles Arbeitsfeld. Staatliche Regulierungen und Versprechungen unterdrücken die Debatte über die Kostenwahrheit. Auch hier ist der Staat den Märkten ökonomisch und ethisch weit unterlegen.

Es ist wahr, dass auch in der freien Marktwirtschaft Fehlentscheidungen getroffen und Güter verschwendet werden. Der Mensch, egal wo er steht, ist nicht unfehlbar. Die Märkte erzwingen jedoch rasche Korrekturen und halten damit die Verluste in Grenzen. Sie würden niemals zulassen, dass ein System drei Generationen lang mit permanenten und immer neuen Fehlentscheidungen ökonomisch wie geistig ausgeblutet wird und schließlich zusammenbricht. Wer Anschauungsunterricht benötigt über den Zusammenhang zwischen einer strangulierten Wirtschaft und einer Verkümmerung der Ethik, möge sich im Nachlass des ehemaligen Sowjetimperiums umsehen.

Wer die „angesehensten Journalisten in Europa" sind, darf hier offen bleiben. Mit Superlativen ist Vorsicht geboten, und ob „Angesehenheit" bei Journalisten ein Qualitätsmerkmal darstellt, ist nicht ganz sicher. Bei aller Zurückhaltung möchte ich jedoch festhalten, dass Gerhard Schwarz unter den Journalisten stets zu den wenigen gehörte, die den schwierigen Schritt aus dem Mainstream heraus wagten. Solide verankert im ökonomischen Fachwissen und in christlicher Prägung, vermittelt er stets eine Optik, die der Sache dienlich sowie dem freien Markt und der Ethik förderlich ist.

ALFRED SCHÜLLER

Wilhelm Röpkes „Wirtschaftshumanismus" und die Krise des modernen Wohlfahrtsstaates[1]

Vorbemerkung

Wilhelm Röpke (1899–1966) hat katastrophale Wendungen zu einem wirtschaftlichen, gesellschaftlichen und moralischen Niedergang Deutschlands erlebt. Sein wissenschaftliches Werk gilt deshalb besonders der Frage nach den Ursachen und der Suche nach Möglichkeiten, die Anzeichen von Krisen und die davon ausgehende Gefahr institutioneller und psychologisch-moralischer Kettenreaktionen (Röpke 1958/1979, S. 324) frühzeitig zu erkennen, die Folgen schonungslos aufzuzeigen und sich ausdrucksstark für einen rechtzeitigen Perspektivenwechsel einzusetzen.

Politik kann Staat und Wirtschaft vermenschlichen, aber auch dazu beitragen, Menschen zu verstaatlichen, zur blinden Ergebenheit zu verführen, besonders auch dann, wenn es darum geht, wirtschaftliche Vorsorge zu treffen – mit Hilfe von Human-, Sach- und Finanzvermögen. Diese Einkommensquellen sind auch die Grundlage von Vorkehrungen gegen Krankheits- und Unfallrisiken, gegen Arbeitslosigkeit, Invalidität und Pflegebedürftigkeit. Das Wort Krise im Titel meines Beitrags meint eine Situation, in der entschieden werden muss, was zu tun ist, um den Gang der Dinge zum Besseren zu wenden. Wilhelm Röpke darf auf diesem Gebiet als Pionier gelten. Das ist vielfach vergessen oder verdrängt worden, auch wenn es darum geht, Krisen als Chance zu erkennen und zu nutzen, um mit strukturellen Reformen an die Lösung des Problems heranzugehen (Schwarz 2009, S. 180).

---

1 Vierte Wilhelm Röpke-Vorlesung (gekürzt und überarbeitet), in: Heinz Rieter und Joachim Zweynert (Hg.), Wort und Wirkung. Wilhelm Röpkes Bedeutung für die Gegenwart, Marburg, 2. Aufl. 2010.

1. Lebensvorsorge als Ordnungsproblem

1.1. „Freiheit von Not" – Lösungswege

Wie können die Menschen für sich, die Familie und andere vorsorgen? Hierzu geht Röpke vom Gedanken der „Freiheit von Not" aus. Was ist die rechte Freiheit? Für Röpke ist es das Freisein *zu etwas*, zur mutigen und verantwortungsvollen Wahrnehmung von Chancen und kreativen Gestaltungsmöglichkeiten. Im Freisein *von etwas* sieht er den Ausgangspunkt für einen der größten Irrtümer der Menschheit (Röpke 1958/1979, S. 249 ff.), nämlich für eine „Freiheit von Not", die einseitig im wohlfahrtstaatlichen Verständnis als *Fremdvorsorge durch Staatszwang* aufgefasst wird. Das geht zurück auf den Geist der Gründungsdokumente westlicher Wohlfahrtsstaaten in den 1940er-Jahren, setzt sich fort bis hin zu höchstrichterlichen Befunden darüber, was Hartz-IV-Empfänger und Kinder entsprechend ihren „tatsächlichen Bedürfnissen" vom „sozialen" Rechtsstaat heute verlangen können. Um *diese* Variante des Wohlfahrtsstaates geht es in meiner Vorlesung vor allem.[2]

Die *zweite* Variante hat die Form einer dauerhaft angelegten interventionistischen nationalen Geld- und Fiskalpolitik, wenn etwa im Anschluss an die Lehre von Lord Keynes in der Stabilisierung der gesamtwirtschaftlichen Nachfrage der kürzeste, ja der einzige Weg gesehen wird, um Wachstums- und Beschäftigungsbedingungen „nach Maß" zu schaffen. Deutschland hat in den 1960er-Jahren schlechte Erfahrungen mit diesem makroökonomischen Interventionismus gemacht. Die USA haben daran festgehalten und mit einer aktivistischen monetären Nachfragesteuerung zuletzt eine weltweite Wirtschaftskrise ausgelöst (Schüller 2009, S. 355–388). Zum post-keynesianischen Makroökonomismus als Variante wohlfahrtsstaatlichen Handelns hat Röpke sich nach sorgfältiger Abwägung des Für und Wider insgesamt sehr kritisch geäußert.

Zurück zur *ersten* wohlfahrtsstaatlichen Variante. Um die Wege zu ordnen, die es gibt, um der Not vorzubeugen, verwendet Röpke das Bild der „Weggabelung" mit zwei entgegengerichteten Wegweisern:

---

2 Zur geistesgeschichtlichen Entwicklung des Wohlfahrtsstaates verweise ich auf die vorzügliche Arbeit von Habermann 1997.

- Auf dem einen Schild steht: „Freiheit von Not" durch den „Wirtschaftshumanismus" bzw. den „Ökonomischen Humanismus" als ein Ordnungskonzept, für das sich die Bezeichnung Soziale Marktwirtschaft eingebürgert hat – freilich in einem Verständnis, von dem sich die Praxis längst verabschiedet hat. Man könnte Röpkes Ökonomischen Humanismus auch *systematischen Personalismus* als Ausdruck eigen- und sozialverantwortlichen Handelns der Menschen nennen.
- In die entgegengesetzte Richtung weisen zwei Wegtafeln: „Freiheit von Not": Weg des diktatorischen Wohlfahrtsstaates bzw. „Freiheit von Not": Weg des demokratisch-evolutionären (modernen) Wohlfahrtsstaates. Beide Fälle sind mit einer mehr oder weniger weitgehenden Depersonalisierung im Sinne von Fremdbestimmung der Vorsorge verbunden.
- Zwischen dem „Ökonomischen Humanismus" und dem modernen Wohlfahrtsstaat gibt es die Realität der Mischformen.

Von dieser Systematik ausgehend, greife ich Gedankengänge auf, die sich in Röpkes zahlreichen Schriften zu wohlfahrtsstaatlichen Aspekten finden. Diese Ansätze werden im Folgenden thematisch verknüpft und in Zusammenhängen diskutiert, die besondere Bezüge zur Gegenwart und Zukunft eröffnen. Es wird gezeigt, dass Röpkes konzeptionelles Denken nach wie vor wegweisend für eine freiheitliche Gesellschafts- und Wirtschaftsordnung ist, die ein umfassenderes, ja anspruchsvolleres Verständnis des Begriffs „sozialer" Rechtsstaat bietet, als es heute üblich ist. Das Thema ist auch deshalb aktuell, weil von starken Neigungen zur Europäisierung des Prinzips der Fremdvorsorge durch Staatszwang auszugehen ist.

1.2. Verlierer und Gewinner

Bald nach dem Zweiten Weltkrieg hat Röpke den Weg des *demokratisch-evolutionären Wohlfahrtsstaates* für das freie Deutschland und den freien Westen als bedrohlicher bezeichnet, als es der diktatorische Wohlfahrtsstaat sei. Mit dessen niederschmetternden Ergebnissen hatte Röpke sich schon in den 1930er-Jahren befasst (Röpke 1936, ders. 1939). Vom sowjetischen Wohlfahrtsstaat und seinen propagandistischen Perspektivplänen fühlten sich vor allem viele Intellektuelle angezogen, ohne zu erkennen, dass auf diesem Wege die breiten Massen keine Chance haben, zu Wohlstand zu gelangen. Nach 1945 war vom Westen Deutschlands aus zu beobachten, wie „drüben" harmlose und rechtschaffene Menschen mit zynischen Mitteln immer tiefer in die Fänge eines Staates gerieten, der sie im Namen der „Freiheit von Not" der echten politischen, wirtschaftlichen und geistig-kulturellen Freiheiten beraubte. Von Nischen und persönlichen Sonderfällen abgesehen, waren alle gesellschaftlichen Einrichtungen und Lebensprozesse von einer bürokratischen Zuteilung von Lebenschancen beherrscht. Die SED sah in dem hierzu notwendigen quasi-militärisch organisierten Gesellschaftsaufbau den Königsweg, um die Gesellschaft zu vermenschlichen.[3]

Die diktatorische Fremdvorsorge durch umfassenden Staatszwang verursachte einen Dauerbedarf an Reformen, ohne dem Weg in eine Abwärtsspirale zu entkommen. Diese endete im Abgrund und im Übergang zur Sozialen Marktwirtschaft im heutigen Verständnis. Warum entspricht dieses dem Motto eines bekannten Fußballtrainers „Modern ist, wer gewinnt"? Offensichtlich kommt diese Ordnung vielen Menschen in West- und Ostdeutschland entgegen, die den Gedanken nicht unsympathisch finden, im geistigen, kulturellen und politischen Bereich Liberalität zu genießen, im Übrigen aber wie Kollektivisten (Röpke 1958/1979, S. 160 ff.) auf eine möglichst komfortable Fremdvorsorge durch Staatszwang zurückgreifen zu können. Wahrscheinlich geschieht dies in dem Glauben, in der Demokratie könne jeder auf dem Weg des politischen Tauschs vom Staat und von „Reichen" ständig etwas bekommen oder auf

---

3 Dieser wirklichkeitsfremde Anspruch mag erklären, warum auch zwanzig Jahre nach dem Fall der Mauer dem DDR-System immer noch bescheinigt wird, es habe die Güter „gerechter" verteilt, eine höhere soziale Sicherheit geboten und für mehr „menschliche Wärme" gesorgt. Tatsächlich standen die „sozialen Errungenschaften" vielfach nur auf dem Papier, beruhten – wie im sozialen Wohnungsbau oder im Gesundheitswesen – auf Schummelgrößen oder nahmen immer mehr den Charakter einer sozialen Notversorgung an. Im Übrigen hat das Leben im Wohlfahrtsstaat der DDR, bei Lichte betrachtet, faktisch unter der unablösbaren Hypothek einer hohen versteckten Arbeitslosigkeit und Dauerinflation sowie einer chronischen Mangelwirtschaft gelitten. Der Zustand der Alten- und Pflegeheime war häufig erbärmlich, nicht selten menschenunwürdig. Es gab keine Kriegsopferhilfe (für Geschädigte und Hinterbliebene), keinen Lastenausgleich für die Vertriebenen aus den Ostgebieten des Dritten Reiches. Die Negativliste könnte fortgesetzt werden.

Kosten künftiger Generationen beschenkt werden. Röpke sah im „Raub durch den Stimmzettel" ein „revolutionäres Prinzip": In gestuften Übergängen oder auf leisen Sohlen wird der Staat zum ununterbrochen arbeitenden Pumpwerk zur Umlenkung von Rechten und Einkommen gemacht – mit gewaltigen Leistungsverlusten auf dem Umweg über unermüdliche Bürokratien (Röpke 1958/1979, S. 233) und auf Hochtouren arbeitende (Sozial-) Gerichtsinstanzen – alles letztlich zum Zentralismus und Uniformismus drängend.

In Kenntnis der gesellschaftlichen und wirtschaftlichen Krisen im wohlfahrtsstaatlichen „Musterland" England (Röpke 1944/1979, S. 250 ff., S. 271) und mit untrüglichem Gespür für drohende wirtschaftliche Fehlentwicklungen hat Röpke vor allem nach dem Zweiten Weltkrieg umso nachdrücklicher in Deutschland für den Gang der Vorsorge in der Gegenrichtung geworben – sorgfältig vergleichend, bewusst auch vereinfachend, um die demokratische Öffentlichkeit besser zu erreichen und davon zu überzeugen, dass auch der Weg der demokratisch-evolutionären *Entpersonalisierung* der Vorsorge Kettenreaktionen mit Niedergangserscheinungen verursachen kann. Zunächst aber zu Röpkes Vorstellungen, wie dieser Entwicklung ein Riegel vorgeschoben werden könnte.

2. „Freiheit von Not" – Röpkes „Wirtschaftshumanismus"

Es ist bekannt, dass Röpke einer der maßgebenden Vordenker der Sozialen Marktwirtschaft gewesen ist. Er hat unmittelbar erfahren, wie schwierig es in der deutschen Nachkriegszeit war, diesem Konzept zum Durchbruch zu verhelfen.[4] Die Frage, wie die Freiheit wirtschaftlichen Handelns mit dem Wettbewerb und der Lösung des Problems der Vorsorge im Rahmen einer freiheitlichen Gesellschafts- und Wirtschaftsordnung in Einklang gebracht werden kann, ist heute so aktuell wie damals. Und wie schwer ist in Deutschland immer noch die Erkenntnis zu vermitteln, dass „sozial gerecht" unendlich viel mehr ist als das, was eine solche Ordnung bei maßvoller Nutzung der Motivations- und Leistungskraft der Menschen an Umverteilung bietet.

---

4 Hierzu sei auf Ludwig Erhards Gedanken aus fünf Jahrzehnten (1988) verwiesen.

Der besondere soziale Gehalt dieser Ordnung wird weithin verkannt. Er bezieht sich auf gesellschafts- und wirtschaftspolitische Aufgaben, deren Wahrnehmung aus der weitgehend depersonalisierten Vorsorge[5] herausführen könnte, die in die Krise geführt hat. Diese Aufgaben beziehen sich bei Röpke vor allem auf einige *Grundsätze* und *Institutionen,* die als Orientierungspunkte für eine Politik der Repersonalisierung der Vorsorge dienen können:

- Die Begrenzung der Parlamentsherrschaft, um zu verhindern, dass es im Wettbewerb der Parteien fortschreitend zu einer unbeschränkten Ausdehnung der Regierungsmacht und der Staatsverschuldung kommen kann.
- Eine föderative (dezentrale) Gestaltung der Staatsstruktur auf der Grundlage von Selbstverantwortung und einer eigenbestimmten Finanzordnung, die den wechselnden Aufgaben nach dem Prinzip des „Näher daran" angemessen ist.
- Regeln des Rechtsstaates, die gegen wirtschaftliche Privilegien und Wettbewerbsbeschränkungen gerichtet sind, stabiles Geld gewährleisten, das Eigentum, die Vertragsfreiheit und den Freihandel schützen, vor der Versuchung „Der Zweck heiligt die Mittel" bewahren.
- Familiengründung, Kindererzeugung und Kinderaufzucht sind für Röpke „individuelle Entscheidungen der innersten persönlichen Intimsphäre jedes Menschen, in die der Staat nicht durch Sozialisierung der Aufzuchtkosten eingreifen sollte" (Röpke 1958b). In der Lockerung des Familienzusammenhalts sah er eine der schwersten Erkrankungen unserer Kultur. Der moderne Wohlfahrtsstaat sei eine Antwort darauf, aber die falsche, denn die Familie werde zum „Gegenstand der Einkommenspumpmaschine des Leviathans" gemacht. Auf diesem Wege könnten nur einige Krankheitssymptome gelindert werden – um „den Preis der schleichenden Verschlimmerung bis zur schließlichen Unheilbarkeit" (Röpke 1958/1979, S. 241 f.).
- Es entspricht dem Gedanken der systematischen Personalisierung der Vorsorge, wenn die staatliche Bildungspolitik das Elternwahlrecht und die Vielfalt menschlicher Motive und gesellschaftlicher Kräfte im

---

5 Siehe Kapitel 4.

Bildungssystem zur Geltung kommen lässt und konkurrierende Schulen in privater Trägerschaft nicht an der Entfaltung hindert.
- Persönliche Integration der Menschen durch den Markt:
Erstens durch die Möglichkeit, im engen Familienverbund oder anderen engen personalen Bezügen zu wirtschaften, wie es besonders in kleinen und mittleren Unternehmen möglich ist. Diese bieten Anschauungsunterricht für wirtschaftliche Selbstständigkeit, für Nachfolgegründungen durch bisher Unselbstständige, für sozialen Aufstieg, für die Entwicklung effizienter Unternehmensgrößen und Beschäftigungsmöglichkeiten, für wirtschaftlichen, sozialen und technischen Fortschritt, offene gesellschaftliche Strukturen mit einem wirksamen Schutz vor Vermassung, Proletarisierung und politischen Extremismus. Am besten ist den wirtschaftlich Selbstständigen geholfen, wenn die Konzentration der Unternehmen nicht politisch gefördert wird, wenn Großunternehmen keinen Bestandsschutz (als spezielle Form der Fremdvorsorge durch Staatszwang) erhalten, wenn national und international auf Subventionen und Wettbewerbschränkungen, auf ständig steigende finanzielle und wohlfahrtsstaatliche Lasten des öffentlichen Sektors verzichtet und damit verhindert wird, dass die Schattenwirtschaft expandiert. Das alles bremst die Leistungskraft derjenigen, von denen besondere Anstrengungen erwartet werden können – der Selbstständigen und der Akteure in überschaubaren Einheiten.[6]

Zweitens durch *Humanisierung* der Arbeitswelt (Röpke 1958/1979, S. 356, S. 389 f.). Diese Aufgabe ist im wohlverstandenen Gesamtinteresse der Unternehmen – unabhängig von der Betriebsgröße – darauf gerichtet, die Fähigkeiten der Mitarbeiter zur Geltung zu bringen und zu nutzen – durch eine das Leistungsvermögen stimulierende Betriebs- und Mitarbeiterführung, Entgelts- und Sozialleistungspolitik. Hierzu passen eine Bindung des Gesellschaftsrechts an natürliche Personen, eine enge Verknüpfung von Entscheidung und Haftung und insgesamt eine Vielfalt konkurrierender Formen der Mitbestimmung – dies alles in Übereinstimmung mit den kooperativen Grundlagen und privatautonomen Gestaltungsmöglichkeiten des Arbeitsvertrags. Röpkes

---

6 Zu einer ordnungspolitisch fundierten Mittelstandspolitik siehe Köster 2009.

Perspektive für *Mitwissen, Mitwirken, Mitverantworten* der Mitarbeiter (1950/1981, S. 62) ist geeignet, den Mitbestimmungsgedanken für eine wettbewerbs- und beschäftigungswirksame Methode der Gleichrichtung unternehmensinterner Interessen, Wissens- und Handlungspotenziale neu zu beleben und damit äußeren unternehmerischen Anforderungen im internationalen Wettbewerb gerecht zu werden. Der heutige Mitbestimmungszwang, der die Unternehmen und Belegschaften bevormundet und ihr Anpassungsvermögen lähmt, steht im Widerspruch dazu. Auch Röpke hat immer wieder auf die vielversprechenden Möglichkeiten der Berufs- und Wirtschaftsverbände in der Marktwirtschaft hingewiesen, zugleich aber die nachteiligen Konsequenzen eines maßlosen Korporatismus und Syndikalismus aufgezeigt, wenn nämlich Unternehmen und Gewerkschaften an der Macht des Staates teilnehmen können,[7] um z.B. das marktwirtschaftliche Prinzip der Koordination durch Preise und Wettbewerb vor allem auf den Arbeitsmärkten im Kern zu schwächen oder außer Kraft zu setzen.

- Personalisierung der Vorsorge aus eigener Kraft und Verantwortung der Menschen – durch Erwerbsarbeit, Sparen, Vermögensbildung, Versicherung und vielfältige andere Formen der freiwilligen („solidarischen") Gruppenvorsorge (Röpke 1958/1979, S. 230 f.). Eigenverantwortung und Solidarität sind nicht Gegensätze, sondern bedingen einander als Grundlage des karitativen Handelns, vor allem aber für eine Risiken teilende tauschwirtschaftliche *Umverteilung* zwischen Gesunden, Kranken, Unfallgeschädigten, Pflegebedürftigen, Alten und Jungen, Beschäftigten und Arbeitslosen, wie sie jeder Versicherungslösung innewohnt. Vorsorge und Umverteilung als tauschwirtschaftlicher Konsens sind zwei Seiten einer Medaille. Mit der heute verbreiteten Praxis, den Begriff „solidarisch" auf *staatlich organisierte* Systeme der sozialen Sicherung und den „sozialen" Rechtsstaat zu ver-

---

7 So haben die Arbeitgeberverbände die inflexiblen Arbeitsmarktstrukturen mit verursacht: durch ihre Beteiligung an der kartellförmigen Tarifpolitik und der wettbewerbsfeindlichen Konzeption der runden Tische. Die Arbeitgeberverbände waren bisher alles andere als glühende Verfechter einer freiheitlichen Wettbewerbsordnung. Eine soziale Marktwirtschaft, die dieses Kernstück aus den Augen verliert, schwächt die materielle Grundlage für den sozialen Gehalt dieser Ordnung.

engen, wird suggeriert, die anderen Systeme und der Rechtsstaat im klassischen Verständnis könnten eo ipso nicht solidarisch sein.
- In Röpkes Konzeption handelt es sich bei der solidarischen Gruppenvorsorge um *freiwillige* Pumpwerke der Einkommensumverteilung. Diese unterliegen jedoch bei diskriminierungsfreiem Wettbewerb vergleichsweise harten Budgetbeschränkungen, wirken damit wie eine eingebaute Mäßigung der Anspruchshaltung. Der freiwilligen solidarischen Gruppenvorsorge kann der Staat mit geeigneten Regeln und Einrichtungen eine zusätzliche Verlässlichkeit und Qualität verleihen, ohne die individuelle Vertragsfreiheit und die wettbewerbliche Markt-Preis-Koordination infrage stellen zu müssen. Ein Versicherungszwang kann zur Vermeidung von moralischem Fehlverhalten zweckmäßig sein, wettbewerbswidrige Zwangsversicherungen und die bevormundende Bindung der Sozialversicherungskosten an die Arbeitsverhältnisse sind es wegen der innewohnenden Depersonalisierung nicht.
- Auch für Röpke bildet das, was Eucken die Politik der Wettbewerbsordnung nennt (Eucken 1990, S. 241 ff.), eine Art von Sozialpolitik, die sich nicht als bloße Umverteilung der Einkommen versteht, sondern als eine umfassend egalisierende Einflussnahme auf den gesellschaftlichen Verteilungsprozess mit den Mitteln der Wettbewerbspolitik.

Dieser Komplex von Prinzipien und Institutionen, der hier nur in einigen Grundzügen von Zusammenhängen als ein Ganzes in Erinnerung gerufen wird, beruht nach Röpke auf einem Ordnungskern aus *moralischen Selbstbindungen* – wie die Bereitschaft, leistungsbewusst, ehrlich, fair, verlässlich und selbstverantwortlich zu handeln, in verantwortbaren Fristen und Wirkungsketten zu denken, eine im Eigentum verankerte Unabhängigkeit anzustreben, Familienbindung zu pflegen und Sinn für das zu entwickeln, was gestern war, um das besser zu verstehen, was heute ist und morgen daraus entstehen kann.

Die Quellen menschlicher Tugenden liegen nach Röpke *jenseits von Angebot und Nachfrage* – vor allem in der Familie, in den Schulen, Kirchen und Medien, beruflichen und anderen Gemeinschaften, in der Tradition und Kultur, besonders auch in der Art der menschlichen Vorsorge, ist hinzuzufügen. Aus dem Zusammenwirken der moralischen Selbstbindungen und der Prinzipien und Institutionen des Ökonomischen

Humanismus entsteht das, was Röpke die Farbgebung des ganzen Gewebes der gesellschaftlichen Beziehungen nennt (Röpke 1958/1979, S. 155). Wie sehr der moderne Wohlfahrtsstaat zur Lockerung der moralischen Selbstbindungen beiträgt, wird wohl empirisch nicht genau nachzuweisen sein. Röpkes „Pathogenese" mit den auslösenden und verstärkenden Momenten einer institutionellen und psychologisch-moralischen Kettenreaktion (siehe Kapitel 5) lässt auf einen nicht unerheblichen Anteil schließen. Hierbei spielt eine Rolle, dass sich im modernen Wohlfahrtsstaat die politische Handlungslogik ungleich stärker von der ökonomischen Logik entfernen kann, die versicherungswirtschaftlich kalkulierten personalen Vorsorgekonzepten eigen ist.

Dass von staatlicher Seite Bedürftigen und Problemfamilien, die zur Eigenvorsorge nicht imstande sind, dauernd und vielfältig geholfen werden muss, dass *vorübergehend* auch einmal sehr viele unterstützt werden können, war für Röpke selbstverständlich, nicht aber eine gewohnheitsmäßige allumfassende dauernde Fürsorge für alle (Röpke 1958/1979, S. 233 f.). Diese kann sich im Uferlosen verlieren, wenn z. B. das Lohnabstandsgebot massiv verletzt wird und andere Faktoren (wie z. B. ein marktwidriges Arbeits- und Tarifrecht) eine dauerhafte Arbeitslosigkeit begünstigen.

Mit einer maßlosen Entfernung von den Grundsätzen und Institutionen des Ökonomischen Humanismus wird für Röpke *erstens* das „Terrain des Kommunismus" oder der Unfreiheit betreten (Röpke 1955/1981, S. 439–450); *zweitens* macht sich Unordnung in der Gesellschaft breit. (…)

3. Der moderne Wohlfahrtsstaat in der Krise: Symptome der Unordnung

Der Weg der maßlosen Depersonalisierung der Vorsorge ist in Deutschland weit fortgeschritten. Daraus ist eine Welt ungedeckter Sozialansprüche, von Täuschungen und schleichenden Enteignungen zukünftiger Vorsorgemöglichkeiten entstanden (Willgerodt 2005, S. 173–194). Was politisch an Lebensvorsorge versprochen oder verlangt wird, ist immer mehr von anderen, vor allem auch von den heutigen und künftigen Steuerzahlern zu tragen – in welcher Form auch immer.[8] Symptoma-

---

8 Ob die Inflation als „hinterhältige Weise" der staatlichen Mittelbeschaffung, die Röpke immer wieder als chronische Begleiterscheinung des Wohlfahrts-

tisch für die auf dem bisherigen Weg entstandene Unordnung ist die Hemmungslosigkeit, mit der gesetzliche Sozialsysteme und Unternehmen subventioniert werden, vorgeblich um neue Arbeitsplätze zu schaffen und gefährdete zu erhalten.

Strukturen eines Gesundheits-, Arbeits-, Familien- und Bildungsverwaltungssystems sind inzwischen durch Elemente eines Hochschul*verwaltungssystems* (Stichwort: Bologna-Prozess) ergänzt worden. Verbunden ist damit das, was Röpke mit den Begriffen Zentrismus, mechanischer Perfektionismus und Uniformierung kennzeichnet – alles auf Kosten des Wettbewerbs und der Dezentralisierung, also der Freiheit. Und immer mehr Reformen erweisen sich schon bald als zielwidrig und müssen durch neue abgelöst werden. Die instabilen, vielfach unüberschaubaren Situationen lösen bisweilen auch einen Aufschrei von Politikern aus, wenn diese sich als Getriebene sehen, über die Hektik des politischen Geschäfts, über eine unerträgliche Tretmühle des Alltags und über fehlende Freiräume und Zeit klagen, um über Grundsätzliches nachzudenken. Es gehört zum Krankheitsbild des modernen Wohlfahrtsstaates, dass Politiker glauben, nicht mehr Herr ihrer Möglichkeiten zu sein. „Wohin denn", sagt Schillers Wallenstein mit sich selbst redend, „seh ich plötzlich mich geführt? Bahnlos liegt's hinter mir, und eine Mauer aus meinen eigenen Werken baut sich auf, die mir die Umkehr türmend hemmt."

Maßlose wohlfahrtsstaatliche Reglementierungen[9] schwächen die Selbstheilungskräfte, die Stoßfestigkeit und Anpassungsfähigkeit der Wirtschaft. Die Einsicht in angemessenes wirtschafts- und sozialpolitisches Handeln reichte und reicht auch heute nicht, um Herausforderungen wie die Wiedervereinigung vor zwanzig Jahren und die jüngste Finanzkrise in absehbarer Zeit zu verkraften, ohne der Neigung zu erliegen, bestehende Krisenursachen zu verstärken und neue hinzuzufügen. Die

---

staates thematisiert hat, auch in Zukunft bei uns eher eine Randerscheinung bleiben wird wie im letzten Jahrzehnt, ist im Euro-Raum keineswegs gesichert. Es gibt im Statut der EZB keine harten Regeln und Sanktionen und im politischen Umfeld der EZB keinen hinreichend sicheren Schutz gegen Versuche, das Stabilitätsziel nach Bedarf weiter als bisher auszulegen und dem Wunsch der Regierungen zu opfern, Staatsdefizite mit einer nachgiebigen Geldpolitik zu finanzieren.

9 Siehe Kapitel 4.

große Chance, welche z. B. die Wiedervereinigung für eine nachholende ordnungspolitische Erneuerung und Entfaltung der sozialen Marktwirtschaft im Verständnis des Ökonomischen Humanismus hätte bieten können, wartet weiterhin auf die Realisierung (Schüller 2002b, S. 24–30).
Inzwischen ist „hartzen" – also arbeitslos sein – das Jugendwort von 2009 geworden. Mit „rumhartzen", „abhartzen" oder „Hartzer" wird das umschrieben, was das Denken in Sozialansprüchen von jung an zu prägen begonnen hat: „Seid beruhigt. Staat und hohe Gerichte sind bei Euch, kennen Eure Nöte und versorgen Euch bedarfsgerecht." Es klingt wie ein Psalm. Doch das Loblied kennt keinen Dank, wirkt wie eine Droge. Denn schon bald geht es im Reich der Sozialansprüche, das mehr und mehr vom Bedarfsdenken beherrscht ist, mit dem Fordern und Überbieten weiter. Der Zweck der Krisenstabilisierung dient als Trittbrett für zusätzliche moralisch inspirierte Umverteilungswünsche und soziale Wohltaten.

Nun bieten ein offener Handels-, Zahlungs- und Kapitalverkehr, die grenzüberschreitende Wanderung von Menschen und Unternehmen vielfältige Ausweichmöglichkeiten. Selbsthilfe, freiwillige Solidarität mit vielfältigen Gelegenheiten der privaten Vorsorge sind unter diesen Ordnungsbedingungen institutionell und finanziell nicht auf das Inland und auf wenige Vermögensarten beschränkt, wie es in der DDR war. Hier konnten die Bürger unter den Bedingungen einer chronischen Mangelwirtschaft nur äußerst begrenzt auf die existenziell wichtige individuelle Vorsorge (nach dem verbreiteten Motto „Privat geht vor Katastrophe") ausweichen.

Versuche, sich in einer offenen Gesellschaft und Wirtschaft wohlfahrtsstaatlichen Belastungen und Schäden zu entziehen,[10] sind mit offen zu Tage tretenden Investitions-, Beschäftigungs- und Wachstumseinbußen sowie Belastungen der Sozialbudgets verbunden. Wie immer auch der Staat versuchen mag, bestehende und neue Umgehungen zu verhindern oder zu erschweren, die Überdruckventile können das überhitzte Pumpwerk der Umverteilung zwar davon abhalten, unter dem Druck einer hohen Steuer- und Abgabenlast frühzeitig zu platzen. Doch wird das Abpfeifen, das dem Pumpwerk zeitweilig Entspannung verschaffen kann, mit zunehmender Schulden- und Abgabenlast immer lauter. Es signali-

---

10 Etwa durch Schwarzarbeit oder durch Verlagerung von Vermögen und Betriebsstandorten ins Ausland.

siert: Sozialansprüche entwickeln sich real mehr und mehr zu Sozialillusionen. Symptome sind Leistungskürzungen, Beitragserhöhungen, verbreitete Formen der legalen Tarifflucht der Arbeitgeber, eine weitläufige Praxis von Regelungsvereinbarungen zwischen Geschäftsführung und Betriebsräten unterhalb der Ebene formeller Betriebsvereinbarungen (Rüthers/ Siebert 2001, S. 15), zunehmende Befristung von Arbeitsverträgen und Verlängerung von Probezeiten, Abwanderung von Vermögen und Arbeitsplätzen, Strategien der Steuervermeidung, Ansätze zur Lösung der gesetzlichen Krankenversicherung von den Arbeitskosten, Flucht aus dem uniformierten staatlichen Schulangebot in den bezahlten Nachhilfeunterricht, vor allem aber in die Angebotsvielfalt der Schulen in freier Trägerschaft usw. So nimmt das heutige System der gesetzlichen Rentenversicherung, in dem das Versicherungsprinzip bereits bis zur Unkenntlichkeit verdünnt ist,[11] immer mehr den Charakter einer Grundsicherung an.

Zeigen sich darin nicht auch in Deutschland immer mehr Auswege, immer mehr Abwehr- und Gegenkräfte, die – gleichsam herausschleichend – zum Weg der Repersonalisierung, also zu einem wirklichen sozialen Fortschritt drängen? Diesen beurteilt Röpke danach, wie weit es gelingt, den Bereich der Eigen- und Privatvorsorge und der freiwilligen Fremdhilfe („solidarische Gruppenhilfe") auf Kosten einer mehr und mehr auf Täuschungen und Illusionen beruhenden staatlichen Zwangsvorsorge zu erweitern (Röpke 1958/1979, S. 231).

---

11 Gesetzliche Rentenansprüche und -anwartschaften standen lange Zeit unter dem Eigentumsschutz von Artikel 14 GG. Dieses Recht wurde mit dem „Äquivalent eigener Leistung" begründet. Mit der Verdünnung des Versicherungsprinzips wurde dieser Schutzgedanke relativiert. Die Beitragszahlung sichert nur noch ein Recht an den Leistungen des Umlageverfahrens nach der jeweils geltenden Rentenformel. Für die gesetzliche Rentenversicherung bedeutet dies: Je mehr Politiker und ihre Wähler meinen, auf die Aushöhlung des Versicherungsprinzips angewiesen zu sein, desto ungenierter kann der Gesetzgeber fortwirkend eingreifen – etwa nach dem Grundsatz: Regelungen, „die dazu dienen, die Funktions- und Leistungsfähigkeit des Systems der gesetzlichen Rentenversicherungen im Interesse aller zu erhalten, zu verändern oder veränderten wirtschaftlichen Bedingungen anzupassen" (BVerfG 1980, 257 und 293), stehen dem Gesetzgeber zu Gebote.

Tatsächlich bewegt sich der Wohlfahrtsstaat, gemessen an den *Grundsätzen* und *Institutionen* des Ökonomischen Humanismus, weiterhin in einem fatalen Missverhältnis zwischen der Notwendigkeit und Fähigkeit der Anpassung. Aus diesem „fehlerhaften Zirkel" einen Ausweg zu finden, betrachtete Röpke als ungeheuer schwierig, wenn nicht unmöglich (1958a, S. 300, ders. 1958/1979, S. 239). Möglicherweise hat er den Erfolg der äußeren Liberalisierung und Internationalisierung des Wirtschaftsgeschehens, für den er sich so leidenschaftlich eingesetzt hat, mit dem davon ausgehenden Druck auf wohlfahrtsstaatliche Vorsorgelösungen unterschätzt. Doch insgesamt dürfte die Skepsis, mit der er die Chancen für eine Umkehrung der laufenden psychologischen Kettenreaktion beurteilt, weiterhin begründet sein, wenn man sich genauer mit den Kraftströmen beschäftigt, die der Pathogenese des modernen Wohlfahrtsstaates zugrunde liegen. Und das ist – wie gesagt – heute mit Blick auf jene Anwälte der europäischen Integration dringend notwendig, die nach der Währungsunion eine wohlfahrtsstaatlich orientierte Sozialunion für unverzichtbar ansehen und – beginnend mit der Krise der griechischen Staatsverschuldung – dabei sind, die Non-Bail-out-Klausel in Artikel 103 des EU-Vertrages außer Kraft zu setzen, damit die Unabhängigkeit der EZB zu gefährden und der Währungsunion einen wohlfahrtsstaatlichen Charakter zu verleihen.

4. Röpkes Pathogenese

4.1. Grundsatz: Gleichwertige Lebensbedingungen

„Alle Glieder der Gesellschaft haben Anspruch auf gleichwertige Lebensbedingungen." Danach bietet Gleichheit vor dem Gesetz nur einen formalen, keinen materiellen Schutz vor Ungleichheit, die mit Diskriminierung oder Ungerechtigkeit gleichgesetzt wird. Dem Weg vom Rechtsstaat zum *sozialen* Rechtsstaat entspricht ein Denken in Ansprüchen aus sozialen Grundrechten gegenüber dem Staat bzw. der Gesellschaft.[12]

---

12 Recht auf Arbeit, soziale Sicherheit, Mitbestimmung, auf Wohnung, Gesundheit, Freizeit, kulturelle Lebensbeteiligung, auf Vereinbarkeit von Beruf und Familie, auf Kinderbetreuung in Tageseinrichtungen, auf finanziell gesicherte Alleinerziehung, auf gleichen Lohn für gleiche Arbeit usw. Je mehr aus diesen und anderen sozialen Grundrechten konkrete positiv-materielle

Staat und andere Kollektive wie Unternehmen, Verbände, Schulen, Universitäten, *die* Wirtschaft und andere vermeintliche Ganzheiten sind hierfür dienstbar zu machen. In dieser Orientierung am „Kollektivprinzip" (Röpke 1953/1997, S. 2764), das in Richtung Depersonalisierung der Vorsorge weist, spiegelt sich ein Denken in Verteilungskonflikten zwischen sozialen Gruppierungen (Bund, Ländern und Kommunen, Arbeit und Kapital, Wirtschaft und Staat, Gesellschaft und Familie) wider. Die Lösung wird z. B. gesehen

- in gleichwertigen Lebensbedingungen nach Vorgabe bestimmter Standards (einheitliche Lebensverhältnisse im Raum, Einheits- und Flächentarife bei der Lohnbildung, einheitliche Arbeitszeiten, einheitliche Kündigungsregelungen),
- in der Zwangsmitgliedschaft in gesetzlichen Sozialversicherungen zu einheitlichen, staatlich festgesetzten Prämien,
- in einheitlich verfassten und zentral gesteuerten Schulen sowie Universitäten, die, um z. B. mindestens 40 Prozent eines Jahrgangs aufnehmen zu können, sich „sozial" öffnen müssen, etwa mit der Verpflichtung, flächendeckend kostengünstige Kurzstudiengänge mit akademischem Abschluss (Bachelor) einzurichten.

4.2. Umsetzung: Institutionelle Ausgangspunkte

Die *Hauptquellen* der Ungleichheit werden vornehmlich in den *Prinzipien* und *Institutionen* des *Ökonomischen Humanismus* gesehen. Sie bilden deshalb auch bevorzugte Ansatzpunkte für den Weg der wohlfahrtsstaatlichen Vorsorge und für die damit ausgelösten psychologischen Kettenreaktionen, die zusammen mit anderen Einflüssen eine Lockerung der moralischen Selbstbindungen begünstigen.

Parlamentsherrschaft: Sozialansprüche werden häufig als Ergebnis eines politischen Tauschs gedeutet. Röpke spricht – wie gesagt – vom „Raub durch den Stimmzettel". Tatsächlich geht es in der Regel darum, bestimmte soziale Zustände zulasten Dritter und unabhängig von den jeweiligen ökonomischen Gegebenheiten zu erzwingen, hierdurch poli-

---

Aufgaben des Staates abgeleitet werden, desto größer wird der Bedarf an freiheitsbeschränkender staatlicher Regulierung.

tische Macht zu gewinnen und zu sichern. Ein *echter Tausch liegt auch deshalb häufig nicht vor, weil die Politiker das Volk mit dessen eigenem Geld bestechen und ihm ein Verlustgeschäft aufzwingen können. Es ist auch fraglich, ob die partiell davon profitierenden Machthaber nicht bei Verzicht auf den Stimmenraub besser gestellt gewesen wären.*[13]

Die psychologische Kettenreaktion wird ausgelöst durch ein Verständnis von Demokratie, nach dem so ziemlich alles Gegenstand politischer Versorgungsangebote sein kann – bis hin zur aktuellen Idee des staatlichen Ausbaus der Kinderbetreuung, der kostenlosen Schulspeisung oder zur Zukunftsvision eines Beimischungszwangs für gehobene Seniorenresidenzen als Ausdruck der Chancengleichheit im Alter. Für Anthony Giddens (1999) und andere Vertreter des demokratischen Sozialismus ist keine Entscheidungsmacht ohne demokratisches Verfahren legitimiert, ob in der Nation, in Staat und Regierung, in der Familie, in Unternehmen oder in anderen Institutionen. Die unbeschränkte Parlamentsherrschaft gilt demzufolge als ein *konstitutives* Prinzip des modernen Wohlfahrtsstaats. Begleiterscheinung ist eine wählerwirksame Rhetorik: Sozialansprüche als Ausdruck der „sozialen Gerechtigkeit und Solidarität", als „moralischer Wert an sich", als „konkreter Ausdruck der Nächstenliebe", als Mittel zur Schließung von „Gerechtigkeitslücken".

Verstärkend kommt die Neigung der Massenmedien Fernsehen und Rundfunk hinzu, Fälle von individueller oder gruppenspezifischer sozialer Betroffenheit in den Mittelpunkt eines unterhaltsamen Event-Journalismus zu stellen – häufig mit einer Minderschätzung der Belange der Gesamtordnung. Besonders die öffentlich-rechtliche Rundfunkordnung beruht auf einer extremen Auslegung des wohlfahrtsstaatlichen Prinzips der Fremdbestimmung durch Staatszwang.[14] Unter Berufung auf eine anmaßende Bedarfsphilosophie wird mit Hilfe von Werbeeinnahmen und von Konzessionen an den Massengeschmack, die an maximalen Einschaltquoten orientiert sind, zugleich das Entwicklungspotenzial für ein privatunternehmerisches Rundfunk- und Fernsehangebot einge-

---

13 Diesen Gedanken wie auch andere Hinweise verdanke ich Hans Willgerodt.
14 Stichwörter: Zwangsgebühren, ein maßlos ausgelegter Grundversorgungsauftrag, ein staatlich garantiertes Finanzierungs- und Expansionsprivileg, flankiert durch eine gemeinschaftliche Imagekampagne mit hoher Suggestivwirkung („Ihr gutes öffentliches Recht").

engt. Der Wettbewerb wird massiv verzerrt. Dies inzwischen auch dadurch, dass das Konzept der Zwangsgebühren offensiv für die Möglichkeit genutzt werden kann, den rasch wachsenden Markt für Internetinformationen zu beherrschen. Unabhängige privatwirtschaftliche Verlags- und Zeitungshäuser sind heute der Konkurrenz einer privilegierten und vom geltenden Recht gedeckten Angebotsmacht ausgesetzt. Es ist zu befürchten, dass hiervon ein negativer Einfluss auf die Informations- und Kommunikationsprozesse im politischen und gesellschaftlichen Bereich ausgeht. Insgesamt spiegelt sich in der Ordnung und in der Praxis des öffentlich-rechtlichen Rundfunks eine hoch aufgetürmte Bastion des paternalistischen, wohlfahrtsstaatlichen Denkens in Deutschland wider.

Schließlich haben es Institutionen[15], die von politischen Weisungen und Wahlen unabhängig sind, im modernen Wohlfahrtsstaat schwer, sich nicht in die Arena der Verteilungskämpfe hineinziehen zu lassen, die im Interesse des allgemeinen Wohls dem Raub durch den Stimmzettel entzogen sein soll (Röpke 1958/1979, S. 213).

Föderalismus: Im Urteil des Bundesverfassungsgerichts zum Länderfinanzausgleich vom 11. November 1999 – wie auch schon in der Entscheidung von 1986 – heißt es: Mit dem Finanzausgleich ist „die richtige Mitte zu finden zwischen der Selbstständigkeit, Eigenverantwortlichkeit und Bewahrung der Individualität der Länder auf der einen und der solidargemeinschaftlichen Mitverantwortung für die Existenz und Eigenständigkeit der Bundesgenossen auf der anderen Seite". Die Praxis des deutschen Finanzausgleichs besteht mit Blick auf die Norm „Einheitlichkeit der Lebensverhältnisse" aus einem eigenen Pumpwerk der Angleichung durch Umverteilung. Zusammen mit einer immer weiter reichenden finanziellen Fremdbestimmung der Länder und Gebietskörperschaften folgt daraus ein Ausmaß an Zentralisierung, das durch den Fehlanreiz, maximale Bundes- bzw. Ländermittel zugewiesen zu bekommen, verstärkt wird.

---

15 Gerichte, die Wissenschaft, die Kirchen, die Presse, die Zentralbank, ein Bildungswesen mit Schulen und Universitäten, das Neigungen zu Einheitssystemen und zu einer vordergründigen Nützlichkeitspädagogik und einem Blick verengenden Spezialistentum widerstrebt.

Dies dürfte die konkurrenzföderalistischen Triebkräfte und Kontrollen schwächen, vor allem dann, wenn es möglich ist, sich ständig auf eine „strukturelle" Benachteiligung zu berufen. Die Hauptantriebskraft des Aufholens kann dann in Umverteilungsansprüchen gesehen werden.

Das individuelle Eigentum: Die marxistische Feindschaft zwischen Privateigentum und Kollektiveigentum lebt im modernen Wohlfahrtsstaat in der Konkurrenz zwischen Sozialansprüchen und individuellen Eigentumsrechten fort. Gegenüber der radikalen Sozialisierung bieten Sozialansprüche einen sanften Weg, um das Privateigentum und die *Privatautonomie auszuhöhlen*[16] – *über die Verstaatlichung des Sozialen durch Zwangsversicherung und Zwangsmitgliedschaft, über eine Verdrängung des dispositiven Rechts durch zwingendes Recht. Demzufolge sind Vertragsfreiheit und Wahlmöglichkeiten im Bereich der privaten Eigentumsbildung und -nutzung, der privaten Vorsorge, des Arbeits-, Gesellschafts- und Mietrechts zentrale Ansatzpunkte für eine umverteilende Regulierung.*

Die eigentumsrechtlichen Eingriffsbefugnisse des Gesetzgebers gehen laut Mitbestimmungsurteil des Bundesverfassungsgerichts umso weiter, je mehr das Vermögensgut in einem „sozialen Bezug und einer sozialen Funktion steht". Diese dehnbare Eigentumsauffassung des BVerfG kommt der Neigung entgegen, die Parlamentsmehrheit für soziale Sonderwünsche und Sozialansprüche zu nutzen, um die Privatrechtsautonomie dem wohlfahrtsstaatlichen Rechtsstaatsverständnis nach Bedarf unterzuordnen.

Mit seiner Eigentumsauffassung versperrt sich das BVerfG den Einblick in die privatautonomen Entstehungsgründe und Entfaltungsbedingungen von Unternehmungen in einem offenen dynamischen Marktsystem. Der staatlichen Beschränkung unternehmerischer Willensbildung und Entscheidung wird Tür und Tor geöffnet (Schüller 1980, S. 110–132). Die mit diesem Urteil bekräftigte haftungsfreie und konzentrationsfördernde Mitbestimmung der Gewerkschaften steht im Widerspruch zu Röpkes höchst aktuellem Konzept der Mitbestimmung ohne Zwang.

---

16 Ein prominenter Anhänger dieser Idee war John M. Keynes: Die für die Politik der Vollbeschäftigung „notwendigen Maßnahmen der Verstaatlichung können (…) allmählich eingeführt werden (…)", Keynes 1936/1966, S. 319.

Die bürgerliche Familie: Die Anhänger des modernen Wohlfahrtsstaates gehen mehr oder weniger davon aus, dass die Kinder gleichsam im Auftrag der Gesellschaft erzogen und die Kosten der Kindererziehung möglichst weitgehend zu vergesellschaften sind.[17] Die Röpke-Perspektive legt dagegen folgende Thesen nahe:

- Mit dem wohlfahrtsstaatlichen Weniger an Marktwirtschaft und privater Einkommensverfügbarkeit hat der Staat Funktionen übernommen, für die die Familie prinzipiell besser geeignet wäre.
- Familienpolitik als Teil der Gestaltung der Gesamtordnung müsste vor allem darin bestehen, dem Einzelnen so viel an Einkommen zu belassen, dass er eine Familie mit Kindern gründen und wirtschaftlich sichern kann. Demzufolge hätte derjenige, der die Familie als wirtschaftliches bzw. soziales Problem behandelt, zuerst zu versuchen, die Fähigkeit und Willigkeit der Bürger zum Sparen aus eigener Kraft zu stärken, vor allem auch der jungen heiratsfähigen Menschen. Bedingt durch eine steigende Steuer- und Abgabenlast stagniert aber in den mittleren Einkommensschichten das frei verfügbare Einkommen, und in den unteren Schichten nimmt es schon seit längerem real ab, ohne – wie es den mittleren und oberen Schichten möglich ist – kompensierend auf Vermögenseinkünfte zurückgreifen zu können. Davon ist zu erwarten, dass in den unteren Schichten die Präferenz für einen soziale Sicherheit und Fürsorge versprechenden Staat zunimmt (Köcher 2009, S. 5) und von hier mehr und mehr auf die mittlere Einkommensschicht übergreift.
- Dann ist es für immer mehr Familienmitglieder naheliegend, anstatt persönliche Hilfe in der Familie zu leisten oder von der Familie zu erbitten, staatliche Hilfe anzumahnen – wie der vom Staat betriebene Ausbau von frühkindlicher Erziehung und Betreuung von Kleinkindern in Tageseinrichtungen.[18] Demzufolge ist nicht der Markt Ausgangspunkt der Entsolidarisierung, vielmehr bedroht dessen Beseitigung die freie Bildung von Familien und lockert die natürliche

---

17 Nachweise finden sich in Schüller 2002a, S. 111–144.
18 Zur problematischen Begründung dieser neuen Staatsaufgabe und zu möglichen Wohlfahrtsverlusten siehe Müller 2007, S. 131–148.

Familienbande (Willgerodt 1956, S. 129, Hoppmann 1990, S. 3–26, Habermann 2007, S. 121–130).
- Mit zunehmenden staatlichen Zahlungen für die Kinder kann die Erziehungskultur zu Hause leiden. Die Eltern können also in ihrer Erziehungsanstrengung und Verantwortlichkeit nachlässig werden, wenn sie davon ausgehen können, dass sie für damit verbundene Folgeschäden nicht aufkommen müssen.

Erziehung und Bildung: Im Widerspruch zu Röpkes Konzept steht der Versuch, Erziehung und Bildung zur reinen Staatsaufgabe zu machen, die Vielfalt menschlicher Motive und gesellschaftlicher Kräfte im Bildungssystem (van Lith 2008) zu diskriminieren und konkurrierende Schulen in privater und kirchlicher Trägerschaft direkt oder indirekt an der Entfaltung zu hindern.

Angeblich bedürfen schulische Erziehung und Ausbildung im Interesse größerer Effizienz der zentralen Lenkung. Röpkes Vermutung, nach der es hierbei um den Versuch geht, über die Einebnung der „geistigen Einkommensunterschiede" (Röpke 1958/1979, S. 85) zu einer Egalisierung der materiellen Lebenslagen zu gelangen, ist nach wie vor berechtigt. Die Begleiterscheinungen charakterisiert er einmal mit den Begriffen Zentrismus, mechanischer Perfektionismus, Uniformierung auf Kosten der Freiheit, zum anderen mit dem Hinweis auf die nachteiligen Folgen, die entstehen, wenn versucht wird, Ungleiche (durch Einheitsschulen) gleich zu behandeln. Neid und Ressentiments werden verschärft,[19] die Ungleichheit wird vergrößert.

---

19 „Wenn nämlich allen dieselben Aufstiegschancen gegeben werden, so wird den Zurückbleibenden die ihr Selbstgefühl schonende Möglichkeit genommen, die Schuld der *sozialen Ungerechtigkeit* oder der *niedrigen Geburt* zuzuschieben, mit der man sich abfindet. Jetzt erst wird die geistige oder charakterliche Schwäche der überwältigenden Mehrzahl der Durchschnittlichen und Unterdurchschnittlichen mit brutaler Nacktheit als Ursache des verlorenen Rennens enthüllt, und man müsste die menschliche Seele schlecht kennen, wenn man glauben wollte, dass diese Enthüllung nicht als ein schweres Gift auf sie wirken muss." Röpke 1958/1979, S. 350). Siehe neuerdings auch Heller 2010, S. 8) und Göbel 2010, S. 1.

Seit Längerem wird in Deutschland Jahr für Jahr eine vermeintlich mangelnde Ausbildungsbereitschaft der Unternehmen beklagt und damit gedroht, auch die Berufsausbildung zu einer Angelegenheit des Staates zu machen. Dabei wird nicht in Betracht gezogen, dass ein unangemessener wohlfahrtsstaatlicher Maßstab für die Ausbildungsvergütung und eine unzureichende Vorbildung, die die Ausbildungskosten erhöht, entscheidenden Einfluss auf die Bereitschaft der Unternehmer haben, Lehrlinge auszubilden. Zu wenig Lehrstellen für gering qualifizierte junge Menschen mit mangelhaften Grundfertigkeiten in den Bereichen Lesen, Schreiben und Rechnen haben nichts mit unsozialer Eigennützigkeit der Unternehmer zu tun, sondern sind zu einem erheblichen Teil darauf zurückzuführen, dass der Staat mit seinem unersättlichen monopolistischen Trägeranspruch in Fragen der schulischen Erziehung und Ausbildung versagt. Währenddessen sehen es weitsichtige Unternehmer angesichts eines zunehmenden Mangels an qualifizierten und ausbildungsreifen Jugendlichen als Aufgabe an, sich in ihrer Region frühzeitig für eine Verbesserung des Übergangs von der Schule in den Beruf zu engagieren – mit Aussicht auf einen Wettbewerbsvorteil bei der Rekrutierung von Nachwuchspersonal.

Unternehmen und Marktsystem: „Wirtschaftlich erfolgreich, sozial vergiftet", lautet das Urteil der Vertreter des demokratischen Sozialismus über Unternehmen, Märkte und Wettbewerb. „Freiheit von Not" für alle erfordere deshalb eine permanente Entgiftung der Marktwirtschaft, indem die grundlegenden Prinzipien und Institutionen des Marktsystems mit Sozialansprüchen verknüpft werden. Diese sind – möglichst weitgehend abgesondert von den Regeln der Wettbewerbsordnung – zu einem erheblichen Teil von den Unternehmen einzulösen. Damit können erhebliche Beschäftigungs- und Wohlstandseinbußen verbunden sein. Diese wären zu vermeiden, wenn die differenzierende Wirkung des unternehmerischen Handelns im Wettbewerb nicht völlig einseitig und unzutreffend als Quelle der Ungleichheit begriffen, wenn vielmehr erkannt würde, dass mit Imitation und Nachvollzug[20] starke Tendenzen

---

20 Diese beschränken sich in den seltensten Fällen auf reine Imitation, sondern sind über Verbesserungen vielfach wiederum häufig Ausgangspunkt von Differenzierungs- und Angleichungsprozessen.

der Angleichung verbunden sind und mit den Mitteln offener Handels- und Währungsgrenzen sowie der Wettbewerbspolitik eine umfassende egalisierende Einflussnahme auf den gesellschaftlichen Verteilungsprozess möglich ist.

4.3. Verhaltensänderungen: Krise der moralischen Selbstbindungen

Menschen sind häufig Mitläufer und empfänglich für eine weitläufige psychologische Kettenreaktion eines Wohlfahrtsstaates, dem es an eingebauten Bremsen mangelt (siehe Röpke 1959, S. 5 und Hamm 1981/1988, S. 314 ff.). Hierdurch wird eine Lockerung der moralischen Selbstbindungen in der Gesellschaft begünstigt – besonders gegenüber dem Staat, was sich nicht auf diesen begrenzen lässt. Röpke sieht darin „chronisch schleichende und daher besonders heimtückische Krankheitsprozesse" (Röpke 1958/1979, S. 226):

Politische Instrumentalisierung der Bedürftigen: Die Menschen gewöhnen sich daran, immer dann, wenn Sorgen, Schwierigkeiten oder Wünsche auftreten, vom Staat Unterstützung zu bekommen. Die (noch) nicht als bedürftig Anerkannten fühlen sich belastet und drängen in den Kreis der Begünstigten oder werden gedrängt: Es gehört zur psychologischen Kettenreaktion des Wohlfahrtsstaates, diesen auf ein so hohes Niveau zu bringen, dass auch die Mittelschichten in einen Zustand versetzt werden, in dem sie bedürftiger werden und dann glauben müssen, vom Sozialsystem profitieren zu können, was eher unwahrscheinlich ist.[21]

Mit der politischen *Instrumentalisierung* auch der *Nichtbedürftigen* werden immer weitere Schichten, die unbestreitbar für sich selber sorgen könnten, unter die Vormundschaft des Staates gestellt. Zur Kettenreaktion gehört das Prinzip der *Selbstverstärkung* und *Selbstbeschleunigung*, wenn etwa mit Steuermitteln darüber informiert wird, wie bestehende

---

21 Die Mittelschichten würden nämlich, so die Argumentation der Vertreter des demokratischen Sozialismus, bei einer sozial vertretbaren Ausrichtung auf die wirklich Bedürftigen im Interesse einer geringeren Steuerbelastung „rationalerweise den Abbau anstreben. Der Wohlfahrtsstaat würde wichtige, mit einer einflussreichen politischen Stimme ausgestattete Verbündete verlieren", Grundwertekommission beim Parteivorstand der SPD, 1999.

Sozialansprüche maximal ausgeschöpft werden können; oder wenn sich die Betreuungsinstanzen, häufig auch Richter, unter Berufung auf den „wahren" (Individual-)Bedarf, in den Dienst der Nachfragerweiterung stellen, wie die Debatte über die Reform von Hartz IV, der Wettlauf der Parteien um die Familienförderung oder auch Bestrebungen zeigen, aus der krisenbedingten Förderung von Kurzarbeit eine normale Daueraufgabe des Staates zu machen (ohne zu bedenken, dass hierdurch vorsorgliche Anpassungen an den Strukturwandel verschleppt werden können).

Die Ursache liegt in der Logik des Denkens in Sozialansprüchen im politischen Prozess, in dem Politiker dem Anreiz und Wunsch nach Anhebung der sogenannten „Armutsgrenze" nachgeben und gegen das Lohnabstandsgebot als unverzichtbares Prinzip der Sozialhilfe verstoßen.[22] Hierdurch geraten dann die Tarifparteien unter Druck, das Mindestlohnniveau anzuheben. Wird dem nachgegeben, folgt daraus eine höhere Arbeitslosigkeit. Diese treibt wiederum die Sozialansprüche gegenüber den einschlägigen Einrichtungen (etwa der Bundesanstalt für Arbeit, der Städte und Gemeinden) hoch.

Je mehr der Staat fördert, desto größer wird die Wahrscheinlichkeit, dass bei Orientierung an einem relativen Armutsbegriff zwischen dem Ausmaß des Umverteilungssektors und der Ausbreitung von Armut ein direkter Zusammenhang entsteht. Denn mit der Höhe der Durchschnittseinkommen und den daran gebundenen Transferzahlungen wächst die Zahl der „Bedürftigen", damit statistisch auch die Zahl der Armen. In diese „Armutsfalle" ist Deutschland mit der Gewöhnung an ein ansteigendes Grundsicherungsniveau immer tiefer hineingeraten. Wird daraus ein Bedarf für mehr staatliche Hilfe gefolgert, gibt es kein Halten mehr für die Ansprüche an eine Kasse, die nach Röpke nur durch die „Selbstanspannung aller" angemessen gefüllt werden kann – je weniger das heute geschieht, desto mehr muss es morgen sein.

---

22 Danach sollte der Abstand zwischen Sozialhilfe und Erwerbslohn hinreichend hoch sein, damit ein starker Anreiz erhalten bleibt, den Lebensunterhalt aus eigener Kraft auf dem Arbeitsmarkt zu verdienen, sich also nicht passiv versorgen zu lassen.

Aufkommen eines falschen Individualismus: Dieser äußert sich in einer rücksichtslosen Emanzipatorik. Sie entsteht als Ergebnis eines Fehlanreizes, wenn die Kosten der Unabhängigkeit von ehelichen, familiären und anderen Gemeinschaftsbindungen „der" Gesellschaft angelastet werden können. Der Entschluss, allein (auch mit Kindern) auszukommen, wird erleichtert. Es ist fraglich, ob die Entscheidung für das „Alleinerziehen" häufig wirklich kein unabwendbares Schicksal ist. Der These, die Lockerung des Familienzusammenhalts habe das Hilfsbedürfnis durch organisierte Staatshilfe gesteigert, begegnet Röpke mit der Frage, ob denn nicht die allgemeine Einkommenssteigerung die Hilfsbedürftigkeit weit mehr abgeschwächt habe, als sie durch die Lockerung der Familienbindung vermehrt worden sei (Röpke 1958/1979, S. 231).

An dieser Stelle ist daran zu erinnern, dass Röpke das Umlageverfahren der kollektiven Rentenversicherung von 1957 als „Keulenschlag" gegen die Selbstvorsorge durch Sparen und private Vermögensbildung bezeichnet hat (Röpke 1956b, ders. 1956a, Willgerodt 1957, S. 175–198), zumal auf die im ursprünglichen Konzept vorgesehene Finanzierung der Kindererziehung nach dem Versicherungsprinzip verzichtet worden ist. Die Annahme einer stets reich genug mit Kindern ausgestatteten Gesellschaft hat sich als verfehlt erwiesen. Inzwischen steht die vielfach durch die Politik deformierte gesetzliche Rentenversicherung selbst im Verdacht, zur Abnahme der Geburtenrate in Deutschland beigetragen zu haben, nachdem allzu lange mit Parolen wie „Die Rente ist sicher" der Eindruck entstanden war, man werde auch ohne eigene Kinder und verlässliche familiäre Bindungen im Alter abgesichert sein. Jedenfalls enthält das zur Vollsicherung ausgebaute Umlageverfahren „keine Antriebe, Kinder aufzuziehen und zu produktiven Arbeitskräften heranzubilden, die später Sozialbeiträge leisten können" (Willgerodt 2005, S. 188).

Und mit der Finanzierungskrise der Altersicherung wächst zum einen die Neigung, der demografischen Entwicklung mit einer ökonomisch verfehlten Politik der Einwanderung in die Sozialsysteme zu begegnen (Caldwell 2009)[23], zum anderen in Kindern – statt einen Selbstwert –

---

23 Das Bleiberecht für abgelehnte Asylbewerber und Flüchtlinge aus Bürgerkriegsregionen erweist sich als Arbeitsbeschaffungsprogramm für die betreuenden Instanzen, für Berater und Rechtsanwälte sowie Verwaltungsgerichte.

einen gesellschaftlichen Dienst zur Reproduktion der Arbeitskraft und zur Fähigkeit zu sehen, Beiträge in das Alterssicherungssystem zu zahlen und entsprechende „Dienstleister" oder „gesellschaftliche Familienarbeiter" gleichsam zu entschädigen. Dieser Gedanke, der mit der gesetzlichen Rentenversicherung vorgedrungen ist, scheint sich inzwischen immer mehr zu verselbstständigen und zu einem handlungsbestimmenden Konzept der Familienpolitik zu entwickeln (Schüller 2002a, S. 111 ff.). Ob mit immer großzügigeren staatlichen Mitteln die Kinderzahl zunimmt, ist fraglich.

Sachlogische Beharrungskraft der Sozialbürokratie: Der Sozialbürokratie wachsen in dem Maße mehr Aufgaben für Anmeldungen, Bedarfsfeststellungen, Genehmigungen, Verbote, Freigaben, Zuteilungen, Überwachungen, Förderungen und Begünstigungen zu, der Gesetzgeber und die Gerichte den besonderen Schutz der Ehe durch Artikel 6 Grundgesetz ideell und materiell dadurch relativieren, dass Partnerschaftsformen, die nicht auf Elternschaft hin angelegt sind, großzügig geschützt werden und damit der Trend unterstützt wird, Ehe und Familie zu entkoppeln. Der Ruf, immer mehr Entscheidungen zur Minister- oder Kanzlerfrage zu machen, ist eine Konsequenz vorherrschender hierarchisch-bürokratischer Ersatzverfahren der Koordination, die regelmäßig weniger effizient sind, zur Ressourcenverschwendung und Zielverfehlung neigen und mit jeder neuen Reform letztlich die Sozialbürokratie stärken – allein auf Grund ihres langjährig akkumulierten Vorsprungswissens.

4.4. Der Pathomechanismus – zusammengefasst

Die psychologische Kettenreaktion des modernen Wohlfahrtsstaates beginnt mit der Ausdehnung der *Fremdvorsorge durch Staatszwang.* Triebkraft der Expansion ist die Möglichkeit eines wählerwirksamen *Raubs durch den Stimmzettel* im Rahmen einer unbegrenzten Parlamentsherrschaft und eines wettbewerbsfeindlichen Konsensföderalismus. Damit sind eingeschränkte privatwirtschaftliche Handlungsbereiche verbunden. Mit der Verstaatlichung des Sozialen geraten die Grundsätze und Institutionen der Marktwirtschaft in den Sog der Politik. Die Frage „Wer beherrscht den Staat"? erhält für die organisierten Gruppen überragende Bedeutung. Die syndikalistisch-korporatistische Art der Aneignung und Ausübung von politischem Einfluss macht es für

Interessenverbände lohnend, die Offenheit des politischen Prozesses durch Vereinbarungen untereinander und durch Zweckbündnisse mit der Regierung einzuschränken. Aus der Politisierung folgt die *Syndikalisierung* der Wirtschaft. Der Prozess der Depersonalisierung nimmt seinen Lauf.

In dem Maße, wie der Staat von den organisierten Gruppen beherrscht und von diesen für Umverteilungszwecke genutzt werden kann, entstehen gesellschaftliche Inflexibilitäten. Die staatlichen Finanzierungsprobleme in einer Welt des ständigen Wandels und notwendiger Anpassungen nehmen zu. Im Interesse der Wiederwahl weichen die Politiker zunächst bevorzugt auf die Neuverschuldung aus. Aus der Verstaatlichung des Sozialen, der Politisierung und Syndikalisierung der Wirtschaft folgt schließlich die allgemeine *Sozialisierung der individuellen Einkommensverwendung* in Gegenwart und Zukunft. Denn die wohlfahrtsstaatlichen Leistungen können immer weniger von den höheren Einkommen allein getragen werden. Sie müssen denselben Wählermassen aufgebürdet werden, für die die Wohltaten gedacht sind. Der Prozess der Entpersonalisierung beschleunigt sich. Mit fortschreitender Sozialisierung der individuellen Einkommen und zunehmenden Transfereinkommen gegenüber den Erwerbseinkommen lockern sich die moralischen Selbstbindungen – vor allem gegenüber dem Staat. (…)

5. Die Frage der Umkehr

„Wir können erst mit großen Reformen beginnen, wenn die Krise überwunden ist". So äußerten sich vor 1989 immer wieder Wissenschaftler und Politiker aus den Ostblockländern. Es hat sich schließlich bestätigt, dass Krisen im diktatorischen Wohlfahrtsstaat wegen der Fülle nicht kompensierbarer Nachteile nur mit einer Transformation, also mit der Beseitigung dieser Ordnung zu lösen sind. Die Krise des modernen Wohlfahrtsstaats beruht ebenfalls auf einer großen Ansammlung von Kollektivschädigungen. Diese können jedoch durch Reformen, also eine Politik der Repersonalisierung der Vorsorge überwunden werden.

Diese Aufgabe ist durch die jüngste Banken- und Finanzkrise schwieriger geworden. Die von der Politik bevorzugte Konzentration der Krisenbekämpfung auf zusätzliche Maßnahmen des makro- und mikroökonomischen Interventionismus steht längst überfälligen Reforminitiativen im Wege, die eine freie Gesellschaft auszeichnen. Dies ändert nichts daran: Das Problem des Wohlfahrtsstaates stellt sich letztlich als unausweichlich. Immer offener tritt zutage, dass die Methode der Fremdvorsorge durch Staatszwang Nachteile für die Gesellschaft hat, die in der geschilderten Häufung und Beharrlichkeit nicht mehr kompensierbar sind. Röpkes „Wirtschaftshumanismus" bietet Orientierungen für ordnungspolitische Reformen, die nachhaltig aus der Krise führen und die menschliche Vorsorge frei von Illusionen und Täuschungen auf eine dauerhaft trag- und anpassungsfähige wirtschaftliche Grundlage stellen kann. (…)

Röpke nannte sich selbst einen „aktiven Pessimisten". Er war deshalb aber nicht mut- oder hoffnungslos, sondern empfahl, die Nationalökonomie nicht als bloße Denkübung anzusehen, sich nicht in den elfenbeinernen Turm eines wissenschaftlichen Neutralismus zurückzuziehen (Röpke 1958/1979, S. 215) und zu glauben, auf das „Laienpublikum" verzichten zu können.

Röpke hat das Aufkommen des modernen Wohlfahrtsstaates in Deutschland in den Jahren vor 1966, seinem Todesjahr, noch miterlebt, frühzeitig vor den Folgen gewarnt – letztlich mit wenig Erfolg.[24] Man

---

24 Zum Aufkommen und zur Ausbreitung des modernen Wohlfahrtsstaates können in Deutschland unter anderem folgende Maßnahmen gezählt werden: das Umlageverfahren der kollektiven Rentenversicherung von 1957 (nach Röpke ein „Keulenschlag" gegen Selbstvorsorge durch Sparen und private Vermögensbildung), das deutsche Landwirtschaftsgesetz von 1955 und die darauf zurückgehende europäische Agrarmarktordnung von 1958, der massive Missbrauch der Tarifautonomie für Umverteilungszwecke seit Anfang der 1960er-Jahre, das Stabilitäts- und Wachstumsgesetz von 1967, das Arbeitsförderungsgesetz von 1969, das Mitbestimmungsgesetz von 1976, die ständige Erhöhung der Versicherungspflichtgrenze, durch die der Kreis der Zwangsmitglieder in den gesetzlichen Sozialversicherungen erweitert worden ist; das Finanzausgleichsgesetz von 2001; neue Formen des Protektionismus wie der Einstieg in die gesetzliche Mindestlohnpolitik, der Protektionismus der europäischen Industriepolitik und der ethische Protektionismus der Umweltschutzpolitik, die Neigung, die Destabilisierung des Finanzsystems und die Laisser-faire-Auswüchse der Bankenordnung

muss, so Röpke, gleichwohl vor allem im Kampf gegen die Anfälligkeit der Intellektuellen für den Kollektivismus und für deren „verderbliche Irrtümer" auch gegen alle Hoffnung standhalten und trotz ausbleibendem Erfolg beharrlich für den Kurs der Vorsorge mit Blick auf den Kompass des Ökonomischen Humanismus werben (Röpke 1963), sich – vielfach im Widerspruch zum Zeitgeist – um die Einsichtsfähigkeit der Bürger bemühen und ihre Urteilskraft stärken, damit aus ihnen aktive Verbündete werden.

Gerhard Schwarz hat sich diese schwierige Aufgabe in seinem langjährigen wirtschaftspublizistischen Wirken für die NZZ mit Bravour zu eigen gemacht. Seine Handschrift zeugt unverwechselbar von souveräner Fachkompetenz, einem anschaulichen Sprachstil und überzeugendem Urteilsvermögen.

Literatur

Bundesverfassungsgericht, 53. Band, 1980, S. 257 und 293.
Caldwell, Christopher, Einwanderung in die Sozialsysteme, FAZ, Nr. 284 vom 07.12.2009, S. 12.
Erhard, Ludwig: Gedanken aus fünf Jahrzehnten. Reden und Schriften, Hohmann, Karl (Hg.), Düsseldorf / Wien / New York 1988.
Eucken, Walter, Grundsätze der Wirtschaftspolitik, Tübingen ^{6}1990.
Giddens, Anthony, Der Dritte Weg. Die Erneuerung der sozialen Demokratie, Frankfurt a. M. 1999.
Göbel, Heike, Gerecht ist nicht gleich, in: Frankfurter Allgemeine Zeitung, Nr. 27, 02.02.2010, S. 1.
Grundwertekommission beim Parteivorstand der SPD, in: Dritte Wege – Neue Mitte. Vorstellungen für sozialdemokratische Markierungen für Reformpolitik im Zeitalter der Globalisierung, Berlin 1999.
Habermann, Gerd, Der Wohlfahrtsstaat. Die Geschichte eines Irrwegs, Frankfurt a. M. / Berlin 1997.

überwiegend als Marktversagen zu bezeichnen und die Konsequenzen mit wohlfahrtsstaatlichen Mitteln zu bekämpfen.

Habermann, Gerd, Drei Typen von Familienpolitik, in: ORDO, Bd. 58, 2007, S. 121–130.

Hamm, Walter, An den Grenzen des Wohlfahrtsstaates, in: Grundtexte der Sozialen Marktwirtschaft. Band 2: Das Soziale in der Sozialen Marktwirtschaft, Stuttgart / New York 1981/1988, S. 303–326.

Heller, Kurt A., Ideologische Irrtümer und Fakten um die Grundschule, in: Frankfurter Allgemeine Zeitung, Nr. 17, 21.01.2010, S. 8.

Hoppmann, Erich, Moral und Marktsystem", in: ORDO, Bd. 41, 1990, S. 3–26.

Keynes, John M., Allgemeine Theorie der Beschäftigung, des Zinses und des Geldes, Berlin (1936/^{3}1966).

Köcher, Renate, Der Statusfatalismus der Unterschicht, in: Frankfurter Allgemeine Zeitung, Nr. 292, 16.12.2009, S. 5.

Köster, Thomas, Mittelstandspolitik und Soziale Marktwirtschaft – eine kritische Betrachtung der Mittelstandspolitik der vergangenen Jahrzehnte, Vortragsmanuskript, Nordrhein-Westfälischer Handwerkstag, Düsseldorf 2009.

Müller, Christian, Frühkindliche Bildung und Betreuung in Tageseinrichtungen als Staatsaufgabe, in: ORDO, Bd. 58, 2007, S. 131–148.

Röpke, Wilhelm, Socialism, Planning, and the Business Cycle, in: The Journal of Political Economy, Juni 1936.

Röpke, Wilhelm, Totalitarian *Prosperity*: Where does it end?, in: Harper's Magazine, Juli 1939.

Röpke, Wilhelm, Civitas humana. Grundfragen der Gesellschafts- und Wirtschaftsreform, 4. Aufl., Erlenbach-Zürich / Stuttgart 1944/^{4}1979.

Röpke, Wilhelm, Maß und Mitte, 2. Aufl., Erlenbach-Zürich / Stuttgart 1950/^{2}1979.

Röpke, Wilhelm, Ist die deutsche Wirtschaftspolitik richtig? In: Grundtexte zur Sozialen Marktwirtschaft. Zeugnisse aus zweihundert Jahren ordnungspolitischer Diskussion, Stuttgart / New York 1950/1981, S. 49–62.

Röpke, Wilhelm, Kernfragen der Wirtschaftsordnung, in: ORDO, Bd. 48, 1953/1997, S. 27–64, (mit einem Vorwort von Hans Willgerodt. Von der Sozialen Marktwirtschaft zum demokratischen Sozialismus).

Röpke, Wilhelm, Ethik und Wirtschaftsleben, in: Grundtexte zur Sozialen Marktwirtschaft, Zeugnisse aus zweihundert Jahren ordnungspolitischer Diskussion, Stuttgart / New York 1955/1981, S. 439–450.

Röpke, Wilhelm, Das Problem der Lebensvorsorge in der freien Gesellschaft. Individual- und Sozialversicherung als Mittel der Vorsorge, Bielefeld 1956a.

Röpke, Wilhelm, Probleme der kollektiven Altersversicherung", in: Frankfurter Allgemeine Zeitung, 25.02.1956b.

Röpke, Wilhelm, Gemeinsamer Markt und Freihandelszone, in: Hoch, Walter (Hg.), Wort und Wirkung: 16 Reden aus den Jahren 1947 bis 1964, mit einem Lebensbild von Albert Hunold, Ludwigsburg 1957/1964, S. 119.

Röpke, Wilhelm, Die Lehre von der Wirtschaft, Erlenbach-Zürich / Stuttgart ^{8}1958a.

Röpke, Wilhelm, Ein Jahrzehnt sozialer Marktwirtschaft in Deutschland und seine Lehren, in: Schriftenreihe der Aktionsgemeinschaft Soziale Marktwirtschaft, Heft 1, Köln 1958b.

Röpke, Wilhelm, Jenseits von Angebot und Nachfrage, Bern / Stuttgart 1958/^{5}1979.

Röpke, Wilhelm, Die politische Ökonomie. Was heißt *politisch unmöglich?*, in: Frankfurter Allgemeine Zeitung, 12.12.1959, S. 5.

Röpke, Wilhelm, Die Kraft zu leben. Bekenntnisse unserer Zeit, Gütersloh 1963.

Rüthers, Bernd und Siebert, Horst, Die kollektive Zwangsjacke abstreifen, in: Frankfurter Allgemeine Zeitung, Nr. 47, 24.02.2001, S. 15.

Schüller, Alfred, Sozialansprüche, individuelle Eigentumsbildung und Marktsystem, in: ORDO, Bd. 53, Stuttgart 2002a, S. 111–144.

Schüller, Alfred, Krisenprävention als ordnungspolitische Aufgabe, in: ORDO, Bd. 60, 2009, S. 355–388.

Schwarz, Gerhard, Über die Notwendigkeit von Nothilfe. Eine Handvoll ordnungspolitischer Betrachtungen angesichts der neuen Staatsgläubigkeit, ORDO, Bd. 60, 2009, S. 169–183.

Van Lith, Ulrich, Bildung als gesellschaftliche, nicht staatliche Aufgabe. Joseph Kardinal Höffner zum Bildungswesen, 2008 (unveröffentlichtes Manuskript).

Von Mises, Ludwig, Erinnerungen. Vorwort von Margit von Mises, mit einer Einleitung von Friedrich A. von Hayek, Stuttgart / New York 1978.

Willgerodt, Hans, Der Familienlastenausgleich im Rahmen der Sozialreform, in: ORDO, Bd. VIII, 1956, S. 129.

Willgerodt, Hans, Das Sparen auf der Anklagebank der Sozialreformer, in: ORDO, Bd. IX, 1957, S. 175–198.
Willgerodt, Hans, Sozialpolitik und die Inflation ungedeckter Rechte, in: Leipold, Helmut und Wentzel, Dirk (Hg.), Ordnungsökonomik als aktuelle Herausforderung, Stuttgart 2005, S. 173–194.

FRANZ JAEGER

Marktversagen – gibt's das überhaupt?

Zusammenfassung

Fast 250 Jahre sind es her, seit Adam Smith das Marktgeschehen als wundersames Walten einer unsichtbaren Hand, 50 Jahre seit Friedrich August von Hayek den Markt als Hort der Freiheit und 60 Jahre seit Joseph Schumpeter den freien Unternehmer als Pionier des Marktes beschrieb.[1] Heute, nach der Weltfinanzkrise der Jahre 2007 bis 2010, hören wir es wieder anders. Rund um den Globus wird heute von Politikern, Medienleuten und Intellektuellen der keynesianische Machbarkeitsglaube revitalisiert. In kurzatmiger Vereinfachung wird die Krise auf das Versagen giergetriebener Märkte zurückgeführt und weltweit nach disziplinierenden Marktfesselungen gerufen. Nachfolgend möchten wir dieser Welle fundamentaler Marktkritik, die sogar von einzelnen Nobelpreisträgern der ökonomischen Zukunft mitgetragen wird, mit einigen hintergründigen Reflexionen entgegentreten. Dabei gelangen wir zum Ergebnis: Bei ideologiefreier Betrachtung ist es selten ein Versagen des Marktes, sondern im Grund fast immer ein Versagen von Moral, Politik oder Staat, das in die Krise führt.

1. Der Markt als friedensstiftender Hort der Freiheit

Offensichtlich hat die Finanzkrise 2007–2008, vor allem aber auch ihre politische Bewältigung, verheerende Flurschäden hinterlassen. Dennoch sei hier für einmal nicht die Rede vom wiedererwachten Machbarkeitswahn, der suggeriert, dass nur staatliche Allmacht in der Lage sei, ökonomische Ungleichgewichte – auf der Makro- wie auf der Mikroebene – zu überwinden. Auch nicht die Rede sei hier von der geradezu beängstigenden Reaktivierung einer keynesianisch geprägten Wirtschaftspolitik, die

---

1 Vgl. u. a. Adam Smith, Der Wohlstand der Nationen, München, 2001; Friedrich A. von Hayek, Die Verfassung der Freiheit, Tübingen, 1991; Joseph A. Schumpeter, Theorie der wirtschaftlichen Entwicklung. Eine Untersuchung über Unternehmergewinne, Kapital, Kredit, Zins und den Konjunkturzyklus, Berlin, 1997.

private Nachfragelücken durch staatliche Stimulierungsprogramme auszufüllen versucht. Sie hat uns – nachfrageökonomisch meist unwirksam oder gar kontraproduktiv – mittlerweile gigantische öffentliche Schuldenberge und Liquiditätsschwemmen rund um den Globus beschert. Ebenfalls nicht die Rede sei hier von all den staatlichen Rettungsaktionen sowie von Notenbanken, wie etwa der Europäischen Zentralbank (EZB), die eingeknickt und ins verhängnisvolle Schlepptau der Politik geraten, einen weltumspannenden Moral Hazard für insolvenzbedrohte Staaten und Großbanken entstehen ließen. Und nur am Rande schließlich widmen wir uns nachfolgend dem Wohlstand vernichtenden Protektionismus, mit dem weltumspannend versucht wird, nationale Güter-, Kapital- und Arbeitsmärkte abzuschotten.

Was uns nachstehend umtreibt, ist vielmehr die mentale Abkehr nicht nur eines Teils der sozialwissenschaftlichen Elite, der wirtschaftspolitischen Entscheidungsträger sowie der veröffentlichten Meinung, sondern auch großer Teile unserer Bürgergesellschaft von der Idee des Marktes als Wohlstand mehrender Hort der Freiheit und konkurrenzlos effizienter Mecano einer individuellen Zuteilung knapper Güter. Besorgnis erregt dabei, wie leichtfertig – oft in populistischer Manier – das Konzept Markt und Wettbewerb als amoralisch, als untauglich im Krisenfall, als sozial diskriminierend und gesellschaftsfeindlich diskreditiert wird. Die globale Finanzkrise lässt sich nach diesem Verständnis in simpler Weise auf schieres Marktversagen zurückführen. Übersehen dabei wird allerdings, dass – wie die Freiheit – auch Märkte, sei es zu machtpolitischen Zwecken oder zur eigenen Bereicherung, sei es, um einzelne Marktakteure oder Dritte zu schützen, von Menschen missbraucht werden können.

Immerhin hat sich bis heute zum Marktmecano noch keine valable Alternative aufgedrängt. Denn kein Zuteilungsmechanismus ist so wie er in der Lage, via unzähligen – individuell Eigennutz optimierenden Entscheidungen – Nachfrage- und Angebotswünsche dezentral abzustimmen und so die allgemeine Wohlfahrt zu optimieren. Dies allerdings nur unter der Voraussetzung, dass auf einem Markt folgende Prämissen eines wirksamen Wettbewerbs erfüllt sind:

- Rivalität zwischen souveränen Marktteilnehmern (Innenwettbewerb)
- Offene, anfechtbare Märkte (Außenwettbewerb)
- Freie Preis-, Mengen- und Qualitätsbildung

Zunächst: Ein Markt mit wirksamem Wettbewerb kann erst dann oder dort stattfinden, wo Eigentums- und Nutzungsrechte geregelt sind. Umgekehrt funktioniert ein Markt nur, sofern er durchdrungen ist vom Respekt vor individuellem Eigentum. Die Funktionsfähigkeit eines Marktes misst sich des Weiteren daran, inwieweit er Angebots- und Nachfrageüberschüsse quantitativ und qualitativ auszutarieren in der Lage ist (man spricht von Koordinationseffizienz). Kann er das, so lenkt er (via Preise) das Güterangebot wie kein anderer Zuteilungsmecano dorthin, wo die Nachfrage am stärksten ist bzw. wo deren Befriedigung den höchsten Nutzen stiftet. Damit leitet er auch die Produktionsfaktoren (Kapital, Arbeit, Wissen) in jene Wertschöpfungsbereiche, wo sie am dringendsten benötigt werden und damit das größte Rendement erzielen (man spricht von Allokationseffizienz). Werden jedoch die Marktakteure (durch kollektive Selbst- oder Fremdregulierung) ihrer Souveränität der Preis-, Mengen- und Qualitätsbildung und damit die Märkte mindestens eines Freiheitsgrades beraubt, so generieren sie – wenn überhaupt – bestenfalls suboptimale, das heißt koordinativ und allokativ ineffiziente Ergebnisse.

Ein funktionsfähiger Markt mit wirksamem Wettbewerb wird des Weiteren auf Dauer keine unanfechtbaren Marktballungen und Überrenditen zulassen – mindestens solange er nicht durch Kartelle und andere protektionistische Selbst- oder Staatsregulierungen gegen Marktzutritte abgeschottet wird. Machterosion und Renditenormalisierung kennzeichnen funktionsfähige Märkte ebenso wie dynamische Effizienz als Folge von Strukturwandel sowie wettbewerbsgetriebener Produkt- und Prozessinnovation. Und schließlich ist es auch der Markt mit wirksamem Wettbewerb, der die Akteure (Individuen, Unternehmen, öffentliche Gemeinwesen) antreibt, ihre Talente und Kernkompetenzen zu entdecken bzw. zu entfalten und in der Folge durch Arbeitsteilung, Spezialisierung und freien Handel ihre komparativen Vorteile zum ökonomischen Vorteil für alle zu nutzen.

Wenn jedoch die Markt- und Wettbewerbsfunktionen durch autonome oder heteronome Eingriffe (wie kollusive Absprachen, mengen- und qualitätsrationierende Regulierungen, staatliche Höchst- oder Mindestpreisvorschriften usw.) unterminiert oder gar ausgehebelt werden, so erweist es sich geradezu als zynisch, dem betreffenden Markt hinterher Funktionsmängel anzulasten und ihm vorzuwerfen, er habe versagt. Exakt nach diesem Muster funktionieren Politik und Medienwelt in Sachen Managerlöhne und Eigenhandel bei Großbanken. Beide „Märkte" sind nämlich allzu oft beherrscht von orchestrierten Transparenzmängeln sowie von Kartell- und von risikoausblendenden Anreiz- und Governance-Strukturen. Von wirksamem Wettbewerb also fast keine Spur.

Geradezu skurril mutet auch der Vorwurf an, der Markt funktioniere jenseits von Moral und Ethik, er fördere die pekuniäre Gier, extrinsisches Verhalten und die egoistische Rücksichtslosigkeit der Akteure untereinander sowie gegenüber Gesellschaft, natürlicher Umwelt und Benachteiligten. Dass es sich hier um menschliche Verhaltensmuster handelt, die nichts mit ethischem Versagen von Markt und Wettbewerb zu tun haben, sondern überall – u. a. auch in nicht-marktwirtschaftlichen Wirtschafts- und Gesellschaftssystemen – vorkommen, wird dabei bewusst oder unbewusst ausgeblendet. Und wenn dem Markt angelastet wird, er schließe über den Preis Menschen aus, so ist daran zu erinnern, dass dies geradezu genuin zu seinen Grundfunktionen gehört: Ein Nachfrager, dessen Zahlungs- oder Angebotsbereitschaft sich unter dem Marktniveau bewegt, der also die Marktkonditionen nicht akzeptiert, wird nach einem alternativen Markt Ausschau halten und sich dort (möglicherweise auf tieferem Marktniveau) schadlos halten müssen. Wird er dabei fündig, so ist ein Marktausschluss unter ethischen Gesichtspunkten überhaupt nicht problematisch.

Im Übrigen erweist sich der Markt in vielen Belangen geradezu als moralische Veranstaltung, ersetzt er doch im Falle der Güterverteilung brachiale Gewalt in zivilisierender Weise durch Wettbewerb. Und die Wahlfreiheit eines Akteurs, z. B. des Konsumenten, diszipliniert wiederum die Marktgegenseite, d. h. die Anbieter. Der Markt verbindet Menschen als Tauschpartner in einem komplexen Netzwerk gegenseitiger Abstimmung. Er erweist sich somit nach der direkten Demokratie, als nächst größter Gemeinschaftsstifter. Zudem fördert er in nachhaltiger Weise Werte wie Ehrlichkeit, Zuverlässigkeit, Ausdauer und Disziplin, indem er in der langen Frist jene bestraft, die solchen Werten systematisch zuwiderhandeln. Dass – nebenher gesagt – das Menschenrecht auf freien Handel auf internationaler Ebene ausgesprochen friedensstiftend wirkt, lässt sich anhand empirischer Studien belegen.[2] Zusammenfas-

---

2 Allgemein dazu Bessard, Pierre, in: Liberales Institut, Jahrbuch 2009/10, S. 28, Zürich.

send darf wohl vermutet werden: Eine Gesellschaft mit marktwirtschaftlicher Grundordnung bewegt sich in ethisch-moralischer Hinsicht auf höherem Niveau, als sie es ohne eine solche tun würde. Und obwohl von Hayek betont, dass Freiheit, so auch Marktfreiheit, ohne tief verwurzelte Moral und Ethik nicht Bestand haben kann, so stellt er sich umgekehrt trotz solcher Einsicht gegen jeden staatlichen Zwang zu moralischer Haltung. Jedenfalls wird ein anfechtbarer Markt durch wirksamen Wettbewerb sicher wirkungsvoller gegen Missbrauch sowie gegen Verantwortungslosigkeit und mangelnde Moral gesichert, als wenn menschliches Wohlverhalten durch staatliche Moralvorgaben – leider nicht immer willkürfrei – zwangsverordnet wird.[3]

2. Wettbewerb verhindert Marktversagen

In ähnlicher Richtung fehladressiert erscheint der keynesianisch gefärbte Vorwurf, der Markt versage wegen genuiner Wettbewerbsscheu der Menschen. Der Marktakteur, oft nicht homo oeconomicus, sei bequem und schlitzohrig. Er weiche dem Kosten- und Innovationsdruck und damit dem Leistungsdruck nach Möglichkeit aus – dies natürlich unter Wahrung seiner Gewinnchancen. Das alles lässt sich sicherlich nicht bestreiten. Man nennt solches Verhalten, das nach „unverdientem" leistungsminimalem Einkommen strebt, auch „rent seeking". Die Strategie „Markt ja – Wettbewerb nein" verfolgt Ziele wie Marktabschottung, Nachfrager- oder Anbieterschutz, künstliche Angebotsverknappung und Einkommensgarantien. Die Instrumente:
- Errichtung von Staatsmonopolen
- leistungslose Subventionen
- Grenzschutz durch Zölle, technische Handelshemmnisse und tiefen eigenen Wechselkurs
- flächendeckende Preis-, Mengen-, Qualitäts- und Gebietsabsprachen
- Berufsklauseln
- heimatschützerische Submissionsbeschränkungen
- entschädigungslos in Anspruch genommene explizite oder implizite Staatsgarantien u. a. m.

---

3 Schwarz, Gerhard, Das Ringen um einen lebenswerten Liberalismus, in: Neue Zürcher Zeitung, 2010, Nr. 175, S. 23.

Solche ordnungspolitisch problematische oder gar unakzeptable Praktiken beseitigen oder verfälschen den wirksamen Wettbewerb. Sie generieren – abseits des Pareto-Optimums – Anbieterrenten zulasten der Nachfrager (oder vice versa) und konservieren Strukturen. Nicht zuletzt verhindern sie Innovation. Das alles führt zu Fehlallokationen der Produktionsressourcen und generiert (langfristig) hohe Opportunitätskosten in der Form eines enormen Wohlstandsverzichts.

Gegen solche Befunde haben wir überhaupt nichts einzuwenden. Nur: Das Konzept des freien Marktes ist definitiv der falsche Adressat solcher Kritik. In all den genannten Fällen ist es nämlich nicht der Markt, der versagt, sondern die Gesellschaft, die es mit einer largen oder absenten Wettbewerbspolitik zulässt, dass dem Markt ein Konstitutivum, nämlich der siamesische Zwillingsbruder „Wettbewerb", entrissen wird.

Ein heikles Problem, dem hier nicht ausgewichen werden soll, stellt sich im Zusammenhang mit natürlichen Monopolen. Zumindest aus kurzfristiger (statischer) Sicht gilt hier wirksamer Wettbewerb als ausgeschaltet. Handelt es sich somit um Marktversagen? Die moderne Industrieökonomik beantwortet diese Frage mit „eher Nein". Natürliche Monopole – so auch Netze – entstehen, weil sie dank steigender Skalenerträge bzw. sinkender Stückkosten und/oder dank subadditiver Produktionsfunktionen durch Preissenkungen die Konkurrenz aus dem Markt zu verdrängen vermögen. Milton Friedman soll von ihnen gesagt haben: Natürliche Monopole sind Kinder des Erfolgs, ihre Zerschlagung vernichtete volkswirtschaftlich Effizienz.[4] Überdies bleiben selbst international aufgestellte natürliche Monopole (wie im Fall IBM erlebt) aufgrund des technischen Fortschritts langfristig anfechtbar. Diesem potenziellen Wettbewerb nämlich entzogen werden sie nur, sofern sie vom Staat kontrolliert werden. Marktversagen ist also bei natürlichen Monopolen nicht auszumachen. Ein wettbewerbsrechtlicher Missbrauchsschutz (z. B. durch einen Regulator oder durch eine Aufsichtsbehörde) könnte sich subsidiär bei natürlichen Monopolen trotzdem als sinnvoll erweisen.

---

4 Dazu Milton Friedman, Kapitalismus und Freiheit, Frankfurt am Main 2002.

3. Der Markt als soziale Veranstaltung

Der Markt teilt in der Umgebung des Pareto-optimalen Gleichgewichts Güter, Produktionsressourcen und Einkommen den Marktakteuren nach dem Nutzen- und Leistungsprinzip zu. Er schließt, wie oben erwähnt, jene Nachfrager aus, die nicht in der Lage sind, die Marktkonditionen zu erfüllen. Dies führt erst dann zu einem Versorgungsproblem, wenn ein Gut für die Nachfrager von existenzieller Bedeutung ist und – wie etwa im Falle von Staats- oder natürlichen Monopolen – den Ausgeschlossenen kein Alternativmarkt zu Verfügung steht. Auch schließt er jene Anbieter aus, die zu den marktgegebenen Konditionen (möglicherweise) nicht in der Lage sind, die angeforderte Marktleistung zu erbringen. Dadurch generiert eine Marktwirtschaft längerfristig Einkommens- und Vermögensunterschiede. Die daraus resultierende ökonomische Ungleichheit ist letztlich der Preis für die marktliche Tauschfreiheit.

Freilich: Darauf, dass eine leistungsgerechte Wohlstandsverteilung bzw. Wohlstandsschere von der Gesellschaft – je nach vorherrschender sozialer Sensibilität – oft nicht akzeptiert wird, hat schon Aristoteles hingewiesen.[5] Es obliegt nun allerdings der Gesellschaft zu definieren, was sie als „sozial gerechte" Verteilung empfindet. Bei der sozialen Gerechtigkeit handelt es sich nämlich um ein ethisches und politisches Postulat, das sich weder von Soziologen noch Ökonomen sozialwissenschaftlich direkt aus theoretischen und empirischen Befunden ableiten lässt. Nur so viel findet mit Sicherheit mehrheitlich Akzeptanz: Völlige Egalität durch Gleichmacherei nivelliert eine Gesellschaft ökonomisch nach unten und steht deshalb dem Postulat einer „sozialen Gerechtigkeit" diametral entgegen. Zwischentönungen, so etwa die Existenzgarantie für Leistungsunfähige, müssen durch die Gesellschaft im politischen Prozess definiert werden. Und sie sollten durch den Staat mit Vorzug durch sekundäre Umverteilungskonzepte, d.h. wenn möglich nie via ordnungswidrige, weil wettbewerbsverzerrende Markteingriffe (wie Mindest- und Höchstpreis- bzw. Lohnvorgaben) umgesetzt werden.

So oder so ist auch hier der Vorwurf des sozialen Versagens von Märkten falsch adressiert. Der Markt kann und soll für eine leistungsgerechte

---

5 Vgl. Aristoteles, Politik (Übersetzung von E. Rolfes), Leipzig 1912.

Verteilung und für ein maximales Gesamtergebnis sorgen. Dessen Umverteilung in Richtung einer politisch definierten „Sozialen Gerechtigkeit" liegt hingegen letztlich in der Verantwortung der Sozialpolitik.

4. Gesellschaftliche Marktgleichgewichte durch Internalisierung externer Kosten

Der Markt, so ein weiterer Vorwurf, überlasse die Profite privat und überbinde die sozialen und ökologischen Folgekosten der Gesellschaft oder dem Staat. Das führt zu gesellschaftlichen Ungleichgewichten, zu Verschwendung gemeinschaftlicher bzw. natürlicher Ressourcen, fördert wettbewerbsverzerrendes Trittbrett fahren und generiert leistungswidrige Ungerechtigkeiten.

Externe Kosten entstehen immer dann, wenn öffentliche Güter (z. B. Luft) ohne bzw. ohne adäquate Entschädigung genutzt werden. Solche Kosten zu quantifizieren und nach dem Verursacherprinzip dem Nutzer zu übertragen, ist vielfach äußerst schwierig und deshalb im Regelfall nur im politischen Verständigungsprozess machbar. Dass übrigens im Falle positiver Externalitäten vice versa vorgegangen werden sollte, leuchtet ein. Dass für die Nutzung öffentlicher Güter vielfach keine oder keine marktnahen Preise verlangt werden (können), hängt vor allem damit zusammen, dass insbesondere bei natürlichen Ressourcen die Eigentumsrechte nicht oder zu wenig präzis geregelt sind. Als ordnungskonforme marktwirtschaftliche Instrumente der Reduktion und/oder Internalisierung von externen Kosten bieten sich Lenkungsabgaben, Emissionsrechte (z. B. im Zertifikatshandel) und Haftungsregelungen an.

Soviel steht jedenfalls fest: Auch hier ist es nicht der Markt mit wirksamem Wettbewerb, der versagt, sondern die Eigentums- und Umweltpolitik. Sie nämlich ist dafür zuständig, dass die externen, sozialen und ökologischen Folgekosten dem Nutzer bzw. dem Verursacher überbunden werden. Im Ausmaß, wie es gelingt, externe Kosten entweder zu senken oder gar zu eliminieren bzw. zu internalisieren, nähern sich betriebswirtschaftliche Marktgleichgewichte, getrieben durch die Marktkräfte, gesellschaftlichen, d. h. sogenannten Pigou-Gleichgewichten.

Ein Spezialproblem ergibt sich allerdings dann, wenn auf einem Markt Großanbieter agieren, die im Insolvenzfall nicht abgewickelt werden können, weil sie aus gesamtwirtschaftlicher Sicht „to big and to connected to fail" sind. Das sind sie, wenn ihr Exit zum Funktionsrisiko für eine ganze Volkswirtschaft wird und sie damit zum potenziellen Systemrisiko auszuwachsen drohen. Ein solches Systemrisiko kann auftreten bei Großakteuren in Schlüsselbranchen (z. B. im Rohstoffsektor), bei Großanbietern von Gütern der Grundversorgung (Telefonie, Bahn, Wasser usw.) oder – wie in Finanzkrisen erlebt – bei Großbanken, die große Teile des nationalen Zahlungsverkehrs kontrollieren. Systemrelevante Anbieter kommen somit wohl oder übel in den Genuss einer impliziten Staatsgarantie. Dabei handelt es sich um externe Kosten, verursacht durch die Systemrelevanz von Großunternehmen, die beim Staat anfallen. Insoweit die Kosten dieser Staatsgarantie nicht internalisiert bzw. ihren Nutznießern angelastet werden (können), entsteht entweder haftungs-, wettbewerbs- oder konkursrechtlicher Handlungsbedarf, allenfalls ergänzt durch systemstabilisierende Eigenmittelunterlegungs-, Verschuldungs- und Liquiditätsvorschriften. Von Eingriffen in die Marktprozesse und damit in das operative Geschäft systemrelevanter Marktakteure kann und soll abgesehen werden, weil zwar institutionelle Strukturmängel vorliegen, ein Marktversagen jedoch nicht auszumachen ist.

5. Mögliches Marktversagen als Folge asymmetrischer Information

Der Vorwurf, der Markt versage im Falle unzureichender oder asymmetrischer Information, ist ernst zu nehmen und lässt sich nicht in allen Fällen ohne Weiteres entkräften. Den vollständig informierten Marktakteur gibt es ohnehin nur in Ausnahmefällen. Freilich sind in der Regel sowohl die Nachfrager als auch die Anbieter über das Tauschobjekt, die Bonität der Marktgegenpartei und über das Produktrisiko im Zeitalter des Internet derart hinreichend und symmetrisch informiert, dass weder mit einer Übervorteilung der anderen Marktseite noch mit einer Informationsrente zugunsten des besser informierten Akteurs, noch mit einer signifikanten Wettbewerbsverfälschung gerechnet werden muss. Dies vor allem dann nicht, wenn sich dank wirksamem Wettbewerb den Akteuren auf beiden Marktseiten alternative Opportunitäten anerbieten.

Dennoch darf nicht außer Acht gelassen werden, dass der Anbieter naturgemäß in vielen Fällen gegenüber dem Nachfrager einen gewissen Informationsvorsprung genießt und zumindest die Informationskosten deshalb ungleich verteilt sind. Bei sophistizierteren Produkten (z. B. medizinalen Behandlungen, Betriebsberatungen, strukturierten Finanzprodukten oder komplizierten Versicherungsgeschäften) lassen sich Informationsasymmetrien kaum oder nur in sehr beschränktem Maße ausgleichen. Im Versicherungsgeschäft kann es bei ungleicher Information über das versicherte Risiko zu einer adversen Selektion und damit ebenfalls zu ineffizienten Marktergebnissen kommen. Informationsasymmetrien gibt es auch im Falle kognitiver Dissonanzen, wie sie oft bei der Nachfrage nach meritorischen Gütern auftauchen – z. B. bei Eltern, die sich des langfristigen Nutzens und der positiven Externalitäten der Grundschulausbildung ihrer Kinder nicht bewusst sind. Kognitive Dissonanzen gibt es jedoch auch beim Konsum de-meritorischer Güter – z. B. beim Raucher, der sich über die langfristigen Folgeschäden seines Tabakkonsums keine Rechenschaft gibt. Im ersten Beispiel handelt es sich um ein meritorisches Gut: Im freien Markt entsteht daraus das Risiko einer gesellschaftlich unerwünschten Unterversorgung mit Bildungsgütern. Im zweiten Beispiel besteht das Risiko einer gesellschaftlich unerwünschten Überversorgung mit langfristig gesundheitsschädigenden Suchtmitteln.

Bei hochkomplexen und (de-)meritorischen Gütern kann es in der Tat zu einem Marktversagen kommen, das staatliches Handeln nötig macht: So etwa eine Abgabe von Bildungsgutscheinen oder ein Schulobligatorium im ersten Fall und Lenkungsabgaben im zweiten Fall.

Fazit: Im Allgemeinen sollte es auf einem Markt möglich sein, Informationsasymmetrien, kognitive Dissonanzen, Moral Hazard und Risikoausblendung abzubauen oder gar zu verhindern, so etwa durch intensive Information, Ausbildung, Erziehung, durch Vermeiden von staatlichen Fehlanreizen und durch die Sicherstellung von wirksamem Wettbewerb. Insoweit Marktakteure oder Staat und Politik diese Möglichkeiten nicht ausschöpfen oder im Gegenteil die Informationsasymmetrien selber (mit-)verursachen oder verstärken, liegt kein Markt-, sondern Individual- oder Politikversagen vor. Freilich: Falls sich Informationsdefizite auch mit größtem Aufwand seitens der Marktakteure und/oder der Politik bzw. des Staates nicht ausräumen lassen, bleibt ein gewisses Restrisiko an Marktversagen.

Nochmals anders zu beurteilen sind jene Fälle, wo Anbieter und Nachfrager, getrieben z. B. durch Moral-Hazard-stiftende Subventionen, Staatsgarantien oder Tiefzinsen der Notenbank, Produkt- und Gegenparteirisiken systematisch unterschätzen oder ausblenden. Eine zu large Geldpolitik sowie Konstruktionsfehler bei der Governance, bei der Marktregulierung und bei den staatlichen Kontroll- bzw. Aufsichtsstrukturen dürfen jedoch nicht dem Konzept Markt angelastet werden. Hierbei handelt es sich – wie in der Finanzkrise erlebt – vielmehr um klassisches Moral- und Staatsversagen.

Ein Spezialproblem stellt sich auf Märkten, wo das Risikobewusstsein und die Fähigkeit, Risiken korrekt einzuschätzen, starken Einfluss auf die Marktergebnisse ausüben. Wettbewerbsverfälschende oder blasenbildende Risikoausblendung (z. B. auf Finanz- und Immobilienmärkten) sind fast immer auf Moral Hazard zurückzuführen. Dieser wiederum ist oft ebenfalls eine Folge larger Aufsichtskontrollen und generöser Staatsbeihilfen und -garantien sowie einer exzessiven Liquiditätspolitik der Notenbank. Begünstigt wird Moral Hazard auch durch lückenhafte Verantwortlichkeits- und Haftungsregelungen. Das alles wurde oben erläutert, ebenso die These, dass Moral Hazard zwar zu suboptimalen bzw. ineffizienten Marktergebnissen führt, selber jedoch weder Ursache noch Wirkung von Marktversagen darstellt.

Im konträren Fall einer ausgeprägten oder totalen Risikoaversion, wie er sich z. B. im Oktober 2008 auf vielen nationalen Interbankmärkten abgespielt hat, ist die Sachlage weniger eindeutig. Ein Anbieterstreik hätte nämlich damals beinahe zu einer Aushebelung der konventionellen Notenbankpolitik sowie zu einem Credit-Crunch und zu einem Kollaps der Zahlungsverkehrssysteme geführt. Die sorglose Vertrauensseligkeit vieler Banken wandelte sich nach dem Kriseneinbruch in totale Risikoaversion: Abundante Liquidität wurde gehortet und – selbst zu höheren Zinsen – nicht mehr anderen Banken angeboten. Es kam zu einem regelrechten Blackout. Die daraus resultierende Austrocknung der Geld- und kurzfristigen Kreditmärkte, so prekär sie auch erscheinen mochte, entsprach jedoch einem rationalen Marktergebnis, das nichts anderes als ein gegenseitiges Misstrauen der Banken, deren Risikoaversion und deren damit verbundene Liquiditätspräferenz widerspiegelte. Darin ein Marktversagen zu erkennen, kommt auch hier einer Zumutung gleich. Die Verantwortung, das Vertrauensverhältnis auf dem Interbankenmarkt wiederherzustellen, oblag damals den Notenbanken. Mit vertrauensbildenden, z. T. unkonventionellen, Maßnahmen ist es ihnen denn auch relativ rasch gelungen, die Märkte zu beruhigen.

6. Marktversagen bei öffentlichen Gütern

Es gibt zahlreiche, darunter prominente Staatsgüter, nach denen eine intensive Nachfrage besteht. Beispiele: Infrastrukturen, äußere Sicherheit, Rechtsstaatlichkeit, Versorgung mit Notenbankgeld, (heute auch zunehmend) Luft usw. Kein privater Anbieter ist bereit, sie anzubieten. Gemeint sind Güter mit ausgeprägtem Kollektivgutcharakter. Im Alltag als öffentliche Güter bezeichnet, weisen sie zwei konstitutive Eigenschaften auf:

a) Öffentliche Güter sind kollektiv nutzbar. Eine Überfüllung bzw. Übernutzung des Angebots findet (noch) nicht oder nur temporär statt, eine Rivalität der Akteure im Konsum gibt es nicht oder nur temporär, d. h. „während der Rushhour".
b) Ein Ausschluss von Nachfrage, d. h. der Ausschluss von Nutzern, welche die Marktkonditionen nicht erfüllen, ist entweder so teuer, dass er sich für einen Marktanbieter nicht rechnet, oder er ist technisch schlicht nicht realisierbar. Oder er ist von der Gesellschaft ganz einfach nicht erwünscht.

Damit ist Trittbrett fahren weitgehend oder unbeschränkt möglich: Kein individueller Nachfrager entwickelt deshalb eine Zahlungsbereitschaft, und kein individueller Anbieter ist bereit, das Gut anzubieten. Somit kann ein Markt nicht zustande kommen, ein Marktpreis sich nicht bilden: Der Markt versagt.[6]

Doch sollte nun beim betreffenden Gut die Rivalität in der Nutzung zunehmen und diese sogar zu einer Übernutzung führen, verliert das Gut seinen Kollektivgutcharakter und wird zu einem knappen Gut (mit Individualcharakter). Ein Ausschluss von Nachfrage bzw. eine individuelle Zuteilung des Gutes auf die Nachfrage drängt sich jetzt auf und erweist sich – sofern technisch möglich – auch ökonomisch als effizient. Ein funktionsfähiger Markt kann sich jetzt bilden. Beispiele: Autobahnen und TV-Programme stellten vor 30 Jahren die Klassiker unter den öffentlichen Gütern dar. Als Folge wachsender Nachfrage und kontinu-

---

6 Allgemein dazu Franz Jaeger, Natur und Wirtschaft, Chur / Zürich 1994, S. 227 ff.

ierlicher Verbesserung der Ausschlusstechniken unterscheiden sie sich heute jedoch durch nichts mehr von Individualgütern und können als solche ohne Weiteres auch von privaten Anbietern auf freien Märkten angeboten werden. Dasselbe gilt für die innere Sicherheit. Anders verhält es sich im Falle der Aufrechterhaltung der äußeren Sicherheit oder der Rechtsstaatlichkeit. Denn hier ist ein Ausschluss via Preis technisch-organisatorisch äußerst schwierig, extrem teuer und/oder gesellschaftlich gar nicht erwünscht.

Dabei stellt sich im Falle einer Liberalisierung solcher Märkte stets die Frage, ob der Staat zur Sicherstellung der Grundversorgung in der Verantwortung bleiben oder gleich auch die Gewährleistung der Versorgung dem freien Markt überlassen soll. Das hängt, wie bei den meritorischen Gütern des Service Public, davon ab, ob ein Ausschluss von Nachfrage, der ökonomisch zwar sinnvoll wäre, von der Politik überhaupt akzeptiert würde. Dies wäre wohl kaum der Fall, wenn die Grundversorgung mit dem betreffenden Gut für die Bevölkerung von existenzieller Bedeutung wäre und keine Alternativangebote zur Verfügung stünden. Unter diesen Umständen wird der Staat zur Sicherstellung der Grundversorgung den eigenen und dritten Akteuren Leistungsaufträge erteilen. Im Sozialversicherungs- oder Bildungsbereich wird den Anbietern durch staatlich abgegoltene Leistungsaufträge ein klar definiertes Preisleistungsverhältnis vorgegeben, verbunden mit einem Nutzungsobligatorium. Dass dadurch der Markt erheblich reguliert wird, liegt in der Natur der öffentlichen und meritorischen Güter, hat aber mit Marktversagen nichts zu tun. Denn ist der Markt, wie heute etwa im Post- oder Telekommunikationsbereich, in der Lage, die Grundversorgung auch ohne staatlichen Leistungsauftrag zu gewährleisten, ist die Entlassung des entsprechenden Anbieters in den Wettbewerb zwar politisch nicht einfach, jedoch ordnungspolitisch korrekt und ökonomisch problemlos zu bewerkstelligen. Auch eine Privatisierung könnte sich jetzt aufdrängen.

7. Die Kontrollfunktion von Markt und Wettbewerb

Wir haben einleitend auf das Selbstregulierungspotenzial eines Marktes mit wirksamem Wettbewerb zur Verhinderung unanfechtbarer Marktpositionen (wie Marktmachterosion und Renditenormalisierung) sowie zur Beschleunigung des Strukturwandels und der Minimierung marktfunktionsbehindernden Selbstschutzregulierungen hingewiesen. Dass der Markt fehlerhaftes Verhalten der Akteure, z. B. Herdentrieb, spekulative Blasenbildungen, Risikoausblendung, Rücksichtslosigkeit, Unehrlichkeit und Übervorteilung manchmal (zu) lange toleriert, ist ärgerlich. Dass er aber solches Fehlverhalten früher oder später immer aufdeckt und es mit Reputationsverlust, mit dem Verlust von Vermögen, ja zuweilen sogar mit gesellschaftlicher Ächtung und ökonomischem Exit bestraft, hat die vergangene Finanzkrise deutlich gezeigt. Dort, wo die diesbezügliche Kontrollfunktion des Marktes nicht zu finalen Sanktionen führte, handelte es sich – sachlich betrachtet – selten um ein Versagen von Markt und Wettbewerb. Versagt haben vielmehr auch in solchen Fällen einmal mehr die einzelnen Marktakteure, die staatliche Marktaufsicht, die Rechtssetzung und/oder die Rechtssprechung.

KONRAD HUMMLER

Von der Gier zum Anstand

Einleitung

Die freiheitlich ausgerichtete Ordnungspolitik und mithin ihre dezidierten Promotoren, zu denen sich Gerhard Schwarz gewiss zählen darf, scheinen seit je in einer ethischen Krise festgefahren zu sein. Seit je: zumindest seit jenem unseligen Zeitpunkt in der Menschheitsgeschichte als das sehr theoretische Konzept des „öffentlichen Interesses" erfunden und dessen moralischer Wert, Fiktion hin oder her, über denjenigen des individuellen Nutzens gestellt wurde. Der an sich geniale gedankliche Schachzug Adam Smith's, der Resultante des Austausches individueller Präferenzen einen öffentlichen Nutzen zuzuordnen, konnte und kann vom Publikum, namentlich aber von der intellektualistischen Intelligenz, nicht wirklich nachvollzogen werden. Die „unsichtbare Hand", obschon in den offensichtlichen Effizienzleistungen von Märkten laufend und deutlich zutage tretend, steht unter dem Generalverdacht verkappter Verklärung des schrankenlosen Egoismus, derweil die sich oft so kritisch gebenden intellektualistischen Kreise nicht daran stören, wenn durchaus offenkundige Partikularinteressen unter dem Deckmantel des „öffentlichen Interesses" gebündelt werden, um sie auf diese Weise moralisch zu adeln und um mit dieser Adelung den Griff in die Schatulle des Gemeinwesens rechtfertigen zu können.

Gerhard Schwarz ist ein Moralist und hat diese Tatsache nie geleugnet. Im Gegenteil, er wurde Zeit seiner journalistischen Tätigkeit nicht müde, Markt und Moral konvergieren zu lassen. Im folgenden Beitrag geht es um einen – aus Sicht des Autors wesentlichen – Aspekt von Moral und Ökonomie: um die Frage nämlich, inwieweit moralisches Verhalten in und um Unternehmungen Mehrwert erzeugen kann. Vordergründig steht es zwar um die Konvergenzvermutung von Markt und Moral schlecht. Der Zeitgeist denkt anders, denn die im Zuge der Finanzkrise offenkundig gewordenen Exzesse in der Bankwelt wurden, wie hätte es anders erwartet werden dürfen, dem „moralischen Versagen des Markets" zugewiesen. Ungerechtfertigter kann eine Beschuldigung aber nicht sein.

Als ob es sich beim durch die implizite Staatsgarantie des „Too-Big-To-Fail" subventionierten Bankensystems um einen „Markt" handelte! Das schiere Gegenteil trifft zu: Was als Hochburg des Kapitalismus verkleidet ist, entspricht in Tat und Wahrheit einer machtvollen Nomenklatur, die zulasten der Allgemeinheit ein immer wieder außer Kontrolle geratendes Spiel vollzieht und die sich nach selbst statuierten Regeln jenseits jeder Moralität schamlos und selbstverständlich bereichert. Wer den Markt als Ordnungsprinzip vertritt, tut gut daran, sich intellektuell wie physisch von Abhängigkeiten gegenüber dieser den Kapitalismus letztlich zerstörenden Nomenklatur fernzuhalten. Der nachfolgende Beitrag ist nicht zuletzt mit dem Ziel geschrieben – und dem Jubilar gewidmet –, diesem Fernhalten eine theoretische Untermauerung zu verleihen. Der Erfolg der künftigen Tätigkeit von Gerhard Schwarz wird sehr wesentlich abhängen, zwischen verlockenden Lippenbekenntnissen zum Markt und ethisch und theoretisch gut fundierter freiheitlicher Ordnungspolitik unterscheiden zu können.

1. Profit als soziale Pflicht?

Erfreuliches gibt es aus der Finanztheorie beziehungsweise genauer aus der Firmentheorie zu vermelden. Während man sich in der wirtschaftspolitischen Praxis um Korrekturmaßnahmen gegenüber den schlimmsten oder augenfälligsten Folgen der Finanzkrise streitet und die Regulatoren dieser Welt, nachdem sie zuvor mehr oder weniger alles verpasst hatten, zu neuer Kreativität wachgeküsst worden sind, hat sich die Lehre von „Corporate Finance" still und leise daran gemacht, die Grundlagen ihrer Erkenntnisse zu überprüfen.

Was aber kann denn so erfreulich sein, wenn Bewegung in eine Theorie kommt? Sind Theorien überhaupt relevant? Wir sind doch Praktiker, und grau, teurer Freund, ist alle Theorie! – Nun, Goethe mag ja recht haben mit der Farbe. Aber er legt den Ausspruch bekanntlich Mephistopheles in den Mund, womit gut und gerne auch genau das Gegenteil als richtig bezeichnet werden könnte, also etwa: Am Anfang stand die Theorie, oder wenn man so will, die Idee. Was ja (ungefähr) auch im „Faust" steht (und anderswo). Auf Ideen basieren sämtliche Annahmen, nach denen wir, und damit zum Beispiel auch die Wirtschaft, das Leben organisieren. Wenn wesentliche Ideen sich verändern, dann ist das relevant.

So lange die Menschheit von der Erde als flachem Suppenteller dachte, segelte niemand nach Amerika.

Eine der prägenden Ideen der letzten fünfzig Jahre war in der Ökonomie gewiss das Shareholder Value-Konzept. Von Anbeginn an weckte die Idee Emotionen. Zwar war Shareholder Value, also die Maximierung des wirtschaftlichen Gewinns für den Kapitalgeber einer Firma, zunächst und wissenschaftlich korrekt lediglich deskriptiv gemeint. Also: Um mit ökonomischen Begriffen zu erklären, weshalb es Unternehmungen als Organisationsform menschlichen Zusammenlebens und -wirkens überhaupt gibt. Um zu beschreiben, welches die Bestimmungselemente für ihren Erfolg oder Misserfolg sind, um die Mechanik (und Mathematik) ihres Betriebs zu modellieren. Der Beschreibung auf den Fuß folgte jedoch die normative Komponente, durch Milton Friedman[1] mit seinem Ausspruch, die einzige soziale Verpflichtung der Firma bestehe in der Maximierung ihres Profits, wohl am stärksten gefördert. So recht Milton Friedman – innerhalb der engen Grenzen konsistenter ökonomischer Logik – auch hatte, so unselig wurde „Profitmaximierung als Programm" für den weiteren Verlauf der Shareholder Value-Debatte.

Denn Friedman rief die *Moralisten* auf den Plan. Shareholder Value wurde für viele sozusagen zum zentralen Begriff aller Übel des Kapitalismus: Egoismus, Habsucht, Gier – ausgerechnet desjenigen, der für die Unternehmung gar nicht arbeitet, sondern ihr „nur" sein Geld, das Kapital, zur Verfügung stellt. Die Moralisten stellten sich folgerichtig auf die Seite der sogenannten Stakeholder der Unternehmungen: der Arbeitnehmer, ihrer (von ihnen abhängigen) Familienangehörigen, des näheren und entfernteren gesellschaftlichen Umfelds, des einnahmehungrigen Fiskus (für die Unternehmenssteuern), ökologischer Anliegen, ja der Konkurrenten im Wettbewerb. Längst verabschiedete Konzepte wie die Arbeitswerttheorie erfuhren eine geistige Wiedergeburt (wie es das Bändchen „Nach der Krise. Gibt es einen anderen Kapitalismus?"[2] des soeben auf den höchsten Posten der Schweizerischen Radio- und Fernsehgesellschaft erhobenen Roger de Weck aufzeigt). Ja, es gehört seit Etablierung der normativen Komponente des Shareholder Values zum

---
[1] Milton Friedman. Capitalism and Freedom, Chicago 1962.
[2] Roger de Weck. Nach der Krise. Gibt es einen anderen Kapitalismus? München 2009.

guten Ton und zur Usanz an Managementsymposien wie dem WEF in Davos oder dergleichen, dass in gottesdienstähnlicher Manier der „Werte-Orientierung" von Unternehmungen gehuldigt und der reinen Profitgier abgeschworen wird. Das Bekenntnis zum Stakeholder-Ansatz ist zur Ersatzreligion geworden, und wie bei jeder tauglichen Religion rentieren die Kirchen, in denen sie praktiziert wird, nicht schlecht.

Dies umso mehr, als man rasch zur Stelle war, die Ursachen der Finanzkrise der in Bankenkreisen ganz besonders offenkundig zutage getretenen Gier zuzuschreiben. In der Gier und den sie fördernden Banker-Boni fanden die Anhänger des Stakeholder-Ansatzes zum vorläufigen Höhepunkt ihrer Kapitalismus-Kritik, dankbar gefolgt und sekundiert von der intellektualistischen Intelligenz, den Medien und der Politik. Dass Gier und Boni lediglich Folge, Symptom, einer gigantischen volkswirtschaftlichen Verzerrung waren, wird geflissentlich ausgeblendet. Eine Verzerrung, hervorgerufen durch eine unselige Verquickung von Staat und Finanzsystem in Form unbeschränkter und unentgeltlicher Garantien für (Groß-)Banken. Lieber werden Gier und Boni kritisiert, anstatt der Angelegenheit analytisch auf den Grund zu gehen. Denn sonst verlöre die Kapitalismus-Kritik ihre Grundlage und kämen die wirklichen Ursachen der Finanzkrise gefährlich nahe an eigene Verstrickungen mit dem politischen System.

Die seit der Finanzkrise zu beobachtenden, immer abenteuerlicher werdenden Vorschläge, wie das Finanz- und auch das Wirtschaftssystem neu zu regulieren seien, basieren alle letztlich auf der beschriebenen Kapitalismus-Kritik. Im Ergebnis ist damit der Staat, hoch verschuldet zwar, als Gewinner aus der Krise hervorgegangen und mit ihm die Vorstellung, dass obrigkeitlich festgelegte Werte-Orientierung und Sozialpflichtigkeit bis in die Kapillaren von Führungs-, Accounting- und Controlling-Prinzipien zu bestimmen hat. Das alles ist ökonomisch (und damit für den Anleger!) in hohem Maße relevant. Denn damit wird Compliance definitiv wichtiger als Erfolg werden, und der doppelten Moral sowie institutionalisiertem „Ass-Covering" sind von nun an Tür und Tor geöffnet. Das Abrücken vom wertfrei definierbaren Ziel der ökonomischen Effizienz hat hohe volkswirtschaftliche Kosten zur Konsequenz.

Mit der in der Folge zu beschreibenden Modifizierung des Shareholder Value-Gedankens eröffnet sich nun die Chance, dass der unselige Gegensatz zwischen dem Kapitalgeber und den Stakeholdern, also den vom

Gedeih (oder vom Verderb) einer Unternehmung Mitbetroffenen, entscheidend entschärft wird. Bevor wir allerdings über die Modifizierung des Konzepts berichten, sei doch auch noch versucht, mittels einer etwas eingehenderen Darstellung die Ehre des bisherigen Shareholder Values zu retten.

2. Ungelöste Fristigkeitsfrage

Vermutlich beruht vieles, was am Shareholder Value-Denken kritisiert wird, auf einer Verkürzung seines wirklichen Gehalts beziehungsweise auf einem grundlegenden Missverständnis. Sowohl deskriptiv als auch normativ zielt der Shareholder Value-Ansatz völlig daneben, wenn er lediglich kurzfristig verstanden wird. Der Aktienkurs von morgen und übermorgen, ja auch die diesjährige Dividende, haben nur sehr wenig mit Shareholder Value zu tun. So war er aber von der Theorie auch gar nie verstanden worden.

Vielmehr verstand die Finanztheorie unter „Profitmaximierung" seit je den Gegenwartswert der *Summe aller künftigen Cash Flows*, also auch der fern in der Zukunft liegenden. Es könnte sein, dass die zur Zeit der Lancierung des Shareholder Value-Ansatzes vorherrschenden hohen Zinsen (das war in den 1970er-Jahren) dazu führten, dass man damals die Zukunft sozusagen etwas ausblendete. Denn der Einfluss weit in der Zukunft liegender Cash Flows ist in der Diskontierungsformel[3] um so gewichtiger, je tiefer die Zinsen liegen. Bei hohen Zinsen zählt vor allem der Cash Flow von heute, allenfalls jener vom nächsten und noch ein ganz klein wenig vom übernächsten Jahr. Die momentan erwirtschafteten Zahlen stellen unter solchen Bedingungen an den Finanz- und Kapitalmärkten deshalb eine hinreichende Annäherung zur Bestimmung des Unternehmenswerts (um dessen Maximierung es beim Shareholder Value-Ansatz ja geht) dar. Je tiefer jedoch die Diskontierungssätze, desto unbedeutender wird die Gegenwart und umso wichtiger dafür die Zukunft. Tiefe Zinssätze: Sie

---

3 $SV = \dfrac{FCF_1}{(1+r)^1} + \dfrac{FCF_2}{(1+r)^2} + \dfrac{FCF_3}{(1+r)^3} + \ldots + \dfrac{FCF_n}{(1+r)^n} = \sum_{i=1}^{n} \dfrac{FCF_i}{(1+r)^i}$

Legende: SV = Shareholder Value, r = Diskontrate, FCF = frei verfügbare Mittel zu verschiedenen Zeitpunkten, n = Zeitpunkt in der fernen Zukunft. Die Diskontrate r ist stark abhängig vom generell geltenden Zinsniveau.

prägen das monetäre Umfeld seit mehr als zehn Jahren. Den Shareholder Value-Ansatz ernst nehmend, hätte man sich längst intensiver um die weiter entfernten Cash Flows kümmern müssen.

Allerdings: Je gewichtiger die künftigen Cash Flows, umso abhängiger werden sie auch von Faktoren, welche durch einfache Management-Maßnahmen nicht mehr produzierbar und steuerbar sind. Exogene Faktoren wie eine Veränderung des Marktumfelds, der politischen Rahmenbedingungen, des Zeitgeists sind ebenso wichtig wie endogene Elemente wie zum Beispiel die Fähigkeit, hoch qualifiziertes Personal bei der Stange zu halten oder eine Produkte-Pipeline immer wieder mit Innovation und Phantasie zu nähren. Alles, was künftig ist, leidet somit unter einem Wahrscheinlichkeits- und einem Externalitätenproblem. Je mehr Gewicht die Zukunft bekommt, umso härter, das heißt relevanter, werden die sogenannten *weichen Faktoren*. Diese sogenannten weichen Faktoren stimmen nun aber im Wesentlichen mit den Interessen der Stakeholder überein. Zufriedene Arbeitnehmer wechseln die Unternehmung seltener, ernst genommene Forscher füllen eher die Produkte-Pipeline, eine geschonte Umwelt wird weniger zur Bedrohung als eine fahrlässig behandelte, wie das Beispiel BP überdeutlich aufzeigt. Ausgehend von tiefen Zinsen für die Diskontierungsformel hätte sich der Gegensatz zwischen Shareholder- und Stakeholder-Interessen gar nie öffnen dürfen. Er ist analytisch falsch. In der langen Frist konvergieren die Interessen des Kapitalgebers und vieler vom Betrieb einer Unternehmung Mitbetroffener weitgehend.

Die Konzentration auf den lediglich an aktuellen Zahlen gemessenen Gegenwartswert und dessen Gleichsetzung mit dem Shareholder Value hatte massive Auswirkungen auf die Praxis. Wer sich durch die sich stapelnden Haufen gängiger Finanzanalyse quält, staunt ob des Aufwands, welcher für die Schätzung wenig in der Zukunft liegender Cash Flows betrieben wird. Die Börse tickt offenbar ähnlich: (Kurzfristige) Analystenschätzungen für Quartalsergebnisse werden mit Kursabschlägen quittiert, wenn sie enttäuscht werden; wenn sie hingegen übertroffen worden sind, dann jubelt die Börse. Wie es hingegen um die Stimmung im Personal oder um die Innovationskraft der Forscher steht, darüber liest man in Finanzpublikationen und in der Börsenberichterstattung verhältnismäßig wenig.

Kurzfristigkeit in der Betrachtungsweise kommt dank ihrer Trivialität nicht nur der Finanzanalyse, sondern vor allem auch dem wichtigsten unter allen Stakeholdern, dem Management, zupass. Denn kurzfristige

Zahlen können gesteuert, gelenkt werden. Am leichtesten funktioniert das mit dem berühmten Return on Equity (ROE). Selbst wenn der Gewinn tiefer ausfällt, ist das Management nicht hilflos: Mit einer Verringerung der Eigenkapitalquote, sprich einer höheren Verschuldung, lässt sich der ROE relativ[4] problemlos steigern. Mittels sachlich zwar ungerechtfertigten, dafür mit umso höherer Überzeugungskraft vorgetragenen Restrukturierungsmaßnahmen kaschiert man die Machenschaften regelmäßig und setzt ganz generell alles daran, dass die Zahlen über die Zeit kaum vergleichbar bleiben. Damit hat man den Verwaltungsrat, die Mehrzahl von Finanzanalysten und für eine gewisse Zeit auch die Börse ausgehebelt. Gelegenheit, den Zähler wieder zurückzustellen, gibt dann die nächste Krise, die mit Gewissheit wieder mal kommt, die alle miteinander trifft und in der kein Mensch danach fragt, wie in guten Zeiten geschummelt worden ist. Hauptsache, man überlebt.

Die Ausrichtung der Unternehmung auf kurzfristig orientierte Kennzahlen führt zu folgenreichen Fehlallokationen. Tendenziell werden nämlich Investitionen in nicht unmittelbar rentable, langfristig orientierte Projekte benachteiligt. Der Optionscharakter von Zukunftsprojekten hat wegen der Konvexität der Optionspreisformel wertmindernden Einfluss auf das kurzfristige Ergebnis. Langfristige Investitionen, so wertvoll sie für die weitere Entwicklung der Unternehmung auch wären, müssen aufgrund des tiefen Zeitwerts oft unter „Kosten", das Ergebnis schmälernd, abgebucht werden. Jedes kostenorientierte Management (und welches würde von sich nicht behaupten, ein solches Management zu sein?) wird sich deshalb hüten, übermäßig in diese Richtung zu „investieren". Demgegenüber werden verhältnismäßig „harte" Investitionen, zum Beispiel nicht-organische Zukäufe anderer Unternehmungen, selbst unter Inkaufnahme der Bezahlung eines oft happigen Aufpreises („Goodwill"), bevorzugt. Im Gegensatz zu intern aufgebautem gutem Willen kann extern erworbener Goodwill so lange in den Büchern stehen bleiben, bis die

---

4 Relativ in dem Sinne, dass mindestens eine Bedingung erfüllt sein muss: Die Gesamtkapitalrendite muss größer sein als der zu bezahlende Zinssatz auf dem Fremdkapital. Ansonsten wirkt zusätzliche Verschuldung gegenteilig. Dies lässt sich anhand folgender Formel darstellen:

$$\frac{Gewinn}{Eigenkapital} = \frac{Gewinn}{Gesamtkapital} + \frac{Fremdkapital}{Eigenkapital} * \left(\frac{Gewinn}{Gesamtkapital} - Zinssatz\right)$$

nächste Krise (siehe oben) ihn desavouiert. Man spricht dann von „Impairment", was im Klartext Bereinigung einer Selbsttäuschung bedeutet.

Aber nochmals und umso insistenter: Richtig verstandener Shareholder Value hätte mit all diesen Problemen eigentlich nichts zu tun. Schade ist nur, dass sich die Väter und Söhne des Shareholder Value-Ansatzes allzu lange kaum für das richtige Verständnis ihres Konzepts zur Wehr gesetzt haben. Aber vermutlich war ihnen die Auseinandersetzung mit den Süßholzrasplern des Stakeholder-Ansatzes schlicht zu banal.

3. Wenn schon: risikobereinigter Erfolg

Selbstverständlich ist es mit der korrekten Anwendung der Diskontierungsformel beziehungsweise der Verwendung sinnvoller Zinssätze mit entsprechend resultierender Langfristigkeit im Unternehmenskalkül noch nicht getan. Es gibt Unternehmungen, deren Resultate wie Discolampen oszillieren: einmal blendend brillant, dann wieder abgrundtief schlecht. Das spricht per se nicht gegen die Unternehmung. Wenn der langfristige Durchschnitt, gemessen am Risiko, stimmt, dann ist dagegen nichts einzuwenden. Was zählt, ist eine Art „Sharpe Ratio", das heißt eine Verhältniszahl von Ergebnis und Schwankungsbreite. Der Kapitalgeber, der Shareholder also, steht in einem Spannungsfeld von Rendite *und* Risiko; für ihn ist nicht die absolute Höhe eines einzelnen Jahresergebnisses relevant, sondern das Ausmaß, mit welchem die Ergebnisse über die Zeit schwanken. Nun entsprechen selbstverständlich in der realen Welt die „Total Returns", das heißt der an den Börsen erzielte Kursverlauf plus die ausbezahlten Dividenden, nicht eins zu eins dem von der Unternehmung erzielten Gesamtergebnis über die Zeit, weil eine Vielzahl exogener Faktoren den Börsenkurs mitbestimmt. Aber es gibt gewiss einen Zusammenhang zwischen der von der Unternehmungsleitung gewählten Gangart und der resultierenden Schwankungsbreite an der Börse. Je höher der Verschuldungsgrad, desto höher die Volatilität der Gewinne (und damit wohl auch der Börsenkapitalisierung).

Beim Verschuldungsgrad, beziehungsweise im Umkehrverhältnis beim Ausmaß vorhandener *Eigenmittel*, entscheidet sich ganz generell, wes Geistes Kind eine Unternehmung und ihr Management sind. Für die Optimierung der kurzfristigen Kennzahlen sind Eigenmittel eigentlich nur hinderlich. Ja, darüber hinaus kann man sogar sagen: Eigenmittel braucht es im Normalfall gar nicht. Ihr hinreichendes Vorhandensein bewirkt jedoch, dass mit großer Wahrscheinlichkeit der Nicht-Normalfall nicht eintritt. Das heißt: Man hat die Eigenmittel, um sie nie zu brauchen. Eigenmittel sind für den unwahrscheinlichen *gefährlichsten Fall* da, zur Rettung vor dem Konkurs. Das Shareholder Value-Konzept, richtig angewandt, bedeutet in diesem Kontext, einerseits den gefährlichsten Fall nicht zum vornehrein auszuschließen, sondern vielmehr mit einer Wahrscheinlichkeit zu versehen und zu bewerten, andererseits das Ausmaß an vorhandenen Eigenmitteln als Vorsorge für die Vermeidung oder die Bewältigung des Extremfalls als Positivum entgegenzustellen. Eigenmittelkosten müssen in diesem Zusammenhang relativiert werden. Losgelöst von einer Einschätzung der Extremrisiken sind sie bedeutungslos.

Auf Langfristigkeit ausgerichtet und bereichert um die Komponente des Risikos bewegt sich der Shareholder Value-Gedanke bereits in der ursprünglichen Fassung weit entfernt von den Vorstellungen jener, die ihn verteufeln, und auch in völlig anderen Kategorien, als sich die meisten *Anreizsysteme* von Firmen befinden, welche meinen, den Shareholder Value zu optimieren, in Tat und Wahrheit aber lediglich die *Bereicherung bestimmter Anspruchsgruppen* fördern.

Den Anreizsystemen gilt die folgende Darstellung. Dabei basieren wir auf einem jüngst entdeckten, für uns maßgeblichen Aufsatz von Prof. Ron Schmidt, der an der Universität Rochester (N. Y.) lehrt. Der Artikel erschien unter dem Titel „Are Incentives the Bricks or the Building?" (Sind Anreize die Bausteine oder das Gebäude?)[5], aufgelegt aus Anlass des 70. Geburtstags von Michael Jensen, einem der geistigen Väter der Shareholder Value-Theorie.

4. Anreizsysteme als Kostenfalle

Zeitgleich mit der Shareholder Value-Theorie, beziehungsweise eng damit zusammenhängend, entstand in den 1970er-Jahren in den USA eine Firmentheorie, die wesentlich von der in Europa geläufigen Betriebswirtschaftslehre abwich. Im Gegensatz zu letzterer basierte sie auf einem expliziten Verhaltensmodell des Menschen; man war stets darauf bedacht,

---

5 Ron Schmidt 2010, Are Incentives the Bricks or the Building?, in: Journal of Applied Corporate Finance.

konsistente Erkenntnisse abzuleiten. Das heißt, wenn von Führungsdoktrinen, Organisationsstrukturen, Accounting- und Controlling-Prozessen die Rede war, dann stützten sich diese immer auf das zugrundeliegende Modell und auf wenige, an der Mikro-Ökonomie Adam Smith's orientierte Prinzipien ab. Das Verhaltensmodell entsprach in seiner einfachsten Version dem Nutzenmaximierer *homo oeconomicus*, und axiomatisch war „Nutzen" von Individuen als verschieden beziehungsweise nicht vergleichbar definiert. Da Geld den Austausch zwischen verschiedenen Nutzenoptimierern am besten begünstigt, wird Geld, das heißt das finanzielle Interesse, in diesem Modell zur Einheitswährung, die es zu maximieren gilt. Im Klartext: Jeder Mitarbeiter auf jeglicher Stufe strebt nach so viel Cash, wie er nur kann. Das Modell ist einfach, im Durchschnitt wohl zutreffend, im Einzelfall aber auch oft unbefriedigend. Weil sich nämlich doch sehr viele Präferenzen des Menschen nicht durch einen kleinsten finanziellen Nenner abbilden lassen. Liebe, Mitgefühl, Ehre, Hass und dergleichen spielen im menschlichen Verhalten offenkundig eine große Rolle. Deshalb erweiterte man das einfache Verhaltensmodell vorsichtig in Richtung psychosoziale Faktoren. Aus diesen Anstrengungen resultierte der berühmte „Resourceful, Evaluative, Maximizing Man" (REMM), das erste Mal von den Ökonomen Brunner und Meckling ins Spiel gebracht.[6]

Einfallsreichtum und vielfältige Vorlieben hin oder her, die Firmentheorie endete doch immer wieder bei Organisationsformen, welche Individuen zusammenfügen, denen zu befehlen ist, die zu überwachen und, weil sie grundsätzlich eher ihre eigenen und nicht a priori die kollektiven Interessen verfolgen, durch Parallelisierung der Interessenlage auf dem Pfad der Tugend zu halten sind. Dazu sind die „Incentives", die Anreize, da. Über die richtige Ausgestaltung dieser Anreize gibt es jede Menge Literatur, namentlich was das Top Management betrifft, denn seinem Verhalten wird mutmaßlich am meisten Kausalität zum Unternehmenserfolg zugemessen. Das heißt: Je besser das Top Management über „Incentives" motiviert ist, das Firmeninteresse zu verfolgen, desto besser steht es um den Shareholder. Theoretisch.

Die Praxis präsentiert sich, wenig überraschend, weit problematischer. Denn das Führen mit Anreizen unterstellt, dass man sich in Kenntnis der

---

6 Karl Brunner und William H. Meckling, The Perception of Man and the Conception of Government, in: Journal of Money, Credit and Banking, 1977.

wahren Treiber des Unternehmenserfolgs befindet (wobei dies, notabene, auch eine konsistente Definition dieses Erfolgs voraussetzen würde. Das ist, wie Kapitel 1 bis 3 dieses Artikels gezeigt haben, so einfach dann auch nicht …). Der Erfolg hat bekanntlich viele Väter, der Misserfolg ist ein Waisenkind. Wenn Erfolg: Was ist eher einem Team zuzuschreiben, wo handelt es sich um die Leistung Einzelner? Wie soll man die Fristigkeit des Unternehmenserfolgs (der ja, wie gezeigt, deutlich längerfristiger Natur ist als der übliche Kennzahlenfetischismus, auf welchem die meisten Anreizsysteme basieren) in Übereinstimmung bringen mit kurzfristig orientierten finanziellen Individualbedürfnissen? Wie kann man verhindern, dass wirklich außerordentliche Beiträge unberücksichtigt bleiben, während die reine Pflichterfüllung dagegen mit Bonuszahlungen vergoldet wird? Wie soll die Adaptationsfähigkeit von Anreizsystemen gewährleistet werden, wenn sich die Rahmenbedingungen gravierend ändern? Dürfen Anreize so rigid definiert sein, dass sie quasi zur unverrückbaren rechtlichen Verpflichtung werden? Wenn mit Aktien (oder Optionen auf Aktien) bezahlt wird: Welchen Sinn machen die inhärenten Marktrisiken, welche mit dem Unternehmenserfolg in keiner Weise etwas zu tun haben? Läuft man nicht Gefahr, ein brillantes Talent in einer schlechten Marktphase miserabel zu belohnen, währenddem die Versager in guten Marktphasen bei Weitem zu gut wegkommen?

Schmidts Liste kritischer Fragen zu den üblichsten Anreizsystemen ist lang. Dabei wird das Konzept aber nicht in normativer Absicht verworfen, sondern lediglich festgestellt, dass die Unterhaltskosten für Anreizsysteme als Teil der sogenannten „Agency Costs" enorm hoch sein können und möglicherweise als dem Shareholder Value entgegengesetztes Element systematisch unterschätzt werden. Im Extremfall wird die Firma zu einer Art *Mercenary Organization,* einer Söldnertruppe also, in der niemand gewillt ist, etwas zu tun, es sei denn, er erhalte dafür eine spezifische Belohnung. Jede auch nur geringste Tätigkeit bedarf auf diese Weise der Überwachung, und selbst das Controlling, so möchten wir unsrerseits beifügen, wird nur noch anreizorientiert arbeiten, womit aber das Prinzip Firma als synergieorientierte Organisation gleichzeitig ad absurdum geführt ist. Schmidt geht nicht ganz so weit, sondern bemerkt lediglich, dass es zwar unklug wäre, das Führen mit Anreizen grundsätzlich zu verwerfen, aber möglicherweise noch dümmer, wenn man meinen würde, mit „Incentives" ein hinreichendes Prinzip zur Unternehmensführung gefunden zu haben.

5. Vertrauen ist preiswert

Ebenfalls beobachtend, keinesfalls normativ, stellt Schmidt in der Folge der *Mercenary Organization* die *Characterrich Organization* gegenüber. Es gibt nämlich Unternehmungen, nicht wenige und nicht die erfolglosesten, die weitgehend ohne komplexe Anreizsysteme auskommen. Wie funktionieren sie, weshalb wird dort mit oft noch größerer Hingabe als bei der Söldnertruppe gearbeitet, weshalb fallen die Kosten zur Überwachung namentlich dezentraler Strukturen so gering aus? Schmidt nennt zwei Voraussetzungen: Erstens muss eine so geartete Unternehmung über die richtigen Mitarbeiter verfügen. Diese müssen „characterrich" sein, oder, wenn man es negativ formulieren würde, die Firma muss über Leute verfügen, die nicht in erster Linie auf finanzielle Anreize reagieren. Denen Wohlbefinden am Arbeitsplatz, angenehmer und respektvoller Umgang untereinander, herausfordernde Aufgaben, Konstanz in Führung und strategischer Ausrichtung der Firma wichtiger sind als zusätzliche Dollars in der Lohntüte. Zweitens, und das hängt ganz offensichtlich mit der Qualität des zur Verfügung stehenden Personals zusammen, muss eine solche Unternehmung von dem Phänomen geprägt sein, das man am ehesten mit „Vertrauen" bezeichnen könnte. Weniger Aufsicht, mehr Selbstkontrolle; wenige, dafür generell gehaltene Weisungen; Zuordnung von Verantwortlichkeiten anstelle von Pflichten; keine expliziten finanziellen Versprechungen für eine bestimmte Zielerreichung, dagegen große intellektuelle und empathische Akzeptanz bezüglich der Ziele über alle hierarchischen Stufen hinweg; Zurechenbarkeit beziehungsweise Voraussehbarkeit („Accountability" hat zu deutsch mehrere Bedeutungen) der Handlungen und Haltungen.

Die Vorteile der charakter-orientierten Unternehmung liegen auf der Hand: Viele „Agency Costs" entfallen ganz oder fallen bedeutend tiefer aus als bei der Söldnertruppe. Die charakter-orientierte Unternehmung kann ohne Weiteres sehr *dezentral* strukturiert werden, ohne dass ein Heer von Aufsehern und Inspektoren eingesetzt, ein Zwangsregime aufgesetzt werden müsste. Aufwendige Maßnahmen zur Messung von Erfolgsbeiträgen (darunter das berühmt-berüchtigte Profitcenter-Denken, das heißt die Erfolgszuweisung an spezifische Unternehmensbereiche) sind nicht notwendig, alle arbeiten am Erfolg aller mit. Der Informationsfluss von unten nach oben und umgekehrt ist bedeutend lockerer und ehrlicher, weil schlechte Nachrichten nicht automatisch negative Auswirkungen auf den

Lohn haben; umgekehrt muss die interne Kommunikation auch nicht laufend mittels gewiefter PR-Maßnahmen euphemistisch überhöht werden (was ja auf die Länge ohnehin niemand mehr glaubt …). Vertrauen, richtig gelebt, hat einen immensen Vorteil: Es ist sozusagen gratis.

Dagegen stehen allerdings bedeutend höhere *Kosten bei der Rekrutierung* des Personals. Denn laut Schmidt ist es viel schwieriger, wirklich charakterfeste Menschen zu finden als die reinen Geldmaschinen, die für eine Söldnertruppe absolut hinreichend sind. Rekrutierungskosten fallen zudem nicht nur einmal an, sondern laufend, denn es gilt ja, die Personalfluktuation zu bewältigen. In Weiterführung von Schmidts Überlegungen könnte man mit Fug und Recht auch behaupten, dass es eine stark wachsende Unternehmung aufgrund der hohen Rekrutierungskosten schwer hat, charakter-orientiert zu bleiben. Die bei charakter-orientierten Unternehmungen wohl deutlich tiefere Fluktuationsrate hat ihre günstigen finanziellen Auswirkungen erst in der mittleren bis längeren Frist.

Wenn wir es richtig sehen, dann „verstößt" Schmidt in seiner Analyse gegen das Axiom, dass die Nutzenfunktionen verschiedener Menschen nicht vergleichbar seien. Das charakter-reiche Personal in Schmidts Firma verfügt über eine gemeinsame Eigenschaft: Anstand. Man freut sich darüber (ökonomisch gesprochen: hat Nutzen), Dinge richtig zu tun, und verspürt Scham oder Schuld bei Fehlleistungen. In Schmidts charakter-orientierten Unternehmung agieren die Menschen nicht lediglich als geladene Teilchen, welche sich umso rascher und umso eindeutiger in die richtige Richtung bewegen, je mehr (finanzieller) Strom im Spiel ist, sondern verhalten sich wie Leute, mit denen man vielleicht auch einmal Ferien verbringen könnte. Es ist voraussehbar, dass der Verstoß gegen die reine mikroökonomische Lehre zur Achillesferse der neuen Idee in Kreisen von Dogmatikern wird; den Pragmatikern vermag der Paradigmenwechsel aber durchaus zu behagen.

6. Gesucht: optimaler Mix

Sowohl die *Mercenary Organization*, die Söldnertruppe also, als auch die *Characterrich Organization* sind bei Schmidt selbstverständlich idealtypisch gemeint. In der Praxis trifft man sie in der extremen Ausformung wohl kaum an. Denn die „Agency Costs" würden auf beiden Seiten zu hoch ausfallen; bei der Söldnertruppe würde man sich nur noch mit Überwachung und vermutlich bald einmal mit der Überwachung der Überwacher beschäftigen, die charakter-orientierte Firma in Reinkultur käme über das Assessment besonders geeigneter Mitarbeiter nicht hinaus und käme nie zum Arbeiten. Wie immer, lohnt es sich aber, in den Extremformen zu denken, um die richtigen Rückschlüsse auf die reale Welt abzuleiten.

Irgendwo gibt's ein Optimum

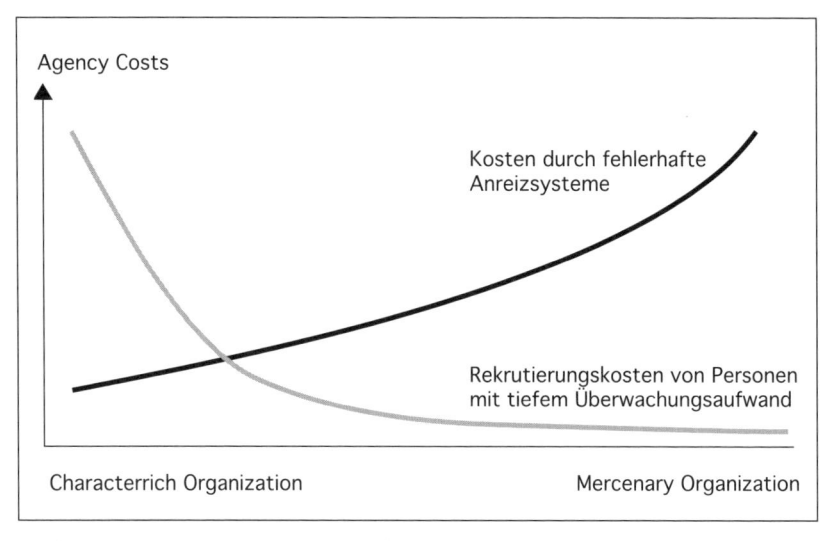

[Diagramm: Agency Costs — Kosten durch fehlerhafte Anreizsysteme / Rekrutierungskosten von Personen mit tiefem Überwachungsaufwand; x-Achse von Characterrich Organization bis Mercenary Organization]

Quelle: Schmidt 2010, Are Incentives the Bricks or the Building?

Vermutlich existiert zwischen den beiden Polen ein Optimum: deutlich tiefere „Agency Costs", weil man sowohl charakter-orientiert denkt, als auch über (einfache) Anreizmechanismen verfügt. Dann fallen weder die Rekrutierungskosten übertrieben hoch aus, noch laufen die Überwachungskosten aus dem Ruder. Schmidt legt großen Wert auf die Feststellung, dass es sich bei der Wahl, welcher Organisationsform man eher zuneigt, um einen strategischen Entscheid der obersten Unternehmensleitung handelt. Man ist geneigt, beizufügen, dass es sich dabei vermutlich sogar um den wichtigsten strategischen Entscheid schlechthin handelt. Denn auf ihm beruhen letztlich sowohl das zu wählende Geschäftsmodell als auch die aufzubauenden Strukturen.

Es lohnt sich in diesem Zusammenhang wohl, noch weiterzudenken. Zum Beispiel stellt sich unseres Erachtens die Frage, ob das einmal definierte und möglicherweise erreichte Optimum zwischen Söldnertruppe und charakter-orientierter Unternehmung statischer Natur sei oder nicht. Dafür spricht das Argument der sogenannten Unternehmenskultur oder des Führungsstils. Verschiedene Stile ziehen verschieden geartete Mitarbeiter an. Ein häufiger Wechsel in Stilfragen führt zu Enttäuschungen und damit zu höherer Fluktuation, sprich: zu höheren Kosten. Zuviel Statik könnte aus unserer Sicht allerdings auch verderblich sein. Denn es gibt vermutlich Entwicklungsphasen oder Marktveränderungen, in denen eine Hinwendung in Richtung der einen oder der anderen Organisationsform sich eindeutig lohnt. Ob Hinwendung in die eine oder andere Richtung tatsächlich eine Option ist, darüber müsste auch noch weiter nachgedacht werden. Denn es muss stark vermutet werden, dass es leichter fällt, eine charakter-orientierte Unternehmung mit Anreizsystemen zu versehen, als umgekehrt aus Söldnern Chorknaben zu machen. Die *Mercenary Organization* könnte irreversible Eigenschaften haben. Und wenn dem so wäre, müssten Schritte in jene Richtung umso besser überlegt werden.[7]

Ob eher Söldnertruppe oder eher charakter-orientierte Unternehmung: Das wird nicht zuletzt auch von ihrer Tätigkeit abhängen. Es gibt Sektoren, die traditionell sehr stark provisionsgetrieben organisiert sind, beispielsweise der Verkauf von Versicherungen. Dagegen wurde die Beratung mit Bankdienstleistungen während langer Zeit praktisch anreizlos entschädigt. Beide Tätigkeiten sind nahe verwandt, und dennoch herrsch-

---

7 In diese Richtung gehen offenbar die Forschungsarbeiten von Professor Bruno S. Frey von der Universität Zürich. In seinem Artikel in der Neuen Zürcher Zeitung (Neue Zürcher Zeitung vom 18.05.2001, S. 25) stellt er fest, dass Menschen mit intrinsischer Motivation – also solche, welche Anstellungen in einer CRO bevorzugen, negativ auf extrinsische Anreize reagieren können. Er nennt dies den Verdrängungseffekt: Extrinsische Anreize können die Lust/Freude an der Arbeit verdrängen, sodass ein ehemals charakter-orientierter Mitarbeiter zu einem Söldner der schlimmsten Sorte wird. Diese Überlegung würde natürlich gegen ein Optimum sprechen. Vielmehr müssten sich die Führungsverantwortlichen für eine Seite, sprich für ein CRO oder ein MO, entscheiden.

ten während langer Zeit völlig unterschiedliche Muster vor. Was ist richtig? Die Frage muss wohl offenbleiben. Was die Erfahrung lehrt: Die Kombination von zwei so diametral unterschiedlichen Geschäftsmodellen ist höchst problematisch. Die einseitige Hinwendung des Bankgeschäfts zu mehr und mehr Anreizen ist ihm auch nicht eben gut bekommen. Es gibt offenbar so etwas wie tieferliegende Muster, welche die Usanzen eines Geschäftsfelds bestimmen. Selbstverständlich sind auch solche Muster nicht in alle Ewigkeit in Stein gemeißelt. Eine technologische Neuerung (z. B. das Internet) kann radikale Veränderungen nach sich ziehen. Dennoch: In Mustern und Usanzen liegen oft jahrhundertealte Erfahrung und Weisheit. Man tut gut daran, sie ernst zu nehmen.

7. Wertsteigerungen: möglich!

Worin liegt nun aber der konkrete Gewinn der beschriebenen Modifikation der Shareholder Value-Idee? Drei Elemente erscheinen als wichtig: Erstens hat durch den beschriebenen Artikel die Organisationsform von Unternehmungen, welche mit möglichst wenigen und möglichst unkomplexen Anreizsystemen auszukommen versuchen, so etwas wie ein akademisches Gütesiegel erhalten, und dies ausgerechnet aus sozusagen „Teufelsküche", nämlich aus jener Ecke, die bis anhin nicht genug über die Perfektionierung von Anreizsystemen schreiben und reden konnte. Die charakter-orientierte Unternehmung wird fortan Gegenstand wissenschaftlichen Interesses sein und nicht mehr, wie bis anhin, als belächelter unzeitgemäßer Sonderfall behandelt werden. Anstand, Vertrauen, Empathie: Ihnen wurde nun ein ökonomischer Wert zuerkannt. „Werte" sind auf „Wert" gestoßen. Das verspricht spannende Auseinandersetzungen, nicht zuletzt mit den Moralisten und den Unternehmensethikern.

Zweitens: Es ist offensichtlich, dass über die letzten dreißig Jahre die gesamte Unternehmenswelt mit allen Mitteln in Richtung Anreizorientierung getrimmt worden ist. Die Anreize wurden allerdings häufig so gesetzt, dass das Optimum nicht für die Unternehmung als solche, sondern für eine spezifische Anspruchsgruppe herausschaute. Die für die Kompensationsschemen verantwortlichen Verwaltungsräte, a priori keineswegs frei von Eigeninteressen, kapitulierten ob der Komplexität der Schemen oft rasch; das Management konnte seinen asymmetrischen Informationsvorsprung („Wo in der Unternehmung werden die für mich günstigsten Kennzahlen generiert? Wie kann ich sie am besten beeinflussen?") just im Bereich der Anreizsysteme am schamlosesten ausspielen. Gepaart mit systematisch zu kurz gesetzten Fristen ergab sich daraus ein Cocktail, welcher die Unternehmungen weit entfernt vom ökonomischen Optimum operieren lässt. Die „Agency Costs" sind in sehr vielen Fällen, namentlich bei den von Investmentbanken und Finanzanalysten am meisten beeinflussten börsenkotierten Unternehmungen, infolge zu komplexer und zu großzügiger Anreizsysteme bei Weitem zu hoch. Wenn nun den „Werten" wie Anstand und Vertrauen tatsächlich ökonomischer Wert zukommt, dann ergibt sich daraus ein nicht zu unterschätzendes Verbesserungspotenzial bei vermutlich fast allen Unternehmungen, welche uns als Anleger interessieren.

Drittens: Mit der Hinwendung zu mehr Anreizorientierung war, logischerweise, ein starker Trend zu mehr zentraler Führung verbunden. Das CEO-Modell, einst eines unter vielen möglichen Führungsmodellen in der Wirtschaft, feierte seinen Siegeszug. Denn die mit komplexen Anreizsystemen verbundene Notwendigkeit zu enger und aufwendiger Überwachung führt fast zwingend zur Konzentration der Verantwortlichkeit in einer einzigen Person. Das Söldnerheer braucht einen starken Söldnerführer. Das CEO-Modell weist aber entscheidende Nachteile auf: das oben bereits erwähnte Informationsdefizit und die sich daraus ergebende *Unmöglichkeit zu dezentralem Wachstum*. Mit der (Wieder-)Einführung der „anständigen" Firma als ökonomisch sinnvoller Organisationsform eröffnen sich nun auch wieder Möglichkeiten, vom CEO-Modell abzurücken. Das wird zwar eine Weile dauern, namentlich in Bereichen, die (wie die Banken) Aufsichtsbehörden und mithin zuweilen bösartigen Erbsenzählern ausgesetzt sind. Dennoch: Optimismus ist angesagt. Die Stunde der strukturellen Vielfalt hat geschlagen.

Erhöhte Anzahl struktureller Optionen, tiefere „Agency Costs", Auflösung des vermeintlichen Widerspruchs zwischen „Werten" und ökonomischem Wert: Wenn das keine – langfristig gesehen – guten Nachrichten sind! Nun gilt es lediglich noch, aus der guten Nachricht eine gute Praxis zu machen. Dass solches schwierig ist, hat die Geschichte nicht nur in wirtschaftlichen Belangen schon zu Genüge bewiesen. Aber versuchen sollte man es trotzdem.

Robert Nef

Gold, Geld und Glück

Versachlichung und Vertrauen

Wer die publizistische Aktivität von Gerhard Schwarz aus freundschaftlicher Nähe und mit stets großem Interesse verfolgt, wird vor allem seiner persönlichen Synthese von sachlicher Berichterstattung und persönlichem Kommentar Respekt zollen. Gerhard Schwarz setzt sich damit bewusst und souverän über eines der Dogmen des journalistischen Handwerks, die scharfe Trennung von Bericht und Kommentar, hinweg. Er tut dies nicht aus intellektueller Anmaßung oder gar aus Unvermögen, sondern aus dem Eingeständnis, dass es die angeblich so wichtige wertfreie Objektivität gar nicht gibt und dass nichts mehr zur Desinformation und Manipulation beiträgt als die nicht offen deklarierte Wertung im Gewande sogenannter Tatsachenberichte. Sie beruht ohnehin meist nur auf bewusster oder unbewusster selektiver Wahrnehmung. Leider beherrscht diese Form von pseudoobjektiver Berichterstattung in den tagesjournalistischen Massenblättern und vor allem in den elektronischen Medien weitgehend das Feld. Der vom Journalisten ausgewählte Ausschnitt aus dem realen Geschehen wird mit der ganzen viel komplexeren Wirklichkeit verwechselt.

Damit sei nichts gegen den Versuch der Versachlichung gesagt und auch nichts gegen das Bestreben, tatsächlich zur Sache und nicht nur über Personen zu schreiben. Der Versuch in einer hoch interdependenten Welt gewisse Phänomene aus ihrer Verstrickung zu befreien und auf das eigenständig Grundsätzliche, d. h. auf Eigentum und Eigenart, zurückzuführen, ist unverzichtbar und lobenswert.

Wer versachlicht, „bringt etwas auf den Punkt." Es kann der richtige Punkt sein, aber es kann auch der falsche Punkt sein, weil man dabei möglicherweise wichtige Dimensionen verliert. Der Punkt ist eine gedachte Stelle im Raum, und da er keine Länge und Breite und vor allem auch keine Höhe und Tiefe hat, muss man beim Versachlichen aufpassen, auf welchen gedachten Punkt man eine komplexe Angelegenheit bringen will.

Unter Versachlichung versteht man zunächst mit guten Gründen etwas Positives. Wer versachlicht, erhöht die Objektivität und macht damit etwas verallgemeinerungsfähiger. Wer versachlicht, löst etwas ab von Personen, auch von der eigenen Person. Was versachlicht ist, wird isoliert und damit übertragbar und transportierbar.

Aber auch entpersönlichte Produkte basieren auf Verhältnissen zwischen Personen. Und da sich das Vertrauen in erster Linie zwischen Personen entwickelt, kann Entpersönlichung auch zu Vertrauensschwund oder zu falschem Vertrauen führen. Was entpersönlicht wird, wird anonymisiert und in verschiedener Hinsicht weniger vertrauenswürdig. Die Befolgung des im Geschäftsleben (aber auch beim Medienkonsum) unverzichtbaren Grundsatzes „Trau, schau wem!" wird dabei erschwert.

Der Versuch der Versachlichung von persönlichen Beziehungen ist eine der Grundlagen einer kapitalistisch-marktwirtschaftlich arbeitsteiligen Wirtschaft. Gerade wer die Subjektivität aller Wertvorstellungen anerkennt und akzeptiert, ist unter kommunizierenden Menschen auf ein Tauschmittel angewiesen, das zu dem unter den Tauschwilligen gegenseitig akzeptierten materiellen Wertmaßstab wird. Damit sind wir beim springenden Punkt, beim Geld und beim Gold.

König Midas und der Hunger nach Gold

Der, je nach Übersetzung, heilige oder verfluchte Hunger nach Gold (auri sacer fames) hat schon Vergil in seiner Aeneis beschäftigt. Noch älter ist aber die Sage von König Midas, die nicht nur das Problem, sondern auch einen bedenkenswerten Lösungsansatz beschreibt. Die Sage führt zunächst den Drang zur Versachlichung und den gleichzeitig heiligen und verfluchten Hunger nach Gold vor Augen und endet gleich in den Geburtsstunden des Kapitalismus beinahe in einer tödlichen Katastrophe.

Dass Geld, das, nach Rousseau, wenn man es besitzt, das Mittel zur Freiheit, wenn man ihm nachjagt, das Mittel zur Knechtschaft ist, hat offensichtlich ein Suchtpotenzial. Die Midassage hat sehr viel mit Gold und Geld und Geldgier zu tun, und sie ist zeitlich auch in jener Epoche (5. Jahrhundert v. Chr.) entstanden, in der es beim Händlervolk der Griechen zu einer ersten Blüte der Geldwirtschaft kam.

Die Kurzfassung der Sage sei hier gleich in Verbindung mit einer sehr persönlichen Deutung wiedergegeben. Die Sage enthält nämlich nicht nur eine außerordentlich tiefsinnige Kritik an einer schrankenlosen Vermehrung des materiellen Vermögens, sondern auch eine bemerkenswerte Gegenstrategie.

Dem König Midas ist es gelungen, einen Satyrn zu fangen, ein Fabelwesen, halb Ziegenbock halb Mann. Midas hat das triebhafte, ungezügelte, trinkfreudige Naturwesen gefangen und gefesselt, d. h., es ist ihm gelungen, Naturkräfte, Emotionalität und Spontaneität wenigstens auf Zeit zu beherrschen und den Wunsch nach sofortiger Befriedigung aufzuschieben. Mit andern Worten: Er hat durch die Fesselung der Triebe das Prinzip des Leistens und des Sparens, die Grundlage der auf Kapital basierenden Wirtschaft, entdeckt.

Der Satyr bittet nun um seine Freilassung, und der König will als frisch gebackener homo oeconomicus dafür eine Gegenleistung. Als Entgelt dafür, dass er den gefesselten Satyrn schließlich wieder frei lässt, darf er sich etwas wünschen. Midas, der Frühkapitalist, äußert den verhängnisvollen Wunsch, dass sich in Zukunft alle Dinge, die er berührt, in Gold verwandeln sollen.

Erst als der Wunsch in Erfüllung geht, merkt er, dass er gar nicht mehr leben kann, weil auch alle Lebensmittel zu Gold werden. Was er sich gewünscht hat, ist nichts anderes als eine totale Versachlichung jeder Art von Beziehung zur dinglichen Außenwelt. Er hat alles auf einen einzigen materiellen Punkt gebracht, auf die endlose Vermehrung seines Vermögens. Alle Dinge verwandelten sich in ein einziges wertvolles Material, das zwar seit Menschengedenken einen hohen Tauschwert, aber keinen Gebrauchswert hat. Der Wunsch wurde somit zum Fluch.

Der Mensch, der das Sparen, den Befriedigungsaufschub, entdeckt hat, läuft Gefahr, dass er seine ganze Umwelt nur noch unter dem Gesichtspunkt des Tauschwertes in Gold bzw. in Geld wahrnimmt. Er entwickelt eine Gier nach Geld und koppelt sich damit von den natürlichen Lebensfunktionen ab, d. h. er verhungert und verdurstet – buchstäblich oder im übertragenen Sinn –, indem er einen einzelnen Aspekt der Realität verabsolutiert.

Glücklicherweise nannte der Satyr Midas ein Gegenmittel, das ihn vom Wunsch bzw. vom Fluch, dass sich alles, was er berührte in Gold verwandelte, befreien konnte. Es wurde ihm geheißen, in einen Fluss einzutauchen, um sich vom Fluch zu reinigen.

Ohne große Interpretationskniffe erkennt man im Fluss das Symbol der Zeit und des dauernden Wandels. Während die Verwandlung der

Natur in Gold (durch Leistung und Konsumverzicht) die Realität auf ihren Tauschwert reduziert und fixiert, hat das Eintauchen in den Strom der Zeit (das spontane Gewährenlassen und das Wieder-Zulassen natürlicher Triebe) eine lösende und erlösende Wirkung. Zeit ist Geld, und Geld ist Zeit.

Aber Zeit lässt sich nicht restlos in Geld verwandeln, und mit Geld kann letztlich Lebenszeit zwar möglicherweise intensiver genutzt, aber per Saldo nicht verlängert werden. Auf den Zusammenhang von Zeit und Geld weist auch der vielsagende Schluss der Geschichte hin (der möglicherweise auch ihr Ursprung ist), dass nämlich der Sand des Flusses seit jenem legendären Bad (gewissermaßen als Zins) Goldkörner führt.

Soviel zum möglichen Fluch der Verabsolutierung von Geld und vom Segen des Zinses, der diese Versachlichung wenigstens körnchenweise gewährt, wenn man den Fluss der Zeit nutzt und nicht alles gleichzeitig fordert bzw. zurückfordert.

Was hat nun diese antike Sage von Midas mit dem heutigen Kapitalismus zu tun? Der versöhnliche Schluss mit dem durchaus produktiven kontinuierlich-körnchenweise (als Zins) goldführenden Strom verbietet die Deutung als antike Vorwegnahme einer radikalen Kritik der Geldwirtschaft und des Kapitalismus.

Die heilende Wirkung des Stroms der Liquidität und des Kredits unterstreicht vielmehr die Überlegenheit des dynamisch Vielfältigen: das Prinzip der schöpferischen Zerstörung und der unendlich komplexen immer wieder neuen Kombination von Optionen. Alles fließt.(Heraklit).

Geld – ein unerschöpfliches Thema

Sicher spielt das Geld bei der Versachlichung von Verträgen eine entscheidende Rolle. Es bringt viele Beziehungen „auf den Punkt". Auf welchen? Über Ursprung, Wesen und Zukunft des Geldes sind zahlreiche Bücher und Abhandlungen geschrieben worden. Möglicherweise wird Geld überschätzt, und es wäre sinnvoller, ganz allgemein über Vermögen nachzudenken.

Mit dem Thema Geld sind wir aber schon mitten drin im Streit um die Versachlichung von Verträgen. Gibt es Privateigentum an Geld, d.h., kann man mit Geld in der Tasche jene umfassende Herrschaft über eine isolierbare Sache gegenüber jedermann ausüben, oder ist Geld doch nichts anderes als eine Forderung? Wer das heutige Geld als Kredit bei der Notenbank deutet, wird es eher mit einem politisch abgesicherten Vertrag als mit Eigentum in Verbindung bringen.

Sachen sind für sich bestehende Dinge, die man ohne Zerstörung eines Gesamtzusammenhangs isolieren kann. Die Isolierbarkeit ist ein entscheidendes Merkmal der Sache und sie spielt bei der Versachenrechtlichung von Vertragsbeziehungen eine wichtige Rolle. Man möchte eine persönliche Schuldbeziehung isolieren und von den ursprünglichen Personen lösen: verbriefen und als Wertpapier handelbar machen. Das sachgerechte Verbriefen und der richtige Umgang mit diesen Verbriefungen gehört im Finanzbereich zum Alltag. Die Versachenrechtlichung von immer komplizierteren Verträgen und der richtige Umgang damit ist also kein fernliegendes Thema.

Das Privatrecht als Traktandenliste des Liberalismus

Unsere Privatrechtsordnung ist als „Kommunikationsmuster" ein historisch gewachsenes Kulturgut ersten Ranges – vergleichbar etwa mit der Erfindung der Schrift oder gar der Sprache. Die Systematik liest sich wie eine Traktandenliste des Liberalismus:

Zuerst das Personenrecht als rechtliche Definition der Persönlichkeit, dann die juristischen Personen als Gegenstand der rechtlichen Selbstorganisation, dann Ehe- und Familienrecht, Sachenrecht, Erbrecht, Obligationenrecht und Haftpflichtrecht, Handelsrecht und zuletzt Wertpapierrecht, bei dem letztlich Eigentum und Vertrag vernetzt werden.

Während das Erbrecht den Zusammenhang zwischen Person, Familie und Sachen herstellt und ein Überdauern von Willensakten ermöglicht, ist der Vertrag im Zusammenhang mit der Haftung das eigentliche Kernstück der Privatautonomie.

Unterschätzt wird häufig der kulturhistorische und philosophische Stellenwert des Wertpapierrechts. Es schließt den Kreis zwischen Person, Sache und Vertrag, indem es die Versachlichung von vertraglichen Beziehungen ermöglicht und damit eine für die persönliche Freiheit wesentliche Funktion erfüllt.

Die Institutionen des Privatrechts bilden kein System, das Konfliktfreiheit garantiert. Als historisch gewachsene und immer wieder adaptierte und neu interpretierte Gesamtheit muss dieses System als „Traktandenliste der Privatautonomie" stets weiterentwickelt werden.

Non olet

Seit dem Altertum kennt man den für den Kapitalismus wichtigen Satz „pecunia non olet". Das hat der römische Kaiser Vespasian geantwortet, als man seine Urinsteuer kritisierte. Geld stinkt nicht, und wer Geld in einem Tauschprozess annimmt, durfte ursprünglich einmal – selbst im Bankgeschäft – im guten Glauben sein, dass es dem Besitzer auch rechtens gehörte. Tempi passati.

Daran wird nun gerüttelt. Bargeld wird verdächtig, weil man bei der Banknote nicht wie beim Plastikgeld den Weg verfolgen kann, durch welche Hände sie gegangen ist. Heute gehen alle Bestrebungen der staatlichen Kontrolle in Richtung Personalisierung und nicht in Richtung Versachlichung bzw. Versachenrechtlichung von Vermögen. Am liebsten möchte man jede Banknote mit einem Stempel versehen „versteuert" oder „nicht versteuert" bzw. „weiß" oder „schwarz" – Geld soll zunächst zur identifizierbaren Speziessache werden und schließlich zu einem Bestandteil einer unendlichen Kette von Verträgen.

Die moralischen Bestrebungen, durch entsprechende Gesetze zwei scharf voneinander abgrenzbare Kategorien von Geld zu schaffen, „Weißgeld" und „Schwarzgeld", werden bei der praktischen Umsetzung noch etwelche Definitionsprobleme verursachen. Von Ludwig Marcuse stammt der Aphorismus, wir sollten weder weiß noch schwarz malen, sondern es mit grau probieren. Gibt es bald auch Graugeld? Ist möglicherweise jedes Geld ein wenig „grau"?

Geld als Schwungrad und als Scharnier

Adam Smith hat das Geld funktional und in Analogie zur Mechanik als „Schwungrad" der Wirtschaft bezeichnet. Als Jurist benütze ich ein anderes funktionales und mechanistisches Bild. Geld ist ein Scharnier zwischen zwei privatrechtlichen Basisinstitutionen, zwischen Eigentum und Vertrag.

Das Eigentum kann man mit dem Bild einer Sonne vergleichen. Ein Kernbereich, der – ohne Vertrag – ein Abwehrrecht gegenüber allen begründet und damit für die Freiheit und Autonomie des Individuums entscheidend ist. Den zweiseitigen Vertrag kann man mit einer Hantel symbolisieren. Zwei oder mehrere Parteien verwandeln ihr ursprüngliches Abwehrrecht (ihre „Sonne") durch übereinstimmende Willenserklärung in eine Tauschbeziehung, in eine „Hantel", bei der je eine der „Strahlen" isoliert und verbunden wird.

Diese Verwandlung ist keine Qualitätseinbuße, sondern eine durchaus positive Verwandlung von Abwehr in Zuwendung. Das Tauschen ist im Leben wichtiger als das Besitzen. Das Obligationenrecht ist kommunikativer als das Sachenrecht, und doch sind beide engstens miteinander verknüpft.

Hans im Glück

Dass man den Weg der Versachlichung auch rückwärts beschreiten kann, zeigt eine andere Geschichte. Sie symbolisiert den Weg, der vom Abwehrrecht des Besitzens zur vollkommenen Geborgenheit führt. Es ist das Grimm'sche Märchen von Hans im Glück.

Es beginnt mit einem kapitalen Goldklumpen, „groß wie der Kopf", und endet damit, dass Hans ohne jede Wertsachen in die Arme seiner Mutter zurückkehrt, in das ursprünglichste und engste persönliche Beziehungsverhältnis:

Glück kann nicht nach objektiven Kriterien verordnet oder produziert werden, und es gibt gute Gründe, das Glück des Habens gegen das Glück des Seins zu tauschen, bzw. die jeweils zuträgliche Kombination der beiden Bestrebungen, die sich übrigens nicht gegenseitig ausschließen, selbst zu bestimmen.

Eigentum, Mobilität, Naturalertrag, Konsum, Genuss, Aktivität, Muße und Geborgenheit sind schwer in eine allgemeingültige Präferenzskala einzureihen. Und Umfrageergebnisse deuten darauf hin, dass bei alten Menschen rückblickend das allzu seltene Familienglück gemeinsam mit guter Gesundheit die höchsten Ränge der Lebenspräferenzen einnimmt – Güter, welche ein auf materielle Errungenschaften ausgerichteter Markt nicht tel quel offeriert und die gegen Geld nicht zu haben sind.

„Hans im Glück" ist aus dieser Sicht kein Außenseiter und sein Verhalten ist weder dumm noch irrational. Er trifft zwar seine Entscheidungen – wie wir alle – aufgrund unvollkommener Informationen, aber er handelt durchaus wirtschaftlich, indem er immer wieder versucht, „die höchstmögliche Glückseligkeit zu erlangen, die unter den gegebenen Umständen erlangbar ist" (Ludwig von Mises). Der lehrreiche Heimweg des „Hans im Glück" ist möglicherweise mit dem Flussbad des Midas zu vergleichen. Gold, Geld und Glück sind zwar nicht bedingungslos miteinander verknüpft, aber sie schließen einander nicht aus.

Necla Kelek

Freiheit und Verantwortung – muslimisches Leben in Europa

Ein Gespenst geht um in Europa: das Gespenst des Islam

Man kann es gelegentlich, in bestimmten Stadtteilen fast in jeder Großstadt Europas auf Straßen sehen: Frauen im schwarzen Tschador, bärtige Männer mit Käppis und Gebetsketten, Frauen mit Kopftüchern und bodenlangen Mänteln, die den Kinderwagen durch die Straßen schieben, oder Jungs in Gruppen, die Vorübergehende gerne mit dem Spruch anrempeln: „Was willst du, Opfer?" Islamverbände, die Moscheen bauen wollen, ihre Kinder islamisch erziehen wollen, und dafür sorgen, dass in den Schulen zu Ramadan die Kantinen schließen, dass Schweinefleisch verboten wird. Mädchen, die nicht mitturnen oder keine deutschen Freundinnen haben dürfen

Alles Klischees, alles falsch, üble Nachrede und eine krankhafte Angst vor dem Islam, meinen die Relativierer, die meisten aber sind stumm und ratlos.

Die Existenz von vier Minaretten auf Schweizer Boden und der Wunsch, drei weitere zu bauen, kann für mich nicht der Grund sein, warum 57 Prozent der Schweizer per Volksabstimmung gegen Minarette abgestimmt haben.

Wenn 350 von 5 Millionen „möglichen" Muslimen in Frankreich das Gesicht verhüllende Ganzkörperschleier, die *Burka*, tragen, kann das nicht das Motiv sein, warum seit Monaten eine Debatte darüber geführt wird, ob man dieses Kleidungsstück im öffentlichen Raum verbieten sollte. Wenn nach einem versuchten Attentat auf einen Karikaturisten in Dänemark Zeitungsredakteure über die Qualität von Satire philosophieren und sich fragen, ob das Leben des Zeichners schützenswert ist und Religionskritik an sich infrage stellen, dann fragt man sich, was wird hier verhandelt, und haben diese Debatten tatsächlich mit dem Islam zu tun?

Der Islam und die Muslime und wie sie ihre Religion leben möchten, ist eine Herausforderung an die europäische Gesellschaft.

Die Frage ist, wie viel Freiheit oder Toleranz hält unsere Gesellschaft aus, was ist tolerabel, und wie wird das Gesellschaftsmodell des Islam unsere Gesellschaft verändern und wohin bewegen.

Für mich liegen die Ursachen tiefer und sind nicht ausreichend mit dem Hinweis auf die „fremde" Kultur des Islam erklärt. Die Debatte um den Islam ist vielmehr ein Ausdruck der Verunsicherung der europäischen Gesellschaften darüber, was Europa im Kern ausmacht und welche Werte es zusammenhält.

Lange Zeit waren die europäischen Nationen mit der Aufarbeitung der eigenen Geschichte, mit der Neuformulierung einer offenen, emanzipierten Zivilgesellschaft, mit dem Wachstum der neuen Gemeinschaft beschäftigt. Der Wettstreit mit dem Ostblock und dessen Idee der Kollektivgesellschaft prägte lange Jahre den Diskurs um die Zukunft der Gesellschaft. Nach dem Zusammenbruch des Kommunismus oder wenn man so will: dem Sieg der Idee der Freiheit war man mit dem Aufbau und der Integration des Ostens beschäftigt. Die iranische Revolution 1979 wurde nicht als Zeitenwende in den Beziehungen des Islam zum Westen gesehen, sondern war für viele ein Sieg über den Schah als Schurken und fiel in die Abteilung „Befreiung vom Kolonialismus". Der Islam wurde, weil er sich antiamerikanisch und antiwestlich gab, zum Bündnispartner derjenigen, die gegen den „Imperialismus" kämpften. Diese Ideologie bildet heute noch den Kitt, wenn sich Hugo Chavez aus Venezuela mit Mahmut Ahmadinedschad aus dem Iran verbündet.

Ich weise in meinen Büchern auf die Missstände innerhalb der muslimischen Community hin und versuche zu erläutern, warum der Islam eben nicht nur ein Glaube, sondern eine Weltanschauung und politische Ideologie darstellt, die sich anders als das Christentum nicht säkularisiert hat. Der Islam ist gelebte Kultur, und diese Kultur hat ein anderes Menschen- und Weltbild als das einer aufgeklärten Bürgergesellschaft. Ich möchte Ihnen auseinandersetzen, worin diese „Kulturdifferenz" besteht und worum es im Kern geht: um den Umgang mit Freiheit. Und warum sich Muslime so schwer tun, in der Freiheit anzukommen. Das macht für mich nämlich den Kern des Problems aus.

Ich möchte Ihnen von meinem Weg in die Freiheit erzählen. Ich lebe in einem freien Land, ich kann sagen und schreiben, was ich für richtig halte. Ich mische mich politisch da, wo ich kann und gerufen werde, ein, werde meist gehört und manchmal gedruckt und bekomme manchmal sogar Preise. Ich werde weder bedroht noch muss ich mich vor der Polizei oder der Staatsanwaltschaft fürchten. Im Gegenteil. Daher gehört Mut bei dem, was ich mache, nicht dazu.

Ich hätte aber all dies nicht tun können, wenn ich nicht in der Gewerkschaft, auf der Universität und im privaten Umfeld immer wieder Menschen begegnet wäre, die mich bestärkt hätten, meine Meinung zu sagen, die mir aber vor allem gezeigt haben, dass es zu einer demokratischen Gesellschaft gehört, als Einzelner Verantwortung zu übernehmen. Für sich und für andere.

Aber die Freiheit, so zu leben, zu nutzen, muss man lernen. Ich hatte eine gute Lehrerin. Simone de Beauvoir.

Ich habe zu ihr ein ganz persönliches Verhältnis, denn sie begegnete mir nicht als politische Figur der Frauenbewegung, mit der hatte ich mit Anfang Zwanzig noch nichts zu tun. Ich lernte „die Tochter aus gutem Hause" durch ihre Memoiren kennen, las wie die junge Simone, die nach der Schule heimlich im Park auf der Bank saß und ihre Freiheit genoss, sie war eifersüchtig auf eine Frau, die mehr Bücher besaß als sie.

Sie war mir wie eine Schwester, denn sie liebte das Leben wie ich. Meine erste Reise, die ich ganz allein unternahm, war eine Busfahrt für 69 D-Mark (hin und zurück) von Hamburg nach Paris, um für einen Tag in ihrer Nähe zu sein. Ich rauchte eine Zigarette im Café de Flore, sah zu dem Fenster ihrer Wohnung hinauf und setzte mich auf eine Bank im Jardin du Luxembourg und genoss das Gefühl, ganz für mich und ich selbst zu sein. Diese Freiheit, ganz bewusst für sich selbst und sein Tun verantwortlich zu sein, wurde mir klar, war das, was ich am meisten vermisst hatte und nie wieder hergeben wollte.

Viele können es sich vielleicht nicht vorstellen, aber für mich ist Freiheit zu haben, Verantwortung zu übernehmen, ein großes Glück.

„Freiheit" habe ich als Kind nur als etwas Fremdes, den Männern Vorbehaltenes kennengelernt. „Freiheit" heißt auf Türkisch „Hürriyet". Dieses Wort stammt von dem arabischen Begriff *hurriya*[1] ab, das in seiner ursprünglichen Bedeutung das Gegenteil von Sklaverei meint und nicht das, was in der westlichen Tradition mit „libertas" verbunden wird, näm-

---

1 Dan Diner, Die versiegelte Zeit, Berlin 2005, S. 52.

lich die Befreiung des Einzelnen von jedweder, auch religiöser Bevormundung. *Hurriya* bedeutet, ein Sklave wird „frei", um Allah zu dienen. Für gläubige Muslime besteht in diesem Sinne Freiheit in der bewussten Entscheidung, „den Vorschriften des Islam zu gehorchen".

Als ich meine, in der türkisch-muslimischen Tradition verhaftete Mutter fragte, wann ich denn – ich war 16 oder 17 Jahre alt – frei sein würde, in dem Sinne, wann ich denn für mich entscheiden könne, sagte sie mir: „Die Freiheit ist nicht für uns gemacht." Sie verstand meine Frage nicht. Für sie war „frei sein" gleichbedeutend mit „vogelfrei" sein, das heißt: ohne Schutz sein.

„Frei sein" ist schutzlos, verlassen sein. Die Frau ist im Zweifelsfall der Gewalt der Männer ausgeliefert, denn die Männer der Familie schützen die Frauen vor der Gewalt fremder Männer. Ist der eigene Mann gewalttätig, so ist das *kismet*, Schicksal. Männer, das sind in der Lebenswelt immer noch vieler muslimischen Frauen Beschützer und Bewacher. Die Männer sind die Öffentlichkeit und die Frauen ihre Privatheit.

Für viele muslimische Frauen ist die Freiheit „von etwas". Frei vor Anfeindungen Fremder, aber auch frei von Verantwortung für sich selbst, frei von eigenem Willen.

Sie werden einwenden, das ist doch die Ausnahme, und sicher kennen Sie Frauen, die Musliminnen sind und trotzdem selbstständig.

Ja, sage ich, auch das stimmt.

Natürlich gibt es Frauen, die sich diesem kulturellen System längst entzogen haben, weil es den Anforderungen der modernen Gesellschaft und den Wünschen der Frauen in der heutigen Zeit widerspricht. Und zum Glück bietet gerade unsere Gesellschaft diese Möglichkeit. Die aber, die es gelernt haben, ihre Freiheit zu nehmen, vergessen leider allzu schnell die anderen und sprechen von ihrem persönlichen Freiraum, als sei der für alle selbstverständlich.

Ich bin in einer muslimisch-türkisch geprägten Gemeinschaft aufgewachsen, in der solche Gedanken für Mädchen und Frauen tabu waren und oft noch sind. Es war wohl meine Rettung, dass ich mich instinktiv gegen die Bevormundung meines Vaters gewehrt habe. Und es war mein Glück, dass er den Kampf aufgab und uns verließ. Das wir nur noch zu dritt waren und ich zum Glück einen Bruder hatte, der zu mir hielt, mir half, meinen eigenen Weg zu gehen. Denn in einer traditionellen Großfamilie mit vielen Brüdern und Cousins und Onkeln und Tanten hätte das

„Volksgericht", wie ich viele Familien bezeichne, meinen Aufstand niedergeschlagen.

So konnte ich mich später in meinem Studium und in meinen Forschungen auch mit der Frage beschäftigen, warum meine Herkunftsgesellschaft dem weiblichen Geschlecht verweigert, „für sich selbst zu sein".

Ich bin bei meinen Arbeiten zu dem Ergebnis gekommen, dass die besondere Lage der Frauen in muslimischen Communities in der Migration wie in den Herkunftsländern nicht so sehr durch die soziale Lage bestimmt wird, dass sie nicht von den christlich-säkularen Mehrheitsgesellschaften per se benachteiligt werden, sondern sich die Diskriminierung in der kulturellen Herkunft, genauer in der Kultur und des traditionellen und politischen Islam, selbst festmachen lässt. Ich spreche hier jetzt nicht vom spirituellen Glauben, den jede und jeder leben kann, wie er will, sondern vom Islam als politische Weltanschauung, als die Gesellschaft und alle Lebensbereiche bestimmende Institution.

Obwohl die aktiven Muslime meinen, zwischen Religion und religiöser Praxis trennen zu können, und bei Missständen sagen, „das ist nicht der Islam", sind sie diejenigen, die die kulturelle Prägekraft und soziale Einflussnahme ihrer Religion immer besonders herausstellen und keine Trennung von Religion und Politik akzeptieren.

Ich spreche damit unsere Gesellschaft nicht von der Verantwortung frei, für alle Mitglieder – auch die Schwachen und Benachteiligten – zu sorgen und Chancen zu eröffnen. Wir haben da einiges aufzuholen. Aber es wird nicht funktionieren, wenn nicht Bereitschaft besteht, in und für die Gesellschaft selbst zu wirken, sich in die eigenen Angelegenheiten einzumischen und sich dabei als ein Teil der Gesellschaft zu begreifen. Die Migrantenkinder sind Kinder unserer Gesellschaft. Und wenn die Eltern diese Verantwortung nicht übernehmen können oder wollen, da sie ein anderes Konzept verfolgen, müssen wir durch sprachliche Früherziehung, Ganztagsschule und besondere Förderung dafür sorgen, dass sie unserer Gesellschaft nicht verloren gehen.

Und die jungen Menschen müssen eine Chance bekommen, sich beruflich zu integrieren, und dürfen nicht wegen ihrer Herkunft ausgegrenzt werden. Dabei begreife ich den säkularen Staat und die Schule aber nicht als Servicestation für verschiedenste Kulturen, sondern als eine Wertegemeinschaft, die die freiheitliche Grundordnung erlebbar macht und vermittelt.

In der säkularen Gesellschaft ist ein Teil der Verantwortung für das eigene Verhalten ins Innere verlegt, es wird Gewissen genannt, andere Regeln wurden nach außen in die Gemeinschaft entlassen, damit meint man Gesetze.

Wenn traditionelle Muslime meinen, Frauen müssten sich verschleiern, weil die Männer sonst ihrer Triebe nicht Herr würden, und die Frauen seien vor ihnen nicht geschützt, verkehrt man die Verantwortung für das eigene Verhalten ins Gegenteil, denn zu den wichtigsten Errungenschaften der Zivilgesellschaft gehört die Beherrschung des Sexualtriebs.

Die Gesellschaft muss von einem Mann verlangen, Frauen nicht zu belästigen. Nicht das potenzielle Opfer muss sich verschleiern, sondern der Täter eines sexuellen Übergriffs muss von der Gesellschaft zur Verantwortung gezogen werden.

Freiheit, die in Europa mittlerweile als selbstverständlich angesehen wird, macht vielen muslimischen Frauen Angst. Sie haben Angst vor der Freiheit, weil sie sie nicht kennen. Sie wissen nicht, was frei, unabhängig sein, was Verantwortung für sich selbst zu tragen bedeutet. Wem von Kindesbeinen an eingebläut wird, dass man zu gehorchen hat, und wer nichts anderes sieht als die eigenen vier Wände, der fürchtet sich irgendwann vor eigenen Entscheidungen – und sei es nur im Wald spazieren oder allein zum Arzt zu gehen. Und natürlich stellt sich die Frage, was zu tun ist, dass aus Menschen, die nicht lernen, Verantwortung für sich selbst zu tragen, verantwortungsbewusste Bürger werden können, die im Staat mitentscheiden und sich einmischen sollen.

Ich bin deshalb vehement dafür, dass Kinder, ganz gleich woher sie kommen, erst lernen, sich selbst auszuprobieren, dass sie schwimmen, auf Berge klettern, in Museen und Theater gehen. Dass sie möglichst vieles selbst machen, dass man verhindert, dass sie „freiwillig" ein Kopftuch aufsetzen.

Mädchen vor dem 14. Lebensjahr mit dem Kopftuch in die Schule zu schicken, hat für mich nichts mit Religionsfreiheit oder dem Recht der Eltern auf Erziehung zu tun, sondern ist ein Verstoß der durch das Grundgesetz garantierten Menschenwürde und des Diskriminierungsverbots. Das Kopftuch qualifiziert das Kind als Sexualwesen, das seine Reize vor den Männern zu verbergen hat, weniger darf als ihre Brüder und die anderen Schulkameradinnen. Jede erwachsene Frau mag für sich selbst entscheiden, ob sie sich verhüllt, aber Kinder mit diesem Stigma aufwachsen zu lassen, ist für mich ein Zeichen von religiöser Apartheid und widerspricht dem Gleichheitsgrundsatz und dem Bildungsauftrag.

Strengreligiöse Muslime und ihre Islamverbände funktionalisieren z. B. die in Deutschland, aber auch in anderen europäischen Ländern mittlerweile durch die Verfassung garantierte Freiheit der Religionsausübung, um das islamische Geschlechtermodell der unterschiedlichen Behandlung von Männern und Frauen durchzusetzen.

Das Recht auf Kindheit

Das Grundgesetz in Deutschland sieht Religionsmündigkeit ab einem Alter von 14 Jahren vor. Das bedeutet, dass zumindest an den Schulen bis zur sechsten Klasse generell das Kopftuch nicht zugelassen werden sollte.

Jedes Kind hat ein Recht auf Kindheit, und muss über seine Rechte aufgeklärt werden und lernen, wie Freiheit gelebt und verteidigt werden kann. Es hat ein Recht zu lernen, wie ein selbstbestimmtes Leben geführt wird. Dies ist eine gesellschaftliche Aufgabe, die vorrangig von der „Integrationsagentur" Schule geleistet werden sollte.

Unabhängig zu werden und selbstständig zu denken und körperliche wie geistige Autonomie ist neben einer guten Ausbildung die Voraussetzung für Freiheit.

Freiheit muss man lernen. Und Schulen sind dazu da, neben allem anderen, dies den Kindern zu vermitteln. Ich bin deshalb auch gegen ein Kinderbetreuungsgeld, weil ich möchte, dass alle Kinder möglichst früh, also bereits im Kindergarten, nicht nur mit der deutschen Sprache, sondern auch mit der Kultur der Selbsterfahrung und Selbstständigkeit in Kontakt kommen. Und das können sie nicht bei einer Mutter, die aus Anatolien kommt, kein Deutsch spricht und nichts von dieser Gesellschaft weiß.

Die Sprache zu beherrschen ist ein sehr wichtiges Mittel der Integration, ohne Sprache kann keine Bildung, keine Teilhabe gelingen. Aber nur mit Spracherziehung wird die Integration nicht gelingen, wenn es nicht gelingt, den Menschen eine Identität, ein Selbstbewusstsein als demokratische Bürgerin und Bürger zu geben.

Was ist Respekt?

Lassen Sie mich ein weiteres Beispiel geben für die von mir als entscheidendes Integrationshindernis angesehene Kulturdifferenz und die Notwendigkeit eines Wertekonsenses. Im türkisch-muslimischen Wertekanon spielt der Begriff „Respekt" eine große Rolle. Respekt vor dem Älteren, dem Stärkeren, vor der Religion, vor der Türkei, vor Vater, Onkel, Bruder. Wenn ein Abi, ein älterer Bruder, von einem Jüngeren oder Fremden „Respekt" einfordert, fordert er eine Demutsgeste ein. Auch erwachsene Söhne reden z. B. in Gegenwart ihrer Väter oder Onkel nicht unaufgefordert, sie ordnen sich unter, erweisen so dem Älteren „Respekt". Das ist die absolute Orientierung auf einen hierarchisch Höherstehenden, auf ein patriarchalisches System. „Respekt" bedeutet deshalb in diesem Zusammenhang Unterwerfung und steht damit der Definition, was „Islam" bedeutet, in nichts nach. Auch Islam bedeutet im Wortsinn Unterwerfung und Hingabe. Respekt haben bedeutet, die gegebenen Machtverhältnisse anerkennen, das impliziert, das Prinzip dieser Religion zu akzeptieren. Die Mitglieder der Gruppe, der Familie, des Clans usw. sind nicht gleich, sondern nach Geschlechtern, Alter und Rang abgestuft zu respektieren. Gegen einen Älteren aufzubegehren ist in diesem religiös kulturellen System deshalb so, als würde man gegen die göttliche Ordnung aufbegehren.

Seine Meinung sagen ist für ein Mädchen gegenüber einer Älteren oder gegenüber einem Mann „respektlos". Ich habe beobachtet, dass Söhne im Alter von vielleicht 12 Jahren mit ihren Müttern zum Einkaufen gingen und das Portemonnaie in der Hand hielten und zahlten, weil der Junge während der Abwesenheit des Vaters als ältester Mann im Haus das Sagen hatte. Die Hierarchie ergibt sich nicht aus einer natürlichen Autorität, sondern wird über Alter und Geschlecht definiert, und dies ist gottgegeben.

Gesellschaftlich und im Glauben passiert etwas Ähnliches. Man soll oder muss „Respekt" gegenüber dem Propheten oder der Religion haben und darf nicht kritisieren oder Karikaturen zeichnen, weil man als Muslim nicht – und als Ungläubiger schon gar nicht – das Recht hat, die göttliche Ordnung infrage zu stellen.

Man darf nicht nur nicht die Ordnung infrage stellen, man hat auch nicht das Recht, überhaupt Fragen zu stellen, wenn es keine Verständnisfragen sind.

Kritische Fragen stellen, bedeutet zu zweifeln. Und der Zweifel erscheint als Gotteslästerung und ist seit dem 12. Jahrhundert aus der islamischen Lehre verbannt.

In der Sure 3, Vers 110 lässt Mohammed Allah sagen: „Ihr seid die beste Gemeinschaft, die je für Menschen gestiftet wurde. Ihr gebietet, was recht ist, verbietet, was verwerflich ist, und glaubt an Allah." Das Geschehen in der Welt ist demnach nicht von den Menschen zu bestimmen, sondern soll der Autorität Allahs folgen.

In der islamisch geprägten Gesellschaft hat man deshalb der gottgegebenen Ordnung „Respekt zu erweisen". Der ältere Bruder beruft sich auf Gott, wenn er der Schwester Vorschriften macht. Die Mutter auf diese Ordnung, wenn sie die Tochter verheiratet.

Wenn in westlichen Wertmaßstäben von „Respekt" gesprochen wird, ist damit Hochachtung, Rücksicht und auch „gelten lassen" gemeint. Man muss als Einzelner den „Respekt verdienen". Der amerikanische Soziologe Richard Sennett beschreibt den „Respekt"[2] als soziales Instrument gegenseitiger Rücksichtnahme, das sich im Verhalten, Ritualen und nicht zuletzt in Gesetzen manifestiert und als „die Achtung der Bedürfnisse von Menschen, die einem nicht gleichgestellt sind", definiert. Und Jürgen Habermas wiederum beschreibt damit die Achtung abweichender Meinungen, die anderen Interessen entspringen.

Sennett formuliert drei Leitgedanken, mit Hilfe derer die Gesellschaft den Charakter des Menschen formen kann:
1. die Entwicklung der eigenen Fähigkeiten und Fertigkeiten
2. die Sorge um sich selbst
3. das Bestreben, den anderen etwas zurückzugeben.

Oder um es prägnanter auszudrücken: Mach etwas aus dir selbst! Sorge für dich selbst! Hilf anderen!

Ein Angebot

Durch jahrzehntelange falsche Integrationspolitik begünstigt, fühlen sich viele muslimische Migranten – und zwar sogar diejenigen, die einen deutschen Pass haben und oft bereits 30 Jahren in diesem Land leben –

---
2 Richard Sennett, Respekt im Zeitalter der Ungleichheit, Berlin 2002.

immer noch z. B. als Türken und haben Europa als ihre neue Heimat nicht angenommen.

Die Migranten und die in diesem Land geborenen Töchter und Söhne der Migranten und ihre Kinder müssen aber – wenn sie eine Identität finden wollen – dieses Land als ihr Land, als neue Heimat begreifen lernen. Sie müssen bereit sein, dieses Land und die Menschen, die hier leben, kennen zu lernen, und wie Max Frisch gesagt hat: Demokratie als die Einmischung in die eigenen Angelegenheiten begreifen.

Dazu gehört, dass sie aufhören, die Europäer als Fremde oder „Ungläubige" zu sehen, aufhören, die europäischen Sitten und Gebräuche zu verdammen oder zu ignorieren, sondern sich auch mit den Traditionen des jeweiligen Landes, in dem sie leben, auseinanderzusetzen. Und die Europäer müssen aufhören, Migranten und ihre andere Einstellung zu den Kernfragen der Demokratie unter Naturschutz zu stellen. Sie müssen mit den Muslimen bereit sein, den „Geist der Gesetze" der Republik anzuerkennen, Europa als ihre gemeinsame Heimat anzunehmen, die Frauen vor Diskriminierung und Gewalt gemeinsam zu schützen, denn das ist die Voraussetzung für ein Miteinander.

Es mag befremdlich sein, Europa als Heimat zu akzeptieren, wenn selbst viele Deutsche mit der Identifikation mit ihrem Land Probleme haben. Wer als Deutscher sein Land nur als die Wiege des Holocaust sieht oder die Europäer sich nur als Kolonialherrscher sehen, wer Nation mit Nationalismus gleichsetzt, Identität für Rassismus hält, hat natürlich Probleme, anderen eine positive Sicht Europas zu vermitteln. Aber gibt es einen anderen Weg, als Europa so zu nehmen, wie es mittlerweile ist? Ich meine nein, denn das ist gerade auch seine Stärke, der Selbstzweifel. Eine kollektivistische Identität wie „das Türkentum" oder die hegemoniale Idee des Islam als kollektive Religion kann und will „der Westen" nicht mehr bieten. Die Identität Europas ist die Freiheit, der Schutz des Einzelnen.

Viele muslimische Migranten sind nicht bedürftig, sondern haben andere Voraussetzungen mitgebracht. Die Europäer müssen aufhören, die Migranten als Mündel zu betrachten, die Migranten aufhören, sich als Opfer zu stilisieren.

Aufklärung

Ein grundlegendes Problem des Islam in diesem Zusammenhang ist die fehlende Trennung von Staat und Religion, die spätestens mit der Einführung der Orthodoxie im Jahr 847 staatliche muslimische Tradition wurde. (In den christlichen Gesellschaften fand die Trennung von Religion und Staat im Zuge der Aufklärung statt). Unter Säkularisierung wird die „Verweltlichung" einer Gesellschaft verstanden. Das lateinische *saeculum* bedeutet Jahrhundert, einen befristeten Zeitraum, mit einem Anfang und einem Ende. Säkularisierung bezeichnet historisch den Übergang von „ewigen" zu „zeitlichen" Werten. Werte – und auch Glaubensinhalte – wurden damit erstmals in ihrem historischen Kontext gesehen, dem historisierenden Blick geöffnet. Sie konnten verworfen oder neu begründet werden, entstehen und vergehen. Diese Entwicklung wird als Aufklärung bezeichnet. Sie hat den Freiheitsgedanken in die Welt gebracht. An die Stelle von Gottes Gesetz trat das von Menschen gemachte „Gesetz", das Recht. An die Stelle des von Gott gewollten Schicksals trat der sein Schicksal selbst in die Hand nehmende, Vernunft begabter Mensch. „Enlightment", das „Licht der Vernunft", wie der englische Philosoph John Locke es genannt hat, befähigte ihn, die ihm bisher unverstandenen schicksalhaften Lebenswelten kognitiv zu durchdringen und sich intellektuell anzueignen. Wahre Aufklärung ist deshalb auch die Aufklärung des Menschen über seine Grenzen und die Erkenntnis, eigenverantwortlicher Gestalter des Diesseits zu sein und nicht nur als Vollstrecker eines jenseitigen Auftrags zu dienen.

Der Glaube wurde dadurch nicht abgeschafft, auch nicht bei den Christen. Aber mit der Aufklärung wurde ihm die Vernunft zur Seite gestellt, die Frage, der Zweifel. Keine Religion habe Anspruch auf absolute Wahrheit, schrieb der Vater aller jüdischen Aufklärer, Moses Mendelssohn. „Schickt euch in die Sitten und die Verfassung des Landes, in welches Ihr versetzt seid", forderte er seine Glaubensbrüder auf. Er starb in demselben Jahr, in dem Ludwig Börne geboren wurde. Börne, Heinrich Heine und andere seiner Zeit haben die Stafette der Haskala, der jüdischen Aufklärung, weiter getragen. Haskala heißt Bildung oder Klugheit. Sich selbst zu bilden, sich der fremden Kultur zu öffnen, z. B. Deutsch zu lernen, war für sie das Gebot, um gesellschaftliche Gleichberechtigung zu erwerben. Der sie umgebenden christlichen Mehrheitsgesellschaft waren diese aufgeklärten Juden weit voraus. Sie wurden der Treibsatz der deutschen Kultur und haben sie mit ihren Pionierleistungen in Wissenschaft und Ökonomie, in Theater, Literatur und Musik unendlich bereichert.

Der Islam als Religion hat eine solche Aufklärung noch vor sich. Auf seine uns inzwischen leidlich bekannten Verbandsfunktionäre können wir dabei nicht hoffen. Umso notwendiger ist es, dass wir, säkulare Muslime wie Demokraten in Europa, unseren Part an Verantwortung für die Integration der Muslime übernehmen: dass die hiesige Gesellschaft sich ihrer eigenen Grundlagen und Werte vergewissert, sie auch hinterfragt, bestätigt oder verändert. Aber dass sie zugleich unmissverständlich gemeinsam klar macht, dass ein Miteinander auf einem für alle verbindlichen *Gesellschaftsvertrag* beruht, der keine Parallelwelten mit grundsätzlich anderen Normen und Rechtsvorstellungen duldet. Wir sind – um einen Gedanken des Islamwissenschaftlers Bassam Tibi aufzugreifen – eine kulturell plurale Gesellschaft, deren Miteinander durch wertebezogene Gemeinsamkeiten entsteht, nicht durch eine Aneinanderreihung multikultureller Parallelwelten.

Ich bin stolz darauf, in Deutschland, in Europa zu leben, auf meine Freiheit als Europäerin. So sehr mich manchmal, wie Alfred Grosser sagt, das „deutsche Laster des Selbstmitleids" nervt, so stolz bin ich darauf, an den Debatten um die deutsche und europäische Geschichte, die Probleme des Zusammenlebens beteiligt zu sein, und mich einzumischen. Das ist wahre Freiheit und ein Zustand, der mir Europa als reich erscheinen lässt.

Dass wir streiten, dass wir um die Zukunft unserer Länder ringen, dass das so möglich ist, ist ein Teil dieser „meiner" europäischen Kultur.

Es ist ein Grund, stolz zu sein.

IV.
Die EU als ordnungspolitisches Problem

CHARLES B. BLANKART

Macht ohne Verantwortung in der Eurozone

Wer die Aufsätze von Gerhard Schwarz liest, wird immer wieder auf ein Grundmuster stoßen: Gerechtigkeit, Tapferkeit, Weisheit und Mäßigung. Es sind die vier Kardinaltugenden, deren Rahmen Gerhard Schwarz nie verlässt. Auch wenn die Wellen manchmal hoch schlagen, wie beispielsweise im deutsch-schweizerischen Steuerstreit, im Streit der UBS mit dem Internal Revenue Service der Vereinigten Staaten oder den jüngsten Entscheidungen der Europäischen Union zu Griechenland und zur Euro-Rettung, stets wird der Leser diesen persönlichen Ordnungsrahmen von Gerhard Schwarz wiedererkennen.

Eigentlich laufen die Dinge in der Politik ganz gut, wenn sich die Politiker an den zuvor abgestimmten Ordnungsrahmen halten. Das gilt auch für Probleme wie die sogenannte Griechenland- und die Eurokrise, die Gegenstände dieses Aufsatzes sind. Doch Politiker glauben immer wieder, „eingreifen" und den Ordnungsrahmen ändern zu müssen. „Denn die Lage war noch nie so ernst wie jetzt", sagen sie. Nicht auf bestehenden, bewährten Rezepten bauen sie auf, sondern mittels neuer, durch sie eigens entwickelte und daher unerprobte Konzepte glauben sie, die Lage meistern zu müssen und zu können. Stets finden sie, dass es „keine Alternative" zu den von ihnen ausgedachten neuen Lösungen gebe. Was die Europäische Kommission und die Europäische Zentralbank auf diese Weise zur Bewältigung der Griechenland- und Euro-Krisen geleistet haben, ist allerdings kein Ruhmesblatt. Und was noch mehr beunruhigt: Beide scheinen die Krise als Instrument zu begreifen, ihre eigene Macht zu vergrößern, ohne sich näher um deren Legitimität zu kümmern. Es entsteht eine gefährliche Kombination von Macht ohne Verantwortung.

Den Ausgangspunkt dieses Aufsatzes bildet ein alltägliches Phänomen: Regierungen leben über ihren Verhältnissen. Als Folge droht ihnen das Geld auszugehen und somit laufen sie Gefahr, zahlungsunfähig zu werden, oder sie sind es schon, was weltweit alle paar Jahre ein oder mehrere Male geschieht. Grund für eine Alarmstimmung ist das nicht. Denn die Staatengemeinschaft verfügt über Erfahrungen und weiß, wie damit umzugehen ist. Welche Lösungsmuster sich hierzu für souveräne Staaten herausgebildet haben, wird im folgenden Teil 1 betrachtet. Demgegenüber ergibt sich in Teil 2 für die Staaten im Verbund der Europäischen Union mit dem Maastricht Vertrag ein neuer Rahmen. Dessen Quintessenz lautet, dass Staaten für ihre Finanzen selbstverantwortlich bleiben und einander nicht auslösen. Doch schon beim ersten Anwendungsfall dieser Regel, in der Griechenlandkrise, wurde dieser Ordnungsrahmen von der Europäischen Kommission zugunsten eines Rettungspaketes verlassen. Warum das geschah, wird in Teil 3 dargestellt. Diese Politik war schon sehr teuer und dürfte noch viel kostspieliger werden, wenn es, wie in Teil 4 darzustellen ist, in Zukunft darum geht, nicht nur Griechenland, sondern den ganzen Euro-Raum durch einen „Rettungsschirm" vor aufziehendem Unheil zu bewahren. Weil ein solcher Schirm moralischen Risiken Tür und Tor öffnet, wäre er bald nicht mehr finanzierbar: Teil 5. Um dem entgegenzuwirken sollen sich daher die Staaten vorgängig ihrer Zahlungsunfähigkeit einem Regime der Kommission unterwerfen. Dass sie dadurch viel von ihrer Autonomie an die Kommission abtreten, wird hingenommen. Ob sich dieses Minus an Systemwettbewerb zu einem mindestens ebenso großen Plus an Stabilität umwandelt, bleibe dahingestellt. Sollte die Prävention scheitern und eine Krise dennoch eintreten, so soll ein gegenseitiges Hilfsprogramm, der schon genannte Euro-Schutzschirm, die Eurostaaten vor dem finanziellen Untergang bewahren. Um auch hier das moralische Risiko einer solchen Versicherung in Grenzen zu halten, sollen Hilfen aus dem Euro-Schutzschirm an strenge Sanierungsauflagen geknüpft werden. Diese Konditionierung wird aber konterkariert, wenn die Europäische Zentralbank gemäß den Ausführungen in Teil 6 die Staaten monetär unterstützt. Diese Praxis scheint seit einigen Monaten einzureißen In Teil 7 wird abschließend die schwierige Frage aufgeworfen, was einem Euro-Mitgliedstaat denn noch verbleibt, um sich vor einer Ausbeutung durch die Transferunion zu retten.

1. Der Staatsbankrott im klassischen souveränen Staat

Staatsbankrotte stellen ganz normale Erscheinungen der Wirtschaftsgeschichte dar. In einer profunden Studie führen die beiden Ökonomen Carmen M. Reinhart und Kenneth S. Rogoff (2009) 199 Staatsbankrotte in der Zeit von 1800 bis 2008 an.[1] Das Drehbuch solcher Staatsbankrotte ist immer ungefähr dasselbe und wird in der Literatur immer wieder bestätigt:[2]

1. Regierungen haben hochfliegende Pläne, die sie aus Steuermitteln nicht finanzieren können. Sie kennen zwar die Gefahr übermäßiger Ausgaben. „Doch dieses Mal", meinen sie, „ist es anders". „This time is different", schreiben Reinhart und Rogoff (2009). Daher nehmen sie Kredite auf, und weil sich der angestrebte Erfolg nicht gleich einstellt, nehmen sie noch mehr Kredite auf usw.
2. Alles Weitere ergibt sich aus dem Standardmodell der Finanzwissenschaft.[3] Mit zunehmender Verschuldung reicht der Primärhaushaltsüberschuss aus Steuern minus reiner Staatsausgaben (für Güter, Dienste und Transfers) nicht mehr aus, um die Zinszahlungen zu decken.[4]
3. Daher müssen die Zinsen aus Neuverschuldung finanziert werden. Sobald die Gläubiger erkennen, dass die Steuerreserven des Staates zur Neige gehen und der Staat und dessen Zahlungsfähigkeit gefährdet ist, wird das Angebot neuer Kredite erst zinsunelastisch und sinkt schließlich auf null. Anleger werden nicht mehr bereit sein, dem Staat Geld zu leihen. Für sie ist der Staat bankrott.
4. Vielfach kann sich der Staat durch Drucken von Papiergeld noch eine Weile über Wasser halten. Ja, Papiergeld kann sogar eine Zeit lang zum Erfolg werden, weil die Menschen nach dem Gresham'schen Gesetz möglichst alle Schulden in Papiergeld bezahlen und Gold und Devisen zurückhalten. Hält die Regierung das Papiergeldangebot im Griff, so kann ein Papiergeldstandard sogar recht stabil sein. Wird sie jedoch schwach und dehnt sie die Papiergeldmenge immer weiter aus, so kommt es zu einer Hyperinflation, unter der das Gresham'sche Gesetz alsbald unwirksam wird und das Papiergeld nach dem Thiers'schen Gesetz nicht mehr angenommen wird (nach dem französischen Poli-

---

1 Carmen M. Reinhart und Kenneth S. Rogoff, This Time is Different: Eight Centuries of Financial Folly, Princeton 2009.
2 Peter Bernholz 2008, Charles B. Blankart und Erik R. Fasten 2010, ifo Schnelldienst.
3 Charles B. Blankart, Öffentliche Finanzen in der Demokratie, München 2008.
4 Bei gegebener realer Wachstumsrate des BIP und gegebenem Zinssatz.

tiker und Historiker Adolphe Thiers, 1826). Alle Papiergeld-Guthaben wie auch die in Papiergeld nominierten Staatsschulden verfallen, und eine neue gold- oder devisengebundene Währung setzt sich durch. Peter Bernholz, der Hyperinflationen weltweit studiert hat, fasst zusammen: „Finally the bad money will be driven out of circulation, and the unstable money become worthless."[5]

Offenbar gibt es eine Art Selbstheilungsprozess durch Staatsbankrotte, eine „unsichtbare Hand", die die überbordende Staatsverschuldung wieder zum Ausgleich bringt. Eigentlich ist das auch nicht verwunderlich; denn wie sonst hätten die vielen Staatsbankrotte der Wirtschaftsgeschichte überhaupt bewältigt werden können? Der Staatsbankrott erweist sich als Mechanismus, ungedeckte Schulden bestimmten Trägern zuzuteilen. Hierbei kommt der Staat selbst oft relativ ungeschoren davon – seine größten Aktiva wie Gebäude und Straßen lassen sich schwerlich demontieren – sodass der Budgetausgleich im Wesentlichen durch die Verluste der Gläubiger wiederhergestellt wird. Statt von Staatsbankrott wird daher häufig auch von Umschuldung oder Restrukturierung gesprochen.

In der nachfolgenden Grafik ist der jeweilige Prozentsatz aller Staaten der Welt aufgeführt, die sich zwischen 1900 und 2004 für bankrott erklär-

Abbildung: Externe und interne Staatsbankrotte 1900–2006

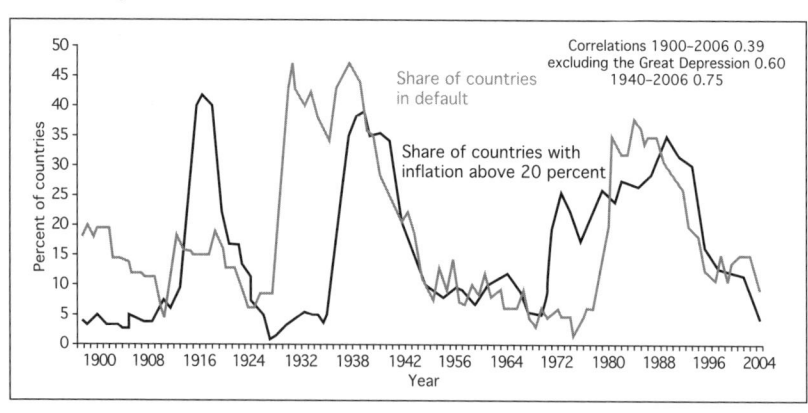

Quelle: Carmen M. Reinhart und Kenneth S. Rogoff (2009)

---

5 Bernholz 2003, S. 61.

ten bzw. ihre Schulden restrukturierten. Als besonders bankrottgefährdete Zeiten treten der Erste Weltkrieg, die Weltwirtschaftkrise und die Zeit des Aufstiegs der Schwellenländer hervor. Es zeigt sich, dass Staatsbankrotte durch externe Schulden in Devisen und interne Schulden mittels Geldschöpfung Hand in Hand gehen. Von intern verursachten Staatsbankrotten wird gesprochen, wenn die Inflationsrate über 20 Prozent steigt.

2. Der Staatsbankrott nach der Nobailout-Regel des Vertrags von Lissabon der Europäischen Union

Im souveränen Staat hält der Staat das Währungsmonopol. Welche Art Geldpolitik er betreibt, ob sie nachhaltig ist oder nicht, ist seine Sache. In einer Währungsunion haben die teilnehmenden Staaten die Souveränität über ihre Währungen an eine gemeinsame Behörde abgegeben. Im Euro-Raum ist dies die Europäische Zentralbank. Um zu verhindern, dass einzelne Staaten die Zentralbank zu ihren Zwecken instrumentalisieren, ist ihr nach Art. 123 AEUV der unmittelbare Erwerb von öffentlichen oder privaten Schuldtiteln verboten. Insoweit als dieses Szenario gilt, ist die Verschuldung eines Mitgliedstaates limitiert. Sie endet an dessen realer Kreditfähigkeit, d. h. bei Stufe 3 des oben angeführten Zyklus (siehe Ziffer 1). Eine Verschuldung über die Notenpresse ist nicht mehr möglich. Bleibt noch die Möglichkeit einer Auslösung des überschuldeten Staates durch einen finanzkräftigen Partner, z. B. die anderen Staaten der Währungsunion. Doch im Falle des Euro ist auch dieser Weg statutarisch verschlossen. Art. 125 des Vertrags von Lissabon legt fest, dass weder die Union noch ihre Mitglieder für die Schulden eines anderen Mitgliedstaates haften. In den Verhandlungen um den Maastrichter Vertrag wurde auf deutsches Verlangen explizit festgelegt, dass es keinen Rettungsfonds für überschuldete Staaten geben soll. Folglich lassen sich auch freiwillige Kredite und dergleichen, die auf einen Schuldenfonds hinauslaufen, nicht rechtfertigen. Den Gläubigern und Schuldnern eines bankrotten Staates bleibt somit nichts anderes, als sich auf eine Umschuldung zu einigen.

Allerdings gibt es zur Durchführung einer Umschuldung innerhalb der Währungsunion weder eine hierfür zuständige Instanz noch ein Verfahren. Ein überschuldeter Euro-Staat muss sich hierfür an eine Institution außerhalb der Europäischen Union wenden. Beispielsweise bietet sich der Londoner Club an. Das ist eine Vereinigung von etwa tausend Geschäftsbanken, die in Staatsanleihen verschiedener Staaten engagiert sind und nach Wegen einer Umschuldung suchen. Sie verhandeln und einigen sich unter dem Vorsitz einer Bank auf Quoten je nach Rang der Gläubiger und auf entsprechend gekürzte Ansprüche. Anders gesagt: Sie nehmen einen „Haarschnitt" vor. Hinzutreten kann der Internationale Währungsfonds (IWF), der mit seinen Kreditfazilitäten dem vorläufig nicht kreditfähigen Staat hilft, seine Kreditfähigkeit wiederzuerlangen. Soweit das, was nach Vertrag geschehen sollte.

3. Staatsbankrott unter der Wirklichkeit des Vertrags von Lissabon I: der Fall Griechenlands

Tatsächlich wurde aber im Fall Griechenlands nicht nach diesem Modell vorgegangen, wodurch die Bewältigung der Krise erheblich erschwert und verzögert wurde. Als im Frühjahr 2010 die Zinsen für griechische Anleihen massiv anstiegen und Griechenland kreditrationiert war, wurde klar: Griechenland ist bankrott. Die für die Durchsetzung des Stabilitätspaktes zuständige EU-Kommission war mit ihren Mitteln am Ende. Weiter konnte und durfte sie nach dem Vertrag nicht gehen, da der schon genannte Art. 125 AEUV dem entgegensteht. Die Kommission hat keine Kompetenz. Sie hätte zugeben müssen, dass sie mit dem Stabilitätspakt gescheitert ist und sich nunmehr die genannten internationalen Gremien wie der Londoner Club eventuell in Verbindung mit dem IWF Griechenlands annehmen und eine Umschuldung durchführen müssten. Diesen Machtverlust wollte die Kommission aber nicht hinnehmen. Deswegen sagte der Sprecher von EU-Wirtschaftskommissar Olli Rehn barsch und ohne Kommentar: „Eine Umschuldung kommt nicht in Betracht."

So konnte die Kommission verhindern, dass Griechenland ihrem Machtbereich entglitt. Allerdings musste sie der griechischen Regierung eine Alternative anbieten, die für sie attraktiver war als die Umschuldung. Sie zauderte nicht, schlug alle Erfahrungen im Umgang mit Staatsbankrotten in den Wind, verfolgte ihren eigenen Plan und offerierte Griechenland den Bailout durch Kreditierung seiner Staatsanleihen. Der Bailout war freilich um ein Vielfaches kostspieliger als die reine Umschuldung. Er kostete, wie aus untenstehender Tabelle 1 hervorgeht, fast viermal so viel wie die Sanierung der Finanzen vergleichbarer Staaten im Durchschnitt und birgt darüber hinaus erhebliche Risiken. Doch was soll's? Die Rechnung wurde ja nicht der Kommission, sondern den Steuerzahlern der anderen Mitgliedstaaten belastet.

Tabelle 1: Krisenhilfen an ausgewählte Staaten 1995–2010

	Jahr	Geber	Finanzhilfen			
			Mrd. US$	Mrd. US$ (Preise 2009)	in % BIP	pro Kopf der Bevölkerung in US$ preisbereinigt
Griechenland	2010	IWF und Euro-Staaten	139,2	139,2	40	12.660
Pakistan	2008	IMF	10,8	11,1	7	61
Argentinien	2001	IMF	13,4	15,9	5	398
Russland	1998	IMF	15,3	20,6	2	146
Indonesien	1998	IMF	12,4	16,9	3	73
Mexiko	1995	IMF und USA	51,0	73,4	14	665

Quellen: Eigene Berechnungen nach IMF, UN, Labor Office und verschiedenen Länderquellen

Griechenland ist gemessen am Sozialprodukt und der Bevölkerungszahl ein kleines Land. Dennoch beanspruchte die Kommission zu dessen Sanierung eine nie da gewesene Summe von fast 110 Mrd. Euro oder 140 Mrd. US-Dollar bis 2013 und in den Folgejahren dann möglicherweise noch weit mehr – die moralischen Risiken für andere Euro-Staaten, die vor ähnlichen Herausforderungen stehen, und daraus resultierende Kosten nicht eingerechnet.

Großes Aufsehen erregte vor einigen Jahren Argentinien, das im Januar 2001 einen Staatsbankrott erlitt. Es wurde zunächst mehrfach vom Internationalen Währungsfonds unterstützt, kam aber um eine Umschuldung seiner Staatsschulden nicht herum. Der IWF unterstütze Argentinien in den Krisenjahren mit maximal 34 Mrd. US-Dollar. Auch Indonesien, ein viel größeres Land, musste mit 12 Mrd. US-Dollar auskommen.

Doch all diese Fälle sind gemessen an der Unterstützung Griechenlands bescheiden. Vergleichbar ist höchstens noch der Fall Mexikos, das sich im Jahr 1995 nicht mehr in der Lage sah, die an den US-Dollar gebundenen Tesobonos zu bedienen. Der IWF und die USA befürchteten damals einen Vertrauensverlust auf den internationalen Kapitalmärkten und stellten daher die Finanzmittel zur Sicherung der Anleihen zur Verfügung, was sehr umstritten war. Der IWF steuerte 18 Mrd. US-Dollar, die Bank für Internationalen Zahlungsausgleich 13 Mrd. US-Dollar und die USA weitere 20 Mrd. US-Dollar bei. Doch selbst dieser großzügige Bailout belief sich (zu konstanten Preisen) auf weniger als die Hälfte des Bailouts von Griechenland (ganz abgesehen von der unterschiedlichen Größe der beiden Staaten).

In den angeführten Fällen waren die Kosten vor allem deshalb weniger hoch, weil die Gläubiger an der Sanierung beteiligt wurden. Auch nutzten die Regierungen das Instrument der Abwertung. In Griechenland ist letzteres auch möglich, erfordert aber einen Austritt aus dem Euro, was eine Reihe von Umstellungsproblemen hervorrufen und die Wirkung des Instruments abschwächen würde. Das alles ändert jedoch nichts daran, dass der enorme Kostenumfang des griechischen Bailouts einer Rechtfertigung bedarf.

Und was ist am Ende herausgekommen? Griechenland wurde durch einen einmaligen Kraftakt an impliziter Staatsschuld der Euro-Staaten, insbesondere Deutschlands, gerettet. Es wurde für sehr viel Geld Zeit gekauft, um den griechischen Haushalt wieder in Ordnung zu bringen. Ob dies langfristig gelingt, ist jedoch mehr als fraglich. Die Anreize sind nicht stimmig. Denn Einsparungen nimmt in der Regel nicht der vor, dem man Geld gibt, sondern dem Geld entzogen wird. Dies zeigen die noch immer hohen Risikoprämien der griechischen Staatsanleihen. Auch der Euro blieb nach wie vor schwach. Was sollte also die Kommission angesichts des mageren Ergebnisses und der hohen Kosten tun? Sollte sie Fehler eingestehen, sich zurückhalten, um nicht noch mehr

Geld in den Sand zu setzen? Nein, viel nahe liegender ist es, wie gleich zu zeigen ist, den Einsatz noch einmal zu verdoppeln. Es heißt immer wieder, die Kommission hätte vor dem Dilemma gestanden, entweder eine Umschuldung mit der möglichen Folge einer Bankenkrise und Kettenreaktionen auf andere Staaten wie Portugal, Spanien und Italien und deren Banken hinzunehmen oder Griechenland mitsamt den betroffenen Banken auszulösen und dadurch langfristige Erwartungen auf zukünftige Bailouts zu nähren. In einer Güterabwägung habe sie der kurzfristigen Krisenabwehr den Vorzug gegeben und (selbst unter Verletzung des Vertrags) die erste Variante gewählt. Dies ist aber so nicht richtig. Zum einen sprach sich die EU-Kommission schon im März 2009, als zur Annahme einer Kettenreaktion noch kein Anlass bestand, für eine EU-eigene Lösung aus.[6] Zum anderen hätte die Kommission die besagte Kettenreaktion auch vermeiden können, indem sie eine Umschuldung zugelassen, wo erforderlich einzelne (systemrelevante) Banken unterstützt und nicht einen ganzen Staat nach dem Gießkannenprinzip von seinen Schulden ausgelöst hätte. Es bleibt also die bislang unwidersprochene Vermutung, dass die Kommission Griechenland den Bailout nicht um einer kurzfristigen Krise wegen, sondern vor allem um ihrer Macht willen angeboten und den im Vertrag vorgesehenen Nobailout nach Art. 125 AEUV verhindert hat. Griechenland sollte seine Probleme nicht in Autonomie, sondern nach den Vorgaben der Kommission lösen.

4. Staatsbankrott unter der Wirklichkeit des Vertrags von Lissabon II: der Euro-Notfall- und Rettungsschirm

Noch war die Gefahr einer neuen Haushaltskrise im Mai 2010 nicht gebannt. Im Gegenteil, die schlechten Haushaltszahlen Griechenlands, Portugals und Irlands ließen die Spekulanten befürchten, auch diese Staaten könnten illiquide werden. Um einer weitgehenden Entwertung dieser Titel zu entgehen, wurden sie von den Anlegern zunehmend über die

---

6 Am 03.03.2009 verkündete der damalige EU-Währungskommissar Joaquín Almunia: „Wenn eine solche Krise in einem Euro-Staat auftritt, gibt es dafür eine Lösung, bevor dieses Land beim Internationalen Währungsfonds um Hilfe bitten muss."

Zentralbanken durch deutsche und andere sichere Staatsanleihen ausgetauscht. Kurz darauf sanken die Umsätze auch von Anleihen von Staaten wie Spanien und Frankreich, und es drohte ein illiquider Markt. Die Volumina seien auf ein Zehntel des üblichen Niveaus gesunken, hieß es. Niemand wollte diese Anleihen mehr kaufen. Eine leichte Erholung der Kurse erfolgte nach den Griechenland-Stützungsbeschlüssen der beiden Kammern des deutschen Parlaments vom Donnerstag, dem 6. Mai 2010. Dies reichte aber nicht aus, um den am 7. und 8. Mai tagenden Europäischen Rat in Brüssel zu beruhigen. Vor allem Präsident Sarkozy fürchtete um die Kreditfähigkeit seines Landes wie auch seiner Banken, die mit 776 Mrd. Euro in den genannten Problemstaaten engagiert waren. In seiner „présentation" soll er in eindringlichen Worten gedroht haben, aus dem Euro auszutreten und die deutsch-französische Achse zu kündigen. Obwohl also die Situation schon auf dem Weg der Besserung war, beeindruckten Sarkozys Worte die Ratsmitglieder so sehr, dass sie dem Vorschlag der Kommission folgten und zum einen einen „Notfallfonds" als neues Gemeinschaftsinstrument für notleidende Staaten und zum anderen einen über eine intergouvernamentale Vereinbarung geschlossenen „Euro-Rettungsschirm", dessen Umfang am Ende der Sitzung des Europäischen Rates noch nicht im Einzelnen bekannt war, zu schaffen.

Der genaue Umfang von 60 Mrd. Euro für den Notfallfonds, für den die Kommission Schulden am Kapitalmarkt aufnehmen kann, 440 Mrd. Euro (aus Krediten gebündelt in einer Zweckgesellschaft) und 250 Mrd. Euro vom IWF für den Euro-Rettungsschirm, alles in allem 750 Mrd. Euro, wurden im Ecofin-Rat am nächsten Tag, dem 9. Mai 2010, festgelegt. Restriktiv ist festzuhalten, dass Kredite nur unter der Voraussetzung eines mit Kommission, EZB und IWF ausgearbeiteten und einvernehmlich von den Eurostaaten vereinbarten finanzpolitischen Programms ausbezahlt werden. Überdies ist der Notfallfonds bis zum 30. Juni 2013 limitiert.[7]

---

7 Nach Kabinettsache 17/08048, 10.05.2010.

Tabelle 2: Griechenlandpaket, Notfallfonds, Euro-Rettungsschirm und IMF-Hilfe

Griechenland	110	Mrd. Euro
Euro-Schirm:		
EU Haushalt	60	Mrd. Euro
Zweckgesellschaft	440	Mrd. Euro
IWF	250	Mrd. Euro
Summe	860	Mrd. Euro
Deutscher Anteil:		
Griechenland	22	Mrd. Euro
EU-Haushalt	12	Mrd. Euro
Zweckgesellschaft	147	Mrd. Euro
IWF	15	Mrd. Euro
Summe	196	Mrd. Euro

Quellen:[8]

5. Moral Hazard und mehr Kontrolle?

Notfallfonds und Euro-Rettungsschirm können als ein Abkommen verstanden werden, durch das sich die Euro-Staaten gegenseitig gegen spekulative Haushaltskrisen versichern. Richtig angelegt muss eine solche Versicherung auf zwei Voraussetzungen beruhen. Erstens muss das zu versichernde Risiko für jeden Staat der Höhe nach festgelegt werden, und zweitens müssen die Beiträge von der Höhe dieses Risikos abhängen. Beides ist beim Notfallfonds und beim Euro-Rettungsschirm nicht der Fall. Beiträge werden nur im Insolvenzfall eines der beteiligten Staaten

---

8 Ebd. und andere.

entrichtet und zwar in dem Sinn, dass bankrotte Staaten, deren Risiko offenbar größer war, als erwartet, von der Versichertengemeinschaft ausgelöst werden, während intakte Staaten, deren Risiko sich als gering erwiesen hat, Zahlungen leisten, damit die bankrotten Staaten überleben können. Eine solche Versicherung kann nicht funktionieren, weil sie dem moralischen Risiko Tür und Tor öffnet.

Um dies zu verhindern, muss die EU-Kommission mit direkten Kontrollen durchgreifen. Schon am 12. Mai 2010 erließ sie eine Mitteilung, in der sie ein Haushaltsverfahren für die Mitgliedstaaten skizzierte. Im Zentrum soll die fiskalische Überwachung und Koordination durch Vorabkontrolle der nationalen Haushalte stehen. Eine EU-Peer-Gruppe soll prüfen, ob der von einem Mitgliedstaat vorgelegte Haushalt mit den EU-Zielen übereinstimmt, bevor die nationalen Parlamente über den Haushalt Beschluss fassen dürfen. Zur weiteren Durchsetzung der EU-Ziele sind anfänglich „blaue Briefe" der Kommission und in späteren Stadien Subventionskürzungen aus dem Kohäsionsfonds vorgesehen.[9]

Doch wird das helfen? Die taktisch versierte Regierung eines Mitgliedstaates wird einwenden, sie sei nach Art. 122 AbS. 2 AEUV „aufgrund von Naturkatastrophen oder außergewöhnlichen Ereignissen, die sich [ihrer] Kontrolle entziehen von Schwierigkeiten betroffen (…) [oder] bedroht" und daher nicht in der Lage, den Haushalt auszugleichen. Ergänzend wird sie den Standardsatz hinzufügen, die Zeiten seien noch nie so schwer gewesen wie jetzt. Daher müsse ihr eine Ausnahme vom Stabilitäts- und Wachstumspakt, ein Haushaltsdefizit und Hilfszahlungen zugestanden werden.

In solchen Ausreden manifestiert sich die Schwäche des Stabilitäts- und Wachstumspaktes. Wenn der Lissabon-Vertrag in Art. 126 fordert: „Die Mitgliedstaaten vermeiden übermäßige öffentliche Defizite", so bedeutet das nicht, dass alle gleich viel zum Haushaltsausgleich beitragen müssen, sondern nur, dass jeder nach seinem Können zum gemeinsamen Ziel, einem öffentlichen Gut, beiträgt. Daher ist jeder geneigt,

---

9 Communication from the Commission to the European Parliament, the European Council, the Council, the European Central Bank, the Economic and Social Committee and the Committee of Regions. Reinforcing economic policy coordination, Brussels, 12.05.2010 COM(2010) 250 final.

dem anderen den Vortritt zu lassen. So kommt aus dem Stabilitätspakt nicht viel heraus.

Daher seien stärkere Kontrollen erforderlich. Eine gemeinsame Währung erfordere auch eine gemeinsame Wirtschafts- und Finanzpolitik, lautet ein viel zitierter Satz. Doch was bedeutet das? Wohl dass letztlich die Mitgliedstaaten ihre Finanz- und Haushaltsautonomie aufgeben müssen. So zieht die eine Zentralisierung die andere nach sich, bis es letztlich im Einheitsstaat nur noch einen Haushalt gibt. Doch man sollte sich nicht der Illusion hingeben, das Problem der Haushaltsdefizite der Mitgliedstaaten sei damit überwunden. Im Gegenteil: Die bisherigen mitgliedsstaatlichen Defizite sind lediglich saldiert. Sie sind unsichtbar geworden. Daher sind die Anreize eines Mitgliedstaates, sein Budget zu überziehen, noch viel größer. Wenn nämlich Einzeldefizite unsichtbar sind, wie sollen sie dann beseitigt werden? Ein großes, zentralistisches System ist nur schwer reformierbar. Möglicherweise ist es kein Zufall, dass die französische Regierung, als sie mit einem riesigen Haushaltsdefizit aus der Krise von 2008/2009 herauskam, gar nicht nach einer Exit-Strategie aus dem Defizit geforscht, sondern für 35 Mrd. Euro einen „Emprunt National" ähnlich einer Kriegsanleihe aufgelegt hat. Auch hier gab es hehre Ziele, die Wirtschaft sollte langfristig wieder auf ein höheres Wachstumsniveau gebracht werden. Es scheint, als wollte sie Defizite mit Defiziten bekämpfen. Um der Form zu genügen, will sie die krisenbedingten Defizite überdies nicht zur nationalen Staatsschuld (nach Maastricht) hinzurechnen. Wo sie dann verbucht werden sollen, steht in den Sternen.[10]

6. Haushaltshilfe der Europäischen Zentralbank

Wie in Teil 3 erwähnt, sollen die Kredite des Euro-Notfall- und Rettungsschirms nur bei Vorliegen eines glaubwürdigen finanzpolitischen Programms an einen Mitgliedstaat ausbezahlt werden. Es soll einem Mit-

---

10 Die Verschleierung von staatlichen Defiziten hat schon in Griechenland zur Entstehung der Krise beigetragen. Es besteht eine erstaunliche Ähnlichkeit zwischen Staaten heute und Banken in der vergangenen Krise, intransparente Schulden aufzuhäufen.

gliedstaat nicht einfach gemacht werden, Geld von der Eurogruppe zu erhalten.

Muss aber ein verschuldeter Staat zwingend diesen Weg von Blut und Tränen gehen, um zu Geld zu kommen? Oder gibt es eine trickreiche Abkürzung? Eine solche scheint die Europäische Zentralbank zu eröffnen. Anlässlich des Krisengipfels vom 7. bis 9. Mai 2010 versprach nämlich Zentralbankchef Trichet, notleidende Staatsanleihen durch die EZB aufzukaufen, was in der Folge auch in großer Menge erfolgte. Darüber freuten sich die Banken in manchen Mitgliedstaaten, weil sie so ihre maroden Staatsanleihen zu überhöhten Kursen an die EZB abstoßen konnten. Natürlich freuten sich auch die betroffenen Staaten, weil sie sich so günstiger verschulden konnten. Ihnen wurde der Weg einer Monetarisierung der fiskalischen Fehltritte eröffnet. Nur den deutschen Banken hat Bundesfinanzminister Schäuble die Zusage abgerungen, ihre Griechenlandanleihen nicht zu verkaufen, um so das Griechenlandpaket nicht zu gefährden. Bei ihnen bliebe also der Schwarze Peter hängen. Ob sie sich allerdings an diese Zusage tatsächlich gebunden fühlen, wird sich in nächster Zeit klären.

Wie aber kommt Trichet dazu, die Zentralbank zugunsten einzelner Staaten zu instrumentalisieren und so in eklatanter Weise Art. 123 AEUV zu verletzen, der den unmittelbaren Erwerb von öffentlichen Schuldtiteln durch die EZB verbietet? Schwer zu sagen. Aber einen Hinweis enthält die empirische Arbeit von Andrew J. Hughes und Jan Libich (2006), in der die Autoren zeigen, dass in den Regeln der EZB offenbar ein Ungleichgewicht zwischen Unabhängigkeit und Rechenschaftspflicht besteht. Keine der in der Stichprobe der Autoren betrachteten Zentralbanken ist so unabhängig und so wenig rechenschaftspflichtig wie die EZB (vgl. Abbildung 1). Die Väter des Euro meinten, eine Rechenschaftspflicht der EZB-Direktoriums- und -Ratsmitglieder sei unerwünscht, weil diese so unter politischen Druck ihrer Heimatländer kämen und in ihrer Arbeit behindert würden. Wohl daher wurde die Rechenschaftspflicht im Wesentlichen auf eine Berichtspflicht beschränkt.[11] Tatsächlich scheint aber rechenschaftspflichtfreie Unabhängigkeit die EZB-Beamten nicht von politischem Druck zu befreien. So scheint Trichet

---

11 Otmar Issing, Der Euro, München 2008, insbes. Kapitel III.

Abbildung 1: Unabhängigkeit und Rechenschaftspflicht von Zentralbanken im Vergleich

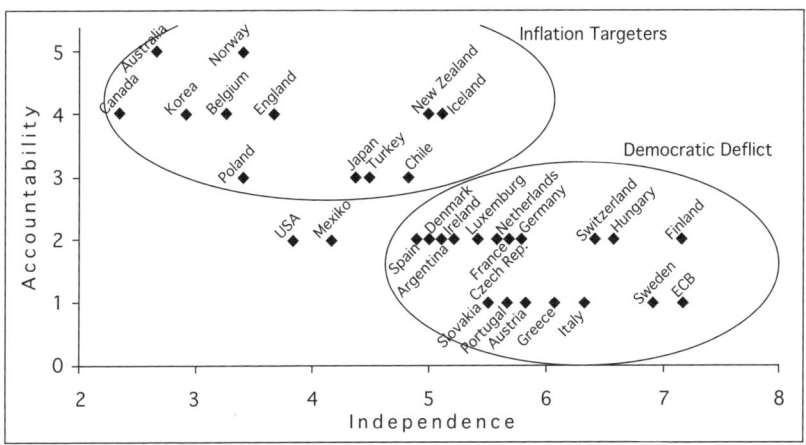

Quelle: Andrew Hughes und Jan Libich (2006).

dem Druck einzelner Euro-Regierungen erlegen zu sein, die drohten, entweder kaufst Du unsere Schrott-Anleihen zu überhöhten Kursen oder die Kurse fallen, die Zinsen steigen, wir können uns nicht refinanzieren, und wir sind Pleite. Letzteres wollte Trichet offenbar auch nicht und gab nach. Wohl gefährdete er damit langfristig die Preisstabilität. Doch dies dürfte erst nach seiner Amtszeit zum Problem werden. Es bestätigt sich die alte These: Agenten entscheiden nach einem kürzeren Zeithorizont, als es ihre Prinzipale in eigener Sache getan hätten.

Für die Bürgerinnen und Bürger Europas ist dies jedoch unbefriedigend. Aus ihrer Sicht sollten die Regeln der EZB ein besseres Gleichgewicht zwischen Unabhängigkeit und Rechenschaftspflicht beinhalten. Es kann nicht sein, dass der Zentralbankpräsident (wie im vorliegenden Falle) mehr oder weniger autonom über die Geldpolitik entscheiden darf. Das Risiko der Beliebigkeit ist zu groß. Für das laufende Geschäft sollte sich der EZB-Präsident des Rückhalts des Direktoriums versichern. Für

---

12 Andrew Hughes und Jan Libich, Central Bank Independence, Accountability, and Transparency: Complements or Strategic Substitutes? CEPR Discussion Paper No. 5470, 2006.

Politikänderungen wie beispielsweise den unmittelbaren (und m. E. vertragswidrigen) Erwerb von Staatsanleihen sollte er den EZB-Rat befragen. Das ist im vorliegenden Fall offenbar geschehen. Allerdings reichte eine solche Rückfrage unter den gegenwärtigen Regeln schwerlich aus. Im EZB-Rat, in dem jedes Euroland eine Stimme hat und nach einfacher Mehrheit entschieden wird, konnte Bundesbankpräsident Axel Weber mit seiner für Deutschland abgegebenen Gegenstimme nichts ausrichten. Die kleinen Euro-Staaten, die kaum Verantwortung tragen, haben ein viel zu großes Gewicht. So schreibt Andrew Hughes: „Theoretisch ist es möglich, dass die sechs Direktoriumsmitglieder plus Frankreich, Deutschland und Italien, die 65 Prozent des BIP der Eurozone repräsentieren, von einer Koalition kleiner Länder überstimmt werden."[13] In einer Reform sollte erreicht werden, dass die großen Mitgliedstaaten, die den größten Anteil am öffentlichen Gut der Preisstabilität beitragen, auch das größte Stimmengewicht haben. Überdies wäre für Politikänderungen die qualifizierte Mehrheit vorzusehen. So könnten Unabhängigkeit und Rechenschaftspflicht wieder ins Gleichgewicht gebracht werden.

7. Für Europa sparen?

Deutschland will sparen. Am 11. Juni 2010 hat die deutsche Bundesregierung ein Haushaltssparpaket von 80 Milliarden Euro für die Bundeshaushalte von 2011 bis 2014 beschlossen. Angesichts der exorbitanten Staatsverschuldung von 1,7 Billionen Euro (oder etwa 2 Billionen Euro, wenn man die Schattenhaushalte dazurechnet) ist dies dringend notwendig und durch die Schuldenbremse grundgesetzlich geboten. Doch wie stellt sich dieses Sparpaket vor dem Hintergrund des schwächelnden Euro-Stabilitäts- und Wachstumspaktes dar? Mit dem „Notfallfonds" und dem „Euro-Rettungsschirm" sind Instrumente für umfangreiche Ausgaben geschaffen worden, deren Finanzierung die Eurostaaten zugesagt haben. Zwar muss der Rat der Euro-Minister (nach einvernehmlicher Sichtung der Sanierungspläne) über jede auszuzahlende Tranche entscheiden. Doch hier gilt die qualifizierte Mehrheitsregel von 73,9 Prozent der gewichteten Euromitgliedstaat-Stimmen. Die Euro-Staaten werden einen

---

13 Andrew Hughes, Die Abstimmungsregeln der EZB sind reformbedürftig, Börsen-Zeitung, 26.06.2010.

solchen Antrag je nach ihrem Finanzierungsanteil am Euro, ihrer eigenen finanziellen Gefährdung und vor allem je nach Gefährdung ihrer Banken, mehr oder weniger unterstützen. Zur Verhinderung einer Auszahlung sind 26,1 Prozent oder 53 Stimmen erforderlich. Deutschland ist als Hauptfinanzier mit 29 Stimmen hoffnungslos in der Minderheit. Es müssten sich also noch 25 Stimmen gleich gesinnter kleinerer Mitgliedstaaten (z. B. von den Niederlanden, Österreich und Luxemburg) zusammensuchen, um die Auszahlung weiterer Tranchen zu verhindern.

Wenn dies nicht gelingt, kann Deutschland erst wieder im Fall einer Aufstockung des Fonds, die einstimmig gutgeheißen werden muss und nicht vor dem 30. Juni 2013 erfolgen kann, ein effektives Veto gegen Stützungskredite einlegen. Doch bis dann sind bis zu 750 Milliarden Euro ausgegeben, an denen Deutschland mit mindestens 123 Milliarden Euro beteiligt ist. Was sich die Deutschen also heute binnenwirtschaftlich mit ihrem 80 Milliarden Sparpaket abringen, droht auf der anderen Seite an bankrotte Euro-Mitgliedstaaten abzufließen.

Dennoch oder gerade deshalb würde sich für Deutschland Widerstand auf der EU-Ebene lohnen. Über den langen Weg der Verweigerung der Aufstockung des Fonds könnte die Bundesregierung zu neuen Rettungsaktionen glaubwürdig Nein sagen. Es würde der Nobailout, d.h. der acquis communautaire des Jahres 1992, wieder eingeführt. An die unsicheren Staaten würden die richtigen Signale ausgesandt. Sie müssten damit rechnen, nicht gerettet zu werden und hätten damit auch einen Anreiz, den Euro-Stabilitätspakt einzuhalten. Erst vor diesem Hintergrund erhält der Euro-Stabilitätspakt wieder Biss. Das Zweigespann von Nobailout und Euro-Stabilitätspakt wird in die richtige Reihenfolge gebracht, also – in Anlehnung an Karl Marx – „vom Kopf auf die Füße gestellt".

Allerdings bleibt das Problem, wie sich denn die Europäische Zentralbank verhalten wird. Sie soll zwar dem Lissabon-Vertrag zufolge ausschließlich das Ziel der Geldstabilität verfolgen. Doch sie ist, wie in Teil 6 dargestellt, unabhängig und kaum rechenschaftspflichtig. Wenn sie vom Ziel der Preisstabilität abweicht, muss ihr dies erst nachgewiesen werden, und auch wenn dies gelingt, muss sie mit Sanktionen nicht rechnen. Sie kann politischem Druck einzelner Regierungen nachgeben oder es auch lassen. Daher ist auf die EZB kaum Verlass, den Grundsatz des Nobailout durch geldpolitische Zurückhaltung zu unterstützen und Stabilisierungsprogramme des Euro-Rettungsfonds nicht zu konterkarieren. Sollte es nicht gelingen, die Rechenschaftspflicht der EZB zu verankern, so besteht wenig Hoffnung, dass die EZB eine im Rat beschlossene Nobailout-Politik konsequent unterstützt. Deutschland bleibt dann nicht mehr viel anderes übrig, als einem Vorschlag von Olaf Henkel folgend ein Opting out zu wählen und sich außerhalb des Euro mit anderen Staaten neu zu organisieren.[14]

---

14 Olaf Henkel, Wie ich vom Euro-Anhänger zum Gegner der Transfer-Union wurde, Neue Zürcher Zeitung, Nr. 144 (internationale Ausgabe) 25.06.2010, S. 17.

BEAT GYGI

Immer wieder lockt das Mitreden

Spannung zwischen EU-Skeptikern und EU-Liebhabern in der Schweiz

Politische oder wirtschaftliche Landkarten Europas zeigen in der Mitte Kontraste, an denen der Blick unwillkürlich hängen bleibt. Ungefähr im Zentrum des großen Gebiets der Europäischen Union liegt die kleine Schweiz, die nicht zur EU gehört und je nach Sichtweise entweder aus der Mitte der großen Fläche hervorsticht oder aber eine Art Loch darstellt, also nicht richtig zu „Europa" gehört. Es ist das widerspenstige kleine Land, dessen Volk beispielsweise 1992 in einer Abstimmung über den Beitritt zum Europäischen Wirtschaftsraum (EWR) „Nein" gesagt hat und auch schon früher immer auf Distanz zu den Institutionen EWG, EG, später dann EU geblieben ist.

Die Distanz bezieht sich aber primär auf politisch-institutionelle Verbindungen. Projekte, die vor allem den freieren und intensiveren wirtschaftlichen Austausch zum Ziel haben, sind der Schweiz willkommen; neben zahlreichen Freihandelsabkommen bilden die bilateralen Abkommen mit der EU eine wichtige Grundlage, um nach dem Scheitern des EWR-Pfads auf anderem Weg die wirtschaftliche Integration der Schweiz in Europa zu etablieren.

Die verschiedenen Interpretationen des politischen Sonderfalls Schweiz gehen indessen weit auseinander. Für die einen wirkt das Land eher wie ein weißer Fleck auf der EU-Landkarte, wie ein rückständiges Territorium, eine isolierte Zone mitten im hoch entwickelten Gebiet der integrationswilligen Länder. Andere dagegen sehen in der Schweiz eher ein mildes Tal mitten in einer rauen Gegend, einen Zufluchtsort mit mehr Freiheit und Privatsphäre, als man dies in Europa sonst typischerweise findet. Bei zugespitzter Interpretation kann man die Schweiz also entweder als isolierte Zone oder als vergleichsweise freies Gebiet etikettieren. Es liegt nah, dass in einem Beitrag zu einer Geburtstagsschrift für Gerhard Schwarz die zweite Sichtweise vertreten wird und dass dabei auch immer wieder die Frage angetönt wird, wie stark wohl die Integrations-Verfechter werden könnten, die den Fleck in der Mitte der Karte am liebsten der Umgebung angleichen möchten.

In der Schweiz selber haben beide Sichtweisen je ihre Anhängerschaft, und die politische Auseinandersetzung über die Beziehung der Schweiz zur europäischen Integration ist immer auch durch die innere Spannung zwischen diesen beiden Gruppierungen geprägt gewesen. Allerdings sind die beiden Lager von unterschiedlichem Gewicht und aus unterschiedlichen Typen von Menschen zusammengesetzt. Die Integrations-Liebhaber sind eher in den Gruppen anzutreffen, die sich als politische oder intellektuelle Elite sehen, während im „normalen" Volk seit je die Meinung zu dominieren scheint, dass die Schweiz dem Zustand „freies Gebiet" näher sei als dem Zustand „isolierte Zone".

Die Empirie deutet in die gleiche Richtung, und sie sei hier erwähnt, obwohl Gerhard Schwarz bisweilen nicht sehr viel von Empirie hält. In der jährlich aktualisierten Erhebung „Economic Freedom of the World" erscheint die Schweiz regelmäßig im obersten Teil der Rangliste. Seit Jahren lautet die Rangfolge an der Spitze: Hongkong, Singapur, Neuseeland, Schweiz. Die USA, früher ganz weit vorne, liegen seit längerem unmittelbar oder mit etwas Abstand hinter der Schweiz. Von den übrigen europäischen Ländern sind Irland und Großbritannien mit Plätzen unter den Top Ten am besten platziert, bald einmal folgen dann etliche kleinere Europäer, wogegen die großen EU-Akteure Deutschland (Rang 27) und Frankreich (33) ziemlich mittelmäßig abschneiden.

Das gute Resultat der Schweiz beruht vor allem auf guten Noten zur Größe des Staatsapparats, der bezüglich Steuern wie auch Bewegungsfreiheit weniger schwer auf dem Land lastet als in den meisten anderen Staaten, sowie auf der soliden Geldpolitik, dem liberalen Kapitalmarkt und dem offenen Finanzsystem. Ziemlich gut schneidet das Land auch mit Blick auf Rechtsstaatlichkeit und Eigentumsgarantie ab, und weitere Pluspunkte ergeben sich aus der zurückhaltenden Regulierung der Arbeitsmärkte und mancher Branchen. Der gesamte Befund ist somit sehr gut verträglich mit der Einstufung „vergleichsweise freies Gebiet".

Nicht alle Schweizer haben indessen gleich starke Präferenzen für relativ freiheitliche Spielregeln. Neben dem Druck von außen gibt es auch von innen her immer wieder das Bestreben, das exotische Überbleibsel auf der Europakarte endlich der Umgebung anzugleichen. Viele träumen von einer Art kollektivem Zusammenleben in Europa, sie reden von der

„Familie der Völker". Andere möchten in der Politik gerne mehr „gestalten" und liebäugeln immer wieder mit einer stärkeren politischen Verbindung zwischen Schweiz und EU – nicht zuletzt in der Hoffnung, damit auch die eigene Karriere voranbringen zu können. Neben Politikern der Mitte, die oft rasch und oberflächlich für allerhand internationale Koordination und Abstimmung plädieren, gibt es vor allem in linken Parteien und Gewerkschaften zahlreiche Befürworter eines Beitritts der Schweiz zur EU, da die linke Seite die letztlich auf Harmonisierung und Umverteilung ausgerichtete Grundkonzeption der EU sehr attraktiv findet.

Vorgeschoben wurden und werden freilich auch immer Effizienz-Argumente. Ab Mitte der 1990-Jahre war bei EU-Beitritts-Befürwortern vor allem das Wachstums-Argument in Mode. Weithin wurde darüber geklagt, dass das Land nach der Ablehnung des EWR ohne engere Verbindung mit der EU allzu verkrustet bleibe und zu langsam wachse. Mit der Zeit zeigte sich allerdings immer deutlicher, dass die Schweizer Wirtschaft auch unter dem Regime des sogenannten bilateralen Wegs bis etwa 2008 gut in Schwung kam, ja die europäische Umgebung zum Teil sogar wirtschaftlich ausstach.

Wiederum ist die Empirie eindrücklich: Die Wirtschaftsentwicklung der Schweiz macht mit einem Minus von 1,5 Prozent im Krisenjahr 2009 und einem Plus von vielleicht 1,8 Prozent im Jahr 2010 einen deutlich dynamischeren Eindruck als etwa die Euro-Zone, die nach der gut 4-prozentigen Schrumpfung von 2009 im Jahr 2010 wohl nur gut 1 Prozent wächst. Und blickt man auf die für das Volk zentrale Beschäftigungssituation, liegt die Schweiz mit einer Arbeitslosenquote in der Nähe von 4 Prozent (Mitte 2010) etwa auf dem Niveau der besten EU-Länder. Die Euro-Zone dagegen ist mit Arbeitslosenquoten von rund 10 Prozent belastet, die ganze EU liegt nur geringfügig darunter, und die Aussichten auf eine Besserung der Lage am Arbeitsmarkt stehen in der Schweiz dank liberaler Spielregeln besser als in den meisten EU-Ländern. Besonders grell fällt der Kontrast bei der Jugendarbeitslosigkeit (bis 25-Jährige) aus, wo die Schweiz ein nur leicht verschärftes, die EU dagegen ein riesiges Problem hat.

Und noch viel klarer sind die Befunde umfangreicher Untersuchungen zur Wettbewerbsfähigkeit der einzelnen Staaten. Die Schweiz wird im „Global Competitiveness Report 2009/2010" des World Economic Forum als wettbewerbsfähigstes Land der Welt eingestuft. Unmittelbar dahinter liegen die USA und Schweden, im Vergleich dazu zeigen sich Deutschland (Rang 7) und Frankreich (16) um einiges weniger dynamisch. In einer anderen, ähnlich gelagerten Untersuchung, im „World Competitiveness Yearbook 2010" der Lausanner Management-Schule IMD, kommt die Schweiz auf Rang 4 hinter Singapur, Hongkong und den USA. Die EU-Riesen Deutschland (Rang 16) und Frankreich (24) hinterlassen auch in dieser Erhebung einen deutlich schlechteren Eindruck als der kleine Fleck mitten in Europa. Pikant ist vor allem auch die Tatsache, dass sich die Schweiz bezüglich Innovation und Wettbewerbsfähigkeit positiv von jener Umgebung abhebt, die laut der im Jahr 2000 kühn formulierten sogenannten Lissabon-Strategie „bis 2010 zum wettbewerbsfähigsten und dynamischsten Wirtschaftsraum in der Welt" werden sollte.

In der Finanz- und Wirtschaftskrise 2008/2009 erhielten die EU-Zugeneigten freilich neue Gelegenheiten für „integrationsfreundliche" Vorstöße. Viele Politiker haben das Gefühl, in unsicheren Zeiten sei ein kleines Land sicherer aufgehoben, wenn es fest in ein großes Konstrukt eingebunden sei; Größe wird gerne mit Stärke und Solidität gleichgesetzt – und oft verwechselt. Im ersten Teil der Krise wurde auch immer wieder aufs Argument gepocht, die Europäische Währungsunion habe die wirtschaftliche Stabilität erhöht, schon allein die Existenz des Euro habe die europäischen Volkswirtschaften vor schlimmeren Währungs- und anderen Schwankungen bewahrt. Da passte es gut ins Bild, dass die Abstimmung in Irland über den Lissabon-Vertrag beim zweiten Anlauf mitten in der Krise zugunsten der EU ausfiel – nach dem Motto: Ein kleines Land sucht in schlimmen Zeiten Zuflucht bei der großen Gemeinschaft.

Doch die Relativierung kam rasch. Im zweiten Teil der Krise zeigte sich, dass die Schweiz deutlich besser durch die Finanz- und Wirtschaftskrise gekommen war als die meisten anderen Länder; die Politik hatte sich weniger in Eingriffe in den Privatsektor verheddert als in der EU. Durch all die hektischen, schuldentreibenden Rettungsaktionen mancher Staaten geriet die EU-Seite nämlich in Finanznöte und unter einen derart starken wirtschaftlichen und politischen Druck, dass schließlich einige Regierungen, auch ermuntert durch die USA, massive Angriffe auf das schweizerische Steuersystem und das Bankgeheimnis starteten. Der Druck war so stark, dass die Schweizer Regierung die traditionellen Regeln des Bankgeheimnisses aufgab und auf die OECD-Linie des Informationsaustausches umschwenkte.

Dies verstärkte in der Schweiz zwar die Abneigung großer Teile des Volkes gegen eine stärkere politische Verbindung mit der EU, leistete aber vielerorts auch dem Argument Vorschub, die Schweiz könne einen solch konfliktträchtigen Kurs nicht auf Dauer durchhalten, sondern müsse sich international kooperativ und politisch korrekt zeigen, sie müsse wieder mehr Freunde suchen. Für die EU-Integrationsliebhaber ist klar, wie dies zu erreichen wäre.

Diese Sichtweise kam indessen erneut stark unter Druck, als 2010 die Griechenland-Verschuldungskrise ausbrach und die Euro-Turbulenzen enthüllten, welche Belastungen sich aus Wirtschaftskrise, teuren staatlichen Stützungsmassnahmen, leichtfertigen Schutzversprechen, unklaren Verantwortlichkeiten und EU-Umverteilungsmechanismen für Europa und die ganze Welt ergeben haben. In Bezug auf die Staatsverschuldung stehen viele EU-Länder nach den umfangreichen Staatseingriffen und hoheitlichen Engagements noch fast schlechter als die schwer beladenen USA. Und als die EU-Regierungen auf Kosten ungefragter Steuerzahler und künftiger Generationen hektisch den teuren „Euro-Rettungsschirm" aufspannten, wurde endgültig klar, dass die Politiker die EU als „Solidaritätsgesellschaft" sehen, die sie dank neu geschaffener Vehikel hemmungslos zu einer Transfer-Union ausbauen können, in der die disziplinierteren Länder die nachlässigeren stützen müssen. Aber sogar in dieser Situation gab es in der Schweiz Stimmen, die mahnten, gerade in schwierigen Zeiten sei es wichtig, dass sich das reiche Land in Europa einbringe und die Gemeinschaft unterstütze, da es ja vom Frieden und der Prosperität in Europa profitiere.

Dass das Liebäugeln mit einer engeren Zugehörigkeit zum großen Europa-Gebilde selbst dann nicht verschwindet, wenn es in der Umgebung wüst aussieht und wüst zugeht, hängt mit einer langfristigen, sozusagen einer „zugrunde liegenden" Regulierungs-Entwicklung zusammen. Rund um die Schweiz ist seit Längerem eine Art riesige Gesetzgebungs- und Regulierungsmaschine am Laufen, die für den kleinen Fleck in der Mitte bedrohlich wirkt, denn die in hektischem Rhythmus ausgestoßenen Gesetze und Normen der EU betreffen zum größten Teil früher oder später auch die Schweiz. So muss das kleine Land – dessen eigenes Gesetzes- und Regulierungsmotörchen auch nicht stillsteht – vieles von außen in die eigenen Spielregeln übernehmen, ob dies nun willkommen ist oder nicht.

Je unwillkommener diese Entwicklung ist, je mehr sie auch Angst macht, desto intensiver wird die Suche nach Alternativen. Eine davon ist eben der Vorschlag, dass die Schweiz der EU beitreten soll, um wenigstens mitwirken zu können, wenn es ums Bedienen der großen Gesetzes- und Regulierungsmaschine geht. Im Zentrum steht das Argument, dass der bilaterale Weg zu schwierig werde und es für das Land besser wäre, im Kreis der EU-Länder voll mitzumachen und an den Entscheidungsprozessen beteiligt zu sein, statt „draußen" zu stehen – aber dennoch gezwungen zu sein, wegen der engen wirtschaftlichen Verbindung mit Europa, den größten Teil der EU-Spielregeln ohne Mitwirkungsmöglichkeit akzeptieren zu müssen.

So ist in Debatten über die Weiterentwicklung der bilateralen Abkommen Schweiz EU oft zu hören, es sei nun ernsthaft ein EU-Beitritt zu erwägen, statt auf dem viel mühsameren Weg des vertraglichen Nacheilens, des „autonomen Nachvollzugs" zu bleiben. Medienauftritte von Politikern, ehemaligen Diplomaten und Fachleuten, die das „Abseitsstehen" der Schweiz bedauern und als entwürdigend kritisieren; Andeutungen von Bundesräten, die einen EU-Beitritt als Stärkung der Autonomie der Schweiz sehen; das Plädoyer des abtretenden Wettbewerbskommissions-Präsidenten zugunsten eines vollen Mitmachens in der EU, der Aufruf des Präsidenten des Efta-Gerichtshofs, eines Schweizers, einen zweiten Anlauf zum Beitritt zum EWR zu nehmen; der Think Tank der Wirtschaft, Avenir Suisse, der einen EU-Beitritt als möglichen Ausweg aus dem enger werdenden bilateralen Pfad sieht; und schließlich hohe EU-Vertreter, die durchblicken lassen, dass die bilaterale Beziehung keine dauerhafte Lösung sein könne – dies sind einige der Wortmeldungen, die den Eindruck erwecken können, die Schweiz würde sich als Teil des großen EU-Gefüges besser entwickeln denn als Anhängsel außerhalb der Grenzen des Riesengebildes.

Die Verhandlungen der Schweiz mit der EU sind in den vergangenen Jahren sicherlich insofern schwieriger geworden, als die Spielräume für Kompromisse enger geworden sind. Die gegenseitigen Beziehungen, die in mittlerweile rund 120 bilateralen Abkommen geregelt sind, werden zunehmend komplexer, zumal auch die Weiterentwicklung des EU-Rechts laufend nachvollzogen werden muss. Eine ganz andere Frage ist es indessen, wie weit eine Mitgliedschaft in der EU die Möglichkeiten der Schweiz zur Mitwirkung tatsächlich ausweiten würde, wie weit das kleine

Land also Einfluss auf die Entwicklung der Regeln in der EU nehmen könnte.

Eine spontane Antwort der EU-Zugeneigten lautet oft, dass kleine Länder in den Abstimmungsverfahren der EU traditionell ein überproportionales Gewicht auf die Waage bringen können, überproportional zu ihrer Einwohnerzahl oder oft auch ihrer Wirtschaftsleistung. Zudem hätten die Kleinen es in der Hand, durch politische Gegengeschäfte quer durch die Themengebiete Stimmentausch zu betreiben und so ihre Stimmkraft wirkungsvoll in politischen Einfluss umzumünzen. Dass kleinere Staaten in der EU aus der Tradition heraus auf ein überproportionales Stimmengewicht kommen, wird etwa anhand Beispiel Österreich illustriert, das nach gegenwärtiger Regelung zehn Stimmen zugeteilt erhalten hat, wogegen das von der Bevölkerung her zehnmal so große Deutschland nur 29 Stimmen hat.

Aber damit ist die Frage noch nicht beantwortet, wie die Mitsprachemöglichkeit einer kleinen Schweiz in der künftigen EU beschaffen sein könnte, denn in der Tradition der Entscheidungsmechanismen gibt es nun tiefgreifende Veränderungen. Seit dem Maastricht-Vertrag von Anfang der 1990er-Jahre ist der Hebel der kleineren Länder bei Entscheidungsverfahren zunehmend kürzer geworden, und mit dem Übergang vom Vertrag von Nizza, der bezüglich Abstimmungsverfahren die Rechtslage noch bis 2014 prägt, zu dem Ende 2009 bereits weitgehend in Kraft getretenen Vertrag von Lissabon nimmt die Mitwirkungskraft der Kleinen weiter ab. Die Abstimmungsverfahren in der EU werden einerseits mit wachsender Mitgliederzahl komplexer, anderseits wird die Einstimmigkeitsregel zunehmend in den Hintergrund gedrängt.

Wäre die Schweiz EU-Mitglied, wäre sie vielleicht eines von 28 oder 30 Ländern. Ihr Gewicht wäre klein, aber bei Entscheidungen, in denen Einstimmigkeit verlangt wird, hätte sie praktisch ein Vetorecht. Sie könnte bestimmte Vorlagen verhindern oder in komplexeren Situationen das Quasi-Vetorecht nutzen, um über die Themengebiete hinweg politische Tauschgeschäfte zu machen, also beim einen Thema „Ja" zu sagen, wenn sie als Gegenleistung anderswo Unterstützung durch andere Staaten erhält. Mit dem bevorstehenden Übergang zum Lissabon-Regime nehmen nun aber die Möglichkeiten für Stimmentausch und Koalitionen ab, denn die Abstimmungen, in denen mit qualifiziertem Mehr statt mit Einstimmigkeit entschieden wird, gewinnen an Gewicht.

Im Vertrag von Nizza werden knapp 140 Politikbereiche dem Regime der Mehrheitsabstimmungen unterworfen, im künftig gültigen Vertrag von Lissabon hingegen sollen gut 180 Politikbereiche nach der Mehrheitsregel entschieden werden. Es gibt im Lissabon-Vertrag zudem mehrere neue Kompetenzbereiche der EU-Ebene, etwa Umwelt, Energie, Tourismus, Katastrophenschutz, Verwaltungszusammenarbeit, humanitäre Hilfe oder – was besonders brisant ist – die Verpflichtung zur Solidarität zwischen den Mitgliedstaaten. In all diesen neuen Bereichen soll im Rat nach dem Mechanismus der qualifizierten Mehrheit entschieden werden.

Neben dem Umstand, dass ein wachsender Teil der Themen dem Mehrheitsmechanismus unterliegt, wird die Mehrheitsregel auch „weicher" gemacht; die Hürde für zustimmende Ergebnisse wird per saldo nach unten versetzt. Nach den älteren Nizza-Vorgaben ist die qualifizierte Mehrheit so definiert, dass in Abstimmungen im Rat einerseits die Mehrheit der Mitgliedstaaten (14 von 27) zu erreichen ist, anderseits 255 von 345 der den Staaten zugeteilten Stimmen, also eine Quote von knapp 74 Prozent der Stimmen.

Im Vertrag von Lissabon dagegen ist die qualifizierte Mehrheit dann erfüllt, wenn je eine Mehrheit nach Ländern und nach Bevölkerung (nicht mehr nach Länderstimmen, die es nicht mehr gibt) erreicht ist. Erstens wird also eine Zustimmungsquote von 55 Prozent der Mitgliedstaaten (der Mehrheit) verlangt und zweitens so viele Stimmen, dass sie 65 Prozent der EU-Bevölkerung abdecken. Die großen Länder können künftig also ihr volles Gewicht in den Entscheidungsprozess einbringen. Die 23 kleineren Staaten der EU bringen dagegen nur 46 Prozent der Bevölkerung auf die Waage; sie können also die Mehrheitsschwelle aus eigener Kraft nicht erreichen, sie müssten dafür zusätzlich zwei große Staaten auf ihre Seite bringen. Die zusätzliche Regel, dass vier Staaten zusammen eine Sperrminorität bilden können, sollte aus Schweizer Sicht nicht überschätzt werden, sie dürfte kaum ein dauerhaftes Rezept gegen das Überstimmtwerden darstellen.

Alles in allem zeichnet sich ab, dass ein kleines Land wie die Schweiz mit dem Übergang zum Lissabon-Regime zunehmend geringere Chancen haben dürfte, seine Ansichten im politischen Aushandlungsprozess der EU wirkungsvoll zu vertreten, da der „Schutz der Kleinen" der Tendenz nach abnimmt. EU-Integrations-Liebhaber können einwenden, dass es selbst bei einer relativ geringen und tendenziell schwächer werdenden Mitwirkungskraft immer noch besser sei, mitzumachen statt draußen zu bleiben: „Beitreten, um mitbestimmen zu können", gelte auch bei kurzen Hebeln, da die Alternative darin bestünde, gar keinen Hebel in der Hand zu haben.

Dieses Argument erfährt allerdings einen harten Schlag, ja praktisch die endgültige Relativierung, wenn man sich vergegenwärtigt, was „mitbestimmen" letztlich bedeuten würde. Würde die Schweiz dem EU-Klub beitreten, käme sie nämlich in einen Kreis von Ländern, die ganz anders „ticken", denn die Art und Weise, wie die Schweiz entscheidet, unterscheidet sich erheblich von den Funktionsweisen der meisten anderen Staaten. In den Mitgliedsländern der heutigen EU entscheiden primär die Regierungen oder die nationalen Parlamente über die politischen Vorlagen. In der Schweiz dagegen sind zum einen die Gemeinden und Kantone für zahlreiche politische Entscheide wichtiger als die Bundesebene. Zum andern ist das Volk via direkte Demokratie mit Volksabstimmungen auf allen Ebenen viel stärker involviert als in der EU, die durch parlamentarische Demokratien geprägt ist.

Das bedeutet, dass die Schweiz im EU-Klub sogar dann, wenn sie Mitglied wäre, nicht richtig mitreden könnte. Oft gäbe es gar keine zentrale Schweizer Stimme, weil die entscheidenden Stimmen eben „zu Hause" und nicht bei den Delegierten in Brüssel sind. Auf diese Weise würden an EU-Sitzungen fast artfremde Wesen aufeinandertreffen. In extremen Fällen würden sich die EU-Länder und die Schweiz überhaupt nicht verstehen, in vielen Fällen nur mit großen Schwierigkeiten. Da würden weder Übersetzer noch Hörgeräte helfen – die Schweizer Spielregeln passen derart schlecht zu den Entscheidungsmechanismen der EU, dass sie nur durch eine radikale Anpassung bzw. eine massive Einschränkung der direkten Demokratie EU-verträglich gemacht werden könnten.

Wie grell der Kontrast zwischen direkter Demokratie und parlamentarischer Demokratie ist, lässt sich etwa anhand des Übergangs zur europäischen Währungsunion Ende der 1990er-Jahre veranschaulichen. Die Abschaffung der D-Mark und die Einführung des Euro ist dem Verfasser dieses Textes – damals Wirtschaftskorrespondent der „Neuen Zürcher Zeitung" in Deutschland – noch in frischer Erinnerung. Die Art und Weise wie die Regierung Kohl mit uniformer Unterstützung durch die deutschen Politiker aller Schattierungen und mit massiver Staatspropaganda die Einführung des Euro vorangetrieben hat, wirkt für einen außenstehenden Beobachter noch heute wie eine totalitäre Veranstaltung. Da wurden Theorien über die Rolle einer Währungsunion zuerst in die eine Richtung, dann opportunistisch in die umgekehrte Richtung gepredigt; mit allerlei Tricks suchte die Regierung die verlangte Haushaltsdefizit-Limite zu erfüllen, wobei sie auch Goldreserven der Bundesbank heranzog, um die Zahlen zu schönen; die Beurteilung der Konvergenzfortschritte in der Euro-Zone wurde zu Interpretations-Kunststücken; und schließlich trat sogar der (an der Fußball-Weltmeisterschaft 1998 gescheiterte) Fußball-Bundestrainer Berti Vogts mit der Floskel auf: „Der Euro ist ein Steilpass ins nächste Jahrtausend". Nach gewonnenem Feldzug umschrieb die Regierung den Übergang in den Unterlagen für die Schlussabstimmung zum Euro im deutschen Parlament im März 1998 wie folgt:

„In wenigen Monaten wird der Euro Wirklichkeit. Damit liefert Europa seinen Bürgern und seinen Partnern in aller Welt einen ganz konkreten Beweis für die von den europäischen Völkern frei gewählte Schicksalsgemeinschaft, eine Gemeinschaft des Friedens und des Wohlstands."[1]

Dieser Text wirkt leichtfertig bis zynisch, wenn man bedenkt, dass das Volk in Deutschland nie gefragt worden ist, ob es eine derart wichtige Errungenschaft wie eine stabile Währung gegen ein politisch zusammengesetztes Konstrukt von ungewisser Solidität eintauschen will. Die Deutschen konnten die erwähnte Schicksalsgemeinschaft nicht frei wählen, und wenn ein solcher Text dennoch die volle Unterstützung der Politik erhält, deutet dies darauf hin, dass die Bürger nicht besonders ernst genommen werden. Der ganze Vorgang erinnert im übertragenen Sinn an einen Geschäftsführer, der ohne Rückfrage bei den Eigentümern und mit fahrlässig formulierten Prospekten die Firma verkauft. Wer für die Schweiz das Argument „Beitreten, um mitbestimmen zu können", vertritt, muss sich darauf gefasst machen, mit solchen Geschäftsführern am Tisch zu sitzen.

---

1 Deutscher Bundestag, Drucksache 13/10250 vom 27.03.1998; Beschluss der Bundesregierung zur Festlegung des Teilnehmerkreises an der Dritten Stufe der Europäischen Wirtschafts- und Währungsunion.

ERIC HONEGGER

Subsidiarität als politisches Gestaltungsmittel in der EU und in der Schweiz

„Mehr Freiheit – weniger Staat", so lautete der liberale Wahlslogan der Freisinnig-Demokratischen Partei Ende der 1970er-Jahre. Mit dieser Kurzformel war es offensichtlich gelungen, liberal denkende Wählerschichten in Scharen anzusprechen. Die Partei feierte große Erfolge. Nachhaltig war der Wahlspruch allerdings nicht. Der Wähleranteil der FDP bewegte sich seit dem damaligen Höchstwert nur noch abwärts. Die Partei findet noch heute nicht aus der Krise. Das mag viele Gründe haben, auf die hier nicht einzutreten ist. Klar ist, dass der Slogan „Mehr Freiheit – weniger Staat" mit dem (späten) Bemühen, ihn mit Inhalt zu füllen, stark an Überzeugungskraft verloren hat. Dass die Freiheit, die man wollte, nicht zügellos sein sollte, versuchte man mit dem Einbezug des Begriffs der Selbstverantwortung klar zu machen. Als schwieriger erwies sich die Präzisierung des zweiten Teils des Slogans. Wie sollte man zum Ausdruck bringen, dass man nicht rundweg einen schwachen Staat anstrebt, sondern je nach Funktion einmal einen schwachen oder dann einen starken? Denn niemand will einen schwachen Staat, wenn es zum Beispiel darum geht, die Grundrechte zu schützen oder den Rechtsstaat zu sichern.

Kurzformeln bringen zwar oft eine Botschaft auf den Punkt, erweisen sich aber bei näherem Hinsehen als ziemlich undifferenziert. Solche Aussagen sind entweder Weiß oder Schwarz, spiegeln aber nie die vielen Facetten eines Problems. Zudem spitzen sich in einer direkten Demokratie komplexe Sachverhalte immer wieder auf Kernfragen zu, die mit einem lapidaren Ja oder Nein beantwortet werden müssen. So verhält es sich auch mit den politischen Aussagen zur schweizerischen Integrationspolitik. Man ist entweder für oder gegen einen EU-Beitritt der Schweiz. Wer dafür ist, findet kein einziges Haar in der Suppe der EU; wer dagegen ist, lässt an der EU keinen guten Faden. Die Realität sieht anders aus. Es wäre durchaus angebracht (und im Hinblick auf spätere Volksabstimmungen ratsam), in der öffentlichen Debatte von vorgefassten Meinungen wegzukommen und die Leistungen der EU sowie deren Ausstrahlung auf die Schweiz differenziert zu beurteilen. Die Europäische Union ist nicht a priori gut oder schlecht, sondern sie ist ein komplexes Gebilde, das viele positive und natürlich auch viele negative Seiten hat. Den Ausschlag muss letztlich die persönliche Gewichtung aller Vor- und Nachteile geben.

Ist die Europäische Union ein liberales Gebilde?

Auch die Frage, ob die Europäische Union ein liberales Gebilde ist, lässt sich nicht mit einem Satz beantworten. Auf der Ebene der Ziele jedenfalls sind wenige Konflikte mit liberalen Vorstellungen auszumachen. Das an der Spitze stehende Ziel der EU ist schon seit deren Gründung die Friedensförderung – verständlich nach zwei Weltkriegen, die Europa in seinen Grundfesten erschütterten. Heute kann man feststellen, dass der Friede in Europa weitgehend gesichert ist. Der noch nicht allzu lange Zeit zurückliegende Balkankrieg zeigt allerdings, dass die Arbeit am Friedensziel nicht erlahmen darf. Dass die Menschen in der EU heute grundsätzlich in Freiheit und Sicherheit leben können, ist wohl der größte Erfolg der EU. Wir leben allen lokalen Auseinandersetzungen zum Trotz seit Jahrzehnten in der friedlichsten Epoche, welche die Geschichte Europas je gekannt hat – wahrlich eine liberale Erfolgsgeschichte.

Der Frieden soll aber auch als Rahmenordnung für das zweite Ziel der Integration dienen, nämlich die Förderung der wirtschaftlichen Wohlfahrt. Zu diesem Zweck wurde der gemeinsame Binnenmarkt geschaffen, der bisherige nationalstaatliche Hemmnisse wirtschaftlicher Art beseitigen und einen Wirtschaftsraum für ganz Europa schaffen soll. Darin ist freie, nichtdiskriminierte wirtschaftliche Betätigung europarechtlich garantiert. Es gibt eine lange, eindrückliche Rechtsprechung des Europäischen Gerichtshofs zugunsten der persönlichen wirtschaftlichen Freiheit und gegen staatliche Beschränkungen. Die vier bekannten Grundfreiheiten – freier Warenverkehr, Personenfreizügigkeit, Dienstleistungsfreiheit und freier Kapital- und Zahlungsverkehr – sind Anliegen, die nicht nur die EU prägen, sondern auch bei der Schaffung des liberalen schweizerischen Bundesstaates von zentraler Bedeutung waren.

Das liberale Bekenntnis der EU nach wirtschaftlicher Freiheit und Demokratie ist durch die Errichtung eines europaweiten Rechtsraums dokumentiert, in welchem den Bürgern ihre Rechte nicht nur von den nationalen Regierungen, sondern von der EU garantiert und durch den europäischen Gerichtshof effektiv geschützt werden.

Ebenfalls ein liberales Uranliegen der europäischen Integration sind die prominente Stellung und der Schutz des Wettbewerbs. Auch da wird individuelle Freiheit durch EU-Recht geschützt. Es gibt weltweit keine Verfassung, die den Wettbewerb und die Marktwirtschaft derart stark betont und schützt wie der Vertrag der Europäischen Gemeinschaft.

Die wirtschaftliche Liberalisierung auf unserem Kontinent hat starke Wurzeln in der EU. Beim Bestreben der Schaffung eines europaweiten Binnenmarktes hat die EU eine ganze Anzahl von regulierten Märkten geöffnet, von staatlicher Kontrolle befreit und dem Wettbewerb übergeben (z. B. Telekommunikation, Fernsehen, Radio, Lebensmittel, Post etc.).

Alles in allem liegen die großen Ziele der EU durchaus auf einer liberalen Generallinie. So begrüßenswert das ist, so bedauernswert ist die Tatsache, dass die Umsetzung dieser Ziele in die Tagespolitik nicht selten über das Ziel hinausschießt. Unrühmliche Beispiele dafür gibt es mehr als genug. Sie sind Ausdruck einer manchmal überbordenden Bürokratie, wie sie öffentlichen Verwaltungen inhärent ist – auch in der Schweiz.

Lange Geschichte der Subsidiarität – in und außerhalb der EU

Aber auch die politischen und gesellschaftlichen Gestaltungsprinzipien der EU richten sich nach liberalen Leitlinien. Das gilt unter anderem für den Grundsatz der Subsidiarität, der Eigenverantwortung vor staatliches Handeln stellt. Subsidiarität ist selbstverständlich keine Erfindung der EU. Der Grundgedanke der Subsidiarität reicht sowohl theologisch, philosophisch als auch politisch weit zurück. Schon Thomas von Aquin sah in einer „übertriebenen Vereinheitlichung und Gleichschaltung" eine Bedrohung für „den Bestand des aus verschiedenen Gebilden zusammengesetzten Gemeinwesens". Dann sind im aufkommenden Liberalismus des 19. Jahrhunderts erste Ansätze von Subsidiaritätsgedanken zu finden. Damals sollte die Sicherung und Gestaltung der eigenen Existenz vornehmlich dem einzelnen Individuum selbst und seiner Initiative überlassen bleiben. Staatliches Handeln sollte nur in Ausnahmesituationen Platz greifen und nur dann zugelassen werden, wenn die Möglichkeiten des Individuums zum eigenen Schutz nicht ausreichen. Eine erste relativ konkrete Ausprägung erfuhr das Subsidiaritätsprinzip in der katholischen

Soziallehre in den 1930er-Jahren. Heute ist Subsidiarität ein politisches Gestaltungsmittel, das in föderalen Staaten wie der Schweiz, Deutschland oder Österreich von vitaler Bedeutung ist.

Die Europäische Union hat die Subsidiarität schon im Maastrichter Vertrag definiert. Artikel 5 dieses Vertrages besagt, dass Entscheidungen auf einer möglichst bürgernahen Ebene zu treffen sind. Ein gemeinschaftliches Vorgehen ist nur dann wirklich gerechtfertigt, wenn sich keine nationalen, regionalen oder lokalen Handlungsmöglichkeiten aufdrängen. In den Bereichen, die nicht in ihre ausschließliche Zuständigkeit fallen, handelt die Union nur dann, wenn ihre Maßnahmen wirksamer sind als nationale, regionale oder lokale.

Mit der Subsidiarität gekoppelt sind die Grundsätze der Verhältnismäßigkeit und der Erforderlichkeit; d.h. Maßnahmen der Union dürfen nicht über das zur Verwirklichung der Vertragsziele notwendige Maß hinausgehen. In der Praxis sollen Legislativvorschläge systematisch auf ihre Verträglichkeit mit dem Subsidiaritätsprinzip analysiert werden, und es sollen – wenn immer möglich – weniger verbindliche Unionsmaßnahmen verabschiedet werden.

Das Subsidiaritätsprinzip ist mit dem Maastrichter Vertrag zu einer tragenden Säule der Union geworden, indem es gleichberechtigt neben den Aufgaben und Zielen, den Basisnormen über die Organstruktur sowie dem Binnenmarktziel steht. Hierdurch wird deutlich, dass das Subsidiaritätsprinzip den Inhalt der anderen Grundsätze beeinflusst und mitbestimmt.

Subsidiarität in der Schweiz historisch verwurzelt, aber wenig kodifiziert

In der Schweiz ist das Prinzip der Subsidiarität seit der Gründung des Bundesstaates politische Realität und dessen Bedeutung wird in- und außerhalb des Parlaments zu Recht immer wieder hervorgehoben. Der Grundsatz, wonach der Bund nur dann tätig werden kann, wenn dies ausdrücklich durch eine Kompetenz in der Verfassung gedeckt ist (Kompetenzvermutung zugunsten der Kantone), war seit jeher maßgebend für die Aufgabenteilung zwischen Bund und Kantonen. Allerdings fand die Subsidiarität erst mit der Neugestaltung des Finanzausgleichs und der Aufgabenteilung von 2004 Eingang in die Verfassung (Art. 5: „Bei der

Zuweisung und Erfüllung staatlicher Aufgaben ist der Grundsatz der Subsidiarität zu beachten."). Noch anlässlich der Totalrevision der Bundesverfassung Ende der 1990er-Jahre fand sich keine Mehrheit, die bereit gewesen wäre, den Begriff der Subsidiarität im Grundgesetz zu verankern. Dies obwohl seit Jahren eine schleichende Kompetenzverlagerung von den Kantonen zum Bund und wohl auch von den Städten und Gemeinden zu den Kantonen zu verzeichnen ist. Beispiele dafür, dass der Wille zur Umsetzung der Handlungsmaxime Subsidiarität oft gefehlt hat, finden sich ohne Weiteres in der EU-Politik, in der Finanzpolitik und in Bildungsfragen. Diese Zentralisierungstendenz widerspricht dem Grundgedanken der Subsidiarität diametral. Infolge einer fehlenden Verfassungsgerichtsbarkeit ist der Verfassungsgrundsatz der Subsidiarität denn auch gerichtlich nicht durchsetzbar. Das Eidgenössische Parlament (und die Stimmbürger) haben es somit weitgehend selbst in der Hand, dem Grundsatz der Subsidiarität nachzuleben oder nicht.

Wie präsentiert sich die Situation in der Europäischen Union? Art. 5 des Vertrages von Lissabon hält zunächst die Grundsätze der Subsidiarität und der Verhältnismäßigkeit fest. Die Gesetzgebungstätigkeit soll sich nachvollziehbar danach ausrichten. In den Bereichen, die nicht in ihre ausschließliche Zuständigkeit fallen, wird die Union nach dem Subsidiaritätsprinzip nur tätig, sofern und soweit die Ziele der in Betracht gezogenen Maßnahmen auf der Ebene der Mitgliedstaaten nicht ausreichend erreicht werden können und daher wegen ihres Umfangs oder ihrer Wirkungen besser auf Unionsebene erreicht werden können. Beruft sich die Union darauf, dass ein Ziel besser auf Unionsebene erreicht werden kann, hat sie dies anhand qualitativer und quantitativer Kriterien zu belegen.

Vergleicht man die beiden Verfassungsbestimmungen der Schweiz und der EU, fällt sofort auf, dass die Anwendung der Subsidiarität im EU-Vertrag näher umschrieben ist, während sich die Schweizer Verfassung damit begnügt, den Grundsatz festzuhalten.

Institutionell verankerte Subsidiarität in der EU

Der Lissaboner Vertrag geht noch einen Schritt weiter als jener von Maastricht, indem rechtlich verbindliche Präzisierungen zur Anwendung des Subsidiaritätsprinzips verankert sind. Föderalistisch aufgebaute Staaten wie Deutschland, Österreich und Belgien profitieren zudem davon, dass das Subsidiaritätsprinzip der EU nicht etwa nur die Mitgliedstaaten selbst einbezieht, sondern auch deren Gliedstaaten, die nach nationalem Verfassungsrecht eigene gesetzgeberische Befugnisse besitzen. Im Grunde genommen verfolgt das Subsidiaritätsprinzip in der EU gegenläufige Ziele: Einerseits will es die Zuständigkeit der Mitgliedstaaten in jenen Bereichen wahren, die durch ein gemeinschaftliches Vorgehen nicht besser geregelt werden können. Andererseits erlaubt es die Subsidiarität der Gemeinschaft, tätig zu werden, wenn ein Problem durch eigene Maßnahmen der Mitgliedstaaten nicht ausreichend gelöst werden kann. Damit wird das Subsidiaritätsprinzip freilich stark strapaziert. In der Schweiz wäre eine Norm, die dem Bund unter Bedingungen erlauben würde, Kompetenzen einfach an sich zu ziehen, schlicht undenkbar.

Die Reichweite des Subsidiaritätsprinzips erschließt sich in der EU aus zwei Blickwinkeln: In Bereichen, in denen der EU durch den Vertrag eine mit den Mitgliedstaaten geteilte Zuständigkeit zukommt, wirkt das Subsidiaritätsprinzip als Richtlinie für die Wahrnehmung dieser Zuständigkeit (Kompetenzausübungsschranke). Und in den Bereichen, in denen der Vertrag der Gemeinschaft keine Zuständigkeit zuweist, eröffnet auch das Subsidiaritätsprinzip der Union keine zusätzlichen Kompetenzen. Dennoch ergeben sich zuweilen Schwierigkeiten bei der Abgrenzung. So kann etwa die Union von sich aus im Rahmen der in den Verträgen festgelegten Politikbereichen tätig werden, um eines der Ziele der Verträge zu verwirklichen. Allerdings bedarf es dazu eines einstimmigen Ratsbeschlusses und der Zustimmung des Europäischen Parlaments.

Subsidiarität in der EU gerichtlich überprüfbar

Im Gegensatz zur Schweiz ist das Subsidiaritätsprinzip in der EU grundsätzlich gerichtlich überprüfbar. Bei der Anwendung des Subsidiaritätsprinzips kommt den Organen der Europäischen Union allerdings ein weiter Konkretisierungsspielraum zu, der vom Europäischen Gerichtshof EuGH zu respektieren ist. Allgemein kann gesagt werden, dass die Kontrolldichte des EuGH in dem Umfang zu reduzieren ist, als

- Mitgliedstaaten effektiv in die Entscheidung über Inhalt und Ausmaß der in Betracht gezogenen Maßnahme einbezogen wurden,
- die Beschäftigung mit dem Problem der Erforderlichkeit gründlich und interessengerecht war und

- die betroffenen Organe und Rechtsträger (auch unterhalb der Ebene der Mitgliedstaaten) ausführlich gehört wurden.

Auch das Europäische Parlament tritt seit Jahren (erstmals 1984) für das Subsidiaritätsprinzip ein. Von ihm stammt auch der Vorschlag, bei konkurrierenden Zuständigkeiten eine Art Kompetenzvermutung zugunsten der Mitgliedstaaten einzuführen. Das heißt, dass die Mitgliedstaaten dort tätig sein dürfen, wo die Gemeinschaft nicht regelnd eingegriffen hat. Das Europäische Parlament hat denn auch immer wieder die Bedeutung der Subsidiarität bekräftigt und die Debatte über deren Anwendung forciert.

Die vom Europäischen Parlament ausgehende Diskussion führte schon zu Beginn der 1990er-Jahre zum Abschluss einer interinstitutionellen Vereinbarung zwischen Rat, Parlament und Kommission, die alle drei Organe zur Beachtung des Subsidiaritätsprinzips verpflichtet. Darin wurde auch deren entschlossenes Vorgehen in diesem Bereich zum Ausdruck gebracht. Ziel dieser Vereinbarung ist es, die Verfahren zur Durchsetzung des Subsidiaritätsprinzips im Einzelnen zu regeln. So hat die Kommission bei der Ausübung ihres Initiativrechts dem Subsidiaritätsprinzip Rechnung zu tragen und hat dies zu dokumentieren; Ähnliches gilt für Parlament und Rat. Dann muss jeder Vorschlag der Kommission eine Rechtfertigung enthalten, ob dieser dem Subsidiaritätsprinzip Rechnung trägt. Wenn nicht, ist dies zu begründen. Der gleichen Begründungspflicht unterliegt auch jede Änderung eines Textes der Kommission durch Rat oder Parlament, wenn sie eine Änderung des gemeinschaftlichen Handlungsbereichs zur Folge hat. In der Geschäftsordnung des Parlaments ist schließlich festgehalten, dass das Parlament bei der Prüfung eines Legislativvorschlags besonders darauf achtet, ob unter anderem das Subsidiaritätsprinzip gewahrt ist.

Eingeschränkte Subsidiarität in der EU stärker normiert als in der Schweiz

Unter den Neuerungen, die der Vertrag von Lissabon gebracht hat, fällt vor allem auch die Verbesserung der Kontrolle der Subsidiarität auf. Nachdem die Union in Bereichen, die nicht in ihre Zuständigkeit fallen, nur dann handeln darf, wenn ihre Maßnahmen wirksamer sind als solche auf Ebene der Mitgliedstaaten, kommt der Beurteilung der Wirksamkeit solcher Maßnahmen eine entscheidende Bedeutung zu. Neu können die Mitgliedstaaten geltend machen, weshalb ihrer Auffassung nach ein Vorschlag nicht dem Subsidiaritätsprinzip entspricht. Zu diesem Zwecke wurde folgendes zweistufiges Verfahren etabliert:

- Ist ein Drittel der Parlamente der Mitgliedstaaten der Auffassung, dass ein Vorschlag nicht dem Subsidiaritätsprinzip entspricht, so muss die Kommission ihren Vorschlag überprüfen und kann ihn anschließend entweder beibehalten, ändern oder zurückziehen.
- Formuliert die Mehrheit der Parlamente der einzelnen Mitgliedstaaten die genannten Bedenken und bleibt die Kommission dennoch bei ihrem Vorschlag, wird ein besonderes Verfahren eingeleitet. Die Kommission muss ihre Gründe darlegen, und das Europäische Parlament sowie der Europäische Rat müssen entscheiden, ob das Legislativverfahren fortgesetzt wird oder nicht.

Alles in allem drängt sich die Feststellung auf, dass das Prinzip der Subsidiarität in der Europäischen Union klar stärker normiert ist als in der Eidgenossenschaft. Die wichtigsten politischen EU-Instanzen bekennen sich ausdrücklich zu diesem Grundsatz und unterwerfen sich einem Prozedere, das dessen Umsetzung systematisch unterstützt. Nicht zu übersehen ist allerdings auch, dass der Grundsatz der Subsidiarität eher als Korrektiv gegen die Gefahr von immer stärker wachsenden Gemeinschaftskompetenzen gesehen wird. Demgegenüber ist die Subsidiarität in der Schweiz seit jeher maßgebend für die Aufgabenteilung zwischen Bund und Kantonen, und die verfassungsrechtlich verankerte Kompetenzvermutung zugunsten der Kantone gilt als Pfeiler der föderalistischen Staatsordnung. Im Gegensatz zur Regelung in der EU ist sie allerdings nicht justiziabel – ein Grund mehr, dieses Gestaltungsprinzip in der Tagespolitik weiterhin hochzuhalten.

Unter den gegenwärtig 27 EU-Mitgliedsländern gibt es nur wenige, die föderalistisch organisiert sind (Deutschland, Österreich und allenfalls Belgien) und Subsidiarität leben. Umso erstaunlicher ist es, dass die EU diesem Gestaltungsprinzip seit Jahren einen großen Stellenwert beimisst. Wäre die Schweiz Mitglied der EU, könnte sie jedenfalls jahrzehntelange Erfahrung im Umgang mit der Subsidiarität glaubhaft in die politische Diskussion einbringen und eine aktive Rolle bei der Fortentwicklung eines föderalistischen Europas spielen.

Wachsendem EU-Druck mit klaren Konzepten begegnen

Man muss kein Prophet sein, um zu erkennen, dass die Zukunft der europäischen Integration nicht im Zentralismus, sondern in einer maßvollen bundesstaatlichen Struktur liegt. Nur wenn der Föderalismus in der EU gestärkt wird, kann in absehbarer Zeit mit einem EU-Beitritt der Schweiz spekuliert werden. Anders als in vielen EU-Mitgliedsländern wird das Volk an der Urne darüber zu befinden haben. Und die Stimmbürgerschaft hat erfahrungsgemäß ein feines Gespür dafür, wenn Kompetenzen unnötig zentralisiert werden. Im Hinblick auf eine solche Volksabstimmung, für die es zurzeit keinen Fahrplan gibt, wäre es allerdings mehr als wünschbar, dass die öffentliche Diskussion über Vor- und Nachteile eines EU-Beitritts möglichst emotionslos und in aller Breite und Tiefe geführt werden kann. Diese Voraussetzung ist heute offensichtlich nicht gegeben; zu viele Parteien – vor allem jene in der politischen Mitte – verweigern sich einer solchen Auseinandersetzung. Wohl zu Recht fürchten sie, zwischen den Polen der unerbittlichen Ja- und Neinsager zermalmt zu werden.

Auf längere Sicht kann eine solche Politik allerdings nicht aufgehen. Der viel gelobte bilaterale Weg hat sich nach der Ablehnung des EWR zwar als äußerst erfolgreich erwiesen. Das wichtigste Ziel aus schweizerischer Sicht, der freie Zugang zum europäischen Binnenmarkt, ist erreicht. Aber darauf zu vertrauen, diese Ersatzlösung könne perpetuiert werden, ist sehr riskant. Wie es der Name sagt, braucht es für bilaterale Verträge zwei Partner. Durchsetzen kann man die eigenen Interessen nicht; sie müssen in einer Balance zu jenen des Partners stehen, um langfristig Bestand zu haben. Nun verheißen aber die jüngsten Zeichen aus Brüssel nicht viel Gutes.

Nach der Osterweiterung der EU wächst die latent schon immer vorhandene Opposition gegen Bilateralismus und die Berücksichtigung von Sonderinteressen. Immer weniger Mitgliedstaaten sind bereit, für Drittstaaten Ausnahmen zuzulassen, während sie selbst dem europäischen Binnenmarkt nur nach der Aufnahme als vollwertiges EU-Mitglied beitreten konnten. Es ist absehbar, dass der Druck aus Brüssel auf die Schweiz steigen wird. Insbesondere die automatische Übernahme von EU-Recht dürfte zum Angelpunkt zukünftiger Verhandlungen werden. Nur am Rande sei erwähnt, dass die Schweiz das EU-Recht, das sie zu übernehmen hat, unter dem Regime des Bilateralismus nicht mitgestalten kann. Aus der Sicht eines souveränen Landes eigentlich eine unhaltbare Situation.

Die Frage ist, ob und wie lange sich die Schweiz dem Druck der EU wird entziehen können, ohne den Zutritt zum europäischen Wirtschaftsraum aufs Spiel zu setzen. Denn da sind sich wohl alle – nicht nur Liberale – einig: Am freien Zugang zum EU-Binnenmarkt darf nicht gerüttelt werden. Zu stark ist die Schweizer Wirtschaft davon betroffen, und letztlich lebt auch unser Wohlstand zu einem wesentlichen Teil davon.

Will die Schweiz das Integrationsheft in der Hand behalten, müssten jetzt die Bedingungen formuliert werden, unter denen ein EU-Beitritt überhaupt infrage käme. Noch könnte die Schweiz darüber mit der EU auf Augenhöhe Gespräche aufnehmen und vielleicht auch Erfolge erzielen. Auf jeden Fall ist zu vermeiden, dass man sogenannte Verhandlungen nur noch aus einer Position der Defensive führen muss. Wie rasch ein Kartenhaus dann zusammenbrechen kann, haben wir beim Bankgeheimnis erlebt, das für ausländische Kunden vor allem auf Druck der Europäischen Union innert Monaten weggefegt worden ist, obwohl es erst noch vor kurzem von der obersten politischen Schweizer Führung als unverhandelbar bezeichnet worden war.

ROLAND VAUBEL

Aufstieg und Fall des sogenannten Stabilitäts- und Wachstumspakts

Fünf Thesen

In diesem Beitrag möchte ich fünf Thesen begründen:

1. Der sogenannte Stabilitäts- und Wachstumspakt der Europäischen Union ist für das Funktionieren der Europäischen Währungsunion (EWU) nicht notwendig und kann die Stabilität des Euro sogar gefährden.
2. Gesetzliche oder vertragliche Beschränkungen der staatlichen Haushaltsdefizite sind äußerst wichtig aus Gründen, die nichts mit der Geldwertstabilität zu tun haben.
3. Nationale Defizitbeschränkungen sind internationalen Defizitbeschränkungen vorzuziehen, aber wenn wirksame nationale Beschränkungen aufgrund politischer Verzerrungen nicht zustande kommen, ist eine internationale Defizitbeschränkung, die im Konsens vereinbart wird, vertretbar.
4. Mitgliedstaaten der EWU, die aufgrund überhöhter Defizite Finanzierungsschwierigkeiten haben, dürften nach geltender Rechtslage weder von der EU noch von anderen Mitgliedstaaten noch vom Internationalen Währungsfonds (IWF) Kredite zur Finanzierung ihres Schuldendienstes erhalten.
5. Der Bailout Griechenlands war auch ökonomisch falsch. Eine De-facto-Prolongation der griechischen Verbindlichkeiten wäre die richtige Lösung gewesen.

Ein Pakt für Preisstabilität?

Dient der Pakt der Geldwertstabilität oder irgendwelchen anderen Zielen der Währungsunion?

Was das Stabilitätsziel angeht, beginnt die Präambel der Verordnung des Rates vom 7. Juli 1997 mit dem folgenden Satz:

„Der Stabilitäts- und Wachstumspakt beruht auf dem Ziel einer gesunden öffentlichen Finanzlage als Mittel zur Verbesserung der Voraussetzungen für Preisstabilität".[1]

Unter Nicht-Keynesianern besteht weithin Einigkeit, dass das Preisniveau langfristig am Geldmarkt determiniert wird. Ausgangspunkt muss daher die Gleichgewichtsbedingung für den Geldmarkt sein[2]:

(1)

$$M = P \cdot l(\overset{+}{y}, \overset{-}{i})$$

Nach dem Preisniveau aufgelöst ergibt sich:
(2)

$$P = \frac{M}{l(\overset{+}{y}, \overset{-}{i})}$$

Damit ist klar, dass sich die nationalen Haushaltsdefizite nur dann auf das Preisniveau des Euro auswirken können, wenn sie entweder das Realeinkommen y oder den Nominalzins i verändern. In einer geschlossenen Wirtschaft treibt ein Anstieg des Haushaltsdefizits zunächst den Realzins und (wenn sich die Inflationserwartungen nicht stark ändern) den Nominalzins in die Höhe, sodass die reale Geldnachfrage (l) sinkt. Wenn die Europäische Zentralbank (EZB) darauf nicht mit einem Rückgang der Geldmenge antwortet, bewirkt der Geldangebotsüberschuss erst einen (vorübergehenden) Anstieg des Realeinkommens und dann einen Anstieg des Preisniveaus. Sobald sich das Preisniveau angepasst hat, verschwindet der Anstieg des Realeinkommens.

In einer kleinen offenen Volkswirtschaft mit vollkommener Kapitalmobilität kann der Anstieg des Haushaltsdefizits dagegen nicht den hei-

---

1 Verordnung (EG) Nr. 1466/97 des Rates über den Ausbau der haushaltspolitischen Überwachung und der Überwachung und Koordinierung der Wirtschaftspolitiken vom 07.07.1997.
2 M ist das Geldangebot, P das Güterpreisniveau, l die Nachfrage nach realer Geldmenge, y das Realeinkommen und i der Nominalzins.

mischen Realzins verändern, denn dieser wird auf dem Weltmarkt determiniert. Die stärkere Neuverschuldung des Staates zieht jedoch Kapital aus dem Ausland an. Der Nettokapitalimport erhöht das Realeinkommen und damit die reale Geldnachfrage. Der Geldnachfrageüberschuss bewirkt einen einmaligen Rückgang des Preisniveaus.

Der Euro-Raum ist zwar offen, aber nicht klein. Deshalb ist theoretisch nicht eindeutig zu klären, ob das Preisniveau ceteris paribus steigt oder fällt, wenn die Euro-Staaten ihr Haushaltsdefizit erhöhen. Die meisten Politiker glauben offensichtlich, dass es steigt – gehen wir im Folgenden davon aus.

Von größter Wichtigkeit ist nun die „Ceteris-paribus"-Annahme. Denn da die Europäische Zentralbank das Geldangebot kontrollieren kann, ist sie auch in der Lage, die haushaltspolitisch bedingten Schwankungen der Geldnachfrage zu kompensieren. Dies zu tun, ist sogar ihre Pflicht, denn das EZB-Statut verpflichtet sie, das Preisniveau des Euro stabil zu halten. Mit anderen Worten: Die Haushaltsdefizite können die Stabilität des Euro nur gefährden, wenn die EZB nicht ihre Pflicht tut. Insofern ist es kurios, dass die EZB vor haushaltspolitischen Risiken für die Preisstabilität warnt. Das Risiko ist sie selbst.

Hindern die Haushaltsdefizite nicht aber vielleicht die Mitglieder des EZB-Rats, ihre Pflicht zu tun? Je höher die Mitgliedstaaten verschuldet sind, desto stärker sind die Regierungen erstens daran interessiert, dass die Zentralbank die Zinsen niedrig hält. Auf diese Weise wird der staatliche Schuldendienst erleichtert. Zweitens senkt eine inflationäre Geldpolitik den Realwert der Schulden. Drittens entsteht bei der Erhöhung der Geldbasis ein Zentralbankgewinn, der in die staatlichen Kassen fließt. Diese Begründungen stammen natürlich nicht von den Initiatoren des Paktes, denn sie setzen voraus, dass die Mitglieder des EZB-Rats pflichtwidrig handeln, weil sie von den Politikern unter Druck gesetzt werden oder sich aus anderen Gründen loyal verhalten.

Treffen die Befürchtungen zu? Eine positive Korrelation zwischen Haushaltsdefizit und Geldschöpfung sagt darüber wenig aus, denn beide mögen das Ergebnis negativer wirtschaftlicher Schocks sein. Dann verursacht nicht das Haushaltsdefizit die Geldschöpfung, sondern beide hängen von einer dritten Variable ab (common-cause interdependence). Es könnte also eine Scheinkorrelation vorliegen.

Wenn negative Schocks auftreten, verstärkt aber eine wirksame Defizitbeschränkung den politischen Druck auf die Zentralbank, die Geldmenge zu erhöhen. Denn wenn die Haushaltspolitik nicht mehr eingesetzt werden kann, bleibt nur noch die Geldpolitik. Da die Mitglieder des EZB-Rats annahmegemäß ihre Pflicht verletzen und dem Druck nachgeben, gefährdet die Beschränkung der Defizite unter diesen Umständen die Stabilität des Euro. Im Fall negativer Schocks ist der Pakt also entweder – wenn die EZB ihre Pflicht tut – irrelevant für die Preisstabilität oder aber – wenn die EZB dem politischen Druck nachgibt – kontraproduktiv für die Preisstabilität.

Gibt es empirische Evidenz, dass höhere Haushaltsdefizite zu einer expansiveren Geldpolitik führen? Da auch die umgekehrte Kausalrichtung begründet werden kann (reverse causation), bedarf es einer zweistufigen Schätzung, die überdies das Wirtschaftswachstum als potenzielle gemeinsame Ursache berücksichtigen muss. Eine solche Schätzung hat Jacques Mélitz (2000) vorgelegt. Es handelt sich um eine Panel-Daten-Analyse für die damaligen EU-Länder ohne Luxemburg (EU-14) plus fünf andere Industrieländer im Zeitraum 1959/1976 bis 1995. Danach wirkt sich die Veränderung des Haushaltssaldos relativ zum BIP signifikant negativ auf die Veränderung des Geldmarktzinses aus, d. h., eine expansive Fiskalpolitik führt zu einer – am Zins gemessen – restriktiven Geldpolitik. Das deutet auf einen policy mix hin, wie ihn Robert Mundell (1962) empfohlen hat.

Die deutsche Bundesregierung, die den Pakt Mitte der 1990er-Jahre gegen starken französischen Widerstand durchsetzte, war wahrscheinlich von der Erfahrung der Weimarer Hyperinflation inspiriert. Damals wären nationale oder internationale Defizitbeschränkungen jedoch ganz unwirksam gewesen: Da französische und belgische Truppen das Ruhrgebiet besetzten, brach dem Deutschen Reich innerhalb kürzester Zeit ein großer Teil seiner Steuereinnahmen weg.

Der enorme Anstieg der Neuverschuldung in der Finanzkrise von 2008/09 war ebenfalls unvermeidlich. Dass zum Beispiel Griechenland dabei weit übers Ziel hinausschoss, war ein Randphänomen, das die Stabilität des Euro zu keinem Zeitpunkt gefährdete. Auch die Behauptung des deutschen Finanzministers Schäuble, ein Staatsbankrott Griechenlands hätte die Stabilität des Euro gefährdet, ist ökonomisch nicht haltbar.

In Bundesstaaten wie der Schweiz, den USA und Kanada gibt es keine föderalen Defizitbeschränkungen für die Kantone, Staaten oder Provinzen. Trotzdem haben diese Länder – insbesondere die Schweiz – recht stabile Währungen.

Die Gefahr für die Stabilität des Euro liegt woanders: in der Vorstellung, man könne und müsse mit Hilfe einer inflationären Geldpolitik die Arbeitslosigkeit bekämpfen und zu Lasten der vermögenden Schichten Umverteilungspolitik betreiben. Bisher hat es im EZB-Rat stets eine bürgerliche Mehrheit gegeben. Das kann sich schnell ändern.

Ein Pakt für die Währungsunion?

Obwohl die Defizitbeschränkungen für die Stabilität des Euro nicht notwendig und möglicherweise sogar schädlich sind, könnten sie zur Lösung anderer Probleme beitragen, die durch die Währungsunion entstanden sind.

Erstens könnten exzessive nationale Haushaltsdefizite zu „Bailout"-Problemen führen, d. h., Länder, die vor dem Staatsbankrott stehen, könnten die „Solidarität" der anderen Mitgliedstaaten einfordern, und diese Aussicht könnte sich als Anreiz zu übermäßiger Staatsverschuldung erweisen. Der Pakt könnte solchen Fehlanreizen entgegenwirken.

Bis zur Griechenland-Krise von 2010 glaubte man, dieses Problem durch das Bailout-Verbot des Artikels 125 AEUV gelöst zu haben. Am 25. März 2010 haben sich die Regierungen der Mitgliedstaaten jedoch bereit erklärt, im Notfall gegen dieses Verbot zu handeln. Es ist aber zweifelhaft, dass ein solcher Bailout einer rechtlichen Überprüfung standhalten würde.

Zweitens werden „Vertrauensexternalitäten" befürchtet: Ein griechischer Staatsbankrott könnte sich zum Beispiel auf die Risikoprämien für portugiesische Staatsanleihen auswirken. In der empirischen Forschung konnten Vertrauensexternalitäten bisher nicht nachgewiesen werden. Wenn es sie gibt, so existieren sie auch unabhängig von der Währungsunion.

Drittens wird argumentiert, die Währungsunion schwäche die fiskalische Disziplin, weil die Erhöhung eines nationalen Haushaltsdefizits in dem integrierten Kapitalmarkt der Währungsunion einen geringeren Zinsanstieg bewirkt als vorher im engen nationalen Kapitalmarkt. In Wirklichkeit stärkt die Währungsunion jedoch die fiskalische Disziplin der Mitgliedstaaten: Da die Kapitalmobilität zunimmt, reagiert der Markt heftiger auf einen Vertrauensverlust, sodass die Risikoprämien stärker steigen.

Viertens kann die nationale Haushaltspolitik im Rahmen einer Währungsunion Preisniveauexternalitäten in anderen Mitgliedstaaten auslösen. Unterstellen wir, die EZB tut ihre Pflicht und hält das Preisniveau stabil. Wenn nun zum Beispiel Frankreich sein Haushaltsdefizit deutlich erhöht, (mehr) Kapital von Deutschland nach Frankreich fließt und sich die Güternachfrage von deutschen zu französischen Produkten verschiebt, verteuern sich französische Güter gegenüber deutschen Gütern. Da das Unionspreisniveau annahmegemäß stabil bleibt, steigt das Preisniveau in Frankreich und sinkt in Deutschland. Die französische Haushaltspolitik erzeugt also Deflation in Deutschland. Solche Preisniveauexternalitäten gibt es – auch innerhalb von Föderalstaaten, aber sie sind nicht gravierend, zumal das Unionspreisniveau in der Regel nicht stabil ist, sondern (zu stark) steigt.

Zusammenfassend kann man daher feststellen, dass die supranationalen Defizitbeschränkungen für das Funktionieren der Währungsunion wahrscheinlich nicht notwendig sind. Dennoch gibt es sehr gute Gründe, die staatlichen Haushaltsdefizite zu beschränken.

Weshalb die Haushaltsdefizite beschränkt werden sollten

Ganz unabhängig von der Währungsunion sprechen die folgenden Gründe für eine Beschränkung der Haushaltsdefizite:

1. Es muss verhindert werden, dass sich die lebende Generation zulasten zukünftiger Generationen von Steuerzahlern verschuldet.
2. Amtierende Regierungen müssen daran gehindert werden, sich zulasten der nachfolgenden Regierungen zu verschulden.
3. Der haushaltspolitische Wahlzyklus sollte begrenzt werden.
4. Kombiniert mit Steuersenkungen können Defizitbeschränkungen dazu dienen, Ausgabenkürzungen zu erzwingen.

Es ist also äußerst wichtig, die Haushaltsdefizite zu beschränken.

Nationale oder supranationale Defizitbeschränkungen?

Dezentrale Defizitbeschränkungen sind grundsätzlich vorzuziehen. Zum einen erlauben sie mehr Vielfalt. Aus der Vielzahl der Experimente kann man besser lernen – durch Vergleiche. Der Wettbewerb zwischen den Staaten ist ein Entdeckungsmechanismus (Hayek). Durch Experimente muss zum Beispiel geklärt werden, welche Sanktionsmechanismen am besten wirken und über welche Zeiträume die Defizitgrenzen einzuhalten sind.

Zum anderen funktioniert die Kontrolle durch die Öffentlichkeit vor Ort meist besser, weil die Informationskosten geringer und die Informationsanreize stärker sind.

Dass dezentrale Schuldenbremsen möglich sind und Wirkung entfalten, zeigt das Beispiel zahlreicher schweizerischer Kantone (vgl. z. B. Schaltegger 2007). Da die Ungeborenen keine Stimme haben und die Regierenden ihren Entscheidungsspielraum – besonders vor Wahlen – nicht gerne einschränken, ist die Bereitschaft, die Haushaltsdefizite durch konstitutionelle Regeln zu begrenzen, jedoch zu gering. Deshalb kommen auch Vereinbarungen auf einer höheren staatlichen Ebene infrage: für die deutschen Länder auf Bundesebene und für die Nationalstaaten auf europäischer Ebene. Sie können die Einführung von Defizitschranken erleichtern, weil sie die Preisniveauexternalitäten zwischen den Ländern internalisieren. Wenn geeignete nationale Vorkehrungen fehlen und es einer Regierung – der deutschen – gelingt, im Tausch für die Währungsunion Defizitgrenzen für alle nationalen Haushalte durchzusetzen, so kann dies nicht schaden, sondern nur nützen, auch wenn die Begründung – die Stabilität des Euro – nicht überzeugt.

Beruht der sogenannte Stabilitäts- und Wachstumspakt also auf einem glücklichen Versehen? Oder wurde er von seinen deutschen Initiatoren (allen voran Bundesbankpräsident Schlesinger) unter einem listigen Vorwand – den angeblichen Erfordernissen der Währungsunion – durchgesetzt?

Die Demontage des Pakts

Der Pakt hat sich nicht bewährt. Zu spürbaren Sanktionen (Geldbußen) kann es nämlich erst nach dreieinhalb Jahren kommen – und auch das nur, wenn es die anderen Regierungen mit qualifizierter Mehrheit beschließen. Eine Regierung hackt aber der anderen kein Auge aus, denn sie könnte später selbst auf der Anklagebank sitzen. Deshalb wurde der Pakt im März 2005 bis zur Unkenntlichkeit verwässert. Die Deutsche Bundesbank schrieb damals:

„Der Pakt war eine wichtige Voraussetzung für die positive Stellungnahme der Deutschen Bundesbank zur Einführung der gemeinsamen Währung. Er gehört damit zur Geschäftsgrundlage der Währungsunion."[3]
„Der Europäische Rat hat auf seiner Frühjahrstagung am 22. und 23. März 2005 grundlegenden Änderungen des Stabilitäts- und Wachstumspakts zugestimmt, die die in dem Pakt enthaltenen Regeln für eine solide Finanzpolitik entscheidend schwächen."[4]

Das nächste Schlüsselereignis war die Erklärung der Staats- und Regierungschefs der Mitgliedstaaten des Euro-Währungsgebiets vom 25. März 2010, in der diese zur griechischen Schuldenkrise Stellung nahmen:

„Die Mitgliedstaaten des Euro-Währungsgebiets sind bereit, im Rahmen eines Pakets, das eine erhebliche Finanzierung durch den Internationalen Währungsfonds und einen Mehrheitsanteil aus europäischen Finanzmitteln umfasst, zu koordinierten bilateralen Darlehen beizutragen."

Kommissionspräsident Barroso hatte dazu erklärt:

„Die EU-Kommission schlägt auf der Grundlage von Artikel 136 des EU-Vertrags ein System koordinierter bilateraler Kredite für Griechenland vor, das mit der *No-Bailout* Klausel vereinbar wäre und strenge Konditionalität enthalten würde."[5]

In dem zitierten Artikel 136 AEUV heißt es:

„Im Hinblick auf das reibungslose Funktionieren der Wirtschafts- und Währungsunion erlässt der Rat für die Mitgliedstaaten, deren Währung der Euro ist, Maßnahmen (…), um

---

3 Deutsche Bundesbank, Zur Reform des Stabilitäts- und Wachstumspakts, Stellungnahme für die Anhörung des Finanzausschusses des Deutschen Bundestags am 19.01.2005, abgedruckt in: Deutsche Bundesbank, Auszüge aus Presseartikeln, 19.01.2005, Nr. 3.
4 Deutsche Bundesbank, Die Änderungen am Stabilitäts- und Wachstumspakt, Monatsbericht, April 2005.
5 Interview, Handelsblatt, 22.03.2010.

(a) die Koordinierung und Überwachung der Haushaltsdisziplin zu verstärken,
(b) für diese Staaten Grundzüge der Wirtschaftspolitik auszuarbeiten (…)." (AbS. 1)

Die von den Staats- und Regierungschefs in Aussicht gestellten „koordinierten bilateralen Darlehen" stellen jedoch weder Haushaltsdisziplin her noch sind sie Grundzüge der Wirtschaftspolitik. Außerdem kann Artikel 136 nicht die Lex Specialis des Artikels 125 außer Kraft setzen, der das Bailout-Verbot enthält. Art. 125 bezieht sich ausdrücklich auch auf bilaterale Kredite zur Schuldenfinanzierung eines anderen Mitgliedstaats:

„Ein Mitgliedstaat haftet nicht für die Verbindlichkeiten der Zentralregierungen (…) eines anderen Mitgliedstaats und tritt nicht für derartige Verbindlichkeiten ein; dies gilt unbeschadet der gegenseitigen finanziellen Garantien für die gemeinsame Durchführung eines bestimmten Vorhabens." (AbS. 1, Satz 2)

Die in Aussicht gestellten koordinierten bilateralen Darlehen sind also mit dem Vertrag unvereinbar.
Es stellt sich jedoch die Frage, ob es unter den in der Erklärung genannten Bedingungen überhaupt zu einer Kreditvergabe kommen kann. Denn es wird vorausgesetzt, „dass die Finanzierung über den Markt nicht ausreicht" und dass die Zinssätze „kein Subventionselement enthalten". Wenn sich Griechenland am Markt nicht mehr ausreichend finanzieren kann, also kein Geld mehr bekommt, ist der marginale Marktzins für Kredite an Griechenland unendlich. Folglich muss auch der Zins für die nicht-subventionierten koordinierten bilateralen Darlehen der Euro-Staaten unendlich sein. Das heißt, die Euro-Staaten dürfen unter diesen Umständen keine Kredite an Griechenland vergeben.
Die zusätzliche Kreditlinie der Europäischen Union soll mit Artikel 122 begründet werden, der die Überschrift „Maßnahmen bei gravierenden Versorgungsschwierigkeiten" trägt. In seinem zweiten Absatz heißt es:

„Ist ein Mitgliedstaat aufgrund von Naturkatastrophen oder außergewöhnlichen Ereignissen, die sich seiner Kontrolle entziehen, von Schwierigkeiten ernstlich bedroht, so kann der Rat auf Vorschlag der Kommission beschließen, dem betreffenden Mitgliedstaat unter bestimmten Bedingungen einen finanziellen Beistand der Union zu gewähren (...)."

Die Schwierigkeiten Griechenlands waren jedoch – wie der Vergleich mit den anderen Ländern zeigt – selbstverschuldet. Sie entzogen sich nicht seiner Kontrolle.

Auch die Statuten des IWF lassen es nicht zu, einem Land wie Griechenland Kredite zur Haushaltsfinanzierung zu gewähren. Die Bedingungen für eine Zuständigkeit des IWF sind in Artikel V, AbS. 3.b.ii festgelegt:

„A member shall be entitled to purchase the currencies of other members from the Fund (...) subject to the (...) condition (...) [that] it has a need to make the purchase because of its balance of payments or its reserve position or development of its reserves."

Länder, die – wie Griechenland – Mitglied einer Währungsunion sind, intervenieren nicht am Devisenmarkt. Ihre Devisenbilanz ist immer ausgeglichen, denn sie können keine eigene Wechselkurspolitik betreiben. Zur Haushaltsfinanzierung ist der IWF nicht berechtigt. Dennoch hat der Direktor des IWF seine Bereitschaft erklärt, mit der griechischen Regierung über einen Kredit zu verhandeln. Die Tatsache, dass der Fonds bereits einem Mitglied einer anderen Währungsunion (der Westafrikanischen Union) ein Darlehen gewährt hat, macht die Sache nicht besser, sondern schlimmer. Auch die Deutsche Bundesbank bestreitet dem IWF das Recht, zur griechischen Haushaltsfinanzierung beizutragen. Sie ist direkt tangiert, denn die Kredite des IWF werden durch Geldschöpfung in den Gläubigerländern finanziert.

All dies sind Zeichen einer zunehmenden Rechtlosigkeit im Bereich der internationalen Organisationen. Es wird immer deutlicher, dass internationale Organisationen nicht nur der demokratischen, sondern auch der rechtlichen Kontrolle weitgehend entzogen sind. Zum Teil – wie im Fall des IWF – fehlen Organe der Rechtsdurchsetzung ganz. Zum Teil – dort, wo es wie in der EU einen Gerichtshof gibt – sind seine Richter selbst daran interessiert, die Macht ihrer Organisation zu mehren. Den Bürgern selbst ist es meist verwehrt, gegen Rechtsbrüche zu klagen. Die

Reform der internationalen Gerichtsbarkeit ist zu einem dringenden Problem geworden.[6] Pacta sunt servanda?

Die Alternative zum Griechenland-Bailout

Die neue griechische Regierung und die europäischen Banken haben die politisch Verantwortlichen der Euro-Länder mit der Drohung beeindruckt, dass ohne den Bailout eine neue Finanzkrise ausbrechen würde. Selbst wenn eine griechische Zahlungsunfähigkeit tatsächlich einzelne Banken (die Hypo Real?) erneut in existenzielle Schwierigkeiten gebracht hätte, so wäre nicht der Bailout für Griechenland, sondern eine erneute staatliche Garantie für die Verbindlichkeiten dieser Banken das angemessene Mittel gewesen. Denn der Bailout kommt nicht nur den möglicherweise gefährdeten Banken, sondern allen Besitzern griechischer Staatsanleihen zugute. Eine zielgenaue Politik hätte beim Problem – den Problembanken – ansetzen müssen. Das wäre auch viel billiger geworden.

Solange es noch eine größere Zahl angeschlagener Banken gibt, wäre es allerdings wünschenswert gewesen, eine explizite Umschuldung mit Forderungsverzichten („hair cuts") zu vermeiden. Stattdessen hätte sich eine Prolongation der griechischen Verbindlichkeiten angeboten. Die Banken haben argumentiert, dass sie zwar in der Lage seien, über eine Verlängerung der Laufzeiten zu verhandeln, dass andere Besitzer griechischer Staatsanleihen – zum Beispiel Pensionsfonds – dies jedoch nicht könnten und dass jede formelle Prolongation von Anleihen die Zahlungsunfähigkeit des Schuldners impliziert, was gravierende Konsequenzen für den Derivatemarkt (Credit Default Swaps) hätte. Diese Einwände hätten ausgeräumt werden können. Die Banken und die anderen institutionellen Anleger, die fällige Anleihen des griechischen Staates in ihrem Portefeuille hielten, hätten – zum Beispiel einen Tag vor Fälligkeit der alten Anleihen – in gleichem Umfang neue Anleihen des griechischen Staates kaufen können – mit der Auflage, dass die Erlöse dazu verwendet worden wären, die alten Anleihen zu tilgen. Die Auflage hätte durchgesetzt werden können, indem die Erlöse aus den neuen Anleihen auf ein Treuhänderkonto eingezahlt worden wären.

---

6 Vgl. dazu Vaubel 2009.

Mit Hilfe einer solchen De-facto-Prolongation wäre es möglich gewesen, den wohl letztlich unvermeidlichen Forderungsverzicht auf einen Zeitpunkt zu verschieben, an dem die Banken wieder fest auf beiden Beinen stehen.

Literatur

Mélitz, Jacques, „Some Cross-Country Evidence about Fiscal Policy Behaviour and Consequences for EMU", in: European Commission, Reports and Studies, Public Debt and Fiscal Policy in EMU, Nr. 2, Ch. 1, 2000.

Mundell, Robert, „The Appropriate Use of Monetary and Fiscal Policy for Internal and External Balance", International Monetary Fund Staff Papers 9, 1962, S. 70-77.

Schaltegger, Christoph A., Comment: Yardstick Competition among Cantonal Fiscal Rules, in: Peter Bernholz, Roland Vaubel (Hg.), Political Competition and Economic Regulation, London / New York 2007, S. 241–244.

Vaubel, Roland, Constitutional Courts as Promoters of Political Centralization: Lessons for the European Court of Justice, European Journal of Law and Economics 28, 2009, S. 203–222.

V.
ZUR GELD- UND FINANZPOLITIK

ERNST BALTENSPERGER

Geld als Ausdruck nationaler Souveränität

Eine stabile Währung und funktionsfähige, effiziente Finanzmärkte zählen zu den wichtigsten Einrichtungen unseres Wirtschafts- und Gesellschaftssystems. Eine stabile Währung insbesondere ist eines unserer wertvollsten öffentlichen Güter, vergleichbar mit einem gut funktionierenden System des Rechts, der öffentlichen Sicherheit oder des Finanz- und Steuerwesens. Zweifelhafte oder gar zerrüttete Währungen beeinträchtigen die Effizienz des Wirtschaftssystems in schwerwiegender Weise und können im Extremfall zum ökonomischen und politischen Zerfall führen. Die Beschäftigung mit der Frage nach dem institutionellen Rahmen, welcher solche Bedingungen am besten zu gewährleisten vermag, hat daher unter Ökonomen in Wissenschaft und Praxis eine lange Geschichte.

Das staatliche Währungsmonopol

Die Geldhoheit ist traditionell eine zentrale Ausdrucksform nationaler Souveränität. Die aus ihr folgenden Gestaltungsmöglichkeiten äußern sich insbesondere in der Wahl eines Währungsregimes und in der Form nationaler Geldpolitik. Externe Restriktionen haben dabei schon immer eine einengende Rolle gespielt, für kleine Länder und eine globalisierte Welt in besonderem Maß. Der Entscheidungsspielraum wird vor allem durch das Spannungsverhältnis zwischen spezifischen nationalen Bedürfnissen einerseits und den Vorteilen eines großen, einheitlichen Währungsraums ohne Wechselkursunsicherheit andererseits geprägt.

Grundsätzlich herrscht unter Ökonomen, und erst recht unter Ökonomen liberaler Prägung, eine Grundeinstellung zugunsten des Wettbewerbs. Wettbewerb führt unter relativ allgemeinen Bedingungen zu Effizienz im Einsatz wirtschaftlicher Ressourcen und zu entsprechender wirtschaftlicher Leistungsfähigkeit. Friedrich A. von Hayek hat dabei mit seiner einprägsamen Formel des Wettbewerbs als Entdeckungsverfahren die wichtige Einsicht betont, dass insbesondere auch die dynamische Dimension des Wettbewerbsprozesses von überragender Bedeutung ist.

Im Bereich des Geld- und Kreditwesens hat jedoch die Rechtfertigung gewisser Monopolelemente, ganz besonders des staatlichen Währungs- und Notenbankmonopols, eine lange und starke Tradition. Auch ein so zweifelsfrei liberaler und marktwirtschaftlicher Ökonom wie Milton Friedman hat das Notenbankmonopol des Staates ausdrücklich anerkannt: „There is probably no other area of economic activity with respect to which government intervention has been so uniformly accepted", hält er in seinem wegweisenden Beitrag „A Program for Monetary Stability" vorbehaltlos fest (Friedman 1960). Ähnlich auch Friedrich Lutz, ein anderer unverdächtiger Liberaler (Lutz 1962).

Historisch kann man sich die Entstehung lokaler Gebietsmonopole für Währungen leicht aus der mit der Geldschöpfung verbundenen Möglichkeit der sogenannten Seignorageerzielung erklären (Baltensperger und Jordan 1998). Seit Beginn der Münzprägung ist bekannt, dass mit dem Recht zur Geldschöpfung Einnahmen verbunden sein können, resultierend aus der Differenz zwischen dem Metallwert und der Kaufkraft des geprägten Metalls sowie aus den Gebühren, welche für die Münzprägung verlangt werden konnten. Das Prägerecht stand nur bestimmten Lehns- und Gebietsherren zu; es wurde üblicherweise vom Kaiser oder König verliehen – deshalb die Bezeichnung „Seignorage" für diese Form der Einnahmenerzielung.

Nun ist aber der Gebrauch von Währungen nicht so einfach reglementierbar. Daraus konnte sich, besonders bei starker Zersplitterung der politischen Herrschaftsbereiche, leicht ein Wettbewerb zwischen verschiedenen Währungen und Münzsorten entwickeln. Es stellte sich dann die Frage nach den Vor- und Nachteilen eines solchen Wettbewerbs und der mit ihm verbundenen Vielfalt von Währungen und Geldformen. Aus der Geld- und Währungsgeschichte sind zahlreiche Beispiele für derartigen Wettbewerb bekannt – Beispiele, die teils als positive Evidenz für sein Funktionieren, teils umgekehrt als Beweis für seine Ineffizienz interpretiert werden.

Mit der Bildung von Nationalstaaten in Europa wurde dann allerdings das Recht zur Prägung von Münzen praktisch überall an den Zentralstaat übertragen. Dies setzte vielerorts dem Nebeneinander von verschiedenen sich im Umlauf befindenden Geldsorten ein Ende und erlaubte es dem Zentralstaat, die Gewinne aus der Geldschöpfung fortan für sich zu beanspruchen.

Die Einführung von Papiergeld in der Form von Banknoten führte zur Möglichkeit, die umlaufenden Banknoten nur zum Teil mit Metall (üblicherweise Gold oder Silber) zu decken, sodass die ausgebende Bank den nicht gedeckten Teil ihrer Noten in zinstragende Anlagen investieren und somit einen Gewinn erzielen konnte, der über den Geldschöpfungsgewinn bei der Münzprägung hinausging. Die Möglichkeit, durch die Ausgabe von Banknoten einen Gewinn zu erzielen, war mit Grund dafür, dass auch das Recht der Notenausgabe mit der Zeit auf den Zentralstaat übertragen wurde. Es ist heute in den meisten Staaten an die Zentral- oder Notenbank delegiert. Die heute übliche Loslösung des Geldes von jeglicher Deckungspflicht durch Metall erlaubt es den Notenbanken grundsätzlich, die gesamte Ausgabe von Notenbankgeld durch den Ankauf zinstragender Aktiva zu vollziehen und die nominelle Notenbankgeldmenge beliebig zu verändern. In einem solchen Papiergeldsystem beruht der Wert des Geldes entscheidend auf der Glaubwürdigkeit der Notenbank, die Geldmenge relativ zur Wirtschaftsleistung des Landes knapp zu halten.

Neben das vom staatlichen Monopolisten geschaffene Geld hat der private Banken- und Finanzsektor im Verlaufe der Zeit aber trotz Notenbankmonopol mehr und mehr in der Form von Sichteinlagen und anderen geldnahen Instrumenten gute Substitute gestellt. Zwischen den Emittenten solchen privaten Geldes, den Banken, herrscht in der Regel ein mehr oder weniger ausgeprägter Wettbewerb. Ein zentrales Charakteristikum dieser privaten Geldformen ist es aber, dass sie stets zu einem festgelegten, möglichst sicheren Preis in das staatliche Geld umtauschbar sind (Konvertibilität, Einlösepflicht), also von diesem sozusagen abgeleitet sind. Insofern ist der Wettbewerb zwischen den Herausgebern solchen Bankengeldes von anderer Natur als jener zwischen alternativen Emittenten von „originärem" Geld.

Monopolmissbrauch und Währungswettbewerb

Die Frage nach den Vor- und Nachteilen des Währungswettbewerbs ist vor gut dreißig Jahren in nachdrücklicher Weise von Hayek zur Diskussion gestellt worden (Hayek 1978). Benjamin Klein hatte sie schon Jahre zuvor in einem stimulierenden Beitrag aufgegriffen, damit aber keine große Beachtung gefunden (Klein 1974). Der Anstoß von Hayek umgekehrt löste eine vergleichsweise breite wissenschaftliche Debatte aus (vgl. dazu etwa

King 1983, Vaubel 1985, Hellwig 1985, Fischer 1986), welche allerdings in der damaligen Form bis heute wieder weitgehend abgeklungen ist.

Anlass zu diesem Anstoß war für Hayek die offensichtliche Gefahr, dass ein Monopol, auch im Währungsbereich, zu Ineffizienz und Missbrauch verleiten kann, und häufig auch verleitet hat, ganz besonders im Kontext der reinen Papiergeldsysteme, welche sich im Laufe des 20. Jahrhunderts weltweit durchgesetzt haben. Evidenz dafür bilden die zahlreichen Inflationen, welche diese Epoche gekennzeichnet haben (vgl. dazu etwa Bernholz 2003).

Hayek argumentierte, dass die Abschaffung des staatlichen Währungsmonopols und die Zulassung privater, konkurrierender Währungen diesen Missbräuchen ein Ende bereiten würde. Er dachte dabei an autonome („originäre") Währungen vom Papiergeldtypus. Konvertibilität sei als Sicherheitsmaßnahme notwendig bei einem Monopolisten, aber nicht bei konkurrierenden Anbietern, die sich nur im Geschäft halten könnten, wenn sie den Benutzern zumindest ebenso vorteilhaftes Geld anböten wie ihre Konkurrenten. Jeder Anbieter lege die Qualität seines Produktes indirekt über die Regulierung der Geldversorgung fest. Der Wettbewerb würde die Funktion der Einlösepflicht übernehmen. Ganz konsequent vertrat selbst Hayek diese Position allerdings nicht. Auf irgendeine Einlösepflicht, zwar nicht in ein bestimmtes Gut oder Güterbündel gemäß einem festgelegten Preisziel, aber in eine andere, bestehende Währung (z. B. den Dollar oder den Franken), würden die Abnehmer bestehen, sozusagen als Untergrenze und Absicherung des Geldwerts gegen unten, meinte er.

Argumente für und wider den Währungswettbewerb

Die von Hayek ausgelöste Debatte konzentrierte sich auf eine Reihe von Problemen seines Vorschlags, welche den Währungswettbewerb als ein Erfolg versprechendes und realisierbares Instrument zur Überwindung der Schwächen des existierenden Regimes nationaler Monopole infrage stellten. Die hauptsächlichen Schwierigkeiten betreffen die folgenden Punkte:

- Die zusätzlichen Informations-, Transaktions-, Buchführungs- und Lagerhaltungskosten eines Systems multipler Währungen und Geldsorten und die Kostenvorteile einer einheitlichen Währung.

- Die Netzwerk- und Skaleneffekte des Geldes: Ein Geld ist für seine potenziellen Benutzer umso wertvoller, je größer der Benutzerkreis und die Wahrscheinlichkeit dafür, dass potenzielle Tauschpartner es problemlos akzeptieren („Geld als öffentliches Gut").
- Das „Zeitinkonsistenzproblem", das sich aus der stets präsenten Versuchung des Geldproduzenten ergibt, zu späteren Zeitpunkten von früher angekündigten Stabilitätsversprechen abzuweichen. Seine Glaubwürdigkeit und das Vertrauen in sein Produkt werden dadurch untergraben.
- Die Vorstellung, dass ein privates Geld, wenn es akzeptiert werden soll, fast zwangsläufig mit einem Einlöseversprechen irgendwelcher Art (in Gold, ein Güterbündel oder ein anderes „dominantes" Geld) verbunden sein muss, und dass der Staat mit seinem Steuermonopol praktisch der einzige Agent ist, der die für ein Papiergeld ohne Konvertibilität notwendige Glaubwürdigkeit schaffen kann, sodass er hier über einen „natürlichen" Kostenvorteil verfügt.
- Die Idee, dass sich angesichts der erwähnten Netzwerk- und Skaleneffekte im Währungswettbewerb, selbst wenn er gemäß den Vorstellungen von Hayek funktionieren sollte, am Ende eine bestimmte Währung durchsetzten müsste und so wieder eine Monopolsituation entstehen würde („Geld als natürliches Monopol").

Mit klarer Mehrheit kam diese Debatte zu einem Verdikt zugunsten des staatlichen Währungsmonopols und gegen den Hayek'schen Währungswettbewerb. Die politische Vorstellung des Geldes als Symbol nationaler Eigenständigkeit und Souveränität verstärkt diese Tendenz weiter. Damit ist allerdings die Grundfrage noch nicht beantwortet, welche am Ursprung von Hayeks Überlegungen stand. Währungsmonopole, auch wenn sie in den Händen des Staates liegen – manche würden sagen, gerade dann –, sind missbrauchsanfällig. Dies gilt besonders für staatliche Notenbankmonopole im Papiergeldstandard, welche technisch nicht insolvent werden können, da sie ihr eigenes Geld in beliebiger Menge ausgeben können. Zeitinkonsistenz und Anreize zur Verletzung früher gegebener Stabilitätsversprechen betreffen den Staat ebenso wie private Geldemittenten. Wenn der Währungswettbewerb dieses Problem nicht zu lösen vermag, muss Schutz vor dieser Gefahr auf anderen Wegen gesucht werden. Aus heutiger Sicht geschieht dies am besten durch klare verfassungsmäßige und gesetzliche Normen und Vorgaben, welche die Notenbank in ihrer Politik auf ein präzises Mandat verpflichten. Aus genau diesem Grund hat Friedman (1960) schon damals betont, dass das Notenbankmonopol ein reguliertes Monopol sein muss, und einen Vorschlag zur Konkretisierung solcher Regulierung in Form einer Verfassungsnorm vorgelegt, seine berühmten Geldmengenregel. Während der letzten Jahrzehnte hat die Idee stark an Unterstützung gewonnen, dass Zentralbankmandate auf gesetzlicher Ebene oder gar auf Verfassungsstufe verankert sein sollten.

Währungsräume und internationaler Währungswettbewerb

Die Argumente zugunsten eines Währungsmonopols müssen offensichtlich aber gewissen Begrenzungen unterworfen sein. Im Prinzip lassen sie sich ja nicht nur auf die Konkurrenz zwischen kleinen, lokalen Währungen (wie sie in früheren Jahrhunderten in großer Anzahl existierten) oder verschiedenen privaten Währungsemittenten innerhalb eines Landes (etwa gemäß dem Vorschlag von Hayek) anwenden. Sie lassen sich, soweit sie richtig sind, auch zur Rechtfertigung von Währungsunionen zwischen verschiedenen nationalen Währungen gebrauchen (und sind beispielsweise bei der Gründung der Europäischen Währungsunion auch entsprechend beansprucht worden). Spätestens hier muss man sich fragen, ob sie denn wirklich unbegrenzt Gültigkeit haben können. Sie müssten dann ja in letzter Konsequenz zu einer einheitlichen „Weltwährung" führen – eine Idee, die zwar gelegentlich in die Diskussion geworfen wird, die aber aus guten Gründen bei den meisten Diskussionsteilnehmern kaum Unterstützung findet. Die folgenden Überlegungen dürften die maßgebenden Begrenzungen definieren:

- Die für die Argumentation zugunsten eines Währungsmonopols zentralen Netzwerk- und Skaleneffekte des Geldes dürften ihrerseits Grenzen unterworfen sein. Ein diesbezüglich effizienter und erfolgreicher Währungsraum mag eine gewisse Mindestgröße voraussetzen, braucht deswegen aber nicht die ganze Welt oder ganze Kontinente zu umfassen. Eine globale Wirtschaft mit einer begrenzten Zahl nationaler oder regionaler Währungen, die miteinander (zumindest indirekt) im Wettbewerb stehen, stellt möglicherweise die optimale Balance zwischen den Vor- und Nachteilen von Währungsmonopol und Währungswettbewerb dar.

- Solange die Welt politisch aus souveränen Nationalstaaten mit wirtschaftlicher, gesellschaftlicher und fiskalischer Autonomie besteht, ist es sowohl politisch wie ökonomisch sinnvoll, auch die monetäre Autonomie entlang denselben Linien zu definieren. Die gegenwärtigen Wirren um die gemeinschaftliche europäische Währung beleuchten die Probleme, die mit der Nichtberücksichtigung dieses Prinzips einhergehen können.
- Mit seinem wegweisenden Beitrag zur Theorie der optimalen Währungsräume hat Robert Mundell schon vor einem halben Jahrhundert auf die Tatsache hingewiesen, dass eine einheitliche Währung neben verschiedenen Vorteilen auch gravierende Kosten mit sich bringen kann, wenn der Währungsraum durch Heterogenität und regionenspezifische Friktionen und Rigiditäten (mangelhafte Faktormobilität, fehlende Lohn- und Preisflexibilität) gekennzeichnet ist (Mundell 1961). Die gesamte Welt wird kaum je einen optimalen Währungsraum im Sinne von Mundell darstellen.

Dies alles spricht dafür, dass die Koexistenz einer – wenn auch begrenzten – Vielzahl nationaler oder regionaler Währungen vorteilhaft bleibt. Eine solche Koexistenz wird mit großer Wahrscheinlichkeit auch die Zukunft prägen, sind doch Währungen in den meisten Fällen historisch gewachsen und deshalb in ihrem zentralen Einzugsbereich nur schwer von konkurrierenden Währungen anfechtbar, solange sie gewisse Qualitätsschranken nicht verletzen. Die Tatsache, dass verschiedenen Währungen über die internationalen Finanzmärkte und die internationalen Auswirkungen der nationalen Wirtschaftspolitiken miteinander, direkt und indirekt, doch in einem gewissen Konkurrenzverhältnis stehen, trägt dazu bei, dass diese Schranken den Spielraum der nationalen Monopole effektiv begrenzen können. Diesen Wettbewerbseffekt jeder selbstständig verbleibenden Währung sollte man nicht vergessen.

Das Bedürfnis nach internationaler Koordination der Geldpolitik

Die autonome Zentralbank eines souveränen Staates ist im Prinzip frei, ihre Geldpolitik im Rahmen des ihr vom nationalen Gesetzgeber vorgegebenen Mandats zu bestimmen. Durch ihre Politik legt sie indirekt die

Qualität des von ihr emittierten Geldes fest, d. h. dessen relative Knappheit und die sich daraus ergebende Inflation. Ein internationales System solcher Zentralbanken, deren Währungen durch flexible Wechselkurse miteinander verbunden sind, stellt einen der Prototypen eines internationalen Währungssystems dar. Seit dem Zusammenbruch des Fixkurssystems von Bretton Woods anfangs der 1970er-Jahre ist das internationale Finanzsystem durch flexible Wechselkurse geprägt. Dieses System hat jedoch nie so reibungslos und elegant funktioniert, wie es sich die meisten seiner vorherigen Apologeten vorgestellt hatten; es war vielmehr von Anfang an durch zahlreiche Episoden von Devisenmarktturbulenz und exzessiven Wechselkursschwankungen gekennzeichnet. Es zeichnete sich rasch ein Bedürfnis nach Instrumenten der internationalen Koordination mit dem Ziel der Dämpfung von Wechselkursvolatilität und daraus resultierender Planungsunsicherheit ab. Im Prinzip geht es darum, die geldpolitischen Ziele und Verhaltensweisen der verschiedenen involvierten Zentralbanken in hinreichendem Maß in Übereinstimmung zu bringen, ohne gleich zu einem unverrückbaren Fixkurssystem mit einem einzelnen Leitwährungsland zurückzukehren (oder gar eine weltweite Währungsunion einzugehen).

In der stark globalisierten Wirtschaft unserer heutigen Zeit mag ein solcher Koordinierungsbedarf besonders aktuell erscheinen. Die Tendenz zu spekulativen Übertreibungen, „Überschießen" und Marktturbulenz eines unkoordinierten Systems flexibler Kurse haben immer wieder als Rechtfertigung für Eingriffe verschiedenster Art gedient, sei es in Form direkter Devisenmarktinterventionen, sei es in Form von Versuchen zur Beeinflussung von Markterwartungen und Marktpsychologie („central bank talk"). Das Bedürfnis an sich ist aber alles andere als neu. Selbstbindungsregeln und die Delegation eigener Entscheidungsrechte auf eine andere Ebene (ein mehr oder weniger weitgehender „Souveränitätstransfer") spielen im Geld- und Währungsbereich seit Langem eine wichtige Rolle. Im weitesten Sinn gilt ohnehin, dass jedes Land im wohlverstandenen Eigeninteresse seine Geldpolitik – genau wie viele andere Handlungsbereiche – mit Rücksicht auf die Restriktionen seines internationalen Umfelds führen muss.

Auch die schweizerische Währungsgeschichte wurde durch solche Bindungen und Restriktionen stark geprägt. Der mit der Bundesverfassung von 1848 und dem Eidgenössischen Münzgesetz von 1850 geschaffene neue Schweizer Franken blieb im ersten halben Jahrhundert seines Lebens, bis zur Gründung der Schweizerischen Nationalbank im Jahr 1907, im Wesentlichen ein Anhängsel des Französischen Franc. Darin drückte sich nicht zuletzt die anfängliche Schwäche der noch jungen Währung aus. 1865 trat die Schweiz gar formell in eine Währungsunion mit Frankreich, Italien, Belgien und (etwas später) Griechenland ein, die Lateinische Münzunion. Offiziell wurde diese Union erst 1927 wieder aufgelöst (sie hatte allerdings schon zuvor während geraumer Zeit keine reale Bedeutung mehr). Im 20. Jahrhundert führte dann der wachsende Stabilitätserfolg des Schweizer Franken (und der Schweizer Politik insgesamt), zusammen mit veränderten weltpolitischen Strömungen, zu einer zunehmend stärkeren Betonung nationaler Autonomie auch in monetären Belangen. Auch in den ersten zweieinhalb Jahrzehnten nach dem Zweiten Weltkrieg war die Schweiz allerdings wieder Teil eines durch feste, wenn auch unter gewissen Bedingungen anpassbaren, Wechselkurse gekennzeichneten internationalen Währungssystems, des weltweiten Systems von Bretton Woods.

Koordination über informelle Vereinbarungen und Maßnahmen

Die internationale Koordination in der Geld- und Währungspolitik kann verschiedene Ausprägungen finden. Sie kann in der Form loser, ad hoc vereinbarter Maßnahmen der betroffenen Länder und ihrer Zentralbanken stattfinden. Alternativ kann sie die Form formeller internationaler Vereinbarungen und Verträge annehmen. Auf regionaler Ebene sind in den letzten Jahrzehnten zwar Systeme stark institutionalisierter, vertraglicher Bindungen entstanden, am extremsten mit der Schaffung des Europäischen Währungssystems. Global gesehen waren aber die Jahrzehnte seit dem Zusammenbruch des Bretton Woods Systems im Wesentlichen durch den ersten Ansatz geprägt. Eingriffe in die Devisenmärkte, sei es zur Stützung bestimmter Währungen oder zur Verhinderung ihrer „unerwünschten" Aufwertung, fanden zwar immer wieder statt. Bestrebungen zu einer formalisierten, „systematischen" Koordination vermochten sich aber nie erfolgreich zu entwickeln.

Dieser „informelle" Ansatz zur Bewältigung der internationalen Währungskoordination wurde in den vergangenen zwei Jahrzehnten stark erleichtert durch einen sich entwickelnden Konsens über die Ziele und Verfahren der Geldpolitik. Die Preisstabilität gewann in dieser Phase als vorrangige langfristige Zielsetzung der Geldpolitik weltweit Unterstützung, und eine auf eine (niedrige) Inflationsrate ausgerichtete Geldpolitik wurde zur dominanten Strategie der Zentralbankpolitik („inflation targeting"). Zentralbankunabhängigkeit und die Prinzipien von Transparenz und Rechtfertigungspflicht etablierten sich parallel dazu als zentrale Elemente einer erfolgreichen Zentralbankpolitik. Diese Verschiebung der vorherrschenden geldpolitischen Ideen trug maßgeblich zur weltweiten Konvergenz der Inflationsraten auf niedrigem Niveau und zum dramatischen Rückgang der finanz- und realwirtschaftlichen Volatilitäten bei, die wir über die vergangenen zwei Jahrzehnte bis zum Ausbruch der Finanzkrise im Jahr 2007 beobachten konnten (als „great moderation" bezeichnet und – voreilig – als Eintritt in ein neues ökonomische goldenes Zeitalter der Ökonomie gefeiert). Aus der Perspektive der Schweiz war diese Konvergenz sehr vorteilhaft, war es doch eine Konvergenz zu einer Politik, die ihren eigenen Präferenzen entsprach, und bedeutete sozusagen, dass sich ihre bevorzugte Politik im monetären Bereich international durchgesetzt hat.

Aus gegenwärtiger Sicht müssen wir jedoch feststellen, dass dieser Konsens brüchig geworden ist. Die Finanzkrise der letzten drei Jahre und ihre Konsequenzen werden hier kaum ohne Folgen bleiben. Die Rückführung der immensen Liquidität, welche die Zentralbanken weltweit zur Krisenbewältigung geschaffen haben und die extrem hohen Niveaus von Staatsverschuldung und Fiskaldefizit in sehr vielen Ländern schaffen große Versuchungen, die Preisstabilität in den Hintergrund zu stellen und andere Zielsetzungen der Geldpolitik wieder stärker zu betonen. Die Priorität der Preisstabilität gegenüber der realwirtschaftlichen Stabilisierung wird wieder zunehmend infrage gestellt. Finanzmarktstabilität und Beeinflussung von Vermögenspreisen werden als zusätzliche Ziele postuliert, und die Diskussion über die „richtige" Höhe des Inflationsziels ist in vollem Gang. Auch das Prinzip der Unabhängigkeit der Zentralbank von der Politik wird von vielen Seiten stark relativiert. Es ist daher zu erwarten, dass internationale Divergenzen in den Zielen und Verfahren der Geldpolitik, und damit auch in den tatsächlich durchgeführten Geldpolitiken, wieder zunehmen werden. Der informelle Ansatz zum Umgang mit dem internationalen Koordinationsbedarf wird unter diesen Umständen wesentlich schwieriger werden. Der Wunsch nach einer formaleren Koordination über explizite internationale Vereinbarungen und Verträge dürfte unter solchen Bedingungen zunehmen. Die Realisierung dieses Wunsches wird aber durch die gleichen Bedingungen noch zusätzlich erschwert.

Koordination über formale Vereinbarungen und Verträge

Auch eine institutionalisierte, formell geregelte Koordination ist in verschiedenen Ausprägungen möglich. Formal wird sie meist unter der Ägide einer bestehenden oder allenfalls einer neu zu schaffenden internationalen Institution zur Durchführung kommen, wie beispielsweise dem Internationalen Währungsfonds (IWF) oder der Bank für Internationalen Zahlungsausgleich (BIZ). Diese Institution kann dabei als reine Diskussionsplattform ohne eigene aktive Rolle und Kompetenz dienen, wie beispielsweise die BIZ bei den gegenwärtigen Basler Vereinbarungen über die Bankenregulierung, oder sie kann selber eine aktive und materielle Funktion erhalten, wie etwa der IWF in den Vorstellungen jener, die diese Institution als künftigen Emittenten einer neuen, globalen Reservewährung (einer „Weltwährung") sehen.

Koordinationsmodelle sind in symmetrischer Form vorstellbar, mit grundsätzlich gleichen Entscheidungsrechten für alle Partner. Sie können aber auch asymmetrische Formen annehmen, indem die Mitglieder zum Teil ihre Entscheidungskompetenzen an ein einzelnes „Leitwährungsland" oder allenfalls eine kleine Gruppe von „Kernländern" delegieren. Ein Idealbeispiel eines symmetrischen Modells wäre etwa eine von sämtlichen Ländern akzeptierte internationale Vereinbarung über die Ziele und Prozeduren der Geldpolitik (Festlegung des Inflationsziels, Gewichtung alternativer Ziele der Geldpolitik, Eckpunkte des institutionellen Rahmens der Geldpolitik, eine Art „internationale monetäre Charta"). Symmetrie wäre aber auch gegeben im Falle einer gemeinsamen Verpflichtung auf die Bedingungen eines bestimmten Währungsregimes, etwa den Goldstandard, oder im Extremvorschlag einer gemeinsamen Weltwährung mit gemeinsamer, von allen partnerschaftlich geführter „Weltzentralbank". Asymmetrische Modelle dürften allerdings angesichts der Ungleichheit in der Größen- und Machtverteilung von Ländern praktisch viel eher realisierbar sein, und historische Beispiele dafür sind leichter zu finden. So war etwa das in den ersten zweieinhalb

Jahrzehnten nach dem Zweiten Weltkrieg praktizierte internationale System von Bretton Woods ein Musterbeispiel eines asymmetrischen Regimes mit einem einzelnen Leitwährungsland, den USA, an welches alle anderen Teilnehmer ihre monetäre Entscheidungsbefugnisse weitgehend abgetreten hatten. Asymmetrische Modelle mit einem Oligopol weniger Schwergewichte, an welche der Rest des Feldes sich anpassen sollte, wurden in der Diskussion internationaler Währungssysteme nicht selten vorgeschlagen, so etwa in den 1980er-Jahren von Ronald McKinnon, der dem US-Dollar, der D-Mark und dem japanischen Yen die entsprechenden Führungsrollen zuordnen wollte (McKinnon 1988). Heute würde er wahrscheinlich eher den Dollar, den Euro und den chinesischen Renminbi nennen. Asymmetrisch wäre natürlich auch eine Weltzentralbank mit klarer Dominanz der USA oder einer kleinen Gruppe schwergewichtiger Länder (eine Form, die sich bei diesem – ohnehin wenig attraktiven – Modell in der Praxis wohl bald herausbilden würde, selbst wenn das System formal symmetrisch konzipiert wäre).

Eine zentrale Voraussetzung für eine glaubwürdige, überlebensfähige Lösung ist bei allen Formen der Koordination die Einigung auf gemeinsame Vorstellungen über die Möglichkeiten, Ziele und Prozeduren der Geldpolitik. Ist eine solche nicht möglich, wird jedes System über kurz oder lang zerbrechen. Ein asymmetrisches Regime wie jenes von Bretton Woods setzt offensichtlich voraus, dass die „passiven" Teilnehmer die monetären Entscheidungen des Leitwährungslandes in groben Zügen respektieren; andernfalls werden sie sich auf die Dauer mit ihrer Passivrolle nicht zufrieden geben. Das Bretton Woods System ist denn auch an der Nichterfüllung dieser Bedingung gescheitert, nachdem die USA im Laufe der 1960er-Jahre aus einer Reihe von Gründen mehr und mehr einen inflationären Weg eingeschlagen hatten. Ein symmetrisches System setzt, wenn es Bestand haben soll, in noch offensichtlicherer Weise gegenseitig konsistente Grundvorstellungen in der Geldpolitik voraus.

Die Situation ist hier etwas paradox. Das Grundproblem jeder formalen Koordination ist, dass es schwierig ist, den für die Glaubwürdigkeit solcher Systeme notwendigen Konsens zu etablieren. Die Einigung auf vage, unklar formulierte Ziele ist natürlich nicht allzu schwierig. Aber sie ist nicht hilfreich, denn sie schafft keine Glaubwürdigkeit; sie vermindert sie möglicherweise sogar, wenn die Unklarheit als Absicht erscheint. Ist der Konsens aber da, ist umgekehrt die formale Koordination gar nicht mehr so wichtig; informelle Kooperationsformen genügen dann durchaus.

Schwierigkeiten einer gemeinsamen internationalen Geldpolitik

Warum ist es so schwierig, einen breiten Konsens über die Ziele, Möglichkeiten und angemessenen Vorgehensweisen der Geldpolitik zu finden und über die Zeit hinweg aufrechtzuerhalten, und als Folge davon sich auf eine gemeinsame internationale Geldpolitik zu verpflichten? Hauptgründe dafür liegen in den folgenden Punkten:

- Als erstes ist die bereits erwähnte Fragilität des Konsenses zu erwähnen, der sich in den letzten zwei Jahrzehnten abzuzeichnen schien. Die Finanzkrise mit all ihren Folgen hat in diesem Feld Meinungsverschiedenheiten wieder an die Oberfläche geholt, die durch die wirtschaftlich günstigen Zeiten zuvor in den Hintergrund geschoben worden waren. Meinungsdifferenzen zur Geldpolitik haben eine lange Geschichte. Die Konvergenz der letzten Jahrzehnte mag daher eher die Ausnahme darstellen, und divergierende Vorstellungen mögen die Zukunft wieder weit stärker prägen, als dies für die jüngere Vergangenheit der Fall gewesen ist.
- Selbst im Konsens der letzten Jahre blieb die relative Gewichtung von Preisstabilität und Konjunkturstabilisierung als Ziele der Geldpolitik immer in einem gewissen Ausmaß kontrovers. Auch über die angemessene numerische Höhe des anzustrebenden Inflationsziels und die Frage, welche Inflationsrate mit Preisstabilität „konsistent" sei, blieben immer gewisse Meinungsdifferenzen bestehen. Diese Differenzen dürften eher wieder zunehmen.
- Ein tiefer liegender Grund liegt im bekannten Problem der Zeitinkonsistenz. Selbst im Falle einer international breit abgestützten und im Prinzip von allen respektierten, auf finanzwirtschaftliche Stabilität ausgerichteten monetären Charta haben die Einzelteilnehmer stets Anreize dazu, vom vereinbarten Verhalten abzuweichen, solange die anderen gemäß dem Regelbuch spielen. Die Versuchung zu etwas höherer Inflation, sei es zur Stimulierung der Realwirtschaft, sei es zur

Entlastung des Staates in seiner realen Verschuldung (besonders wenn es sich um Außenschuld handelt), wird immer präsent sein. Dies untergräbt die Glaubwürdigkeit und Stabilität des Systems und mindert die Wahrscheinlichkeit dafür, dass eine solche Charta überhaupt erreichbar ist.

- Die Glaubwürdigkeit einer internationalen Charta mit gemeinsamen Zielen der Geldpolitik und stabilen Währungsverhältnissen setzt letztlich eine Verständigung nicht nur im monetären Bereich voraus, sondern auch eine solche über gewisse Parameter der Wirtschaftspolitik in anderen Feldern, insbesondere auf fiskalische Stabilität und die Flexibilität der Güter- und Faktormärkte. Mangelnde Bereitschaft, diese Bedingungen zu respektieren, führt zum Aufbau langfristig unhaltbarer internationaler Ungleichgewichte und zu Bemühungen, das System über administrative Maßnahmen zu stabilisieren, speziell über Handelsbehinderungen und Kapitalverkehrsbeschränkungen oder über den Aufbau internationaler Transfermechanismen. Die Befürchtung vor solchen Entwicklungen kann ein Haupthindernis für die Verpflichtung auf eine gemeinsame internationale Geldpolitik bilden.

Konsequenzen

Eine möglichst breite Einigung auf eine gemeinsame, stabilitätsorientierte internationale Geldpolitik ist ein offensichtlich erstrebenswertes Ziel. Sie ist aber aus den oben dargelegten Gründen nur schwer erreichbar. Welche Folgerungen sollte man aus dieser Erkenntnis ziehen? Die richtige Reaktion verlangt meines Erachtens einen Balanceakt. Eine gewisse Koordination ist in der Tat wünschenswert, ja notwendig. Ein vollkommen unkoordiniertes System nationaler Geldpolitiken kann extreme Unsicherheiten und Finanzmarktinstabilitäten verursachen und zu hohen Kosten führen.

Eine formale Koordination ohne feste, zugrunde liegende Überzeugungen und daraus fließende Glaubwürdigkeit ist jedoch gefährlich. Sie führt auf die Dauer zu internationalen Fehlentwicklungen und Verwerfungen, welche langfristig nicht tragbar sind und früher oder später Anpassungen erzwingen. Die fehlende Glaubwürdigkeit wird ein solches System von Anfang an schwächen. Ein aufgestauter Anpassungsbedarf schließt die Gefahr unkontrollierter Eruptionen im Krisenfall ein. Die gegenwärtigen Wirren des Eurosystems bieten Anschauungsunterricht dafür. Dazu kommt der Wegfall des Korrektivs des potenziellen Wettbewerbs, den ein nicht formal koordiniertes System nach wie vor grundsätzlich zulässt.

Eine gemeinsame Geldpolitik bedingt als Voraussetzung den sorgfältigen Aufbau gemeinsamer Überzeugungen und Verpflichtungen. Darüber hinaus ist ihre Absicherung durch Selbstbindungsmechanismen und wirksame Sanktionsregeln unabdingbar. Im Zweifelsfall ist es besser, mit den von Zeit zu Zeit möglichen Turbulenzen eines Systems loser und unvollkommener Koordination zu leben als mit den Gefahren eines unglaubwürdigen, zwangskoordinierten Systems.

Literatur

Baltensperger, E. und T. Jordan, *Seignorage und Notenbankgewinn*, in: Quartalsheft der Schweizerischen Nationalbank 4, 1998, S. 43–51.

Bernholz, P., Monetary Regimes and Inflation. History, Economic and Political Relationship, Cheltenham 2003.

Fischer, S., *Friedman versus Hayek on Private Money*, in: Journal of Monetary Economics 17, 1986, S. 433–439.

Friedman, M., A Program for Monetary Stability, New York 1960.

Hayek, F. A. von, Denationalisation of Money – The Argument Refined, 2nd ed., The Institute of Economic Affairs, London 1978.

Hellwig, M., What do we Know about Currency Competition?, in: Zeitschrift für Wirtschafts- und Sozialwissenschaften 105, 1985, S. 565–588.

King, R. G., *On the Economics of Private Money*, in: Journal of Monetary Economics 12, 1983, S. 127–158.

Klein, B., *The Competitive Supply of Money*, in: Journal of Money, Credit, and Banking 6, 1974, S. 421–453.

Lutz, F., *Das Grundproblem der Geldverfassung*, in: F. Lutz, Geld und Währung. Gesammelte Abhandlungen, Tübingen 1962, S. 28–102.

McKinnon, R., Monetary and Exchange Rate Policies for International Financial Stability: A Proposal, in: Journal of Economic Perspectives 2, 1988, S. 83–104.

Vaubel, R., *Competing Currencies: The Case for Free Entry*, in: Zeitschrift für Wirtschafts- und Sozialwissenschaften 105, 1985, S. 547–564.

KLAUS-WERNER SCHATZ

Die Gefährdung der freiheitlichen Wirtschaftsordnung durch die Geldpolitik

1. Einleitung

Schon bald nach Einsetzen der schweren Finanzmarkturbulenzen im Jahre 2007 wurden Parallelen zu den Einbrüchen auf den Aktienmärkten 1929 gezogen, denen weltweit die Große Depression gefolgt war. Nun hat der jüngere Einbruch auf den Finanzmärkten und in der weltwirtschaftlichen Produktion bei Weitem nicht das Ausmaß erreicht, zu dem es im Zuge der Großen Depression gekommen war. Nicht absehbar ist dagegen, wie die Entwicklung auf die mittlere und die längere Frist verlaufen wird, und zwar vor allem, weil die Unsicherheit über den künftigen wirtschaftspolitischen Kurs sehr groß ist. Über die Ursachen der Großen Depression war seiner Zeit rasch verbreitet Einvernehmen hergestellt, und so ist es auch bezüglich der jetzigen Krise. Damals hieß es, der (klassische) Liberalismus habe versagt. Liberale Wirtschaftssysteme neigten inhärent wechselnd zu Boom und Einbruch, und die fortgesetzte Liberalisierung habe letztlich in die Depression geführt. Heute wird das Versagen des Neo-Liberalismus konstatiert. Damals wurden der Bruch mit dem Liberalismus, die Abkehr vom Freihandel und die Wende zum Staatsinterventionismus vollzogen. Heute werden Re-Regulierungen oder auch gänzlich neue Regulierungen gefordert und durchgesetzt. Damals wurde nahezu völlig verkannt oder bewusst ausgeblendet, dass falsche staatliche Geldpolitik in die Krise getrieben hatte, und so ist es auch heute.

2. Vom angeblichen Versagen des Liberalismus

Anders als vielfach behauptet waren die 1920er-Jahre des zurückliegenden Jahrhunderts, bereits weit vor Einsetzen der Depression, nicht die Zeit zunehmender Liberalisierungsbereitschaft und Liberalisierung, sondern das Klima hatte sich vielmehr zum Gegenteil verändert (Rothbard 2000, S. 185–208). So vertrat Hoover, der dann 1929 Präsident der USA wurde, eine ausgesprochen interventionistische Politik und fand dabei große Resonanz. Die Depression nahm er als Bestätigung für seine Position. Der Liberalismus habe Nachfragemangel erzeugt. Unter seinen Bedingungen sei es den Unternehmen möglich gewesen, die Gewinne rasant in die Höhe zu treiben, die Löhne kaum steigen zu lassen. Die Gewinne seien teils an den Aktienmärkten angelegt worden und hätten dort einen Boom hervorgerufen; teils seien sie in den Aufbau von Produktionsanlagen investiert worden, hätten Überkapazitäten bewirkt und damit letztlich die Depression ausgelöst.[1] Hoover fasste sein Programm bei der Bekämpfung der Depression, das er seit Beginn seiner Präsidentschaft verfolgt hatte, 1932 selbst zusammen:

"(…) For the first time in the history of depression, dividends, profits, and the cost of living, have been reduced before wages have suffered. They were maintained until the cost of living had decreased and the profits had practically vanished. They are now the highest real wages in the world."[2]

Diese Art der Depressionsbekämpfung, zusammen mit den von ihm eingeleiteten, unter Roosevelt („New Deal") fortgesetzten Interventionen und Staatsausgabenprogrammen, dürfte entscheidend zur Verlängerung der Depression und zur schwachen Entwicklung der amerikanischen Wirtschaft im Rest der 1930er-Jahre beigetragen haben.[3] Mit der Abkehr

---

1 Der Beginn der Großen Depression wird in der Regel mit dem 21. Oktober 1929 gleichgesetzt, als an der Wallstreet in New York, nach einem überaus kräftigen Anstieg seit 1921 – besonders 1928 und auch noch 1929 – die Aktienkurse einbrachen. Die lange Phase der wirtschaftlichen Prosperität war jedoch bereits im Juni 1928 zu Ende gegangen, als die industrielle Produktion begonnen hatte zu stagnieren. – Bis Mitte November 1929 halbierte sich der New York Times Index der industriellen Aktienkurse. Im Juni 1932 betrug er lediglich noch gut ein Zehntel des Höchststandes vom 21. Oktober 1929 und war damit deutlich niedriger als am Beginn der 1920er-Jahre (vgl. zu diesen Angaben: Johnson 2000, S. xiiff.) – Die industrielle Produktion schrumpfte bis in das Jahr 1933 um insgesamt mehr als ein Viertel.
2 Zitiert bei Rothbard 2000, S. 187.
3 Die realen privaten Inlandsinvestitionen sanken von 94 Mrd. US-Dollar 1929 auf 12 Mrd. US-Dollar 1932; die Investitionsquote, bezogen auf das Bruttosozialprodukt, ging von 11 Prozent auf 2 Prozent zurück, und die

vom Liberalismus war eine lange Zeit wirtschaftlicher Prosperität zu Ende gegangen.

3. Vom Versagen der Geldpolitik – Teil I

Keynes hatte bei seiner Diagnose der Großen Depression und den wirtschaftspolitischen Schlüssen, die er daraus zog, die Geldpolitik noch nicht einmal einbezogen, weil er sie für unwichtig hielt („money doesn't matter"). Nun hatte es seit 1922 wegen einer fehlerhaften Handhabung des Goldstandards und wegen des Kurses der Zentralbank eine kräftige Ausweitung der Geldmengen und niedrige Zinsen gegeben (Rothbard 2000, S. 91 ff.; ähnlich auch Eichengreen 1992). Derartige Änderungen begünstigen, wie von Mises, von Hayek, Rothbard und andere Vertreter der österreichischen Schule immer wieder hervorgehoben haben, Bereiche, die besonders kapitalnachfragend sind im Vergleich zu anderen. Sie haben also strukturelle Konsequenzen, sie erzeugen Blasen („asset price bubbles"). Worum es im Einzelnen geht, hängt von den jeweiligen Umständen und Präferenzen ab – es können langlebige Verbrauchsgüter sein, wenn, wie in den 1920er-Jahren neue Produkte wie das Automobil angeboten werden, Immobilien, die zwischenzeitlich lebhaft nachgefragt wurden, oder auch Aktien, wie es verstärkt im Boom 1928 und noch 1929 der Fall war (Eichengreen, Mitchener 2003). Das Entstehen solcher Blasen mit den begleitenden Gewinnen mobilisierte zunehmende Kreditvergabebereitschaft von Banken, alimentiert durch die reichliche Ausweitung der Geldmenge.

Eine derartige Ausweitung muss nicht zu gesamtwirtschaftlicher Inflation führen. Schwerwiegende Schäden kann sie gleichwohl verursachen, nämlich die Blasen, die auf den Kapitalgüter- und Wertpapiermärkten hervorgerufen werden. Solche strukturellen Verzerrungen, die sich im Zuge einer expansiven Geldpolitik herausbilden, können nicht dauerhaft bestehen. Sie werden bereinigt, wenn die Geldpolitik auf einen

---

Investitionen haben sich im weiteren Verlauf der 1930er-Jahre nicht mehr auf ihr Ausgangsniveau erholt. Erst 1936 haben Industrieproduktion wie Bruttosozialprodukt wieder den Stand von 1929 erreicht. Die Arbeitslosenquote betrug 1929 rund 3 Prozent, sie stieg bis auf 25 Prozent 1933, und machte 1939 immer noch reichlich 17 Prozent aus.

nachhaltigen Kurs zurückkehrt. Die Vertreter der Österreichischen Schule sprechen konsequent von Inflation, wenn die Geldmenge ausgeweitet wird, also nicht erst, wenn es zu einem beschleunigten Anstieg des gesamtwirtschaftlichen Preisniveaus kommt.

Unter den fixen Wechselkursen des Goldstandards stellte sich ein allgemeiner inflationärer Druck in den USA kaum ein, sondern die Effekte verteilten sich über die Welt. Die amerikanische Zentralbank hatte deshalb lange keinen Anlass gesehen, ihre kurzfristigen Zinsen zu erhöhen (Eichengreen, Mitchener 2003). Als sie 1928 dann doch den Kurs wegen der Besorgnis spekulativer Exzesse verengte, waren eine Korrektur an den Aktienmärkten und ein Abgleiten in die Rezession die Konsequenz. Es hätte aber bei einem mäßigen Einbruch bleiben können, wenn die Notenbank nicht äußerst restriktiv vorgegangen wäre. Sie ließ es zu, dass die Geldmenge bis 1932 zurückging; das Preisniveau fiel, die Realzinsen stiegen und ein starker wirtschaftlicher Einbruch wurde unvermeidbar. Die falsche Geldpolitik war die wesentliche Ursache für die Übersteigerungen im Verlaufe der 1920er-Jahre und für die anschließende Depression, und der Interventionismus und der „New Deal" der wesentliche Grund für ihre lange Dauer und die nachfolgende Stagnation.[4]

---

4 Zwischen Vertretern der Österreichischen Schule (Rothbard) und Monetaristen (Friedman) gibt es Unterschiede bei der Interpretation der Geldpolitik und ihrer Wirkungen in den 1920er-Jahren des zurückliegenden Jahrhunderts. Österreicher sprechen die damalige erhebliche Ausweitung der Geldmenge als inflationär an, weil sie Blasen erzeugt habe, die notwendig hätten korrigiert werden müssen. Monetaristen beziehen sich bei ihrer Einordnung der Geldpolitik und der Ausweitung der Geldmenge auf den Anstieg des gesamtwirtschaftlichen Preisniveaus. Weil es hier keine besondere Zunahme gegeben hat, sehen sie keinen inflationären Kurs. Blasen seien Marktphänomene, die im Markt und nicht durch die Geldpolitik zu korrigieren seien. Wäre die amerikanische Notenbank nicht auf einen unnötig restriktiven Kurs gegangen, hätten sich die Blasen unter nur leichter und rasch vorübergehender konjunktureller Abschwächung korrigiert, und wäre dieser Kurs nicht so lange beibehalten worden, hätte es nicht zu der großen Depression kommen müssen. Die Vertreter der Österreichischen Schule betonen vor allem, dass die staatlichen Interventionen in die Wirtschaft durch Hoover und danach Roosevelt die Erwartungen destabilisiert hätten und damit wesentlich zur Tiefe und Dauer der Krise beigetragen hätten. So

4. Regeln für die Geldpolitik

Aufschwünge und konjunkturelle Rückschläge sind keine der liberalen Markwirtschaft immanente Phänomene, sondern sie resultieren aus unsteter und unvorhersehbarer, aber auch aus sonst fehlerhafter Geldpolitik. Friedman und andere Monetaristen zogen daraus die Forderung nach einer stetigen direkten (also nicht etwa zinsgesteuerten) Ausweitung der Geldmenge, die sich am potenziellen Wachstum der Wirtschaft ausrichten sollte (Friedman, Schwartz 1963). Diese Handlungsanweisung für die Geldpolitik, um mehr geht es nicht, ist eindeutig und lässt keine Interpretationen zu. Sie billigt der Zentralbank praktisch keinen Spielraum zu. Geschätzt werden müssen von ihr lediglich der voraussichtliche Anstieg des Produktionspotenzials und die Umlaufgeschwindigkeit des Geldes auf die mittlere Frist, für die auch das Produktionspotenzial berechnet wird. Für die Marktteilnehmer bietet das Verhalten der Notenbank keinerlei Überraschungen. Sie kann besonderes Wissen für sich nicht beanspruchen, weil die Abschätzung der Ausweitung des Produktionspotenzials und des Anstiegs der Umlaufgeschwindigkeit leicht auch von anderen vorgenommen werden können.

Friedman hatte seine am potenziellen Wachstum der Wirtschaft ausgerichtete einfache Geldmengenregel und die direkte Steuerung der Geldmenge ausdrücklich dazu gedacht, Politiker oder die Mitglieder der Notenbank daran zu hindern, einer optimalen Strategie zur direkten Sicherung der Preisniveaustabilität zu folgen. Eine optimale Strategie sei ein theoretisches Konstrukt. Im Einzelnen wirkten zu viele Faktoren auf die Änderung des Preisniveaus ein, die Wirkungszusammenhänge seien zu wenig bekannt, zu unpräzise zu fassen und zu wenig stabil, um eine solche Strategie vernünftig erscheinen zu lassen. Deshalb sei eine einfache Regel an Stelle einer optimalen Strategie zu verfolgen, die notwendig auf angemaßtem Wissen, wie es Hayek genannt hatte, beruhen müsse („rules versus authorities"). Dagegen wurde nun angeführt, dass eine solch einfache (monetaristische) Regel des Geldmengenwachstums „zu

---

habe es der amerikanischen Zentralbank nicht durchweg an Willen gefehlt, den Kurs zu korrigieren. Aber ihre Versuche zu einer expansiveren Kreditpolitik seien wegen der großen Verunsicherung auf Misstrauen gestoßen und deswegen misslungen.

einer unerwünscht hohen Volatilität der Preise und der Produktion führen" könne, weil sich die „sich selbst ausgleichenden Kräfte der Wirtschaft nicht in ausreichendem Umfang oder rasch genug entfalten können" (Europäische Zentralbank 2001, S. 45). Offenbar wird hier unterstellt, dass Zentralbanken das Wissen haben, dem Versagen der Kräfte der Wirtschaft zu begegnen. Derartige Vorstellungen liegen allen Regeln zugrunde, die für eine aktive Zentralbankpolitik entworfen worden sind, seien es einfache Regeln wie die Taylor-Regel, auf die im Folgenden näher eingegangen wird, seien es sogenannte optimale Regeln, die aus volkswirtschaftlichen Modellen für die Wirtschaftspolitik abgeleitet werden. Alle diese Regeln stehen also in diametralem Widerspruch zu monetaristischen Auffassungen und zu denen der Vertreter der österreichischen Schule.

Die amerikanische Zentralbank hat sich nie zu einer strikt potenzialorientierten Geldpolitik im monetaristischen Sinne bekannt. Sie hat sogar immer wieder eine bewusst expansive Strategie verfolgt, um konjunkturelle Schwächephasen zu überwinden. In jüngerer Zeit hat sie sich dabei ausdrücklich auch auf die Taylor-Regel berufen. Taylor wollte eine regelgebundene Geldpolitik, um ein lediglich diskretionäres Vorgehen und eine Politik des pathologischen Lernens von Notenbanken zu verhindern (Taylor 1993). Seine Regel sollte der Politik Geschlossenheit und Konsistenz über die Zeit verleihen. Anders als Friedman ging es Taylor aber nicht um Regeln anstelle von Autoritäten, sondern er hat eine aktivistische Regel entworfen, nach der die Geldpolitik auf Rückwirkungen ihrer früheren Maßnahmen reagiert. Taylor hat, gestützt auf empirische Analysen, gemeint, dass es Anknüpfungspunkte für eine aktive, zinsgesteuerte Geldpolitik gebe.[5] Die Zinsen sollten abhängen von der *herrschenden* im Vergleich zu einer *wün-*

---

5 Für die USA ermittelte Taylor die folgende Regel:
   $r = p + 0{,}5\,y + 0{,}5\,(p - 2) + 2$
   r = Zinssatz (Federal Funds Rate); p = Inflationsrate in den zurückliegenden vier Quartalen; y = Differenz zwischen tatsächlicher Wachstumsrate des Bruttoinlandsproduktes und trendmäßiger Wachstumsrate (in Prozentpunkten). Die trendmäßige Wachstumsrate wurde mit 2,2 Prozent angesetzt; Stützzeitraum war 1. Quartal 1984 bis 3. Quartal 1992. Die angestrebte Inflationsrate wurde auf 2 Prozent veranschlagt. Entspräche die tatsächliche Wachstumsrate der trendmäßigen und die tatsächliche Inflationsrate der

schenswerten Inflationsrate und von der *aktuellen* gesamtwirtschaftlichen Wachstumsrate relativ zur *potenziellen*. Zuweilen spricht Taylor auch von der *gewünschten* an Stelle der *potenziellen* Wachstumsrate.

Die Geldmengenregel von Taylor soll, wie er es durchaus sagt, nicht als strikte quantitative Verhaltensvorschrift angesehen werden, der die Geldpolitik mechanisch zu folgen habe. Über andere Zeiträume als jene, auf die sich Taylor bei seiner Schätzung gestützt hat, können die Ergebnisse durchaus abweichen. Wird seine Regel von der Geldpolitik angewendet, so können sich die Verhaltensweisen der Wirtschaftssubjekte als Reaktion darauf durchaus ändern, sodass zuvor beobachtete Zusammenhänge nicht mehr zutreffen.

Die Geldmengregel impliziert also vielmehr die Suche nach einer optimalen geldpolitischen Strategie und steht damit in striktem Gegensatz zur monetaristischen Regel. Sieht die Notenbank Bedarf, die Zinsen zu ändern, weil die Inflationsrate oder die Wachstumsrate oder auch beide, in gleicher oder auch in entgegengesetzter Richtung, von den angestrebten Werten abweichen, so muss sie Vorstellungen davon entwickeln, wie die Wirtschaftssubjekte auf Zinsänderungen reagieren, wie rational ihre Erwartungen sind, wie rigide Wirtschaftsstrukturen sind, welche Rückwirkungen es auf die künftige Inflation und das künftige wirtschaftliche Wachstum gibt. Die Notenbank sollte sich nach Taylors Ansicht auch Zwischenziele setzen und ihr weiteres Verhalten von deren Erreichen abhängig machen. Darüber besagt die Taylor-Regel nichts. Sie bindet lediglich die Ergebnisse solcher Überlegungen in einer Rechenformel zusammen, aus der der Zentralbankzinssatz bestimmt werden kann.

Die Taylor-Regel ist sehr viel ambitiöser als die monetaristische Regel (zum Vergleich beider Regeln siehe Nelson 2008). Den Marktteilnehmern offenbart sie zwar die im Sinne der Regel empfehlenswerte Handlungslogik der Notenbank. Das ist mehr, als ihnen ohne eine solche Regel sonst bekannt wäre. Aber sie belässt die Marktteilnehmer im Ungewissen darüber, warum im Einzelnen und in welchem Ausmaß die Notenbank die Zinsen ändern wird. Die Regel ist geldpolitisch interpretationsbedürftig und interpretationsfähig. Sie bewahrt nicht vor Interpretationsfehlern, Prognoseirrtümern und aus anderen Gründen falscher Geldpolitik.

---

veranschlagten, dann müsste die Federal Funds Rate 4 Prozent, der Realzins also 2 Prozent betragen.

5. Vom Versagen der Geldpolitik – Teil II

Die amerikanische Notenbank hat es bei ihrer auf Expansion bedachten Politik immer wieder in Kauf genommen, konjunkturelle Blasen zu erzeugen. Erneut deutlich wurde dies nach dem Zusammenbruch der dot.com-Blase im Jahre 2000, als die Notenbank begann, ihre Zinsen kräftig zu senken, um einem befürchteten konjunkturellen Einbruch zu begegnen. Hatte die Federal Funds Rate im Jahre 2000 noch 6,2 Prozent betragen, so war sie bis 2002 auf 1,7 Prozent verringert worden und war in den beiden Folgejahren sogar noch etwas niedriger. Real war der Zinssatz damit auf 0 Prozent im Jahr 2002 gesunken, und er nahm ab bis auf -1,4 Prozent im Jahr 2004 und blieb auch 2005 noch negativ.

Die Preise auf dem Markt für Wohneigentum waren in den USA bereits seit Ende 1997 bis Ende 2000 real kräftig gestiegen. Investitionen in solche Immobilien hatten sich im Nachhinein als sehr rentabel erwiesen. Gestützt auf die Erwartung weiterhin steigender Immobilienpreise wurden die Zinssenkungen – die Herabsetzungen der Risikoprämien – für Hypotheken, die die Banken bei den Verringerungen der Federal Funds Rate vornahmen, zum Treibsatz für die Immobilienmärkte. Die Hypothekenzinsen nahmen ab, zumal sich die Immobilienpreise bis Mitte 2006 noch stärker erhöhten als zuvor, und sie sanken sogar, obwohl die Risiken mit der Ausweitung der Abschlüsse zunehmend minderwertiger Hypothekenverträge („subprime mortgages") größer wurden. Hätte die amerikanische Notenbank ihre Zinsen nicht so stark herabgesetzt, wäre es zu den Übersteigerungen am Immobilienmarkt, zu der Blase, nicht gekommen. So aber kultivierte sie Illusionen und erodierte das Risikobewusstsein.

Der amerikanische Notenbankpräsident Bernanke hat diese Geldpolitik später damit gerechtfertigt, dass sie der Taylor-Regel entsprochen habe (Bernanke 2010). Er hat argumentiert, in den fraglichen Jahren hätten geringe Inflationsraten es nahegelegt, die Zinsen zu senken, um brachliegendes Produktionspotenzial stärker auszulasten, und davon seien unter den gegebenen Umständen inflationäre Gefahren nicht zu erwarten gewesen. Er setzte sich hier mit Taylor selbst auseinander, der schon 2007 gesagt hatte, dass die Zinssetzungen der Notenbank auf unrealistisch niedrigen Inflationsprognosen beruht hätten (Taylor 2007). Taylor hielt die falsche Geldpolitik für die wesentliche Ursache des Booms auf dem amerikanischen Immobilienmarkt, und er blieb bei dieser Auffassung auch nach dem Rechtfertigungsversuch von Bernanke (Taylor 2010). Im Übrigen müsse man sich nicht auf die Taylor-Regel verlassen, so Taylor, um sehen zu können, dass die Geldpolitik zu locker war. Schließlich seien die realen Zinssätze in der fraglichen Zeit dauerhaft niedriger als Null gewesen, Kreditnehmer also subventioniert worden. Ohne Zweifel hat die amerikanische Zentralbank versagt und in die jüngere Finanzmarktkrise gesteuert.

6. Für stabiles Geld – für eine freiheitliche Wirtschaft und Gesellschaft

Ob die amerikanische Zentralbank letztlich die Taylor-Regel oder andere Regeln bei ihren geldpolitischen Entscheidungen überhaupt heranzieht, muss hier offen bleiben. Die geldpolitische Strategie des Euro-Systems jedenfalls stützt sich ebenso wenig auf die Taylor-Regel wie es das Konzept der Deutschen Bundesbank getan hat (Deutsche Bundesbank 1999, S. 61). Die Europäische Zentralbank folgt vielmehr keiner Regel, sondern sie verfolgt eine Zwei-Säulen-Strategie, bei der sie erstens die Inflationsrate und eine Vielzahl der sie beeinflussenden Größen und zweitens Geldnachfrage und Geldumlaufgeschwindigkeit analysiert und daraus ihre Geldpolitik ableitet.

Wichtig und festzuhalten bleibt, dass Notenbanken Marktentwicklungen immer wieder falsch eingeschätzt oder nicht gesehen, falsch interpretiert und prognostiziert haben, die Marktteilnehmer über die Motive für ihr Tun im Unklaren gelassen, schließlich überrascht haben, zum Teil mit schlimmen Folgen.[6] So hat auch die Geldmengenausweitung im Euro-Raum die Werte, die die Europäische Zentralbank im Sinne ihres Inflationszieles von 2 Prozent für angemessen hielt, regelmäßig erheb-

---

6 „Angesichts der Komplexität und des Charakters der Unsicherheit, die in die Geldpolitik hineinspielt, sind die Zentralbanken in der Praxis nicht in der Lage, das Problem der geldpolitischen Entscheidungsfindung (…) und ihre wahre „Geldpolitische Regel" oder „Reaktionsfunktion" im strengen Wortsinn hinreichend genau zu vermitteln". Europäische Zentralbank 2001, S. 55).

lich überschritten, und dies hat dazu geführt, dass in einigen Ländern des Euro-Raumes Blasen erzeugt worden sind.[7]

Stabiles Geld ist die Grundlage freier Gesellschaften und freier Wirtschaft. Im Zentrum der öffentlichen und politischen Diskussion um die Ursachen und den Ablauf der Krise auf dem amerikanischen Hypothekenmarkt, dem Finanzmarkt dort und weltweit, und die Konsequenzen, die daraus zu ziehen sind, steht nicht die Geldpolitik. Im Zentrum der Kritik stehen vielmehr Marktversagen und Spekulation. Es geht um eine schlimme Vermengung von Ursachen und Konsequenzen. Verursacht worden ist die Finanzmarktkrise durch falsche Geldpolitik, verantwortlich gemacht wird jedoch die Liberalisierungspolitik in den zurückliegenden Jahren und Jahrzehnten.

Schädliches Marktversagen gab es immer, gibt es, ebenso wie schädliche Spekulation, und beides immer wieder in großem Umfang wie auch jüngst, und es gibt gute Vorschläge, wie hier vorzugehen ist (Hellwig 2008; Wissenschaftlicher Beirat 2010). Ausgenutzt werden besonders auf den Finanzmärkten Intransparenzen und das Vorliegen asymmetrischer Informationen. Aber deshalb dürfen doch nicht Märkte und Spekulation je nach politischer Opportunität eingeengt werden. So sind es doch gerade Spekulanten, die Intransparenzen und damit auch asymmetrische Informationen verringern. Es wäre absurd, Informationsgleichheit und Transparenz zu versuchen. Es gäbe keine Neuerer und Neuheiten mehr. Gerade so verläuft die Diskussion aber immer wieder. Damit droht die Freiheit verloren zu gehen, Schritt um Schritt, die nach dem Rückfall in den Protektionismus im Zuge und Gefolge der Großen Depression noch im und nach dem Zweiten Weltkrieg nur nach und nach wieder gewonnen werden konnte.

Angesetzt werden muss bei der Geldpolitik. Die Warnung der Vertreter der österreichischen Schule und der Monetaristen vor der Suche nach der überlegenen, der optimalen Strategie für die Geldpolitik scheinen mir als berechtigt erwiesen. Nichts anderes als eine solche Suche betreiben die Notenbanken, verklausuliert hinter Termen wie „Zwei-Säulen-

---

7 Stark negativ waren die realen Zinssätze über längere Zeit insbesondere in Griechenland, Irland, Portugal und Spanien. Dadurch wurden Immobilien- und sonstige Blasen ausgelöst, auch beim Ausgabeverhalten der öffentlichen Hand.

Strategie" und anderem. In der Finanzpolitik ist die „globale Feinsteuerung" der Konjunktur vor längerer Zeit aufgegeben worden, weil erkannt worden ist, dass das Wissen nicht vorhanden sein kann, mit dem zum Wohle der Gesellschaft gesteuert werden könnte. In der Geldpolitik wird der Wissensanspruch strikt weiter verfolgt, überzeugt davon, die nötigen Erkenntnisse zu haben oder erlangen zu können, die die Zentralbanken das geldpolitische Geschehen zum Wohle aller steuern lassen. Die Ergebnisse sind bekannt. Die monetaristische Geldmengenregel ist einfach und gewiss vielfach angreifbar. Vor allem ist sie aber politikfrei, und das macht ihren Vorteil gegenüber allen anderen Regeln aus. Wird sie verfolgt, kann es eine stabile Währung auch über die Zeit geben.

Literatur

Bernanke, Ben S., Monetary Policy and the Housing Bubble. Annual Meeting of the American Economic Association, Atlanta, Georgia. 03.01.2010; http://www.federalreserve.gov/newsevents/speech/bernanke20100103a.htm

Deutsche Bundesbank, Taylor-Zins und Monetary Conditions Index, Monatsbericht April 1999, S. 47–63.

Eichengreen, Barry, Golden Fetters: The Gold Standard and the Great Depression, 1919–1939, New York (u. a.) 1992.

Eichengreen, Berry, Mitchener, Kris, The Great Depression as a Credit Boom gone Wrong, Bank for International Settlements, BIS Working Papers No 137, Monetary and Economic Department, September 2003.

Europäische Zentralbank, Fragen im Zusammenhang mit geldpolitischen Regeln, Monatsbericht Oktober 2001, S. 43–58.

Friedman, Milton, Schwartz, Anna J., A Monetary History of the United States: 1867–1960, Princeton 1963.

Hellwig, Martin, Systemic Risk in the Financial Sector: An Analysis of the Subprime-Mortgage Financial Crisis, Reprints of the Max Planck Institute for Research on Collective Goods, Bonn 2008/43.

Johnson, Paul, Introduction to the Fifth Edition, S. XII–XVII, in: Murray N. Rothbard, America's Great Depression, Fifth Edition 2000.

Nelson, Edward, Friedman and Taylor on Monetary Policy Rules: A Comparison, Federal Reserve Bank of St. Louis Review, March/April 2008, S. 95–116.

Rothbard, Murray N., Prelude to Depression: Mr. Hoover and Laissez-Faire. Chapter 7, S. 185–208, in: Rothbard, Murray N., America's Great Depression. Fifth Edition 2000.

Taylor, John B., Discretion versus policy rules in practice, S. 195–214 in: Carnegie-Rochester Conference Series on Public Policy 39, 1993.

Taylor, John B, Housing and Monetary Policy, Cambridge/Mass., National Bureau of Economic Research, September 2007.

Taylor, John B., The Fed and the Crisis: A Reply to Ben Bernanke, The Wall Street Journal, 11.01.2010, S. A 19.

Wissenschaftlicher Beirat beim Bundesministerium für Wirtschaft und Technologie, Reform von Bankenregulierung und Bankenaufsicht nach der Finanzkrise, Berlin, 16.04.2010.

Thomas Straubhaar

Wege aus dem Staatsinterventionismus
Das Beispiel Amerikas[1]

1. Die Rückkehr des Keynesianismus

In den USA gehen die Lichter aus. So finster sieht Paul Krugman die Zukunft Amerikas. In seinem weltweit viel beachteten Blog in der New York Times[2] wird der Wirtschaftsnobelpreisträger und Obama-Berater nicht müde, seinem Pessimismus freien Lauf zu lassen. „In Amerika wird es dunkel", lautet sein Credo.[3] Die USA würden in einer Krise stecken, die weit über die wirtschaftliche Sphäre hinausragt. Und Krugman kennt auch die Schuldigen: Es war die kapitalistische Revolution, die mit Ronald Reagan 1981 begann und mit George W. Bush 2008 endete. Der Sieg des Marktes gegen den Staat hat – so Krugman – die USA auf eine „unbeleuchtete, ungepflasterte Staubstraße ins Nirgendwo" geführt.

Offenbar findet die amerikanische Wirtschaft nach der schärfsten Krise der Nachkriegszeit nicht so rasch zur alten Dynamik zurück, wie das nach den letzten Rezessionen der Fall gewesen ist. Nicht wenige machen sich Sorgen vor einem Double-Dip, also einem erneuten Abrutschen in die Rezession. Entsprechend radikal sind die Vorschläge, um dieses Worst Case Szenario zu verhindern.

Paul Krugman fordert, alles auf eine Karte zu setzen. „Es ist besser, etwas zu versuchen, das schief gehen kann, als einfach so Arbeiter leiden zu lassen."[4] Von der Zentralbank (Fed) verlangt er den weiteren massiven Aufkauf von Staatspapieren, Unternehmensanleihen und eine Ankündi-

---

1 Der Artikel fasst die Eindrücke zusammen, die der Verfasser während eines halbjährigen Aufenthaltes von Januar bis August 2010 als Helmut Schmidt-Fellow der Transatlantic Academy in Washington D. C. sammeln konnte.
2 Siehe: http://krugman.blogs.nytimes.com/?8dpc; und http://topics.nytimes.com/top/opinion/editorialsandoped/oped/columnists/paulkrugman/index.html.
3 Paul Krugman, America Goes Dark, 08.08.2010.
4 Paul Krugman, This Is Not a Recovery, 26.08.2010.

gung, erstens die Zinsen noch lange auf sehr tiefem Niveau zu belassen, dafür aber zweitens mittelfristig eine höhere Inflationsrate in Kauf zu nehmen. Die Obama-Regierung soll die beiden staatlich kontrollierten Immobilienbanken Fannie Mae und Freddie Mac stärker als bis anhin nutzen, um in Not geratenen, überschuldeten Hausbesitzern zu billigen Krediten zu verhelfen. Die lautstarken Proteste der Republikaner bräuchten Obama nicht zu kümmern, die würden so oder so heulen.

Und als hätte er die Krugman-Kolumne als Grundlage für seine Rede genommen, kündigte US-Notenbankchef Ben Bernanke wenig später beim so wichtigen wie legendären jährlichen Zusammenkommen der Zentralbanker in Jackson Hole genau das an, was Paul Krugman gefordert hatte: Die US-Notenbank sei zum Eingreifen bereit. Bei Bedarf werde sie die lahmende US-Wirtschaft mit weiteren Geldspritzen reanimieren.

Aus dem Verhalten der amerikanischen Regierung und der US-Notenbank wird eines klar: Der Keynesianismus feiert in USA eine Wiedergeburt. Man sucht die Genesung nicht etwa in einer Rückbesinnung auf ur-amerikanische Tugenden wie Eigenverantwortung und Selbstbestimmung. Barack Obama strebt nicht nach einer Entfesselung von Marktkräften, wie das einst Ronald Reagan in einer ebenfalls kritischen Phase der neueren amerikanischen Geschichte Anfang der 1980er-Jahre getan hat. Nein, getrieben von seiner eigenen Überzeugung und beraten durch keynesianische Ökonomen[5], hat er eine Flucht nach vorne angetreten, die weit weg führt von dem, was Amerika im letzten Jahrhundert an die Spitze der Welt katapultiert hatte.

Die amerikanische Politik von heute setzt auf mehr Staat und nicht auf Eigenverantwortung und Selbstbestimmung. Sie verabreicht dem Pati-

---

5 „Mr. Obama and Keynes both assert that we're failing to make use of our economic capacity. But Keynes's insight – that we're in a *muddle* that needs to be fixed – somehow was replaced with standard we're-all-at-fault, let's-get-tough-on-ourselves boilerplate. (…) And that's not a place that we want the new team to be. The economic crisis grows worse, and harder to resolve, with each passing week. If we don't get drastic action soon, we may find ourselves stuck in the muddle for a very long time." Paul Krugman, Stuck in the Muddle, 22.01.2009 (als Kommentar zur Inauguralansprache des gerade ins Amt gerufenen Barack Obama); http://www.nytimes.com/2009/01/23/opinion/23krugman.html?ref=paulkrugman.

enten noch einmal mehr und nicht etwa weniger von genau der Medizin, die zur Erkrankung geführt hat. Denn die Krise hatte ihre Ursache (auch) in einer Politik des (zu) billigen Geldes. Die weiterhin rekordtiefen Zinsen werden eine Sanierung der ebenso rekordhohen Staatsschulden weniger wahrscheinlich machen. Und schließlich machen die niedrigen Zinsen genau das private Sparen unattraktiv, das zu einer Umkehr vom Leben auf Pump notwendig wäre.

2. Der Neokeynesianismus

Angesichts des Staatsinterventionismus und der Rückkehr des Keynesianismus in der amerikanischen Makropolitik reiben sich viele verwundert die Augen. Denn bis vor Kurzem galt Keynes als derjenige, dessen Staatsgläubigkeit ausufernde öffentliche Verschuldung, die hohen Inflationsraten sowie die steigende Arbeitslosigkeit der späten 1970er-Jahre herbeigeführt habe und dessen Irrlehren in der modernen Wirtschaftswissenschaft zum Glück überwunden worden seien. Doch nun meinen viele, die heutige Krise habe die Neoliberalen vom Schlage eines Milton Friedman genauso gründlich widerlegt wie seinerzeit das Phänomen der Stagflation die Keynesianer widerlegt zu haben schien.

Den heutigen Neokeynesianern[6] muss man zunächst einmal zugutehalten, dass sie im Vergleich zu früheren Ansätzen in ihrem Steuerungsanspruch um einiges zurückhaltender sind. Vordergründig akzeptieren sie für die lange Frist die Überlegenheit einer angebotspolitischen Agenda mit freien, deregulierten und privatisierten Märkten und einer Geldpolitik, die sich an nichts anderem als der Preisniveaustabilität zu orientieren hat. Es wird anerkannt, dass nachfrageorientierte Eingriffe nichts zu einem dauerhaft höheren Beschäftigungsniveau beitragen können. Genauso wird die für Generationen von Studierenden zum harten Pflichtstoff gehörende Phillips-Kurve (der unterstellten Beziehung zwischen Inflation und Beschäftigung) modifiziert. Mit einer zu expansiven Geldpolitik werden langfristig nur höhere Inflationsraten und keine nachhaltigen Beschäftigungseffekte verursacht.

---

6 Zu den Ansichten der Neokeynesianern vgl. exemplarisch N. Gregory Mankiw und Daniel Romer (Hg.), New Keynesian Economics, Cambridge 1991.

Hintergründig aber geht es vielen immer noch um big government, wie es mit der Forderung nach staatlicher Investitionslenkung bereits bei Keynes selbst angelegt ist. Im Rahmen einer neokeynesianischen Dreifaltigkeit sollen Notenbank, Regierung und Tarifpartner kooperativ den Konjunkturverlauf steuern. Im Deutschland der 1970er-Jahre wurde mit dieser Politik einer „Globalsteuerung" von „Superminister" Karl Schiller experimentiert.

Warum die Phantasie einer nach allen Regeln der Ingenieurskunst zu betreibenden Globalsteuerung in der Realität nie hat funktionieren können, haben Generationen von überwiegend neoklassischen Ökonomen seit den 1980er-Jahren überzeugend begründet.

In der akademischen Diskussion dürfte die „Revolution"[7] der Theorie rationaler Erwartungen am wirkungsvollsten gewesen sein.[8] Demnach besteht, vereinfachend gesagt, ein von realwirtschaftlichen (Angebots-) Faktoren bestimmtes gesamtwirtschaftliches Gleichgewicht, an dem keynesianisch inspirierte Politiker nichts dauerhaft ändern können, da sie von rationalen Wirtschaftsakteuren durchschaut werden. Diese werden erkennen, dass den durch expansive Geldpolitik gestiegenen Nominallöhnen und Preisen keine realen und dauerhaften Änderungen der Marktbedingungen zugrunde liegen. Deshalb werden sie als Arbeitnehmer auch nicht mehr verbrauchen und als Unternehmer auch nicht mehr investieren. Expansive Geldpolitik wirkt bestenfalls kurzfristig und das auch nur, wenn sie als Überraschung daherkommt. Denn andernfalls wird sie in den Tarifverhandlungen durch entsprechende Lohnforderungen antizipiert. Langfristig bleibt dann nur Inflation.

Ähnlich verhält es sich bei expansiver Fiskalpolitik. Eine durch Verschuldung finanzierte Ausdehnung der Staatsausgaben wird von den Steuerzahlern durchschaut als einfache Verschiebung der eigenen Steuer- und Zinslasten auf spätere Perioden. Derlei Konjunkturprogramme mögen kurzfristig Strohfeuer entzünden. Langfristig bleibt die ver-

---

7 Preston J. Miller (Hg.), The Rational Expectations Revolution, Cambridge/Mass. 1994.
8 Zur Theorie rationaler Erwartungen vgl. zum Beispiel Robert E. Lucas und Thomas J. Sargent, After Keyensian Macroeconomics, in: E. Lucas und Thomas J. Sargent, Rational Expectations and Econometric Practice, Cambridge 1978, S. 295–320.

brannte Erde der Staatsverschuldung und höherer Zinsen, die private Investitionen verteuern (crowding out).

Inflation und Verschuldung statt Wachstum und Beschäftigung: Das waren auch die empirisch demonstrierten Ergebnisse keynesianischer Wirtschaftspolitik der 1960er- und 1970er-Jahre. Dies bedeutet aber nicht, dass Keynes' Theorie der Krisenerklärung hieran Schuld trage.[9] Umgekehrt kann man „keynesianisch" fragen, wie mithilfe einer Theorie rationaler Erwartungen die aktuelle Krise erklärt werden könnte – zumal sehr ähnliche Überinvestitionsblasen erst vor kurzer Zeit (Japan 1991, New Economy 2001) schmerzhaft geplatzt sind, sodass selbst eine Theorie adaptiver Erwartungen (Lernen aus Erfahrung), eine schwächere Form „rationaler Erwartungen", einiges zu erklären hätte.

Eine neoklassische Theorie, die davon ausgeht, dass die Wirtschaftsakteure künftige Ereignisse (zumindest im Durchschnitt und effizient kontrolliert durch scheinbar enorm informationseffiziente Kapitalmärkte) korrekt vorhersehen, mag das Versagen keynesianischer Politiken theoretisch erklären können. Als Theorie rationaler Erwartungen wird sie aber durch die wiederkehrende Entstehung von Spekulationsblasen selbst empirisch widerlegt. Deshalb verdienen einige wichtige Erkenntnisse von Keynes selbst wieder Beachtung, der darauf hinweist, dass eine reine Logik rationaler Wahl bei perfekt geräumten Märkten eine letztlich ebenso kühne Fantasie ist wie die Vorstellung, man könne die Gesetze des Marktes und der „Leidenschaft des Gelderwerbs"[10] auf beliebige Weise ignorieren.[11]

---

9 Vgl. hierzu und im Folgenden Thomas Straubhaar, Michael Wohlgemuth und Joachim Zweynert, Rückkehr des Keynesianismus: Anmerkungen aus ordnungspolitischer Sicht, in: Aus Politik und Zeitgeschichte (Beilage zur Wochenzeitung Das Parlament), Nr. 20, 11.05.2009, S. 19–26.
10 John M. Keynes, Allgemeine Theorie der Beschäftigung, des Zinses und des Geldes, Berlin 1936, S. 316.
11 John M. Keynes, The End of Laissez-Faire, London 1926.

3. Politikversagen als Auslöser der aktuellen Krise

Sind wir Ende des ersten Jahrzehnts des 21. Jahrhunderts in einer „keynesianischen Situation", die den Einsatz (neo-) keynesianischer Instrumente rechtfertigt oder gar verlangt? Sind die heutigen Verhältnisse mit der damaligen Weltwirtschaftskrise der Großen Depression nach 1929 vergleichbar?

Zum einen stellt sich die Frage der Dimension der beiden Krisen. Aus heutiger Sicht kann man den Vergleich zur „Großen Depression" nur als alarmistisch bezeichnen. Damals ging in den USA oder in Deutschland das Sozialprodukt um über 30 Prozent zurück, und von Arbeitslosigkeit waren jeweils mehr als 30 Prozent der Arbeitsbevölkerung betroffen. Ungeachtet dieser heute nicht zu gewärtigenden Dimensionen könnten immer noch (a) die Auslöser, (b) die aktuellen Symptome und (c) die notwendigen Rettungsmaßnahmen der aktuellen Krise keynesianisch gedeutet werden.

Die Auslöser der Krise weisen zur „keynesianischen Situation" freilich am aller wenigsten Vergleichbarkeiten auf. Bekanntlich ging Keynes von einer Krisensituation aus, die in den frühen 1930er-Jahren durch das Zusammentreffen von ängstlicher Unsicherheit sowohl der Konsumenten als auch der Investoren erklärt werden kann – und durch das *nach* der Börsenkrise gewählte „policy-mix" aus kontraktiver Geld- und Fiskalpolitik und grassierendem Protektionismus zur Weltwirtschaftskrise geriet.

Die Finanzmarktkrise von 2007/2008 und die anschließende globale Rezession von 2008/2009 weisen weitgehend ganz andere Vorzeichen auf. In den USA, wo die Krise ihren klar bestimmbaren Ursprung nahm, herrschte genau das Gegenteil: eine vor allem durch eine expansive Politik des billigen Geldes ermöglichte und von ausländischem (vor allem chinesischen) Kredit beförderte Konsum- und Investitionsneigung, die seitens der Privaten und des Staates zu Ausgaben reizte, die durch eigene Ersparnisse schon lange nicht mehr nachhaltig gedeckt waren. Die Verschuldungsquote der Privathaushalte der USA stieg von 50 Prozent des Bruttosozialprodukts (1980) auf etwa 100 Prozent im Jahr 2006. Von einer mangelhaften Konsumneigung oder keynesianischem „Angstsparen" kann sicherlich keine Rede sein. Auch für die Staatsausgaben in den USA (und anderswo) galt schon lange das Motto: „buy now, pay later". Beides bildete sich im enormen Leistungsbilanzdefizit der USA ab, in einem Verbrauch „auf Pump", der von ausländischen (nicht zuletzt: chinesischen) Krediten, also Kapitalimporten, finanziert wurde.

Im Ergebnis kann man, grob, festhalten, dass genau die Mittel und Wege, die nach keynesianischer Rezeptur den Weg aus der Krise von 1930 führen sollten, diesmal auf den Weg in die Krise von 2008 geführt haben. Tatsächlich kann man zeigen, dass nicht nur und vielleicht nicht einmal vor allem „Marktversagen" den Weg in die Wirtschaftskrise von 2008/2009 gebahnt hat, sondern (ausgerechnet in den scheinbar „neoliberal" geprägten USA) eine überexpansive Politik nach (vulgär-) keynesianischem Muster. So unbestritten das Versagen vieler Marktteilnehmer[12] besonders auf den Finanzmärkten, konkret auf den Märkten verbriefter „assett backed securities" auch war, so wenig darf der Anteil des Staates an der Krise übersehen werden.[13]

---

12 Es ist und bleibt völlig unstrittig, dass die viel kritisierte „Gier" vieler Marktteilnehmer (kleiner Leute, die glaubten, sich ohne Eigenkapital ein nahezu vollständig durch Fremdkapital, also Hypotheken finanziertes Eigenheim leisten zu können, genauso wie die riskante „Zockerei" großer Bankvorstände) mit ein Grund für die Krise war. Entscheidender aber war die Möglichkeit, Risiken zu verschleiern und zu verschieben. So wurde das Prinzip „Haftung" in den USA durch eine verhängnisvolle Mischung aus geldpolitischer Expansion, sozialpolitischem Dirigismus und laxer Regulierung der Kapitalmärkte außer Kraft gesetzt. Die Gefahr solcher Krisen kann künftig nur vermindert werden, indem erstens der Staat der Wirtschaft eine Ordnung gibt, die für Transparenz sorgt und Fehlanreize minimiert, und sich ansonsten Eingriffen in den Wirtschaftsprozess so weit wie möglich enthält. Dazu gehört auch, die Geldmenge am Produktionspotenzial auszurichten und keine Sozialpolitik gegen die Gesetze des Marktes zu betreiben. Und zweitens soll der Staat der Wirtschaft durch klare und transparente Regeln einen Ordnungsrahmen vorgeben, dessen wichtigste Maxime das Haftungsprinzip ist: „Wer den Nutzen hat, muss auch den Schaden tragen (…) Investitionen werden umso sorgfältiger gemacht, je mehr der Verantwortliche für diese haftet. Die Haftung wirkt insofern also prophylaktisch gegen die Verschleuderung von Kapital und zwingt dazu, die Märkte sorgfältig abzutasten." So Walter Eucken, Grundsätze der Wirtschaftspolitik, Tübingen 1990 (erstmals 1952), S. 279 f.
13 Vgl. hierzu und zum Folgenden Michael Wohlgemuth, Asche auf ihrem Haupt. Staatsmänner rücken als Feuerwehren aus. Doch sie sind auch die Brandstifter, in: Internationale Politik IP, Dezember 2008, S. 48–53. Wohlgemuth zeigt überzeugend, dass die (im Übrigen keineswegs unregulierten,

Expansive Geldpolitik ist für Neokeynesianer des einfachen Makro-Lehrbuchs (nur zur Erinnerung: mit Keynes selbst hat das nicht viel zu tun) ein probates Mittel, um die LM-Kurve nach rechts zu verschieben, bis Vollbeschäftigung wieder (und sei es auch nur annähernd) erreicht sei. Für neoklassische Protagonisten der „rationalen Erwartungen" ist dies bestenfalls nutzlos. Für „Österreicher"[14], aber auch für „Monetaristen"[15] ist die Überflutung mit Zentralbankgeld und Zirkulationskrediten (Geldschöpfung im Bankensektor) dagegen genau der kritische Auslöser von immer wiederkehrenden Über- und Fehlinvestitions-Blasen, die zwangsläufig schmerzhafte Krisen herbeiführen müssen.

Die Finanzmarktkrise, die anschließende weltweite Rezession und die daraus folgenden wirtschaftspolitischen Reaktionen scheinen genau diese, monetäre Auslöser der Krise in den Mittelpunkt stellende, Theorie eindrucksvoll zu bestätigen. Im Stile eines – gleichzeitig marktliberale Rhetorik vertretenden – „Keynesianers" (und in krassem Gegensatz zu den Empfehlungen eines Milton Friedman) flutete der amerikanische Notenbankpräsident Alan Greenspan die Märkte immer dann mit Liquidität, wenn ein Abschwung zu befürchten war. Dabei war es spätestens nach der *New Economy*-Blase offenkundig, dass die überhitzte und überschuldete US-amerikanische Volkswirtschaft eine „Reinigungskrise" (im Sinne Schumpeters) hätte durchlaufen müssen, um notwendige Strukturanpassungen zu vollziehen. Der Umstand, dass die Ausweitung der Geldmenge (dank billiger Importe nicht zuletzt aus dem künstlich abwertenden China) nicht auf die Verbraucherpreise durchschlug, schien diese Strategie zunächst zu bestätigen.

Aber zusätzliche Liquidität versickert in einer Volkswirtschaft nicht einfach. Und es war kein Zufall, dass sie vor allem in den US-amerikanischen Immobilienmarkt floss, von dem die Krise dann auch ihren Ausgang nahm. Es gehörte zum sozialpolitischen Traum des Roosevelt'schen

---

sondern im Gegenteil hoch regulierten) Finanzmärkte vor allem bei der Bewertung verbriefter Kreditrisiken versagten.
14 Vgl. beispielsweise Ludwig von Mises, Die Ursachen der Wirtschaftskrise, Tübingen 1931, oder Friedrich August von Hayek, Profits, Interests and Investment, London 1939.
15 Vgl. beispielsweise Milton Friedman, The Optimum Quantity of Money and other Essays, Chicago 1969.

New Deal, auch jenen Amerikanern zu einem eigenen Heim zu verhelfen, die sich das eigentlich gar nicht leisten konnten. Dafür wurden die halbstaatlichen Banken Fannie Mae (1938) und Freddie Mac (1968) geschaffen; und dafür wurden Risikokredite auf vielfältige Weise staatlich gefördert. Beides, der Versuch, notwendige Strukturanpassungskrisen durch eine expansive Geldpolitik zu verhindern und ein staatliches Sozialbeglückungsprogramm gegen die Logik der Märkte zu verwirklichen, schuf erst jenes Umfeld, in dem private Akteure gehörig dazu beitragen konnten, dass Keynes' Depressionstheorie sich heute wieder steigender Beliebtheit erfreuen darf. Festzuhalten aber ist: Ausgelöst wurde diese Krise zu einem beträchtlichen Teil durch politische „animal spirits", durch Konzepte, die wohl kaum im Sinne des pragmatischen Ökonomen John Maynard Keynes waren, durchaus aber im Sinne vieler „Vulgärkeynesianer".

Als hätte man aus den Fehlern neokeynesianischer Politik nichts gelernt, holt man in den USA heute wieder die alten Geister aus der Flasche. Mit der Politik billigen Geldes, die die massiven Ausgabenprogramme der US-Regierung begleitet, wendet man genau jene Rezepte erneut als Therapie an, die ursprünglich der Auslöser der Krise waren. Damit ist der Katalysator der nächsten Blase gegeben.

4. Abkehr vom American Way

Es sind nicht nur wohlhabende Republikaner, die Barack Obama mit seiner Hinwendung zu keynesianischen Konzepten Verrat an amerikanischen Idealen vorwerfen. Man muss auch nicht so weit gehen wie konservative Eiferer der Tea-Party-Bewegung. Sie erkennen in der staatlichen Krisenbekämpfung, die auf mehr Staat und weniger Eigenverantwortung gesetzt hat, einen hinterlistigen Angriff dunkler fremder Mächte auf die Freiheit der USA, und Barack Obama gilt als williger Vollstrecker der Interessen der Feinde Amerikas. Aber die Rückkehr des Keynesianismus und die Abkehr von einer Politik des „American Way", der die USA zur mit Abstand führenden Wirtschaftsmacht gemacht hat, verunsichern auch wohlmeinende Beobachter. Wieso soll sich der Staat um den wirtschaftlichen (Miss-) Erfolg oder die Gesundheit Einzelner kümmern? Wieso soll der eine für das Unglück oder die Krankheiten anderer bezahlen? Maximiere die individuelle Freiheit und minimiere den staatlichen Einfluss, das war das so erfolgreiche oberste Gebot amerikanischen Glaubens. Entsprechend müssten eigenverantwortliches Tun oder Lassen die Regel und staatlicher Zwang die ungeliebte Ausnahme bleiben.

Die offenbar wenig wirkungsvolle Flucht nach vorne in eine Staatswirtschaft lässt die Ängste zunehmen, dass die amerikanische Wirtschaft vielleicht gar nicht so sehr an einer Konjunkturschwäche leidet, sondern an einem viel dramatischeren strukturellen Problem erkrankt sei. Dass ihr nämlich die Überzeugung an amerikanische Grundsätze verloren gegangen ist. Dass man den Selbstheilungskräften des privaten Sektors nicht mehr traut. Dass typische amerikanische Prinzipien nicht mehr gelten. Dass Rezepte wie Selbsthilfe und Selbstregulierung nicht mehr zur Anwendung kommen.

Der feste Glaube in die individuelle Leistungsfähigkeit, Ideen, Mut, Willen, Kraft und Gottes Hilfe hat die USA nach oben gebracht. Der amerikanische Traum versprach jedem Einzelnen die Chance, durch eigene Leistung aufzusteigen vom mittellosen armen Tellerwäscher zum wohlhabenden, gesellschaftlich angesehenen Millionär. Das Streben des einzelnen Menschen nach Glück wurde als entscheidende Grundlage für gesellschaftliches Wohlergehen für alle, sozialen Frieden und gesamtwirtschaftlichem Fortschritt verstanden.

Nicht der Staat, der dem Menschen etwas Gutes tut und wohlwollend für seine Untertanen sorgt. Und auch nicht Sozialstaaten, die für ihre Bürger(innen) Sicherungsnetze oder gar Hängematten ausbreiten. Nein, der Einzelne ist für sich selber und die Seinen verantwortlich – in guten wie in schlechten Zeiten. Niemand darf dabei mit staatlicher Hilfe rechnen. Auch nicht der Tellerwäscher, der es nicht schafft und zum Obdachlosen wird.

Zunächst die Immobilienkrise, dann der Kollaps der Finanzmärkte und schließlich die schwerste Rezession seit Jahrzehnten haben für viele Amerikaner den Traum zum Alptraum werden lassen. Manche haben drückende Schulden. Nicht nur, weil sie im Überschwang des für viele so typischen und aus europäischer Sicht oft so naiven Optimismus überteuerte Häuser gekauft haben und nun nicht mehr in der Lage sind, die Hypotheken zu bedienen. Oft müssen auch Kredite zurückbezahlt werden, die in besseren Zeiten für Autos, Möbel und elektronische Geräte, aber auch zur Finanzierung von Schulgeldern oder Studiengebühren aufgenommen wurden. Aus dem „Leben auf Pump" ist für viele ein

„Leben auf Sicht" geworden. Unsicherheit und Ungewissheit um das Morgen rauben gar manchen Familien den Schlaf.

Die ökonomischen Sorgen vieler Amerikaner(innen) werden durch die schleppende konjunkturelle Erholung verschärft. Vor allem die Beschäftigungsentwicklung nährt die Unsicherheit. Der schwache Konjunkturverlauf sorgt kaum für neue Jobs. Die offizielle US-Arbeitslosenquote verharrt derzeit bei hohen 9,5 Prozent. Korrigiert man die Angaben um die Teilzeitbeschäftigten und nimmt man zumindest einen Teil der nicht erfassten sozioökonomischen Problemfälle hinzu, die sich unter den insgesamt zwei Millionen Gefangenen finden, dürfte die tatsächliche Arbeitslosigkeit fast doppelt so hoch sein.

Beunruhigender aber ist das für die USA völlig untypische Phänomen der Langzeitarbeitslosigkeit. Die Zahl der Menschen, die länger als ein halbes Jahr ohne Arbeit bleiben, ist mit der Rezession geradezu explodiert. Innerhalb kürzester Zeit ist sie von etwas mehr als einer Million auf 6,8 Millionen geschnellt. Das traditionelle *Hire and Fire* ist zu einer Einbahn verkümmert. Es gab fast nur Entlassungen und kaum Neueinstellungen.

Im Mittelstand greift die Angst vor einer Umkehrung des amerikanischen Traums um sich. Erst kommt der ökonomische und dann folgt der soziale Abstieg. Und wenn man einmal ganz unten angekommen ist, gibt es keinen Weg mehr zurück. Denn der Fahrstuhl nach oben funktioniert nicht mehr wie in früheren Zeiten.

Die Schere zwischen Reich und Arm öffnet sich weiter. Wer besser ausgebildet ist, kommt schneller nach oben. Wer unqualifiziert bleibt, hat ein mehr als schweres Leben. Wie ungleich die Verhältnisse geworden sind, zeigen nicht nur die privaten Städte der Wohlhabenden. Sie entstehen als umzäunte, streng bewachte, regulierte und kontrollierte Einfamilienhaus-Ghettos der reichen Oberschicht als Wohlstandsinseln „auf der grünen Wiese" am Rande der großen Agglomerationen. Stärker noch zeigen sich die Differenzen innerhalb der Städte. Beispielsweise zerfällt die Bundeshauptstadt Washington D. C. in einen idyllischen Nordwesten und einen durch alltägliche Schießereien, brutale Überfälle und hohe Kriminalität gepeinigten Südosten. Wenige Meilen von Weißem Haus und Kapitol entfernt ist abends in öffentlichen Verkehrsmitteln niemand mehr wirklich seiner Habseligkeiten sicher.

Ebenso kurios sind die Folgen der überschuldeten öffentlichen Haushalte. Straßen mit immensen Schäden und Brücken, die nicht mehr tragen, war man schon lange gewohnt, desgleichen ungewollte oft tagelange Stromunterbrechungen oder sonstige Mängel der öffentlichen Energie- oder Wasserversorgung. Neu aber ist, dass es in einigen Städten Amerikas gewollt dunkel bleibt. Und eben nicht nur, weil in Colorado Springs, mit rund 400.000 Einwohnern immerhin die zweitgrößte Stadt des US-Bundesstaates Colorado, neuerdings ein Drittel der Straßenbeleuchtung abgeschaltet wird, um Steuergelder zu sparen. Vielmehr kennt die Sparwut der öffentlichen Haushalte keine Tabus mehr. Schulen bleiben geschlossen und Lehrkräfte werden entlassen. Straßen verlottern und Parkanlagen verrotten.

5. American Way or No Way!

Eine Strategie, die den amerikanischen Patienten mit mehr Staat behandeln will, ist riskant. Denn diese Therapie entspricht nicht dem amerikanischen Selbstverständnis und auch nicht der historischen Erfahrung, die mit Ausnahme des New Deal die Staatswirtschaft nicht kennt. Deshalb ist eine nachhaltige Besserung fraglich. Zu Amerika passt nur eine amerikanische Lösung, keine europäische. Rechts- und Linkshänder setzen ihre Hände auch anders und nicht gleich ein.

In Europa ist der Staat das Ergebnis eines jahrhundertelangen Ringens relativ homogener Gesellschaften. Der Staat hat immer eine tragende Rolle gespielt. Deshalb gibt es auch eine breite Mehrheit, die einer staatlichen Wirtschaftspolitik wohlwollend gegenüber steht, gerade in schwierigen Zeiten einer Rezession. Und der gegenwärtige Erfolg bei der Krisenbewältigung gibt den Europäern und speziell den Deutschen ja offenbar auch recht. In Europa schlägt die staatliche Medizin gut an.

Was für Europa und Deutschland gut sein mag, passt nicht automatisch zu den USA. Denn Amerika ist anders. Die Siedler der Neuen Welt haben alles abgelehnt, was auch nur den Anschein von staatlicher Autorität beanspruchte. Sie waren Europa entflohen, um die Freiheit zu erlangen. Das einzige gemeinsame Ziel der Einzelgänger war, die individuellen Freiheitsrechte zu sichern, also die Freiheit, selbstständig entscheiden und eigenverantwortlich handeln zu können, zu reden, zu schreiben und zu glauben. Der gemeinsame Staat wurde nur als notwendiges Mittel zur Erfüllung dieses einen Zwecks gesehen. Mehr als „Frieden, Freiheit und

Sicherheit" zu garantieren, sollte der Staat nicht leisten. Wirtschaftlicher Wohlstand wurde als Aufgabe des Einzelnen verstanden.

Nimmt man den Amerikanern den Glauben, dass Amerika vor allem da sei, um ihnen die Freiheit zu geben, unabhängig zu sein und reich zu werden, zerstört man die Klammer, welche die heterogene amerikanische Gesellschaft zusammenhält. Die staatlichen Medikamente werden dann unverträglich, und Konflikte zwischen verschiedenen Teilen der aus aller Welt zusammengesetzten Einwanderungsgesellschaft können aufbrechen, die unterschwellig längst vorhanden sind. Je mehr sich die amerikanische Wirtschaftspolitik von ihren historischen Erfolgsfaktoren entfernt, umso schwieriger dürfte der Genesungsprozess werden. Eher dürfte eine Rückbesinnung auf den American Way helfen, der die USA in der Vergangenheit so stark hat werden lassen. Deshalb wäre es klüger, den Fahrstuhl zu reparieren, der den Aufstieg von ganz unten nach oben zu ökonomischem Wohlstand und gesellschaftlicher Anerkennung ermöglicht, anstatt einen europäischen Neubau auf amerikanischem Boden errichten zu wollen.

Entweder folgen die USA dem durch gemeinsame Vergangenheit, ökonomischem Erfolg und stetigem Fortschritt gekennzeichneten American Way, oder die USA provozieren mit einem wesensfremden europäischen Weg erst wirtschaftliche und dann gesellschaftliche Spannungen. Gelingt die Um- und Rückkehr, besteht Hoffnung. Sonst könnten die USA in eine chronisch werdende Strukturkrise rutschen, deren Folgen auch für die Weltwirtschaft insgesamt bedrohlich sind.

VI.
KAPITALISMUS UND GLOBALISIERUNG

OTTO GRAF LAMBSDORFF (†)

Mit Hartnäckigkeit für die richtige Sache!

Der Freihandel nutzt nicht nur den Reichen und schadet nicht den Armen

Wo der Freihandel debattiert wird, da wird oft demonstriert. Daran haben wir uns gewöhnt. Ungewohnt wäre allenfalls, wenn dabei nicht gegen, sondern für den Freihandel demonstriert würde. Ein Blick in die Geschichte zeigt, dass dies nicht so sein muss. Als in England in den 1840er-Jahren die Freihandelsbewegung gegen die „Corn Laws" (Getreidezölle) agitierte, die die Lebenskosten der Arbeiter unerträglich verteuerten, um einer kleinen Großgrundbesitzerschicht zu nutzen, da musste in Manchester extra ein großes Gebäude, die „Free Trade Hall", errichtet werden, um den Demonstranten Platz zu schaffen. Und in London versammelten sich über Jahre Woche für Woche Tausende Demonstranten im Covent Garden, um das Ende eines Protektionismus zu fordern, der eine unerträgliche Bürde auf den Schultern der Armen bedeutete. Mit dem Fall der „Corn Laws" begann nicht nur in England, sondern in ganz Europa und in Amerika die große Ära des Freihandels. Es wurde die erste Stufe dessen, was wir heute Globalisierung nennen, gezündet. Die Freihandelsbewegung fand unter der inspirierten Führung von Richard Cobden und John Bright gleichermaßen die Unterstützung der Geschäftswelt und der Arbeiterschaft. Sie begeisterte sogar die Dichter und Intellektuellen der Zeit. Der Freihandel war die Parole der aufgeklärten Öffentlichkeit.

Natürlich gab es auch Kritiker, aber die waren damals fast machtlos gegen Cobdens and Brights Liga für den freien Handel und den Enthusiasmus, den sie hervorrief. Wir leben heute in anderen Zeiten. Die Kritiker des Freihandels sind immer noch da, aber der Enthusiasmus der Freihändler scheint doch irgendwie abhanden gekommen zu sein. Selbst wenn man mit ihnen nicht übereinstimmt, kann man nicht umhin, die Kritiker des Freihandels wegen ihrer sturen Hartnäckigkeit zu bewundern. Seit jener Zeit, in der Cobden und Bright wirkten, wurde das gleiche Argument immer wieder wiederholt und wiederholt und nochmals wiederholt: Der Freihandel diene nur denen, die schon reich seien und noch reicher werden wollten.

Die Armen würden geradezu absichtlich ärmer gemacht, während ungehemmte Marktkräfte auf sie losgelassen würden. Mit der Zeit wurde dieses Argument in den verschiedensten Verkleidungen präsentiert – einer nationalistischen, einer sozialistischen oder heute einer politisch korrekten. Im Kern blieb es jedoch immer das gleiche. Die ständige Wiederholung dieses Arguments über mehr als 150 Jahre hat ihm keinen größeren Wahrheitsgehalt verliehen, aber sie hat offensichtlich dazu beigetragen, es tief in Hirn und Herz der Menschen zu verankern.

Sieht man sich aber in historischer Perspektive die Gesamtbilanz derer an, die jedesmal prophezeiten, dass Handelsliberalisierungen die Verarmten noch mehr verarmen ließen, so findet man schnell ein Massengrab falscher Vorhersagen. Tatsächlich war der klassische Liberalismus, unter dem der Freihandel so sehr blühte, die erfolgreichste wirtschaftspolitische Strategie der Weltgeschichte. Im 19. Jahrhundert hat sie dem Gespenst der Hungersnöte in Europa ein Ende bereitet. Dies ist eine historische Leistung ohnegleichen, denn Hungersnöte wurden zuvor als das unausweichliche Los der Menschheit gesehen. Wir vergessen, dass es zum Beispiel im 18. Jahrhundert in Frankreich allein neun Hungersnöte gab, die mehr als 5 Prozent der Bevölkerung auslöschten. Wenn wir bei der liberalen Epoche des 19. Jahrhunderts zu sehr an die Romane von Dickens denken, übersehen wir zu leicht, dass in jenen Tagen diese Art von Elend endgültig beendet wurde. Seit 1847 hat es in Europa keine Hungersnot in Friedenszeiten mehr gegeben Der Freihandel war nicht die Ursache, sondern die Antwort auf das Elend. Wenn wir heute noch Hungerkatastrophen sehen, dann finden wir sie nur noch in nicht-kapitalistischen, nicht-liberalen und nichtmarktwirtschaftlichen Diktaturen wie Nordkorea.

Die Freihandelsära macht zum ersten Mal in der Geschichte den Wohlstand für alle zur realen Möglichkeit.

Dass freie Märkte die Quelle des Wohlstands sind, ist schlichtweg wahr. Die Fakten und Daten sprechen dafür. Die Friedrich-Naumann-Stiftung ist zusammen mit dem kanadischen Fraser Institute und ca. 50 anderen Instituten Herausgeber einer jährlichen Studie unter dem Titel „Economic Freedom of the World", die auf eine Idee des Wirtschaftsnobelpreisträgers Milton Friedman zurückgeht. Diese Studie soll den Grad wirtschaftlicher

Freiheit in 118 Ländern messen und vergleichen. Messbare Indikatoren wie Steuerrate, Staatsquote oder der Umfang von Handelsrestriktionen werden dabei zusammengefasst, um den Platz jedes Landes im Freiheitsranking aufzuzeigen. Das ist nicht nur von akademischem Interesse. Die Studie weist klar nach, dass es eine deutliche Korrelation zwischen wirtschaftlicher Freiheit und Wirtschaftswachstum gibt. Je schwerer die Bürde des Staates auf den Schultern des Einzelnen, desto stagnierender die Wirtschaft. Darüber hinaus zeigt die Korrelation des Ranking von „Economic Freedom of the World" mit anderen Lebensstandardkriterien als den bloßen Wachstumsraten, dass die ökonomisch freiesten Länder der Welt weniger Analphabetentum, weniger Korruption und eine höhere Lebenserwartung aufweisen als die unfreiesten.

Dies alleine sollte eigentlich genügen, um jeder Form des ökonomischen Kollektivismus eine Absage zu erteilen.

Aber was ist mit denen, die nicht „mitrennen" können? Wir hören immer wieder, dass sich die Schere zwischen armen und reichen Ländern immer mehr weitet. Es mag überraschend klingen, aber es ist wahr: Die Schere weitet sich. Es gibt in der Dritten Welt Länder mit stagnierenden oder gar negativen Wachstumsraten, während die meisten Industrieländer zumindest moderat wachsen. Aber diese Aussage gewinnt erst an sachlicher Substanz, wenn man sie wiederum in den Zusammenhang zum Grad ökonomischer Freiheit bringt. Man sieht dann, dass die Gruppe der ärmsten und wachstumsschwächsten Länder fast identisch ist mit der Gruppe, die ihre Wirtschaft nicht geöffnet haben und die permanent die Freiheit ihrer Bürger beschneiden. Ja, es gibt Völker, die nicht „mitrennen" können, aber sie sind nicht Opfer von Globalisierung und Freihandel. Sie sind Opfer ihrer eigenen Regierungen!

Als Ganzes gesehen, so könnte man nun einwenden, sagen Wachstumsraten nicht viel über die interne Verteilung von Wohlstand. In den Industrieländern, so vernimmt man aus den Medien, mag die Liberalisierung der Wirtschaft bisweilen neue Arbeitsplätze geschaffen haben, aber dabei handle es sich eben nur um unqualifizierte „Billigjobs" oder besser noch „McJobs", um dem Ganzen noch den üblichen anti-amerikanischen Beiklang zu geben. Die „working poor" sind die neue Stereotype, die den Kämpfern gegen Globalisierung und Freihandel links und rechts die rhetorische Munition liefern soll. Selbst wenn diese Stereotype der Realität entspräche, wäre sie immer noch besser als die Ausgrenzung der wenig Qualifizierten aus dem Arbeitsmarkt, die durch die Tarifkartelle der überdimensionierten Wohlfahrtstaaten in Europa praktiziert wird.

Aber sie ist – jedenfalls in der Form, wie sie uns generell präsentiert wird – nicht einmal wahr.

Nicht nur, dass die neuen Technologien keine Jobs zerstörten, sie schufen mehr und bessere.

Diejenigen Länder, die ihre Märkte einigermaßen öffneten, sahen eher eine gesteigerte Nachfrage nach hoch qualifizierten Mitarbeitern als für die schlecht qualifizierten. In den USA, die ja gemeinhin als schlechtes Beispiel herhalten müssen, waren 55 Prozent der Jobs, die zwischen 1983 und 1996 geschaffen wurden, hoch qualifiziert, rund 32 Prozent erforderten mittlere Qualifikationen, während lediglich 18 Prozent niedrig qualifizierte Jobs waren.

Manchmal sollte man sich doch an die Fakten halten, um herauszufinden, was hinter den verbreiteten Klischees über Globalisierung steckt.

Gibt es also nichts mehr zu tun? Ist die Weltwirtschaft mittlerweile erfolgreich auf den Autopiloten umgestellt? Haben, wie manche Zeitgeistpropheten meinen, die nationalen Regierungen vollständig ihren Zugriff auf die Wirtschaft verloren? Lauert die Anarchie schon um die Ecke? Wiederum zeigt sich, dass der ganze Diskurs über Globalisierung von allen möglichen Klischees und Plattitüden verseucht ist. Der Staat wird nicht verschwinden.

Er kann immer noch Probleme in Angriff nehmen. Es gibt zunehmend internationale staatliche oder quasi-staatliche Strukturen für die Probleme, die von nationalen Regierungen nicht gelöst werden können. Es ist eher zu befürchten, dass wir bereits zu viele staatliche Gutmenschen auf der internationalen Szene haben als zu wenige. Die Gefahr ist nicht, dass staatliche Institutionen – ob national oder international – die Kontrolle verlieren. Die Gefahr ist eher, dass sie die Kontrolle behalten, um dann das Flugzeug in die falsche Richtung zu steuern. Was man auf manchen UN-Gipfeln hört ist beängstigend. Das gegenwärtige Meinungsklima, das immer mehr von sogenannten „NGOs" (non-governmental organizations), die gegen den Freihandel agitieren, und von der Medienberichterstattung über Demonstrationen gegen Globalisierung geprägt wird (Stichworte: Seattle und Davos), ist einem vernünftigen Vorgehen in der Politik nicht eben günstig. Die WTO darf zum Beispiel nicht durch sozial- und umweltpolitische Agenden überfrachtet werden.

Ja, es gibt unendlich viel Elend in dieser Welt. Die beste Strategie zur Abhilfe dagegen ist jedoch, dass man mit den wesentlichen Kernaufgaben des Staates beginnt, bevor man anderen Völkern die westlich-europäischen Standards des Wohlfahrtsetatismus und der Öko-Ideologie aufpfropft. Diese Aufgaben sind Frieden, Rechtsstaatlichkeit und Freihandel. Wir sollten vorsichtig sein mit allem, was darüber hinausgeht. Staatliche Institutionen sollten sich der Vielfalt menschlicher Zivilisation anpassen – und nicht umgekehrt. Das Subsidiaritätsprinzip sollte so konsequent wie möglich angewandt werden. Ein friedlicher Wettbewerb ist nicht nur für die Wirtschaft vorteilhaft, er tut auch staatlichen Institutionen gut. Wir sollten daher die internationale Harmonisierung der Politik nicht zu weit treiben, sondern darauf beschränken, dass das Recht des Einzelnen auf Freiheit nicht verletzt wird.

Erinnern wir uns daran, was geschah, als die große liberale Ära des Freihandels des 19. Jahrhunderts endete und langsam dem Protektionismus wich. Jeder schien damals optimistisch.

Es könne nichts mehr schief laufen, glaubten die Menschen – wohl noch im Juli 1914. Es war nichtsdestoweniger der Vorabend eines Jahrhunderts, das von Krieg, Völkermord und Totalitarismus dominiert war. Lasst uns diesen Fehler nicht wiederholen. Vielleicht sollten die Freihändler unserer Zeit von ihren Vorgängern aus der Zeit Cobdens und Brights lernen, um ihr Selbstbewusstsein und ihren Idealismus wiederzuentdecken. Oder sie sollten von der Hartnäckigkeit ihrer heutigen Gegner lernen, die ihr Argument wieder und wieder herunterbeten, bis jedermann sie glaubt – selbst wenn sie der falschen Sache dienen. Um wie viel besser würde diese Strategie wirken, diente sie der richtigen Sache!

Erich Weede

Kapitalistischer Frieden
statt demokratischer Kreuzzüge[1]

1. Der demokratische Frieden

Seit den 1990er-Jahren vertritt eine zunehmende Zahl von Politikwissenschaftlern (bahnbrechend: Russett 1993) die These vom demokratischen Frieden. Nach der dominanten Auffassung lässt sich zwar nicht nachweisen, dass Demokratien seltener als Autokratien in Kriege verwickelt sind, aber dass Demokratien sehr selten bzw. fast nie gegeneinander Kriege führen. Zwar hat es immer wieder Versuche der Falsifikation der These vom demokratischen Frieden gegeben, aber fast alle dieser Versuche sind gescheitert. Mit irgendwelchen Anomalien haben fast alle sozialwissenschaftlichen Theorien zu kämpfen. Wer im Anschluss an Kuhn (1976) oder Lakatos (1974) den methodologischen Standpunkt vertritt, dass Anomalien allein nicht ausreichen, um Theorien zu eliminieren, sondern nur bessere Theorien, die mehr erklären und mit weniger Anomalien zu kämpfen haben, der wird die These vom demokratischen Frieden vorläufig akzeptieren müssen. Aber es lohnt sich, die quantitativ-empirische Unterstützung der These vom demokratischen Frieden genauer anzusehen.[2]

Die Kriegsgefahr unter Demokratien ist sehr klein, jedenfalls viel kleiner als unter zwei Autokratien (Lipson 2003; Ray 1995; Russett 1993; Russett

---

[1] Dies ist nicht meine erste Publikation zum kapitalistischen Frieden (vgl. Weede 2005a, 2005b, 2006b, 2006c). Aber zu diesem Thema ist in den letzten Jahren soviel neue Literatur erschienen, dass Publikationen schnell veralten. Obwohl der Grundgedanke, dass wirtschaftliche Freiheit zum Frieden beiträgt, eher erhärtet als infrage gestellt wird, bedürfen meine älteren Darstellungen der Modifikation und Ergänzung. Eine etwas andere Interpretation der Literatur bietet Bussmann 2010.

[2] Die Methoden der quantitativen Forschung sind in allen Sozialwissenschaften recht ähnlich. Aber es klingt irgendwie merkwürdig, die Vorgehensweise von Politikwissenschaftlern als „ökonometrisch" zu bezeichnen.

and Oneal 2001). Ein wichtiger Einwand gegen diesen Befund verweist darauf, dass er im Wesentlichen auf den Ereignissen seit dem Ende des Zweiten Weltkrieges beruht (Gowa 1999). Weil es vor 1945 nur wenige benachbarte und stabile Demokratien gegeben hat, kann dieser Hinweis die These vom demokratischen Frieden nicht wirklich in Schwierigkeiten bringen.[3] Manche Verteidiger des demokratischen Friedens (Benoit 1996; Boehmer 2008; Rummel 1995; Souva und Prins 2006) sind sogar so weit gegangen, einen allgemeinen Befriedungseffekt der Demokratie zu behaupten, der sich nicht auf die Beziehungen unter Demokratien beschränkt. Während manchmal vor allem auf die unterschiedliche Stärke der empirischen Unterstützung der These vom allgemeinen Befriedungseffekt der Demokratie und des auf Demokratien beschränkten Befriedungseffekts verwiesen wird und die Robustheit der optimistischen Befunde infrage gestellt wird (Quackenbush und Rudy 2009), wird anderswo sogar gefunden (McDonald 2009), dass jedenfalls im 19. Jahrhundert Demokratien eher häufiger als andere Staaten in Kriege verwickelt waren.

In den letzten Jahren schrumpft die Reichweite des empirisch gut abgesicherten demokratischen Friedens. Am solidesten funktioniert der demokratische Frieden unter hoch entwickelten oder wohlhabenden Demokratien (Mousseau, Hegre, und Oneal 2005; Mousseau 2005). Obwohl der Verdacht (Mansfield und Snyder's 2005), dass instabile, junge oder unreife Demokratien besonders kriegsanfällig sind, nicht replizierbar ist (Narang und Nelson 2009), funktioniert der demokratische Frieden zweifellos unter stabilen und reifen Demokratien am besten. Ein ernsterer Einwand gegen den demokratischen Frieden (Gibler 2007) ist der Vorwurf der Scheinkorrelation. Stabile und unumstrittene Grenzen könnten gleichzeitig Determinante von Demokratie und Kriegsvermeidung sein. Gartzke (2007, 2009) und Mousseau (2009) vermuten eine andere Art des Scheinzusammenhangs. Mousseau nennt die gemeinsame Determinante der Demokratie und der Kriegsverhütung *Vertragsintensität der Volkswirtschaft* (*contract-intensity*), während Gartzke (2005, 2007, 2009) auf wirtschaftliche Freiheit oder Kapitalismus verweist. Einerseits muss der Vorwurf der Scheinbeziehung sehr ernst genommen werden, andererseits

---

3 Der Verweis auf die Seltenheit von benachbarten Demokratien ist deshalb wichtig, weil die meisten Staaten nur zur Kriegführung gegen ihre Nachbarn in der Lage sind.

sollte man auch Hemmungen haben, einen Befund und die zugrunde liegende Theorie deshalb aufzugeben, weil eine Minderheit der Forscher und Befunde anderswo sehr oft bestätigte Ergebnisse infrage stellt. Dafoe (2009) hat außerdem gezeigt, dass etliche technische Einzelheiten des Untersuchungsplans einen Einfluss auf die Ergebnisse haben, man also auch die Infragestellung wieder infrage stellen kann.

Noch nicht ganz ausdiskutiert ist die Frage, ob das Kriegsrisiko zwischen einer Demokratie und einer Autokratie höher oder niedriger als das zwischen zwei Autokratien ist.[4] Die pessimistische Auffassung wird m. E. durch die empirische Evidenz besser gestützt (neu dazu: Quackenbush und Rudy 2009). Das ist kein bloßes Detailproblem, sondern eine Frage von zentraler Bedeutung. Wenn die Kriegsgefahr zwischen Demokratien und Autokratien höher als die unter Autokratien ist, dann kann die Demokratisierung eines Staates – vor allem wenn er von Autokratien umgeben ist – die Kriegsgefahr erhöhen, statt sie zu verringern. Unter dem Aspekt der Kriegsverhütung allein kann also Demokratisierung geradezu unerwünscht sein. Man kann die Demokratisierung Taiwans um ihrer selbst willen begrüßen oder weil sie zeigt, dass die Demokratie im konfuzianischen Kulturkreis eine Chance hat, aber zum Frieden zwischen den beiden chinesischen Staaten dürfte die Demokratisierung Taiwans nicht beigetragen haben.

Mit Waltz (2003–2004, S. 181) könnte man aus den Kriegen zwischen der amerikanischen Demokratie und schwächeren Autokratien, wie Afghanistan oder Irak, sogar ableiten, dass manche Demokratien zu überflüssigen Kriegen neigen, weil das Bedrohungspotenzial der Schwachen gegenüber den Starken begrenzt sein muss, reine Verteidigungskriege der Starken gegen die Schwachen nicht leicht vorstellbar sind. Jedenfalls schließt der demokratische Frieden keine Präventivkriege von Demokratien gegen Autokratien aus. Er könnte sogar eine Rechtfertigung dafür liefern: vom amerikanischen Kriegseintritt in den ersten Weltkrieg bis zum Einmarsch in den Irak (Levy 2008; Russett 2005; Weede 2007).

---

4 Obwohl Russett and Oneal (2001, S. 116) in ihrem bahnbrechenden Buch nicht einräumen, dass die Kriegsgefahr zwischen Autokratien und Demokratien noch höher als die unter Autokratien ist, unterstützen einige ihrer älteren und jüngeren Schriften diese Auffassung (Oneal and Russett 1997; Oneal and Russett 2005; Russett and Oneal 2006; Russett 2009, S. 13).

2. Der kapitalistische Frieden

Noch nicht so lange wie der demokratische Frieden aber zunehmend wird auch ein kapitalistischer Frieden von quantitativen Kriegsursachenforschern vertreten. Unter dem Etikett des ‚kapitalistischen Friedens' kann die Meinung zusammengefasst werden, wonach wirtschaftliche Freiheit oder Kapitalismus,[5] Vertragsintensität der Volkswirtschaft, Außenhandel, Auslandsinvestitionen, offene Finanzmärkte oder die Vermeidung von Staatseigentum zum Frieden beitragen.[6] Der kapitalistische Frieden kann auch eine demokratische Komponente beinhalten. Weil die Demokratie wirtschaftliche Freiheit und den dadurch ermöglichten Wohlstand voraussetzt, kann man den demokratischen Frieden dort, wo er überhaupt funktioniert, als eine Komponente des kapitalistischen Friedens auffassen. Kapitalismus und wirtschaftliche Zusammenarbeit tragen dann auf zwei oder drei Wegen zur Kriegsverhütung bei: direkt und indirekt, wobei der indirekte Zusammenhang von der Demokratie und vielleicht auch noch von gemeinsamen Mitgliedschaften in zwischenstaatlichen Organisationen vermittelt wird. Zugegebenermaßen baut dieses Argument auf der Zusammenstellung heterogener empirischer Befunde auf, wobei einige noch umstritten sind.

Ohne Kapitalismus und den dadurch ermöglichten Wohlstand wäre die Demokratie kaum lebensfähig (Bhagwati 1993; Burkhart und Lewis-Beck 1994; Lipset 1994; Inglehart und Welzel 2009; Weede 2000, 2006a).[7]

---

5 Skalen wirtschaftlicher Freiheit werden vom Fraser Institute und seinen Kooperationspartnern, auch von der Heritage Foundation zusammen mit dem Wall Street Journal veröffentlicht. Ich werde wirtschaftliche Freiheit und Kapitalismus als Synonyme behandeln.

6 Gegenwärtig kann man noch nicht sagen, welches dieser Merkmale kapitalistischer Gesellschaften den stärksten Effekt auf Kriegsverhütung hat. Die meisten Studien beziehen sich bisher auf den Freihandel.

7 Przeworski et al. (2000, S. 117) bezweifeln eine Kausalbeziehung zwischen Wohlstand und Demokratie: "Economic circumstances have little to do with the death of dictatorships". Boix und Stokes (2003) haben diese Argumente empirisch zurückgewiesen und einen Zusammenhang von Wohlstandszuwachs und Demokratisierung bestätigt. Von Acemoglu et al. (2008) stammt die grundsätzlichste Herausforderung der These eines kausalen Zusammenhang von Wohlstand und Demokratie. Ohne hier auf die methodologischen

Aber der Kapitalismus trägt nicht nur oder vorwiegend wegen des dadurch ermöglichten Wohlstands zur Demokratie bei. Privateigentum von Zeitungen und Sendern schafft Informationsmöglichkeiten für die Bürger, die nicht direkt von den herrschenden Politikern kontrolliert werden. Außerdem ermöglicht es eine prosperierende Privatwirtschaft abgewählten Politikern, eine gut bezahlte Arbeit zu finden, während in sozialistischen Wirtschaften die Verlierer der Wahl von der Gnade der Sieger abhängen würden. Attraktive Alternativen für Wahlverlierer tragen zur Festigung der Demokratie bei.

Vorläufer der Vorstellung eines umfassenden kapitalistischen Friedens ist die These vom *Frieden durch Freihandel*. Eine Vielzahl von Studien (Dorussen 2006; Gartzke und Li 2003; Hegre 2009; Oneal 2003; Oneal und Russett 1997, 2003a, 2003b, 2005; Oneal, Russett und Berbaum 2003; Russett und Oneal 2001; Xiang, Xu und Keteku 2007) hat bestätigt, dass die Konfliktgefahr sinkt, wenn zwei Länder viel Handel miteinander treiben. Untersuchungen, die die Kriegsverhütung durch den Freihandel infrage stellen (Barbieri 2002; Keshk, Pollins und Reuveny 2004) leiden unter mindestens einer der folgenden Schwächen: Entweder kontrollieren sie nicht in ausreichendem Maße, was Staaten überhaupt erst kriegsfähig gegeneinander macht, wie Nachbarschaft oder große Streitkräfte. Man kann ja nicht davon ausgehen, dass die Kriegsgefahr zwischen der Schweiz und Ungarn mit der zwischen Armenien und Aserbaidschan vergleichbar ist. Oder sie unterscheiden nicht zwischen solchen Konflikten, die beim Austausch von Drohungen stehen bleiben, und solchen, in denen Menschen getötet werden. Oder der Handel zwischen zwei Staaten wird unglücklicherweise nicht durch die Bruttoinlandsprodukte, sondern durch den Außenhandel mit allen Staaten relativiert. Oder der zwischenstaatliche Handel wird nicht immer eindeutig vor dem Konflikt erfasst. Wo diese Schwächen vermieden werden, gibt es *Frieden durch Freihandel*. Außerdem sind Handels-

---

Probleme der Argumentation einzugehen, erlauben Acemoglus Befunde die Interpretation, dass der Zusammenhang von Wohlstand und Demokratie ein Scheinzusammenhang sein könnte, der aus der gemeinsamen Abhängigkeit beider Variablen von wirtschaftlicher Freiheit oder Kapitalismus herrührt. Man könnte die Demokratie als bloßen Indikator dafür auffassen, dass die institutionellen Voraussetzungen für Wohlstand gegeben sind.

quoten (relativ zum Bruttoinlandsprodukt) nicht mehr die einzigen oder auch nur unbestritten besten Indikatoren für die den Frieden fördernden Aspekte des Kapitalismus bzw. der *unsichtbaren Hand*. Neue Maße für freie Märkte, wie die Vermeidung von Staatseigentum oder Protektionismus, haben McDonald (2009) dazu gebracht, stärkere Befriedungseffekte der wirtschaftlichen als der politischen Freiheit zu finden. Auch Auslandsinvestitionen tragen zur Kriegsverhütung bei (Souva und Prins 2006). Auch die Offenheit von Finanzmärkten oder wirtschaftliche Freiheit als solche – wozu u. a. auch freie Finanzmärkte und Freihandel neben sicheren Eigentumsrechten als Komponenten gehören – hat denselben Effekt (Gartzke 2005, 2007, 2009).

Bis vor wenigen Jahren erweckte die Fachliteratur den Eindruck, dass der demokratische Frieden solide und robust wäre, der Frieden durch Freihandel aber wesentlich weniger. Inzwischen aber sieht es so aus, als ob der demokratische Frieden unter immer engeren Voraussetzungen funktioniert. Er betrifft nur die Beziehungen unter Demokratien, aber kaum die unter ärmeren oder jungen oder instabilen Demokratien. Im Gegensatz dazu sehen die Befriedungseffekte des Freihandels oder allgemeiner der wirtschaftlichen Freiheit verhältnismäßig robust aus, jedenfalls dann, wenn man Konfliktverwicklung statt Konfliktinitiativen analysiert (etwa: Gelpi und Grieco 2008). Von der Analyse von Konfliktinitiativen würde ich aus folgenden Gründen abraten. Erstens kann man bezweifeln, ob die begriffliche Festlegung von Initiativen so objektiv wie die von Beteiligungen ist. Zweitens bringen Initiativen Konnotationen wie *Schuld* oder *Verantwortung* mit sich. M.E. sind klare Zuweisungen von Schuld und Unschuld oder *der Andere hat angefangen* selten sinnvoll. Der Konflikt zwischen Russland und Georgien im August 2008 kann als Beispiel dienen. Georgien hat zwar die militärische Initiative ergriffen, aber das Ziel war das separatistische Südossetien, auch nach russischer Auffassung vor dem Konflikt ein Teil Georgiens und nicht etwa Russlands. Wenn man Georgien unter diesen Umständen als Initiator eines internationalen Konflikts begrifflich festlegt, dann halte ich das für schief. Weil Russland seinen ossetischen Schützling gegen georgische Angriffe unterstützt hat, halte ich es auch für schief, Russland die Initiative und damit implizit die Schuld zuzuschreiben. M.E. ist die binärebegriffliche Festlegung selbst das Problem. Wenn man sich für Konfliktbeteiligung statt Initiative interessiert, dann verschwindet das Problem. Jedermann ist klar, dass Georgien und Russland an dem Konflikt beteiligt waren, aber sicher nicht Deutschland oder die Schweiz.

Frieden durch wirtschaftliche Zusammenarbeit oder Kapitalismus lässt sich nicht nur dann aufzeigen, wenn man die Beziehungen unter wirtschaftlich freien, stark in die Weltwirtschaft integrierten oder kapitalistischen Gesellschaften untersucht, d. h., die Befriedungseffekte gelten nicht nur unter Freihändlern, sondern auch zwischen Freihändlern und anderen Staaten. Dieser Kontrast zwischen der Reichweite des freihändlerischen und des demokratischen Friedens wurde kürzlich auch von Russett (2009, S. 19) zugestanden, der die Unterordnung des demokratischen Friedens unter den kapitalistischen Frieden ablehnt.

In der hier vertretenen Theorie des kapitalistischen Friedens ist die Demokratie selbst Folge von Kapitalismus und wirtschaftlicher Freiheit, von Vertragsintensität der Volkswirtschaft, Freihandel und Wohlstand. Der Kapitalismus verringert dann auf zwei Wegen die Konfliktgefahr: einmal direkt, einmal über die Begünstigung der Demokratie. Ob man auch zwischenstaatlichen Organisationen einen befriedenden Effekt zuschreiben sollte, ist eine schwierigere Frage. Die frühe Forschung (Russett und Oneal 2001) hatte alle zwischenstaatlichen Organisationen als gleich bedeutsam behandelt. In der neueren Forschung wird zwischen verschiedenen Arten zwischenstaatlicher Organisationen unterschieden. Ein Befund dieser jüngeren Arbeiten ist: "Trade ties, however, are the most important determinant of joint memberships between states in the most institutionalized IGOs" (Boehmer und Nordstrom 2008, S. 282). Vielleicht kann man die Theorie des kapitalistischen Friedens dahingehend ausweiten, dass es drei Wege vom Freihandel oder Kapitalismus zur Kriegsverhütung gibt: den direkten, den über die Demokratisierung und den über die Zusammenarbeit in zwischenstaatlichen Organisationen. Der direkte Effekt sieht jetzt am solidesten aus. Zum Weg über zwischenstaatliche Organisationen gibt es bisher weniger Studien. Bei dem indirekten Effekt, der von der Demokratie vermittelt wird, sollte man nicht vergessen, dass er von Gartzke (2007, 2009), Gibler (2007) und Mousseau (2009) infrage gestellt wird. Gartzke (2007, 2009) findet, dass die Kontrolle von offenen Finanzmärkten den Demokratieeffekt insignifikant werden lässt. Falls sich derartige Ergebnisse immer wieder bestätigen lassen sollten, dann müsste die Vorstellung des demokratischen Friedens ganz aufgegeben werden, die Theorie des kapitalistischen Friedens aber nur auf ihren Kern, die direkten pazifizierenden Effekte des Kapitalismus, reduziert werden.

Die Vorstellung eines kapitalistischen Friedens oder eines Friedens durch Freihandel wird gern durch Verweis auf den Ersten Weltkrieg infrage gestellt. Die Westmächte und die Mittelmächte waren vor 1914 wirtschaftlich verflochten. Sicher ist der erste Weltkrieg eine nützliche Erinnerung daran, dass die quantitative Kriegsursachenforschung Wahrscheinlichkeitsaussagen prüft und nicht etwa deterministische Aussagen. Aber der Erste Weltkrieg ist keine so bedeutsame Anomalie, wie oft leichtfertig unterstellt wird. Zunächst einmal gab es keinen demokratischen Beitrag zur Befriedung. Die Mittelmächte waren bestenfalls unfertige Demokratien. Nach gegenwärtigen Standards, die allgemeines Erwachsenenwahlrecht implizieren, war sogar Großbritannien eine unfertige Demokratie. Die Handelsbande waren dort besonders stark, wo sie zum Zwecke der Kriegsverhütung am wenigsten benötigt wurden, etwa zwischen Großbritannien und Frankreich oder den USA, zwischen Deutschland und Österreich-Ungarn, aber nicht zwischen Deutschland und Frankreich (Russett and Oneal 2001, S. 175). Nur der blühende Handel zwischen Deutschland einerseits und Großbritannien oder Russland andererseits ist aus theoretischer Perspektive ein Problem bzw. eine Anomalie.

Mit Lindsey (2002, S. 282, Fußnote 19) oder McDonald (2009) muss man auch darauf hinweisen, dass der Außenhandel trotz zunehmender Handelsschranken gestiegen ist. Der Außenhandel hat nicht wegen kluger Politik, sondern trotz der Politik wegen fallender Transportkosten zugenommen. Außerdem ist die These vom kapitalistischen Frieden offensichtlich keine vollständige Theorie zu den Kriegsursachen. Sie behauptet ja nur, dass wirtschaftliche Freiheit, Freihandel oder Kapitalismus zur Kriegsverhütung beitragen können, verrät aber nichts darüber, was Staaten kriegsfähig oder kriegswillig macht. Die Theorie des kapitalistischen Friedens passt gut zum Zweiten Weltkrieg, der noch blutiger als der Erste Weltkrieg war, und zur Versöhnung zwischen den ehemaligen Achsenmächten und den westlichen Siegern nach dem Zweiten Weltkrieg. In den 1930er-Jahren gab es recht wenig Handel zwischen den Westmächten und Deutschland oder Italien. Die unterschiedlichen Konsequenzen der Politik der Sieger nach den beiden Weltkriegen macht verständlich, warum der Erste Weltkrieg das Vorspiel zum

Zweiten wurde, der Zweite Weltkrieg aber zur Versöhnung zwischen den Verlierern und den kapitalistischen Siegermächten führte. Der Frieden nach dem Ersten Weltkrieg wurde weitgehend von Frankreich bestimmt. Keynes (1919/1988, S. 268) ahnte es: "If we aim deliberately at the impoverishment of Central Europe, vengeance, I dare predict, will not limp." Verelendung und Verzweiflung in Deutschland haben wesentlich zu Hitlers Machtergreifung und damit indirekt zum Zweiten Weltkrieg beigetragen, in welchem Frankreich von seinen angelsächsischen Verbündeten befreit werden musste. Nach dem Zweiten Weltkrieg wurde die Politik westlich des Eisernen Vorhangs weitgehend von den USA gestaltet, die – ohne das Etikett zu verwenden – eine Politik des kapitalistischen Friedens gegenüber den Verlierern betrieben haben. Die USA haben den Freihandel gefördert und die Erholung Europas, auch der Kriegsgegner, subventioniert. Deutschland, Italien und Japan wurden zu Verbündeten der USA, Großbritanniens und Frankreichs.

Aus der hier vertretenen Perspektive ist die Befriedung des westlichen Europas vor 1989 vorwiegend der amerikanischen Politik zu verdanken. Freihandel und Kapitalismus haben über das Wirtschaftswunder dann die Stabilisierung der Demokratie, vor allem auch in Deutschland, ermöglicht. Die europäische Union und deren Vorläufer sind ohne die amerikanische Unterstützung in der Frühphase ihrer Entstehung kaum denkbar. Später hat dann auch die Stabilisierung der Demokratien in Westeuropa den Frieden gefestigt. Der Freihandel im Rahmen der Europäischen Union bzw. die Vollendung des Binnenmarktes sind nicht nur unter wirtschaftlichen, sondern auch unter friedenspolitischen Aspekten erwünscht. Ob die Emanzipation der europäischen Eliten von weiten Teilen der europäischen Wählerschaft und der zunehmende Einfluss von Interessengruppen über Brüssel wünschenswert sind, das kann man nicht nur (mit Vaubel 2009) unter wirtschaftspolitischen, sondern auch unter friedenspolitischen Gesichtspunkte bezweifeln.

3. Demokratischer und kapitalistischer Frieden: ein Vergleich

Der kapitalistische Frieden ist nicht nur umfassender als der demokratische Frieden. Er ist auch weniger anfällig für die schlechte Idee, die Demokratie auf kriegerischem Wege zu verbreiten (Russett 2005). Die Aussicht auf den demokratischen Frieden hat weder Saddam Hussein noch die

Taliban zur Abdankung veranlasst. Im Gegensatz zur Demokratie verbreitet sich der Kapitalismus manchmal allein durch Vorbildwirkung. Nachdem die ostasiatischen Tigerstaaten einen – jedenfalls aus kommunistischer Sicht – kapitalistischen Entwicklungspfad beschritten hatten[8] und damit unübersehbar Erfolg hatten, waren die kommunistischen Parteien Chinas oder Vietnams nicht mehr mit sozialistischer Gleichheit in Armut und Elend zufrieden. Wie Hayek (1971) schon vor Jahrzehnten erkannte, nützen wirtschaftliche Freiheit (oder Kapitalismus) nicht nur denen, die sich der Freiheit erfreuen, sondern auch denen, denen sie noch vorenthalten wird.[9] Man kann sogar die robusteste Determinante von Wirtschaftswachstum in international vergleichenden ökonometrischen Studien, das Ausgangsniveau der wirtschaftlichen Entwicklung und die damit implizierten potenziellen Vorteile der Rückständigkeit, als Folge der wirtschaftlichen Freiheit in den reichsten Ländern auffassen (Weede 2006b). Ohne die wirtschaftliche Freiheit im Westen, ohne die Möglichkeit vom Westen, Technologien zu übernehmen und westliche Märkte zu beliefern, wären die asiatischen Wirtschaftswunder unmöglich gewesen.

Die asiatischen Wirtschaftswunder sind allerdings unter friedenspolitischen Gesichtspunkten eine zweischneidige Angelegenheit. Denn große Unterschiede im Wirtschaftswachstum – in der Krise von 2008–2009 sind es ca. 10 Prozent zwischen China und dem Westen gewesen – destabilisieren internationale Hierarchien oder Hackordnungen (Organski 1958; Organski und Kugler 1980; Kugler und Lemke 1996) und tragen damit zu großen Kriegen bei. Gegenwärtig sind China und Indien, die demografischen Giganten der Welt mit der drei- bis vierfachen Bevölkerung der USA, aufsteigende Weltmächte. Im chinesischen Fall kann man Akzeptanz der gegenwärtigen Weltordnung nicht einfach unterstellen. Wenn man das kaufkraftbereinigte Bruttoinlandsprodukt betrachtet, dann sind China und Indien seit Jahren schon die Nummern zwei und vier in der Weltwirtschaft (World Bank 2006, S. 288–289).

---

8 Es gibt eine Diskussion dazu, wie kapitalistisch welcher asiatische Entwicklungspfad war. Dazu habe ich mich anderswo geäußert (Weede 2000).
9 Hayek selbst mochte das Wort Kapitalismus nicht. Im Gegensatz zu ihm glaube ich nicht, dass eine andere Wortwahl die Legitimationsprobleme des Kapitalismus in Kontinentaleuropa nennenswert reduzieren könnte.

Trotz des schnellen Wachstums der potenziellen Herausforderer der USA, zunächst China, dann später vielleicht auch Indien, können Kriege unter aufsteigenden und absteigenden Weltmächten im Atomzeitalter vielleicht verhindert werden (Ikenberry 2008). Im Atomkrieg ist ein *Sieg* kaum noch vorstellbar. Außerdem ist das liberale Weltwirtschaftssystem, das die USA nach dem Zweiten Weltkrieg aufgebaut haben, durch offene Märkte, Regeln und das Prinzip der Nichtdiskriminierung gekennzeichnet. Gerade asiatische Volkswirtschaften haben davon profitiert. Soweit sie davon nur wenig oder erst seit kurzer Zeit profitiert haben, liegt das an ihren eigenen wirtschaftspolitischen Fehlern. Dieses System konnte die besiegten Achsenmächte Deutschland und Japan integrieren. Es kann auch China und Indien integrieren. Wenn künftig die G7 oder G8 an Bedeutung verlieren, die G20 an Bedeutung gewinnen, dann ist das ein Schritt in die richtige Richtung, obwohl man nicht so tun sollte, als ob China und Indien in derselben Liga wie Mexiko oder Brasilien, wie Südafrika oder Nigeria spielen. Es ist schließlich nur eine Frage der Zeit, bis die Weltwirtschaft von den USA, China und Indien angeführt werden wird (Kugler 2006).

Auf dem Weg in eine Welt, in der asiatische Mächte ein den USA vergleichbares Gewicht erlangen, vermittelt die Theorie des kapitalistischen Friedens Hoffnung. Das gilt nicht für die verwandte Theorie des demokratischen Friedens. Trotz gewisser Zweifel wird diese Theorie zwar nach wie vor von den meisten Fachvertretern verteidigt,[10] aber China ist keine Demokratie und hat es offensichtlich auch nicht eilig, eine zu werden. Dass die Konfliktgefahr zwischen Demokratien und Autokratien besonders hoch ist (Oneal und Russett 2005, 2006; Quackenbush und Rudy 2009), gibt zusätzlichen Anlass zur Sorge. Selbst wenn China wider Erwarten bald eine Demokratie würde, begrenzten die Armut vieler Chinesen, die geringe Vertragsintensität der chinesischen Volkswirtschaft und die Neuheit und vielleicht Instabilität einer chinesischen Demokratie immer noch die Wirksamkeit eines demokratischen Friedens (Mansfield und Snyder 2005; Mousseau 2005, 2009; Mousseau, Hegre und Oneal 2003). Die mit dem Aufstieg Chinas zur Weltmacht verbundenen Gefahren werden kaum durch einen demokratischen Frieden neutralisiert werden können.

---

10 Gartzke (2007, 2009), Gibler (2007) und Mousseau (2009) bestreiten zwar nicht die Seltenheit von Kriegen unter Demokratien, aber einen kausalen Zusammenhang.

Hoffnung für eine friedliche Zukunft können nur Kapitalismus und wirtschaftliche Zusammenarbeit vermitteln. Je mehr zwei Staaten miteinander Handel treiben, desto weniger wahrscheinlich werden militärische Auseinandersetzungen. In Anbetracht der Größe und Entfernung beider Volkswirtschaften voneinander, sind die wirtschaftlichen Bande zwischen China und den USA sehr eng. Wenn auch die chinesische Abhängigkeit vom amerikanischen Markt rückläufig ist, gingen 2005 noch 26 Prozent aller chinesischen Exporte in die USA. Das entsprach damals 12 Prozent des chinesischen BIP (Art 2007, S. 34; Economist 2008, S. 73). Weil China der erste plausible Herausforderer der amerikanischen Hegemonie ist, besteht die enge Handelsverflechtung genau da, wo sie im Interesse des Friedens gebraucht wird. Auch der chinesische Handel mit Indien, der langsamer aufsteigenden asiatischen Macht, entwickelt sich seit einiger Zeit gut. Seit 1999 wächst er jährlich um ca. 30 Prozent (Srivastava 2006, S. 55). 2009 ist China Indiens größter Handelspartner geworden (Economist 2009, S. 54). Ganz Ostasien kann inzwischen als wirtschaftliche Einflusssphäre Chinas betrachtet werden. China ist das wichtigste Ziel japanischer, südkoreanischer, und taiwanesischer Exporte, nicht mehr die USA (Ross 2005, S. 81). Schätzungsweise 40.000 taiwanesische Unternehmen beschäftigen 10 Millionen Chinesen auf dem Festland. Ungefähr eine Million Taiwanesen leben auf dem Festland (Kang 2007, S. 96–97). Es gibt sogar eine Viertelmillion Heiraten zwischen Partnern, die auf unterschiedlichen Seiten der Taiwan-Straße leben (Ross 2005, S. 82). Fast 70 Prozent der taiwanesischen Auslandsinvestitionen sind jahrelang nach China gegangen (Economist 2006, S. 49–50). Weil ein amerikanisch-chinesischer Krieg am ehesten durch Eskalation eines Krieges zwischen China und Taiwan vorstellbar ist, kommt der engen wirtschaftlichen Verbindung zwischen den beiden chinesischen Staaten besondere Bedeutung auch für die chinesisch-amerikanischen Beziehungen zu. In Anbetracht der Kriege zwischen Japan und China in der Vergangenheit gibt auch die enge wirtschaftliche Zusammenarbeit zwischen Japan und China Anlass zum Optimismus. In China arbeiten ungefähr 10 Millionen Chinesen für japanische Unternehmen. Vielleicht 100.000 Japaner leben in Schanghai (Kang, 2007, S. 116 und S. 177). Der kapitalistische Frieden könnte zwischen China und seinen Nachbarn funktionieren.

Vielleicht notwendige Modifikationen der Theorie des kapitalistischen Friedens untergraben nicht dessen Wirksamkeit bei der friedlichen

Gestaltung von Chinas Aufstieg zur Weltmacht.[11] Vielleicht ist ja der Handel weniger wichtig für die Kriegsverhütung als Auslandsinvestitionen, Kapitalmarktintegration oder wirtschaftliche Freiheit (Gartzke 2005, 2007, 2009). Oder vielleicht ist auch die Vertragsintensität von Volkswirtschaften von größter Bedeutung (Mousseau 2009). Auch dann könnte man optimistisch in Bezug auf China und seine Einbindung in die Weltwirtschaft bleiben.

Verglichen mit dem demokratischen Frieden ist der kapitalistische Frieden nicht nur häufiger und an den entscheidenden Stellen der Weltpolitik anwendbar, er verleitet auch nicht so leicht zum Krieg. Die Hoffnung auf den Export der Demokratie war wohl nicht der entscheidende Kriegsgrund im Irak oder in Afghanistan, aber diese Hoffnung war doch mit dem Einsatz westlicher Truppen verbunden (Russett 2005). Dabei wurden die Schwierigkeiten übersehen, die Demokratie in armen Gesellschaften oder in vom Ressourcenreichtum lebenden Ländern mit einer langen Tradition autokratischer Herrschaft zu etablieren (Moon 2009; Weede 2007). Kriege heute mit der bloßen Hoffnung auf künftige Kriegsverhütung durch Demokratisierung zu rechtfertigen, ist offensichtlich problematisch. Zeitweise konnte man wenigstens davon ausgehen, dass Demokratien ihre Kriege meist gewinnen (Reiter und Stam 2002), aber das ist inzwischen recht fragwürdig geworden (Downes 2009a, 2009b). Weil Demokratien zunehmend in die Aufstandsbekämpfung in armen Ländern verwickelt sind und dabei kapitalintensive Strategien verwenden, um eigenes Blut zu sparen, weil diese Strategien suboptimal sind (Caverley 2009–2010), wäre die Extrapolation vergangener Siege von Demokratien in die Zukunft ohnehin problematisch gewesen.[12]

---

11 Es gibt nur eine Ausnahme. Sollte sich McDonald's (2009) These bestätigen, dass Staatseigentum die Konfliktbereitschaft verstärkt, dann würde die in den 1990er-Jahren wieder zunehmende staatswirtschaftliche Entwicklung Chinas ebenso Anlass zur Sorge geben (Huang 2008) wie die Rolle der amerikanischen Regierung in der Kfz-Industrie. Das chinesische Zögern, die wirtschaftliche Freiheit konsequent auszuweiten, ist auch deshalb wichtig, weil wirtschaftliche Freiheit zur Vermeidung von Bürgerkriegen und politischer Instabilität beiträgt (de Soysa und Fjelde 2010; Steinberg und Saideman 2008).

12 Der kapitalistische Frieden ist zweifellos eine bessere Strategie, China und Indien zu kooptieren, als mit der islamistischen Herausforderung fertig zu

Während der *Export* der Demokratie von staatlichem Handeln getragen wird, entsteht der Kapitalismus entweder spontan oder er wird durch Privatinitiative von außen gefördert. Die chinesische Diaspora in Südostasien und die Hongkong-Chinesen haben durch ihre Investitionen auf dem chinesischen Festland wesentlich zur kapitalistischen Entwicklung Chinas beigetragen. Diese Investoren kamen auf eigenes Risiko und ohne Kanonenboote. Wie die engen Wirtschaftsbeziehungen zwischen den beiden chinesischen Staaten, der Volksrepublik und Taiwan, oder zwischen den USA und China zeigen, hängt wirtschaftliche Zusammenarbeit nicht von der Ähnlichkeit der politischen Systeme oder vorhergehender Demokratisierung von Autokratien ab. Der Kapitalismus verbreitet sich dadurch, dass der Wohlstand der kapitalistischen Länder beneidet wird, dass kluge Staatsmänner, wie Deng Xiaoping, die notwendigen Reformen einleiten. Wahrscheinlich trägt eine Sicherheitspolitik, die vom Ideal des kapitalistischen Friedens statt vom demokratischen Frieden inspiriert wird, sogar zur Demokratisierung von Autokratien bei. Nur mit wirtschaftlicher Freiheit, Wachstum und Wohlstand werden die Voraussetzungen für die Demokratie geschaffen. Man kann den Markt als Schule der Demokratie bezeichnen (Mandelbaum 2007, S. 92).

Wer die Demokratie notfalls mit Gewalt exportieren will, kann das Ziel seiner Anstrengungen selbst bestimmen, beispielsweise heute Afghanistan und morgen Irak. Die Initiative liegt bei den herrschenden Politikern der mächtigsten Demokratien. Wenn sich der Kapitalismus durch die Attraktivität des Vorbildes und des Reichtums verbreitet, dann liegt die Initiative in erster Linie bei den herrschenden Politikern in den armen Ländern und in zweiter Linie bei eigennützigen Investoren, die am Aufbau armer Länder verdienen wollen. Man sollte sie weder behindern, noch durch Kanonenboote unterstützen. Der kapitalistische Frieden braucht Geduld. Er baut auf begrenzter Staatstätigkeit auf, während der Krieg zur Aufblähung der Staatstätigkeit tendiert.

---

werden. Offensichtlich kann der Westen aber im sogenannten *Krieg gegen den Terror* besser bestehen, wenn die Beziehungen zwischen dem Westen und China gut sind.

Literatur

Acemoglu, Daron, Simon Johnson, James A. Robinson und Pierre Yared, Income and Democrazy, in: American Economic Review 98 (3), 2008, S. 808–842.

Art, Robert J., Agreeing to Agree (and Disagree), in: The National Interest 89, 2007, S. 33–39.

Barbieri, Katherine, The Liberal Illusion. Does Trade Promote Peace? Ann Arbor 2002.

Benoit, Kenneth, Democracies Really Are More Pacific (in General), in: Journal of Conflict Resolution 40 (4), 1996, S. 636–657.

Bhagwati, Jagdish, Democracy and Development, in: Larry J. Diamond and Marc F. Plattner (Hg.), Capitalism, Socialism and Democracy Revisited, Baltimore 1993, S. 31–38.

Boehmer, Charles R., A Reassessment of Democratic Pacifism at the Monadic Level of Analysis, in: Conflict Management and Peace Science 25 (1), 2008, S. 81–94.

Boehmer, Charles und Timothy Nordstrom, Intergovernmental Organization Memberships. Examining Political Community and the Attributes of Political Organizations, in: International Interactions 34 (3), 2008, S. 282–309.

Boix, Carles und Susan C. Stokes, Endogenous Democratization, in: World Politics 55 (4), 2003, S. 51–549.

Burkhart, Ross E. und Michael S. Lewis-Beck, Comparative Democracy. The Economic Development Thesis, in: American Political Science Review 88 (4), 1994, S. 90–910.

Bussmann, Margit, Globalisierung und internationale Sicherheit. Eine Bestandsaufnahme, in: Tilman Mayer, Robert Meyer, Lazaros Miliopoulos, Peter Ohly, Erich Weede (Hg.), Globalisierung im Fokus von Politik, Wirtschaft, Gesellschaft. Wiesbaden 2010.

Caverley, Jonathan D., The Myth of Military Myopia: Democracy, Small Wars, and Vietnam, in: International Security 34 (3), 2009–2010, S. 119–157.

Dafoe, Allan, Democracy Still Matters. The Risks of Sample Censoring, and Cross-Sectional and Temporal Controls, in: American Journal of Political Science, R&R, 2009.

De Soysa, Indra und Hanne Fjelde, Is the Hidden Hand an Iron Fist? Capitalism and Civil Peace, 1970–2005, in: Journal of Peace Research, 2010 (im Erscheinen).

Dorussen, Han, Heterogeneous Trade Interests and Conflict, in: Journal of Conflict Resolution, Vol. 50, No. 1, 2006, S. 87–107.

Downes, Alexander B., How Smart and Tough Are Democracies? Reassessing Theories of Democratic Victory in War, in: International Security 33 (4), 2009a, S. 9–51.

Downes, Alexander B., Another Skirmish in the Battle over Democracy and War, in: International Security 34 (2), 2009b, S. 200–204.

Economist, The, India and Taiwan. Getting Acquainted, in: The Economist, Vol. 378, No. 8465, 18.02.2006, 2006, S 49–50.

Economist, The, Emerging markets. The decoupling debate, in: The Economist, Vol. 386, No. 8570, 08.03.2008, 2008, S. 73–75.

Economist, The, Does the elephant dance?, in: The Economist, Vol. 391, No. 8634, 06.06.2009, 2009b , S. 54.

Gartzke, Erik, Freedom and Peace (Chapter 2), in: James. D. Gwartney und Robert A. Lawson (Hg.): Economic Freedom in the World, Vancouver/BC und Potsdam 2005.

Gartzke, Erik, The Capitalist Peace, in: American Journal of Political Science 51 (1), 2007, S. 166–191.

Gartzke, Erik, Production, prosperity, preferences, and peace (Chapter 4), in: Peter Graeff und Guido Mehlkop (Hg.), Capitalism, Democracy and the Prevention of War and Poverty. Abingdon (UK) 2009.

Gartzke, Erik und Quan Li, Measure for Measure, Concept Operationalization and the Trade Interdependence – Conflict Debate, in: Journal of Peace Research 40 (3), 2003, S. 55–571.

Gelpi, Christopher F. und Joseph M. Grieco, Democracy, Interdependence, and the Sources of the Liberal Peace, in: Journal of Peace Research 45 (1), 2008, S. 17–36.

Gibler, Douglas M., Bordering on Peace, Democracy. Territorial Issues, and Conflict, in: International Studies Quarterly 51 (3), 2007, S. 509–532.

Gowa, Joanne, Ballots and Bullets, in: The Elusive Democratic Peace, Princeton 1999.

Hayek, Friedrich August von, Die Verfassung der Freiheit, Tübingen 1971.

Hegre, Havard, Trade Dependence or Size Dependence?, in: Conflict Management and Peace Science 26 (1), 2009, S. 26–45.

Huang, Yasheng, Capitalism with Chinese Characteristics. Entrepreneurship and the State, New York 2008.

Inglehart, Ronald und Christian Welzel, How Development Lead to Democracy, in: Foreign Affairs 88 (2), 2009, S. 33–48.

Kang, David C., China Rising. Peace, Power, and Order in East Asia. New York 2007.

Keshk, Omar M. G., Brian M. Pollins und Rafael Reuveny, Trade Still Follows the Flag, The Primacy of Politics in a Simultaneous Model of Interdependence and Armed Conflict. In: Journal of Politics 66 (4), 2004, S. 1155–1179.

Keynes, John Maynard, The Economic Consequences of the Peace. New York 1919/1988.

Kugler, Jacek, The Asian Ascent. Opportunity for Peace or Precondition for War?, in: International Studies Perspective 7 (1), 2006, S. 36–42.

Kugler, Jacek und Douglass Lemke, Parity and War, Ann Arbor 1996.

Kuhn, Thomas S., Die Struktur wissenschaftlicher Revolutionen. Frankfurt/Main.

Lakatos, Imre 1974, Falsifikation und die Methodologie wissenschaftlicher Forschungsprogramme, in: Imre Lakatos und Alan Musgrave (Hg.): Kritik und Erkenntnisfortschritt, Braunschweig 1976, S. 89–191.

Levy, Jack S., Preventive War and Democratic Politics, in: International Studies Quarterly 52 (1), 2008, S. 1–24.

Lindsey, Brink, Against the Dead Hand. The Uncertain Struggle for Global Capitalism, New York 2002.

Lipset, Seymour M., The Social Requisites of Democracy Revisited, in: American Sociological Review 59 (1), 1994, S. 1–22.

Lipson, Charles, Reliable Partners. How Democracies Have Made a Separate Peace, Princeton 2003.

Mandelbaum, Michael, Democracy's Good Name. The Rise and Risks of the Worlds Most Popular Form of Government, New York 2007.

Mansfield, Edward D. und Jack Snyder, Electing to Fight. Why Emerging Democracies Go to War, Cambridge 2005.

McDonald, Patrick, The Invisible Hand of Peace, Cambridge 2009.

Moon, Bruce E., Long Time Coming. Prospects for Democracy in Iraq, in: International Security 33 (4), 2009, S. 115–148.

Mousseau, Michael, Comparing New Theory with Prior Beliefs. Market Civilization and the Liberal Peace, in: Conflict Management and Peace Science 22 (1), 2005, S. 63–77.

Mousseau, Michael, The Social Market Roots of the Democratic Peace, in: International Security 33 (4), 2009, S. 5 und S. 52–86.

Mousseau, Michael, Harvard Hegre und John R. Oneal, How the Wealth of Nations Conditions the Liberal Peace, in: European Journal of International Relations 9 (2), 2003, S. 277–314.

Narang, Vipin und Rebecca Nelson, Who Are These Belligerent Democratizers? Reassessing the Impact of Democratization on War, in: International Organization 63 (2), 2009, S. 357–379.

Oneal, John R., Measuring Interdependence and Its Pacific Benefits, in: Journal of Peace Research 40 (4), 2003, S. 721–725.

Oneal, John R. und Bruce M. Russett, The Classical Liberals Were Right, in: International Studies Quarterly 40 (2), 1997, S. 267–294.

Oneal, John R. und Bruce M. Russett, Assessing the Liberal Peace with Alternative Specifications, in: Gerald Schneider, Katherine Barbieri und Nils Petter Gleditsch (Hg.), Globalization and Armed Conflict, S. 143–163, Lanham/MD 2003a.

Oneal, John R. und Bruce M. Russett 2003b, "Modelling Conflict While Studying Dynamics, in: Gerald Schneider, Katherine Barbieri und Nils Petter Gleditsch (Hg.), Globalization and Armed Conflict, S. 179–188, Lanham/MD 2003b.

Oneal, John R. und Bruce M. Russett, Rule of Three, Let It Be. When More Really is Better, in: Conflict Management and Peace Science 22 (4), 2005, S. 293–310.

Oneal, John R. und Bruce M. Russett, Seeking Peace in the Post-Cold War World of Hegemony and Terrorism, in: B. M. Russett (Hg.), Policy and Purpose in the Global Community, New York 2006.

Oneal, John R., Bruce M. Russett und Michael L. Berbaum, Causes of Peace, Democracy, Interdependence, and International Organizations, 18851992, in: International Studies Quarterly 47 (3), 2004, S. 371–393.

Organski, A. F. K. und Jacek Kugler, The War Ledger, Chicago 1980.

Przeworski, Adam, Michael E. Alvarez, Jose Antonio Cheibub und Fernando Limongi, Democracy and Development. Political Institutions and Well-Being in the World, 1950–1990, Cambridge 2000.

Quackenbush, Stephen L. und Michael Rudy, Evaluating the Monadic Democratic Peace, in: Conflict Management and Peace Science 26 (3), 2009, S. 268–285.

Ray, James L., Democracy and International Conflict, Columbia/SC 1995.

Reiter, Dan und Allan C. Stam, Democracies at War, Princeton 2002.

Ross, Robert S., Assessing the China Threat, in: The National Interest 81, 2005, S. 81–87.

Rummel, Rudolph J., Democracies ARE Less Warlike Than Other Regimes, in: European Journal of International Relations 1 (4), 1995, S. 457–479.

Russett, Bruce M., Grasping the Democratic Peace, Princeton 1993.

Russett, Bruce M., Bushwacking the Democratic Peace, in: International Studies Perspectives 6 (4), 2005, S. 395–408.

Russett, Bruce M., Democracy, War and Expansion through Historical Lenses, in: European Journal of International Relations 15 (1), 2009, S. 9–36.

Russett, Bruce M. und John R. Oneal, Triangulating Peace, Democracy, Interdependence and International Organizations, New York 2001.

Russett, Bruce M. und John R. Oneal, Seeking Peace in a Post-Cold War World of Hegemony and Terrorism, in: Bruce M. Russett (Hg.), Policy and Purpose in the Global Community, New York 2006, S. 231–252.

Souva, Mark und Brandon Prins, The Liberal Peace Revisited. The Role of Democracy, Dependence, and Development in Militarized Interstate Dispute Initiation, 19501999, in: International Interactions 32 (2), 2006, S. 183–200.

Srivastava, Anupam, The Peacock and the Dragon, in: Subrata K. Mitra und Bernd Rill (Hg.), India New Dynamics in Foreign Policy, München 2006, S. 51–64.

Steinberg, David A. und Stephen M. Saideman, Laissez Fear. Assessing the Impact of Government Involvement in the Economy on Ethnic Violence, in: International Studies Quarterly 52 (2), 2008, S. 235–259.

Vaubel, Roland, The European Institutions as an Interest Group, London 2009.

Waltz, Kenneth N., Fair Fights or Pointless Wars, in: International Security 28 (3), 2003–2004, S. 181.

Weede, Erich, Asien und der Westen, Baden-Baden 2000.

Weede, Erich, Balance of Power, Globalization and the Capitalist Peace, Berlin 2005a.
Weede, Erich, Frieden durch Kapitalismus, in: Internationale Politik 60 (7), 2005b, S. 65–73.
Weede, Erich, Economic Freedom and Development, in: CATO Journal 26 (3), 2006a, S. 511–524.
Weede, Erich, Frieden durch Freihandel, in: Schweizer Monatshefte 86 (7–8), 2006b, S. 38–40.
Weede, Erich, Globale Ordnungspolitik im Zeitalter amerikanischer Hegemonie, in: Ordo 57, 2006c, S. 371–392.
Weede, Erich, Capitalism, Democracy, and the War in Iraq. In: Global Society 21 (2), 2007, S. 219–227.
World Bank, World Development Report 2007. Development and the Next Generation. New York 2006.
Xiang, Jun, Xiaohong Xu und George Keteku, Power. The Missing Link in the Trade Conflict Relationship, in: Journal of Conflict Resolution 51 (4), 2007, S. 646–663.

Urs Schöttli

Die Marktwirtschaft und Asiens Renaissance

Kaum jemand bezweifelt mehr, dass das 21. Jahrhundert wirtschaftlich und geopolitisch von Asien dominiert werden wird. Nachdem das 19. Jahrhundert das Jahrhundert Europas, insbesondere Großbritanniens, gewesen war und im 20. Jahrhundert die USA siegreich aus den großen Konflagrationen hervorgegangen waren, ist nun die Reihe an Asien, vor allem an China und Indien. Die globalen Handels- und Investitionsströme unterstreichen die Rückkehr Asiens an die Weltspitze. Im Wesentlichen handelt es sich um eine Wiederherstellung der Gewichtsverteilung in der Weltwirtschaft, wie sie bis in die Mitte des 18. Jahrhunderts bestanden hatte, bevor Indiens Mogulimperium und Chinas letzte Kaiserdynastie, die Ch'ing Dynastie, beinahe zur selben Zeit der Dekadenz verfielen.

Die beiden Tatsachen, dass die westlichen Industriestaaten die Wichtigkeit des asiatischen Wirtschaftsraums erkannt haben und dass auch im geopolitischen Bereich mit der Ablösung der G7 durch die G20 den neuen Machtverhältnissen Rechnung getragen wird, ändern indessen nichts an der Fortdauer des Eurozentrismus. Es ist gerade die Auseinandersetzung mit Asien und mit den beiden wichtigsten aufstrebenden Mächten China und Indien, die demonstriert, wie hartnäckig sich eine eurozentrische Weltsicht zu halten vermag. Schuld daran tragen sowohl die Universitäten als auch die Medien. Noch immer werden die Entwicklungen in Asien durch eine markant eurozentrisch gefärbte Brille betrachtet. Dies äußert sich unter anderem darin, dass europäische Beurteilungen über das, was in China und anderen wichtigen asiatischen Ländern abläuft, nicht von den Fakten vor Ort, sondern von Wunschvorstellungen geprägt werden. Eine solche Verzerrung des Blickwinkels hat übrigens in der europäischen Haltung gegenüber Asien und im europäischen Verständnis von Asien eine lange Tradition.

Wirft man folglich die Frage auf, was die Renaissance Asiens für das künftige Schicksal der freien Marktwirtschaft bedeutet, so ist es wichtig, den eurozentrischen Wunschvorstellungen von Anfang an eine klare Absage zu erteilen. Ein bemerkenswertes Beispiel für eine verzerrte Sicht der Dinge ist die von vielen Wirtschaftsexperten genährte Meinung, dass China sich durch die in der Tat historischen Wirtschaftsreformen der letzten drei Jahrzehnte auf den Weg zur Marktwirtschaft gemacht habe, ja gar schon eine Marktwirtschaft sei. Angesichts des absoluten Primats, den die Politik im Reich der Mitte genießt, kann nichts realitätsfremder sein als diese Meinung.

Blicken wir auf die Entwicklungen in der Volksrepublik China seit den späten 1970er-Jahren und in der Indischen Union seit den frühen 1990er-Jahren zurück, so ist eine Abkehr von wirtschaftsfeindlichen Ideologien unverkennbar. Beide Länder hatten in den vergangenen eineinhalb Jahrhunderten unter der Ausbeutung durch fremde Mächte gelitten. Im Falle Indiens war es die britische Kolonialherrschaft, im Falle Chinas vor allem die japanische Besetzung. Nachdem mit Indiens Unabhängigkeit im Jahre 1947 und der Etablierung der Volksrepublik im Jahre 1949 die nationale Souveränität voll wiederhergestellt worden war, waren es indessen primär hausgemachte politische Entscheide, welche über mehrere Jahrzehnte hinweg den wirtschaftlichen Fortschritt behinderten oder verunmöglichten. Die Verletzungen, die sich Indien selbst zufügte, waren selbstverständlich unermesslich viel geringer als die Selbstzerstörung, die Mao Zedong mit dem „großen Sprung nach vorn" und der „großen proletarischen Kulturrevolution" an seinem Lande verübte. Doch auch der von Indiens erstem Premierminister, Jawaharlal Nehru, verfügte Primat der Staatswirtschaft und des sogenannten „licence raj" retardierten die wirtschaftliche Erholung Indiens nachhaltig.

Es gehört ebenfalls zum eingangs kritisierten Eurozentrismus, dass von den westlichen Industrienationen das Ende des Kalten Kriegs im Wesentlichen als ein europäisches Ereignis gesehen wird. Offensichtlich waren der Fall der Berliner Mauer und die Beseitigung des den europäischen Kontinent entzwei teilenden Eisernen Vorhangs die emblematischen Ereignisse, die das Ende des Ost-West-Konflikts einläuteten. Darüber geriet indessen allzu leicht in Vergessenheit, dass das Ende des Kalten Kriegs und insbesondere der Kollaps der Sowjetunion in Asien ebenfalls sehr weitreichende Konsequenzen zeitigten. China fand sich in Zentralasien mit einer neuen Nachbarschaft konfrontiert, und Indien verlor seinen wichtigsten politischen und wirtschaftlichen Partner. Hinzu kam natürlich, dass der Bankrott des Kommunismus in dessen Mutterland die kommunistischen und protokommunistischen Kräfte in Asien in Schwierigkeiten brachte. Der große chinesische Reformer Deng Xiaoping erkannte richtig, dass es für die Herrschaft der Kommunistischen Partei Chinas (KPC) keine Zukunft geben konnte, wenn sie nicht einen radikalen wirtschaftspolitischen Kurswechsel vollzog.

Im Mittelpunkt einer marktwirtschaftlichen Ordnung stehen die Fragen nach dem Verhältnis von Gemeinschaft und Individuum, Staat und Wirtschaft. Wollen wir ermitteln, welche Auswirkungen die Renaissance Asiens auf die Zukunft der Marktwirtschaft haben kann, so müssen wir deshalb zuvörderst diese beiden Verhältnisse klären. Aus Gründen der Übersichtlichkeit konzentrieren wir uns auf die drei Hochkulturen Indien, Japan und China. Die kleineren Staaten in Süd-, Südost- und Ostasien sind in Hinsicht ihrer Werteordnungen weitgehend Derivate dieser drei Hauptkulturen.

Die japanischen Inseln bieten dem Menschen eine sehr lebensfeindliche Umwelt. Sie werden regelmäßig von schweren Erdbeben und Taifunen heimgesucht. Der landwirtschaftlich nutzbare Boden ist sehr beschränkt. Der Hauptharst der Bevölkerung konzentriert sich in wenigen Tallandschaften. Der landwirtschaftliche Ertrag ist spärlich und kann nur unter hoher Arbeitsaufwendung gewonnen werden. Hinzu kommt, dass Japan über keine nennenswerten Bodenschätze verfügt und insbesondere bei den Brennstoffen praktisch vollständig auf Einfuhren angewiesen ist.

Alle diese Umstände bewirken seit Urzeiten, dass auf den japanischen Inseln die Menschen nur überleben können, wenn sie sich zu eng vernetzten Gemeinschaften zusammen finden. Die dörfliche, lokale Gemeinschaft ist überlebensnotwendig, was sich auch in der späteren Feudalstruktur unter dem Schogun in den Herrschaften der Daimyo und der Samurai niedergeschlagen hat. Im letzten Drittel des 19. Jahrhunderts hat Japan während der sogenannten Meiji Restauration innerhalb von einer halben Generation den Quantensprung von einer mittelalterlichen Feudalgesellschaft zur modernen Industriegesellschaft geschaffen. Es ist dies ein Ereignis, das seinesgleichen in der Weltgeschichte sucht. Selbst die bemerkenswerten Fortschritte Chinas während der letzten zwei, drei Jahrzehnte lassen sich – zumindest bis anhin – mit der japanischen Leistung nicht vergleichen. Bemerkenswert an der Meiji Restauration war, dass sie nicht nur im handfesten industriellen Bereich, sondern auch bei den Institutionen der Bürgergesellschaft den Anschluss an die Moderne realisiert hat. Bei letzterem hinkt die Volksrepublik China bekanntlich nach wie vor weit hintennach.

Nach der Katastrophe des kurzlebigen Imperialismus musste Japan in den 1950er- und 1960er-Jahren des 20. Jahrhunderts zum zweiten Mal einen Quantensprung in seiner wirtschaftlichen Entwicklung realisieren. Diesmal ging es zunächst darum, ein vom Krieg vollständig zerstörtes Land wieder auf die Beine zu bringen. Sodann machte sich Nippon an die Aufgabe, wirtschaftlich zur Weltspitze aufzuschließen. Der Stolz und der Einfluss Japans sollten sich fortan nicht mehr in militärischer, sondern in industrieller, in ökonomischer Form manifestieren. Das Land war erfolgreich und vermochte sich schließlich als zweitmächtigste Volkswirtschaft der Welt nach den USA zu etablieren.

Sowohl die Meiji Restauration als auch der Wiederaufbau nach dem Zweiten Weltkrieg hatten etwas gemeinsam. Mit der markanten äußerlichen Verwestlichung des Lebens in Japan ging gleichzeitig die ungeminderte Wahrung der japanischen Eigenständigkeit, der japanischen Wertehaltung einher. Zwar präsentiert sich Japan im Alltag als das am meisten verwestlichte, am meisten amerikanisierte Land Asiens. In Tat und Wahrheit hat es jedoch seine Identität uneingeschränkt zu bewahren vermocht. Nicht zuletzt erklärt dies auch, weshalb die japanische Gesellschaft im Vergleich zur indischen oder zur chinesischen gegenüber den Auswärtigen die am meisten abgeschlossene ist.

Diese Hintergründe sind wichtig, weil sie die Frage klären helfen, was der japanische Modernisierungsprozess im letzten Drittel des 19. Jahrhunderts und in der zweiten Hälfte des 20. Jahrhunderts mit der Marktwirtschaft zu tun hatte. Zunächst kann gelten, dass Japan in beiden Phasen sich als außergewöhnlich geschickt erwiesen hat, die industriellen und technologischen Herausforderungen der Zeit nicht nur zu erkennen, sondern auch zu bewältigen. In mancher Hinsicht war Nippon Inc. viel erfolgreicher als die etablierten westlichen Industriegesellschaften. In beiden Zeiträumen vermochte Japan nicht nur seine Gesellschaft so zu ordnen, dass sie die weitreichenden wirtschaftlichen und technologischen Neuerungen zu verkraften vermochte, Japan gelang es auch, die bestehenden internationalen Rahmenbedingungen voll zu seinen Gunsten auszunutzen. Vor allem der Wiederaufstieg in den 1950er- und 1960er-Jahren sowie der Boom der 1970er- und 1980er-Jahre verdankte Japan in entscheidendem Maße dem internationalen Handel.

Japan weist alle Versatzstücke einer modernen Wirtschaft auf, das Finanzsystem ebenso wie den Wettbewerb, die privaten Unternehmensstrukturen ebenso wie die rechtsstaatliche Ordnung. Doch ungeachtet all dessen ist es ordnungspolitisch nicht angebracht, Japan als eine freie Marktwirtschaft zu klassifizieren. Ausschlaggebend für diese Reserve ist der Kartellismus, der die ganze japanische Wirtschaftsordnung durchzieht.

Der Kartellismus ist Ausdruck der ausgeprägten Gemeinschaftsorientierung der Japaner. Man will so weit wie möglich Überraschungen, die sich aus einem unkontrollierten Wettbewerb notwendigerweise ergeben, vermeiden. Der Kartellismus ist ein essenzieller Bestandteil des japanischen Gesellschaftsvertrags. Dieser ruht – und dabei kommen natürlich die konfuzianischen Wurzeln des japanischen Staatsverständnisses zum Vorschein – auf wechselseitigen Verpflichtungen. Das Insistieren auf Rechten ist den Japanern weitgehend fremd. Der Sachverhalt erklärt, weshalb es in der Regel besser ist, einen Streitpunkt durch ein außergerichtliches Schiedsverfahren zu klären. Natürlich besitzt das moderne Japan unter der seit 1947 geltenden Verfassung einen funktionierenden Rechtsstaat. Dies will aber nicht heißen, dass der Primat der Staatsautorität, der zu den Essenzen des Konfuzianismus gehört, infrage gestellt wird. Unter anderem spiegelt sich im Alltag die Skepsis gegenüber einem Insistieren auf Rechten auch im geringen Stellenwert wider, den der Konsumentenschutz in Japan genießt. Im besonders markanten Unterschied zu den USA hat Japan keine Litigations(un)kultur.

Die wechselseitigen Verpflichtungen im japanischen Gesellschaftsvertrag wirken in sämtliche Lebensbereiche hinein. Ein Beispiel ist die Betonung der Sicherheit. Die Japaner sind bereit, gemeinschaftliche Kontrollmechanismen widerspruchslos zu akzeptieren, die in den westlichen Industriestaaten von den Bürgern nicht hingenommen werden würden. Sie erhalten dafür einen außerordentlichen Grad an öffentlicher Sicherheit. Im Vergleich zu Europa, zu Deutschland oder der Schweiz sind die Verbrechensraten in Japan bemerkenswert tief. Auch in der Megametropole Tokyo gibt es selbst zu später Stunde und auch für Frauen keine No-go-Gegenden. Interessant ist ferner, dass die Kontrollmechanismen, die sich auch in einer Litanei des korrekten Verhaltens niederschlagen, nicht von irgendwelchen Autoritäten coram publico als verbindlich erklärt werden. Der Kaiser, die Regierung oder die Behörden weisen nicht ein Verhalten an. Dieses etabliert sich vielmehr aufgrund eines informell hervorgebrachten gesellschaftlichen Konsenses. „Man" verhält sich so, weil „man" sich so verhält, weil dies die Regel ist.

Ein Teil der im Gesellschaftsvertrag verankerten Sicherheit ist selbstverständlich auch das Arbeitsleben. Gerade im Vergleich mit China sticht die große Loyalität japanischer Arbeitnehmer gegenüber dem Arbeitgeber heraus. Man arbeitet für Toyota, ist ein Toyota-Mann und kann sich deshalb schwerlich vorstellen, je für Honda zu arbeiten. Die japanische Firmenkultur ist auf dieser geradezu an die feudalistische Treue der Samurai erinnernde Verlässlichkeit aufgebaut. Natürlich haben die weitreichenden Reformen, denen sich die japanischen Firmen in den vergangenen zwei Jahrzehnten unterzogen haben, markante Veränderungen mit sich gebracht. Ein Teil dieser Veränderungen ist auf die langjährig geringen Wachstumsraten der japanischen Volkswirtschaft zurückzuführen, ein anderer Teil erklärt sich daraus, dass die zweitgrößte Volkswirtschaft der Welt, die zudem sehr ausgeprägt von der Exportindustrie geprägt wird, natürlich von den Auswirkungen der Globalisierung nicht ungeschoren geblieben ist. Zum einen hat sich deshalb in den letzten Jahren die Zahl der Arbeitskräfte, die in keinem festen und langzeitigen Arbeitsverhältnis stehen, kräftig erhöht. Auch die renommiertesten unter den japanischen Firmen haben bei der Lebensstelle und beim Senioritätsprinzip, welche die Firmenkultur der Nachkriegszeit nachhaltig geprägt hatten, Abstriche gemacht. Zum andern haben in den letzten Jahren immer mehr Schul- und Universitätsabgänger nicht automatisch eine Stelle gefunden, wie dies zuvor üblich gewesen war.

Japan will und kann sich den globalen Veränderungen nicht vollständig entziehen. Ordnungspolitisch von Bedeutung ist jedoch, dass die Konzessionen sehr limitiert sind und dass vor allem darauf geachtet wird, dass die Grundfesten des bestehenden Gesellschaftsvertrags nicht in Mitleidenschaft gezogen werden. Was dies konkret bedeutet, zeigte sich beispielsweise an der in 2008 erfolgten Verweigerung der japanischen Behörden, eine Erhöhung der Beteiligung eines ausländischen Hedge Funds am Aktienkapital des Elektrizitätsproduzenten J-Power zu bewilligen. Als Grund für die Absage wurde die strategische Bedeutung des japanischen Konzerns für die japanische Volkswirtschaft ins Feld geführt. Geht es ans Eingemachte, so kann deshalb für Japan allen internationalen und globalen Trends zum Trotz weiterhin der Primat des

Gesellschaftsvertrags gelten. Vor diesem Hintergrund kann auch auf weite Zukunft hinaus die Einführung einer Marktwirtschaft nach den in westlichen Industriestaaten gängigen Vorstellungen ausgeschlossen werden. Nicht zuletzt hat die Finanzkrise von 2008/2009 die Entschlossenheit der Japaner, an ihrem Wirtschafts- und Gesellschaftsmodell festzuhalten, noch zusätzlich unterstrichen.

Im Falle Chinas liegen die Dinge viel klarer als bei Japan. Als Deng Xiaoping Ende der 1970er-Jahre nach dem Tode Mao Zedongs, dem Ende der „großen proletarischen Kulturrevolution" und der Verhaftung der „Viererbande" die wohl folgenreichsten wirtschaftlichen Reformen in der Geschichte Chinas lancierte, fokussierte er ganz gezielt auf die Wirtschaft. Im Verlaufe des nun rund dreißigjährigen Reformprozesses wurde immer deutlicher, dass neben den rasanten wirtschaftlichen und sozialen Veränderungen die politische Modernisierung des Landes zurückzustehen hatte.

Der Pragmatiker Deng begann den Reformprozess in der ungeschönten Kenntnisnahme der wirtschaftlichen Assets, über welche das Reich der Mitte nach den Jahrzehnten des maoistischen Steinzeitkommunismus verfügte. Es war dies selbstverständlich nicht viel – im Wesentlichen eigentlich nur die Bereitschaft der Milliardenbevölkerung, das Schicksal in die eigenen Hände zu nehmen. Im Vordergrund stand zunächst die Befreiung der Bauernschaft. Die Bauern hatten in der traditionellen chinesischen Gesellschaft stets einen höheren Status besessen, als dies in den mittelalterlichen Gesellschaften in Europa der Fall gewesen war. Den Stand der Leibeigenschaft gab es nicht. Allerdings hatte Mao die Bauern nach der Gründung der Volksrepublik, in welcher jeder private Besitz an Land und Boden verboten war, faktisch und de jure in den Sklavenstand versetzt. Sie konnten nicht bestimmen, wo sie wohnen und arbeiten oder was sie anpflanzen wollten. Die Befreiung der Bauern von diesen Zwängen sollte sich sogleich in einer drastischen Erhöhung der Effizienz und der landwirtschaftlichen Erträge niederschlagen. Die Bauern waren im neuen China Deng Xiaopings die erste Bevölkerungsgruppe, die es zu bescheidenem Wohlstand bringen konnte.

Ein zweiter Fokus in der Anfangsphase der Deng'schen Reformpolitik war die Errichtung von wirtschaftlichen Sonderzonen. In diesen Sonderzonen konnten ausländische Unternehmen mit ausländischem Kapital und ausländischer Technologie unter Verwendung von einheimischen

Arbeitskräften für den Export produzieren. Ein Großteil der „Ausländer" waren Überseechinesen. Die betonte Orientierung am Ausland entsprang den bitteren Notwendigkeiten des chinesischen Alltags. Im Lande gab es kein Kapital, kaum verwertbare Technologie von einigermaßen akzeptablem Niveau und natürlich auch keine Kaufkraft unter den Menschen. Selbst wenn in den wirtschaftlichen Sonderzonen für den Absatz auf dem Heimmarkt hätte produziert werden dürfen, es hätte sich kaum jemand gefunden, der die angebotenen Güter auch hätte erwerben können.

Nach der blutigen Unterdrückung der Demokratiebewegung im Frühjahr 1989 beschloss die chinesische Führung, voll auf Wirtschaftswachstum und ökonomische Entwicklung zu setzen. Durch die rasante Modernisierung der chinesischen Volkswirtschaft sollten die Menschen auf andere, unpolitische Gedanken gebracht werden. Unter dem Zweigespann von Staats- und Parteichef Jiang Zemin und Ministerpräsident Zhu Rongji wurde eine Politik des Wachstums um jeden Preis realisiert. Seit dem Wechsel von der dritten zur vierten Führungsgeneration mit Staats- und Parteichef Hu Jintao an der Spitze wird das Schwergewicht – zumindest rhetorisch – vermehrt auf nachhaltiges Wachstum gelegt. Für diesen Kurswechsel gibt es eine Reihe von Gründen. Zunächst hat auch China mit gravierenden ökologischen Herausforderungen zu kämpfen. Der rasante wirtschaftliche Aufstieg hinterlässt Spuren. Vor allem bei der Wasserversorgung sehen sich mehrere Regionen des Riesenlandes mit Problemen konfrontiert, die in nicht allzu ferner Zukunft existenzbedrohende Ausmaße annehmen könnten. Schwierigkeiten erwachsen der chinesischen Führung aber auch daraus, dass sich das Reichtumsgefälle sowohl zwischen den Regionen als auch zwischen einzelnen Bevölkerungsschichten stark vergrößert hat. Schließlich befürchtet Peking nicht ohne Grund, dass das rasante Wachstum Spekulationsblasen geschaffen hat und dass es zu unkontrollierbarer Inflation führen könnte.

China zeichnet sich unter allen asiatischen Hochkulturen dadurch aus, dass es eine revolutionäre Tradition hat. Das konfuzianische Verständnis von wechselseitigen Pflichten innerhalb des Familienverbands findet im Verhältnis von Obrigkeit und Untertanen seine Entsprechung. Der Untertan hat die Pflicht, sich gegenüber dem Herrscher folgsam zu erweisen. Dieser wiederum hat die Pflicht, dafür zu sorgen, dass es dem Lande gut geht, dass Ruhe und Ordnung herrschen, dass die Grenzen sicher sind und die Infrastruktur sich in gutem Zustand befindet. Kommt der Herrscher diesen Aufgaben nicht nach, verwirkt er das „Mandat des Himmels". Tritt dies ein, so haben die Untertanen das Recht, den Kaiser, die Dynastie zu stürzen. Dies ist in der langen Geschichte Chinas wiederholt eingetreten, zuletzt im Falle der Revolution von Mao Zedong.

Mit wachsender Distanz zur Etablierung der Volksrepublik ist die historische Legitimationsbasis der Führung der KPC geschrumpft. Die heutige Führung war zum Zeitpunkt, als der Bürgerkrieg beendet und die Volksrepublik ausgerufen wurde, im Kindesalter. Sie ist erst in Zeiten der KPC beigetreten, da dies keine Gefahr mehr bedeutete. Worin besteht somit das „Mandat des Himmels" der heutigen Führung? Im Wesentlichen im wirtschaftlichen Wohlergehen des Landes. Sofern für die große Mehrheit der Chinesen die Aussichten, dass sich ihr Leben verbessern wird, gut stehen, ist der Führungsanspruch unbestritten.

Das „Mandat des Himmels" führt direkt zum Primat der Politik und ist damit mit den ordnungspolitischen Prinzipien der Marktwirtschaft unvereinbar. Alle Entscheide werden ausschließlich unter dem Aspekt getroffen, dass sie dem Machterhalt der bestehenden Führung dienen. Im Zentrum des chinesischen Entscheidungsprozesses steht der neunköpfige Ständige Ausschuss des Politbüros der Kommunistischen Partei Chinas. Ihm obliegt es, dafür zu sorgen, dass die „Dynastie" der KPC an der Macht bleibt. Zu den wichtigsten Transmissionsriemen zur Sicherstellung des Machterhalts zählt das Finanzsystem der Volksrepublik. Vor allem die vier großen chinesischen Staatsbanken, von denen die allergrößte, die Industrial and Commercial Bank of China (ICBC), seit dem Börsengang zur marktkapitalisiert größten Bank der Welt aufgestiegen ist, gehen bei ihrer Kreditvergabepolitik nicht nach Maßgabe unabhängiger Geschäftspraktiken vor. Vielmehr unterstehen sie zu einem guten Teil dem Diktat der Partei. Diese entscheidet, welche Industrien in welchen Regionen erhaltens- und förderungswert sind. Die unternehmerischen Kriterien im engeren Sinne spielen dabei eine untergeordnete Rolle.

Der gleiche absolute Primat der Politik lässt sich auch in der chinesischen Währungspolitik erkennen. Der Außenwert des Yuan Renminbi ist, wie die Europäer und die USA in den letzten Jahren wiederholt haben erfahren müssen, eine hochpolitische Angelegenheit. Dies trifft auch auf die Thematik der freien Handelbarkeit der chinesischen Währung zu. Obschon die Chinesen zu den sparfreudigsten Menschen der Welt gehören, ist ihnen die Anlage in Fremdwährungen verboten. Die KPC hat richtig erkannt, dass die vollständige Kontrolle über die Geld- und Währungspolitik eine Sache des Machterhalts ist. Man hat in Peking die Lektionen aus dem Bürgerkrieg, als Chiang Kai-sheks Nationalisten beim Gros der chinesischen Bevölkerung auf Ungnade fielen, weil sie in ihrem Machtbereich die Hyperinflation nicht unter Kontrolle zu bringen vermocht hatten, nicht vergessen. Vor diesem Hintergrund müssen denn auch Spekulationen in gewissen westlichen Medien darüber, dass der Yuan Renminbi zu einer Weltwährung werden könnte, ins Reich der eitlen Spekulation verbannt werden.

Nimmt man zu der absoluten und unkontrollierten wirtschafts- und währungspolitischen Richtlinienkompetenz der Führung der KPC noch die Tatsache hinzu, dass in China Land von Privaten nur in Pacht gehalten werden, so ist offenkundig, dass China nicht zu den Ländern mit einer Marktwirtschaft gezählt werden kann. Nun ist ohne Zweifel China auf dem Weg der wirtschaftlichen Modernisierung im Verlauf der letzten drei Jahrzehnte ein gutes Stück vorangekommen. Die dritte und vierte Führungsgeneration wurde und wird von kompetenten Technokraten dominiert, die an Ideologie wenig oder gar kein Interesse haben. Berücksichtigt man ferner, dass kurz nach der Jahrtausendwende die KPC ihre Mitgliedschaft auch für unternehmerisch tätige Menschen öffnete und dass seitdem das Recht auf Privatbesitz inzwischen in der chinesischen Verfassung verankert ist, so kann man in der Tat davon sprechen, dass seit 1976, dem Todesjahr Maos, China den Ausgang aus der Sklaverei realisiert hat.

Die ordnungspolitisch zentrale Frage lautet allerdings, ob dies alles ausreicht, um China fest auf den Kurs in Richtung vollwertige Marktwirtschaft zu bringen? Die Antwort muss unter Berücksichtigung dessen, was heute erkenn- und erfahrbar ist, vorderhand negativ ausfallen. Es besteht sogar Anlass zur Befürchtung, dass, wie dies bereits von einigen amerikanischen Forschern prophezeit wird, das chinesische „Modell" zur wichtigsten Alternative zum westlichen Weg der Marktwirtschaft empor steigen wird.

Im Mittelpunkt der Frage, welche Entwicklung die Volksrepublik in den kommenden Jahren und Jahrzehnten nehmen wird, steht die politische und soziale Entwicklung. Im Verlauf der letzten zwei Jahrzehnte sind rund 200 bis 250 Millionen Chinesen in den Mittelstand aufgerückt. Weitere rund 200 Millionen stehen bereit, innerhalb einer halben Generation diesen Schritt ebenfalls zu vollziehen. Diese Entwicklung spiegelt der Slogan von Staats- und Parteichef Hu Jintao, dass sich China bis zum Jahr 2020 zu einer „moderaten Wohlstandsgesellschaft" entwickeln soll, wider. Wollen nun all diese Hunderte von Millionen Chinesen, die ihren sozialen Aufstieg aus eigener Kraft geschafft haben, politische Freiheit und eine freie Marktwirtschaft nach westlichem Vorbild? Die Antwort auf diese Frage lautet leider Nein. Die aufstrebenden, urbanen Mittelschichten sind auf den Erwerb von materiellen Gütern und Annehmlichkeiten fokussiert. Sie folgen damit dem Slogan des großen Reformers Deng Xiaoping: „reich zu werden ist wunderbar". Die Attraktivität dieses pragmatischen Lebensgrundsatzes erklärt sich aus den vorhergehenden Dekaden von obrigkeitlich verfügter Besitzlosigkeit.

Vor diesem Erwartungshorizont besitzt die Einparteienherrschaft der KPC Legitimität, sofern sie den richtigen Rahmen, die Sicherheit für den Konsum und den Besitz gewährleistet. Um politischen Pluralismus kümmert man sich unter diesen Umständen, wenn überhaupt, nur marginal. Der chinesische Politologe Wang Hui spricht von der politischen Apathie im Einparteienstaat. Die chinesischen Erfahrungen scheinen damit der von vielen westlichen Demokraten gehegten Prämisse, gemäß welcher wachsender Wohlstand den Wunsch nach politischen Rechten, nach politischen Freiheiten nährt und damit auch in autokratischen Regimen die bestehende politische Ordnung unterminiere, zu widersprechen.

Wenn nicht das Begehren nach politischem Pluralismus genährt wird, so mag doch positiv vermerkt werden, dass vornehmlich unter den jüngeren Generationen in den chinesischen Großstädten durchaus ein sehr stark entwickeltes Bedürfnis nach der Mitwirkung in nichtgouvernementalen Organisationen besteht. Besonders beliebt sind Sachthemen, die mit Konsumentenschutz und Umwelt zu tun haben. Seit viele der chinesischen Zeitungen nicht mehr reine Staatsbetriebe sind, sondern auch auf ihre Profitabilität achten müssen, gibt es eine Reihe von Themen, die kontrovers und kritisch behandelt werden dürfen. Dazu gehören Umweltanliegen, die wiederum von NGOs aufgegriffen werden.

Kommen wir zu Indien, der zweiten aufstrebenden asiatischen Großmacht. Blickt man auf die seit der 1947 erlangten Unabhängigkeit verflossene Zeit zurück, so sind die Unterschiede zum Schicksal der Volksrepublik China eklatant. Die Indische Union ist seit ihrer Gründung ein Rechtsstaat und hat nie das Privateigentum abgeschafft. Der erste indische Premierminister, Jawaharlal Nehru, war in seiner Wirtschaftspolitik stark von den Ideen der britischen Fabier geprägt worden und hatte auch die Industrialisierungspolitik Stalins für Indien als vorbildhaft betrachtet. In seiner Politik wich er allerdings nie vom Pfad der Demokratie und der Rechtsstaatlichkeit ab.

Bis in die frühen 1990er-Jahre hinein wurde Indiens Entwicklung vom Prinzip der Priorität der Staatswirtschaft geprägt. Nehru hatte dies mit seiner Devise von den „commanding heights of the public sector" vorgegeben. Die Folge davon war die Errichtung eines umfassenden Lizenzsystems. Dieses ließ zwar Privatunternehmen zu, grenzte aber deren Bewegungsspielraum stark ein und verunmöglichte den freien Wettbewerb weitgehend. Die Folge davon war ein über Jahrzehnte hinweg anämisches Wirtschaftswachstum. Erst der dramatische Aufbruch Chinas in die Moderne brachte die indischen Eliten zur Besinnung.

In den vergangenen fünfzehn Jahren hat Indien viel Terrain gut gemacht. Die Frage stellt sich, ob diese Modernisierung auch mit einer Stärkung der marktwirtschaftlichen Strukturen einherging. Zunächst kann gelten, dass der Wettbewerb in einer Reihe von Wirtschaftsbereichen Einzug gehalten hat. Bemerkenswert ist, dass anfänglich die Liberalisierung in jenen Sektoren Boden gewann, wo die staatliche Bürokratie vom rasanten technologischen Fortschritt überrumpelt wurde. Man denke an die Informationstechnologie oder an die Kommunikation. Indien ist ein klassisches Beispiel dafür, dass wirtschaftliche Liberalisierung nicht nur durch ordnungspolitische Maßnahmen, sondern auch durch technologischen Fortschritt ermöglicht und beschleunigt werden kann.

Was die Integration in die Weltwirtschaft betrifft, so steuert die indische Regierung indessen nach wie vor einen sehr vorsichtigen Kurs. Die Folge davon ist, dass Indiens Anteil am Welthandelsvolumen viel kleiner ist als jener Chinas. Die Zurückhaltung erklärt sich aus einem sehr ausgeprägten Autarkiewillen der indischen Eliten. Die Finanzkrise von 2008/2009 hat zudem viel Wasser auf die Mühlen derjenigen politischen und medialen Kräfte in Indien geleitet, die einer Öffnung nach außen notorisch skeptisch oder gar feindlich gesinnt sind.

Die demografischen und sozialen Dimensionen Indiens sowie die enorme religiöse und kulturelle Vielfalt seiner Bevölkerung führen dazu, dass der Staat in Indien stets eine sehr starke Position inne hat. In der Indischen Union sind die Reichtumsgefälle, die in China zwischen einzelnen Provinzen bestehen, nicht verkraftbar. Im Gegensatz wiederum zu Japan, wo Tradition und Religion ein starkes gemeinschaftliches Bewusstsein haben heran wachsen lassen, dominieren im Hinduismus Fatalismus und eine weitgehende Abwesenheit eines sozialen Verantwortungsbewusstseins, das über den engen Familienverband hinaus reicht. Unter diesen Umständen muss dem Staat eine sehr weitreichende Rolle zukommen. Alles andere würde den inneren Zusammenhalt des sehr komplexen Gebildes der Indischen Union infrage stellen. Mehr noch als China, wo über neunzig Prozent der Bevölkerung einer einzigen ethnischen Gruppierung angehören, ist Indien ein Kontinent mit einem Mosaik von Gliedstaaten, die von der Größe und Substanz her eigentlich unabhängige Einheiten sein könnten.

Dies führt uns zum Schluss, dass es im Falle Indiens nicht eine Ideologie oder eine Religion, sondern die Staatsräson ist, welche der Marktwirtschaft enge Grenzen anlegt. Dabei ist auch zu berücksichtigen, dass die wirtschaftliche Realität wegen der ausgeprägten Pragmatik der indischen Händler- und Unternehmerkasten viel bunter und viel freier ist, als dies die obrigkeitliche Ordnung vermuten lässt. Für einmal leistet hier die informelle Wirtschaft einen wichtigen Beitrag zur Leistungsbilanz und Effizienz des Landes.

Kehren wir zum Titel unseres Essays zurück. Asiens Renaissance hat ohne Zweifel der Weltwirtschaft den wohl bedeutendsten Innovations-, Reichtums- und Wohlstandsschub der letzten dreißig Jahre beschert. Niemand wird bestreiten wollen, dass das Gesamtbild der Weltwirtschaft von Grund auf verändert worden ist. Es ist auch kaum daran zu zweifeln, dass dieser machtvolle Prozess, der Verschiebungen im wirtschaftlichen Ranking der Nationen zur Folge hat, in den nächsten Jahrzehnten noch verstärkt werden wird. Gleichzeitig muss man sich bewusst sein, dass Asiens Renaissance zwar einen massiven Ausbau der Privatwirtschaft und eine gewaltige Mehrung von privaten Vermögen und privatem Wohlstand gebracht hat, jedoch einer liberalen Ordnungspolitik nur wenig Rückenwind verleihen wird. Ganz im Gegenteil, die Fokussierung auf nationale Würde und nationale Selbstbehauptung, welche die asiatischen Großmächte auch aus ihrer gegenseitigen Rivalität her befruchtet, wird denjenigen Kräften, die im Westen und in der Welt insgesamt für die Sache der Marktwirtschaft einstehen, noch viele und anspruchsvolle Bewährungsproben bescheren.

BRUNO S. FREY

Alternativen zum Weltstaat

1. Weltstaat

Die behaupteten und von Vielen als gesichert angesehenen Übel der Globalisierung veranlassen die Kritiker nach einem *Weltstaat* zu rufen, der diese Schäden verhindern und beseitigen soll. Gemäß den Vorstellungen der Kritiker soll dieser Weltstaat

- die globale „Gerechtigkeit" sichern,
- die Benachteiligten unterstützen und
- die Mächtigen im Zaume halten.

Diese Vorstellung ist allerdings naiv und widerspricht all dem, was wir über staatliches und politisches Handeln wissen (vgl. etwa Mueller 1997, 2003). Ein Weltstaat wird keineswegs die von den Kritikern der Globalisierung gewünschten guten Eigenschaften aufweisen. Vielmehr wird er durch ein extremes Ausmaß vor allem folgender Aspekte gekennzeichnet sein:

- Die an der Spitze befindlichen Politiker werden über eine *geballte Macht* verfügen, die diejenige nationaler Politiker bei Weitem übertrifft. Individuen sind dem Weltstaat hilflos ausgeliefert, insbesondere weil sie sich ihm nicht durch Austritt entziehen können. Die Politiker an der Spitze üben ein uneingeschränktes Monopol gegenüber den Individuen aus, das vor allem für eine hohe Besteuerung ausgenützt werden wird. Der Weltstaat hat wegen seines unbeschränkten Machtbereichs einen ungezügelten Appetit auf immer höhere Einnahmen.
- Der politische Prozess im Weltstaat wird durch ein hohes Ausmaß an *rent seeking* gekennzeichnet sein. Einzelne organisierte Gruppen, insbesondere NGOs (non-governmental organizations) und internationale Unternehmen, werden sich durch Lobbying auf Kosten der Unorganisierten (dazu gehören die Konsumenten und die Steuerzahler) erhebliche Vorteile verschaffen. Der Weltstaat wird deshalb nur von

der Deklamation her „gerecht" sein; in Wirklichkeit werden bestimmte Gruppen massiv begünstigt werden. Auch einzelne Politiker werden sich am rent seeking beteiligen. Es werden sich nicht besonders „gute", sondern besonders machthungrige Personen um die Stellungen an der Spitze der Weltregierung raufen.

Die Ergebnisse eines Weltstaates sind voraussagbar:
- Die *Freiheitsrechte* der Individuen werden stark eingeschränkt; die Macht wird bei den Politikern und der staatlichen Verwaltung, insbesondere dem Militär und der Polizei liegen.
- Der Weltstaat wird eine *gigantische Umverteilung* inszenieren, die allerdings nicht die Armen und Benachteiligten begünstigen wird.
- Der Weltstaat wird, ähnlich wie die bereits bestehenden internationalen Organisationen (vgl. Frey und Gygi 1990, Frey und Stutzer 2005), durch einen hohen Grad an *Ineffizienz* und *Verschwendung* gekennzeichnet sein.

Aus diesen Überlegungen wird deutlich, dass ein Weltstaat kaum ernsthaft gewünscht werden kann, selbst wenn er erreichbar wäre (was höchst fraglich ist). Aus diesem Grund werden hier *zwei neue Vorschläge zur Weltordnung* entwickelt, die sowohl gute Eigenschaften aufweisen, als sich auch realisieren lassen. Diese Vorschläge sind unorthodox und widersprechen überlieferten Vorstellungen. Es wird deshalb nicht einfach sein, den Leser oder die Leserin vom Sinn derartiger realisierbarer Utopien zu überzeugen. Der Autor ist sich auch bewusst, dass die Vorschläge gegenwärtig wenig Chance haben, verwirklicht zu werden. Verhindert wird dies nicht nur durch die Last der Geschichte und der Gewohnheiten, sondern vor allem auch durch das Interesse der Politiker, die von den heutigen Arrangements profitieren.

Die zwei Vorschläge sind:
1. Individuen sollten *selbst auswählen* können, welchen Organisationen sie als Bürger oder Bürgerinnen angehören wollen, und sie sollten die bürgerliche Zugehörigkeit nach Bedarf ändern können. Die freie Wahl der bürgerlichen Zugehörigkeit bricht radikal mit dem Monopolanspruch heutiger Staaten auf „ihre" Bürger. Dieser Vorschlag wird in Abschnitt 2 vorgestellt.

2. Das staatliche Angebot sollte sich an der *Geografie der Probleme* orientieren; deshalb sind entsprechende funktionale Einheiten zu ermöglichen, deren Größe sich variabel an die Erfordernisse anpasst. Die Organisation von staatlichen Einheiten entsprechend den (in der Zukunft) auftretenden Problemen steht in hartem Gegensatz zur Konstruktion der heutigen Nationalstaaten. Dieser Vorschlag wird in Abschnitt 3 behandelt.

2. Flexible Bürgerschaft

Den Individuen kann ermöglicht werden, sich flexibel den zukünftigen Anforderungen zu stellen, wenn sie sich vom Monopolanspruch des Nationalstaats befreien und *aktiv eine Wahl* treffen können, wessen Bürger[1] sie sein möchten. Bis heute definieren die Nationen im Wesentlichen von sich aus, wer zu ihren Bürgern zählt. Die Individuen können nur sehr begrenzt über den Eintritt und Austritt selbst entscheiden. Vor allem bezieht sich die Bürgerschaft traditionell nur auf den *Staat*; andere Zugehörigkeiten werden zum vornherein ausgeschlossen.

Der Nationalstaat als einzige Identität des Bürgers ist in der globalen Gesellschaft überholt, weil diese durch ausgeprägte Unterschiede in zweierlei Hinsicht charakterisiert ist:
- Die Präferenzen der Individuen *unterscheiden* sich wesentlich voneinander; sie lassen sich nicht (mehr) allein durch die als homogen gedachte Institution der Nation erfüllen.
- In einer globalen Gesellschaft fühlt sich ein Individuum in aller Regel *vielen Organisationen* zugehörig; die Nation allein kann auch dieser Präferenz nicht gerecht werden.

Individuen können deshalb auch Bürger von Organisationen außerhalb der Nation sein. Folgende Möglichkeiten lassen sich denken:
a) Individuen sind Bürger *sub-nationaler* Körperschaften, wie Regionen, Provinzen oder Gemeinden, oder aber *supra-nationaler* Körperschaften, wie der Europäischen Union, der NATO, der Weltbank oder der UNO.

---

1 Aus Gründen sprachlicher Vereinfachung wird hier der Begriff „Bürger" verwendet; es sind damit auch Bürgerinnen gemeint.

b) Personen sind Bürger auch in *halb-staatlichen* Organisationen. Dafür kommen viele verschiedene Institutionen infrage. Ein Beispiel sind Universitäten. Ähnlich können Personen mit einer besonderen Affinität zu bestimmten Museen, Opernhäusern oder Orchestern deren Bürger werden.

c) Personen sind Bürger *nicht-staatlicher Organisationen* (non-governmental organizations, NGOs). Beispiele sind global tätige karitative Organisationen wie das Rote Kreuz, die Médecins sans Frontières, die Heilsarmee oder Kirchen und religiöse Orden wie die Kartäuser oder Jesuiten; Umweltorganisationen wie World Wildlife Fund oder Greenpeace; Organisationen mit humanitären Zielen wie Amnesty International oder Terre des Hommes; schließlich Vereinigungen mit einer sozialen Ausrichtung wie Rotary Club, Pfadfinder, aber auch Gewerkschaften.

d) Personen sind Bürger *privater Organisationen*. Dazu gehören globale funktional orientierte Vereinigungen wie ICANN (Internet Corperation for Assigned Names and Numbers, vgl. dazu Engel und Keller 2000), sportliche (wie die FIFA), künstlerische (wie die The Recording Academy, die die Grammy Awards verleiht) oder wissenschaftliche Vereinigungen (wie die International Economic Association). Auch international orientierte Clubs wie Bayern München oder Real Madrid können Personen als Bürger haben, wenn diese ihnen besonders nahe stehen und bereit sind, auch entsprechende Pflichten (insbesondere ein Wohlverhalten innerhalb und außerhalb der Stadien) zu übernehmen.

e) Individuen sind Bürger *gewinnorientierter Firmen*. In der Betriebswirtschaftslehre wird von „organizational citizenship" (Organ 1988) gesprochen. Große Bedeutung wird insbesondere der „corporate citizenship" (Osterloh und Frey 2000, 2004) zugewiesen. Darunter wird das nicht durch Vorschriften erzwungene und über vertragliche Verpflichtungen hinausgehende Verhalten im Interesse der Firma verstanden. Bürgertum ist vor allem für global tätige Firmen wie Nestlé, ABB oder IBM mit einem über die gesamte Welt verstreuten Filialnetz geeignet.

In der Zukunft sollte der Begriff des „Bürgers" flexibel gehandhabt werden (vgl. dazu auch Mueller 1996). Insbesondere sind folgende Varianten vorstellbar:
- *Temporäre* Bürgerschaft: Eine Person soll wählen können, für welche Periode sie sich in der erforderlichen engen Weise mit einer bestimmten Organisation verbinden will.
- *Multiple* Bürgerschaft: Jedermann kann gleichzeitig Bürger verschiedener Organisationen sein.
- *Partielle* Bürgerschaft: Eine Person kann Bürger nur eines Teils einer Organisation, wie der Sozialversicherung eines bestimmten Staates sein.

Die Idee der Bürgerschaft wird somit wesentlich erweitert und geht weit über die alleinige Beziehung von Personen zum Nationalstaat hinaus. Daraus wird die spezielle Eigenschaft des erweiterten Bürgerkonzeptes deutlich: Es handelt sich um einen *unvollständigen und freiwilligen Vertrag* zwischen Individuen und den von ihnen gewählten Organisationen. Der Inhalt des Vertrags lässt sich nicht a priori festschreiben. Aus diesem Grund ist neben den jeweiligen spezifischen Rechten (insbesondere die Möglichkeit der Beteiligung im Entscheidungsprozess) und Pflichten (insbesondere die Regeleinhaltung) die *intrinsische Motivation* für die Bürgerschaft von essenzieller Bedeutung. Intrinsische Motivation äußert sich in Form von Loyalität, Identifikation und Engagement, die gerade dann wirksam werden, wenn der Vertrag nichts oder zu wenig aussagt. In der politischen Philosophie ist die Bedeutung dieser nicht-kalkulatorischen Tugenden (civic virtues) im Verhältnis der Bürger zu ihrem Staat seit Längerem betont worden (vgl. ausführlich Kymlicka und Norman 2000, Batstone und Mendieta 1999, Dagger 1997).

Die durch die Bürgerschaft begründete besondere Beziehung zwischen Individuen und Organisationen übt zweierlei Wirkungen aus:

1) Bestehende intrinsische Motivation wird auf bestimmte Organisationen kanalisiert und die Identifikation damit gefestigt.
2) Potenzielle intrinsische Motivation wird *aktiviert* und Bürgertugenden werden *geweckt*. Damit werden auch andere Personen zu Beiträgen zu öffentlichen Gütern animiert und potenzielle Trittbrettfahrer abgeschreckt.

Die Möglichkeit der Individuen, selbst zu entscheiden, in welchen Organisationen sie als Bürger spezielle Rechte und Pflichten übernehmen wollen, steigert die intrinsische Motivation in Form der Bürgertugenden. In einer globalen Wirtschaft, in der in aller Regel Zwangsgewalt nicht wirksam angewandt werden kann, ist eine derartige Kooperationsbereitschaft besonders wichtig. Diese Bereitschaft auf der Nachfrageseite muss durch institutionelle Bedingungen auf der *Angebotsseite* ergänzt werden.

3. Flexible demokratische Körperschaften

Die bestehenden nationalen Grenzen sind in einer zukünftigen, globalen Gesellschaft obsolet. Die wirtschaftlichen Beziehungen werden durch die bestehenden nationalen Regelungen gehemmt und deshalb vermehrt umgangen.

Die Spannung zwischen den unterschiedlichen wirtschaftlichen und politischen Anforderungen lässt sich lösen, wenn von den starren Grenzen öffentlicher Körperschaften abgewichen wird: Jede staatliche Tätigkeit soll sich in dem Raum abwickeln, der dafür die geeignete Ausdehnung hat („geography of problems"). Geeignet dafür sind funktionale Körperschaften, die sich gegenseitig überlappen und die für ihre Tätigkeit notwendigen Steuern in einem demokratischen Verfahren erheben dürfen. Diese als *FOCJ* – gemäß den Anfangsbuchstaben „Functional, Overlapping, Competing Jurisdictions" – bezeichneten Einheiten[2] sind durch vier Eigenschaften gekennzeichnet:

3.1. FOCJ sind funktional

Gebietskörperschaften erbringen ihre Leistungen umso effizienter, je vollständiger sie positive Skalenerträge ausnützen können, je gezielter sie ihre Leistungen an die Nachfrage der Bürger anzupassen vermögen, und je genauer ihre Leistungsempfänger und Kostenträger übereinstimmen. Die verschiedenen staatlichen Leistungen (z.B. Schulen, Kläranlagen,

---

2 Vgl. Frey 1997a, Frey und Eichenberger 1999, Eichenberger 1996, 1998a, Eichenberger und Frey 2002. Kritische Diskussionen finden sich z.B. bei Vanberg 2000 und Richter 2001.

Landesverteidigung usw.) weisen aber ganz unterschiedliche Wirkungskreise und Skalenerträge auf. Überdies variiert die Nachfrage räumlich beträchtlich, weil sie von örtlich unterschiedlichen Faktoren abhängt (z. B. dem Einkommen). Folglich ist es effizienter, wenn nicht alle Leistungen durch die gleiche Gebietskörperschaft erbracht werden, sondern von spezialisierten, auf die jeweiligen Probleme „maßgeschneiderten" funktionalen Jurisdiktionen.

3.2. FOCJ sind überlappend
Zum einen überlappen sich FOCJ, die unterschiedliche Aufgaben erfüllen. Folglich gehören die Bürger ganz unterschiedlichen „Bündeln" von Jurisdiktionen an. Zum anderen müssen FOCJ aber nicht notwendigerweise Gebietskörperschaften sein, die in einem zusammenhängenden Gebiet ein Leistungsmonopol besitzen. Oft können mehrere FOCJ, die gleiche oder ähnliche Funktion erfüllen, ihre Leistungen im gleichen geografischen Gebiet anbieten. Dadurch werden die Wahlmöglichkeiten der Bürger und der Wettbewerb zwischen den Anbietern staatlicher Leistungen zusätzlich gestärkt. Die beiden Arten von Überlappungen ergänzen sich gegenseitig.

3.3. FOCJ sind wettbewerblich
Die Regierung eines FOCUS wird durch zwei Mechanismen gezwungen, auf die Nachfrage der Mitglieder einzugehen: Die Austrittsmöglichkeiten („exit") der Bürger und Gemeinden bewirken marktähnlichen Wettbewerb, und ihr Stimm- und Wahlrecht („voice") schafft politischen Wettbewerb (vgl. dazu Hirschman 1970).

In FOCJ ist ein Austritt nicht auf geografische Abwanderung beschränkt und deshalb besonders wirksam. Gemeinden (oder Gemeindeteile) können aus einem FOCJ aus- und in andere eintreten, ohne dass ihre Bürger umziehen müssen. Die Bedeutung von „exit" unterscheidet FOCJ grundlegend von den heutigen National- und Bundesstaaten, in denen Sezession verboten und zumeist mit brachialer Gewalt zu verhindern versucht wird. Dabei sollte der Austritt möglichst unbehindert bleiben, weil dadurch der Wettbewerb zwischen den Regierungen gestärkt wird. Die genauen Austrittsbedingungen können jeweils in einem Vertrag zwischen den Mitgliedern eines FOCUS, einer eigentlichen Verfassung, geregelt werden. Für den Eintritt hingegen sollte sehr wohl ein Preis verlangt werden können. Wie in „clubs" (Buchanan 1965) können Eintrittspreise als Abgeltung für die Nutzung öffentlicher Güter und der Internalisierung externer Wanderungskosten dienen. Solche expliziten Preise stärken die Anreize der FOCJ-Regierungen, eine gute Politik zu betreiben und so neue (zahlende) Mitglieder anzuziehen.

Abwanderung alleine schafft aber unter realistischen Bedingungen (Wanderungskosten, endlich viele Jurisdiktionen) noch keine Effizienz. Solange die Individuen keine gut ausgebauten politischen Rechte besitzen, können die Regierungen weit von den Präferenzen der Bürger abweichen. In FOCJ wird deshalb der politische Wettbewerb mittels demokratischer Institutionen gestärkt. Die Bürger können die Exekutive und Legislative der jeweiligen FOCJ wählen. Zudem sollten sie über möglichst umfassende direkt-demokratische Instrumente zur Kontrolle der Regierung verfügen. Das hohe Ausmaß an demokratischen Kontrollmechanismen bildet auch einen entscheidenden Unterschied zwischen FOCJ und technokratischen Zweckverbänden, in denen die Bürger die Zweckverbandsverwaltung nur sehr indirekt und unwirksam über mehrstufige Delegationspyramiden kontrollieren können (vgl. Eichenberger 1998b).

3.4. FOCJ sind Jurisdiktionen mit Steuerhoheit

Ein FOCUS ist eine Körperschaft mit Zwangsgewalt und Steuerhoheit. Die FOCUS-Mitgliedschaft kann auf zwei unterschiedliche Weisen definiert sein: Mitglieder können die kleinsten politischen Einheiten, im Normalfall die Gemeinden, sein. Dann sind Gemeindeeinwohner automatisch Bürger derjenigen FOCJ, in denen ihre Gemeinde Mitglied ist, und sie können nur aus einem FOCUS austreten, indem sie umziehen. Im zweiten Fall kann ein einzelner Bürger frei entscheiden, ob er in einem bestimmten FOCUS Mitglied sein will.

FOCJ weisen verglichen mit traditionellen staatlichen Organisationsformen wesentliche Vorteile auf. Vor allem sind FOCJ *flexibel und effizient*. Die Stärkung der demokratischen Instrumente und der Austrittsoption erlaubt den Bürgern, ihre Präferenzen auszudrücken und die Regierung wirkungsvoll zu kontrollieren. Die Konzentration eines FOCUS auf einzelne Leistungen hilft ihnen, die Effizienz zu beurteilen und die Leistungen mit anderen FOCJ zu vergleichen.

Eine Verwirklichung des FOCJ-Konzepts wird die Rolle der Gebietskörperschaften aller Ebenen – von Nationalstaaten bis zu den Kommunen – stark verändern. Sie bewirkt aber keineswegs ihre Zerschlagung, sondern schafft neue Alternativen. FOCJ werden nur diejenigen Aufgaben erfüllen, die ihnen von den Bürgern übertragen werden, d. h., die sie aus deren Sicht effizient lösen. Die Nationalstaaten werden weiterhin diejenigen Funktionen ausüben, die sie vergleichsweise effizient erbringen.

4. Schlussfolgerungen

Ein *Weltstaat* ist nicht nur schwer zu erreichende Utopie, sondern ist wegen seiner extremen Monopolmacht gegenüber den Individuen, der Ineffizienz und der Verteilungsungerechtigkeit auch unerwünscht.

Eine zukünftige Weltordnung muss *flexibel* sein, damit den noch unbekannten Herausforderungen erfolgreich begegnet werden kann. Hier werden zwei Vorschläge diskutiert:

- Die Individuen sollen frei wählen können, bei welchen Organisationen sie Bürger sein möchten, und damit die entsprechenden Rechte und Pflichten tragen. Sie sollten Bürger sub- und supra-nationaler Körperschaften, halb-staatlicher, nicht-staatlicher und privater Organisationen und selbst gewinnorientierter Firmen sein können. Die bürgerliche Zugehörigkeit sollte auch temporär, multipel und partiell möglich sein.
- Das staatliche Angebot sollte in funktionalen (d. h. gemäß den anstehenden Problemen geschaffenen), überlappenden, wettbewerblichen und über Steuerhoheit verfügenden Körperschaften erfolgen.

Beide Vorschläge sichern ein hohes Maß an Flexibilität und entsprechen damit den Anforderungen an ein „Global Governance" der Zukunft.

Literatur

Batstone, David und Eduardo Mendieta (Hg.), The Good Citizen, London 1999.

Buchanan, James M., An Economic Theory of Clubs, in: Economia 32, 1965, S. 1–14.

Dagger, Richard, Civic Virtues: Rights, Citizenship, and Republican Liberalism, Oxford 1997.

Engel, Christoph und Kenneth H. Keller (Hg.), Governance of Global Networks in the Light of Differing Local Values, Baden-Baden 2000.

Eichenberger, Reiner, Eine „fünfte Freiheit" für Europa: Stärkung des politischen Wettbewerbs durch „FOCJ", in: Zeitschrift für Wirtschaftspolitik 45, 1996, S. 110–130.

Eichenberger, Reiner, Zweckgemeinden statt Zweckverbände. Effiziente und demokratische kommunale Leistungserbringung dank FOCJ. Zukunft Aargau, in: Beiträge zu Politik, Wirtschaft, Kultur und Gesellschaft 1, 1998, S. 39–51.

Eichenberger, Reiner und Bruno S. Frey, Democratic Governance for a Globalized World, in: Kyklos 55, 2002, S. 265–288.

Frey, Bruno S., Ein neuer Föderalismus für Europa: Die Idee der FOCJ, Tübingen 1997.

Frey, Bruno S. und Reiner Eichenberger, The New Federalism for Europe. Functional, Overlapping and Competing Jurisdictions. Cheltenham/UK und Northhampton/USA 1999.

Frey, Bruno S. und Beat Gygi, The Political Economy of International Organizations, in: Aussenwirtschaft 45, 1990, S. 371–394.

Frey, Bruno S. und Alois Stutzer, Making International Organizations More Democratic, in: IEW Working Paper Series No 217, Zürich 2005.

Hirschman, Albert O., Exit, Voice and Loyalty, Cambridge/Mass. 1970.

Kymlicka, Will und Wayne Norman (Hg.), Citizenship in Diverse Societies, New York 2000.

Mueller, Dennis C., Constitutional Democracy, New York 1996.

Mueller, Dennis C., Perspectives on Public Choice, 1997.

Mueller, Dennis C., Public Choice III, Cambridge 2003.

Organ, D.W., Organizational Citizenship Behavior: The Good Citizenship Syndrome, Lexington 1988.

Osterloh, Margit und Bruno S. Frey, Motivation, Knowledge Transfer and Organizational Forms, in: Organization Science 11, 2000, S. 538–550.

Osterloh, Margit und Bruno S. Frey, Corporate Governance for Crooks? The Case for Corporate Virtue, in: Anna Grandore (Hg.) Corporate Governance and Firm Organization, Oxford 2004, S. 191–211.

Richter, Wolfram F., Institutioneller Wettbewerb und die Regelung der Zuständigkeit von Institutionen für Personen, Arbeitspapier, Dortmund 2001.
Vanberg, Viktor, Functional Federalism: Communal or Individual Rights, in: Kyklos 53, 2000, S. 363–386.

VII.
ZUR ZUKUNFT DES LIBERALISMUS UND DES KLEINSTAATES

HANS-OLAF HENKEL

Wir brauchen eine retroliberale Wende

Wir haben uns an die Krise der Weltwirtschaft gewöhnt, wie man sich an einen chronischen Schmerz gewöhnt. Über die Ursachen wissen wir sehr wenig – und ich fürchte, den Politikern, die sich uns täglich als Ärzte präsentieren, geht es nicht anders. Ihr Aktionismus hat die Krise nicht in den Griff bekommen, was allerdings nicht weiter erstaunlich ist. Denn wer die Diagnose nicht kennt, wird zwangsläufig das falsche Mittel verschreiben. *In der Symptombehandlung waren die Politiker Teil der Lösung; in der Ursachenbekämpfung sind sie Teil des Problems geworden.*

Eine wichtige Lektion, die wir aus dieser globalen Erkrankung ziehen müssen, lautet: Es war nicht die Marktwirtschaft, die versagt hat, weshalb nun eine weitere Einmischung des Staates nötig wäre – sondern im Gegenteil, es war der Mangel an marktwirtschaftlichen Regeln, der das Desaster erst ermöglicht hat. Die meisten toxischen Papiere, die auf verschlungenen Wegen von den USA nach Deutschland kamen, fand man in den Tresoren unserer staatlich kontrollierten Banken. Gerade jetzt sollten wir auf die altbewährten Rezepte setzen, bei denen sich Fürsorge für die Gesellschaft und die Freiheit des Einzelnen die Waage halten. Wir dürfen nicht mit der Verbreitung des „Neosozialismus" fortfahren, der mit der Sozialdemokratisierung der CDU/CSU schon einen wichtigen Etappensieg errungen hat, sondern stattdessen zur Erhard'schen Marktwirtschaft zurückkehren – und weil es tatsächlich ein „Zurück" ist, aber nicht zum längst Überholten, sondern zum lange Bewährten, möchte ich dafür den Begriff „Retroliberalismus" prägen.

Wir brauchen heute eine retroliberale Wende. Wer mit dem Wörtchen „retro" etwas Altmodisches assoziiert, den erinnere ich daran, dass sich auf dem Gebiet des Designs – ob von Autos, Segelbooten oder Haushaltsgeräten – seit Jahren eine neue Begeisterung für alte Eleganz und Handwerkskunst durchgesetzt hat. Und in Erhards Marktwirtschaft drückt sich das perfekte Handwerk einer erfolgreich geführten Volkswirtschaft aus. Nur in diesem „Zurück" sehe ich unsere Zukunft.

Bei fast allen Diskussionen und Talkshow-Veranstaltungen der letzten Jahre ist mir aufgefallen, dass allgemein davon ausgegangen wird, wir lebten in einer kapitalistischen Gesellschaft, die „neoliberalen" Prinzipien folgt. In Wahrheit wird unser angeblicher Kapitalismus und „Neoliberalismus" nur deshalb unablässig im Munde geführt, weil man den Bürgern damit die zentralistische Staatswirtschaft schmackhaft machen will, die immer mehr um sich greift: Wozu noch Freiheit, wenn Vater Staat für alles und alle sorgt?

Bedrückend wirkt auf mich, dass sich nicht nur Politiker ihr Süppchen auf diesem Feuer kochen, sondern auch Feuilletonisten in sogenannten konservativen Blättern, wie der Frankfurter Allgemeinen Zeitung (FAZ), die es eigentlich besser wissen müssten, aber eben „den Trend nicht verpassen wollen". Auch anderen Medienvertretern kam die Finanzkrise gerade recht, um die alten absurden Vorwürfe, Deutschland werde von der Marktwirtschaft gleichsam ausgesogen, mit neuer Vehemenz und scheinbar überzeugenden Argumenten vorzutragen. Wahrer werden die alten „Wahrheiten" dadurch nicht. Tatsache ist: *Der „Neoliberalismus" kann schon deshalb nicht für unsere Krise verantwortlich sein, weil es ihn in Deutschland gar nicht gegeben hat.*

Der erste Schritt zur „Heilung" unserer beschädigten Volkswirtschaft besteht demnach in einer nüchternen Bestandsaufnahme. Wir müssen uns klarmachen, was uns droht, wenn wir so staatsgläubig weiterwursteln wie bisher. Zuallererst müssen wir endlich die munter wachsenden Blasen – die Beschäftigungsblase, die Sozialblase und die Schuldenblase – wahrnehmen, ihr Gefahrenpotenzial definieren und sie behutsam auf Normalmaß zurückführen.

Das wiederum kann nur durch entschlossene Reformen gelingen – auch in diesem Begriff ist ein „re", also ein „zurück" enthalten: Eine Reform ist wörtlich die Wiederherstellung (Re-Formierung) eines bewährten, aber in Vergessenheit geratenen oder verfallenen Zustands. Vielleicht sollte man sich das gerade heute wieder vor Augen führen, wo dieses Wort, auch wegen seines übermäßigen Gebrauchs in der Ära Schröder, einen geradezu unschicklichen Beiklang bekommen hat.

In Wahrheit sind Reformen dringender denn je. Und wir dürfen nicht, nur weil das Wort „Reformen" zum Tabu geworden ist, den Fehler der Amerikaner wiederholen, die ihre Immobilienblase einfach ignorierten, bis sie ihnen und uns um die Ohren flog. *Ohne eine gründliche Wieder-*

herstellung des einst funktionierenden, heute aber überregulierten Arbeitsmarkts sowie der einst angemessen proportionierten, heute aber ausgeuferten sozialen Sicherungssysteme werden wir keine Besserung der Lage erreichen.

Dass nun mit der schwarz-gelben Koalition die Weichen für eine wirtschaftspolitische Wende zum „Retroliberalismus" gestellt würden, ist leider höchst unwahrscheinlich. Zu sehr ist die Union von Politikern wie dem Sozialpopulisten Horst Seehofer, dem Arbeiterführer Jürgen Rüttgers und nicht zuletzt Angela Merkel selbst ins sozialdemokratische Fahrwasser bugsiert worden. Ein Journalist des STERN brachte dies noch in der Wahlnacht auf den Punkt: „Das wird eine sozialliberale Koalition!"

Ob die neue Regierung unter diesen Voraussetzungen die richtigen Mittel gegen die Krise findet, bezweifle ich. Max Frischs berühmtes Diktum, wonach eine Krise immer ein produktiver Zustand ist, solange man ihm den Beigeschmack der Katastrophe nimmt, bietet einen deutlichen Hinweis darauf, wie der Ausnahmesituation am besten zu begegnen ist – vorausgesetzt, so möchte ich hinzufügen, man bringt den Mut auf, die wirklichen Schwächen zu erkennen und aus der ehrlichen Bestandsaufnahme die richtigen Reparaturmaßnahmen abzuleiten.

Worum es geht, lässt sich am Wiederaufbau der Frauenkirche in Dresden zeigen: Die für den Wiederaufbau der Frauenkirche Verantwortlichen haben sich vorher drei Rezepten verschrieben. Wohl haben Güttler, Burger und Co. ihre Vorgehensweise kaum bewusst so strukturiert, aber zumindest unbewusst sind sie nach einem dreistufigen Plan vorgegangen, der sie letzten Endes zum Erfolg führte.

1. Um Platz für den Wiederaufbau zu schaffen, mussten sie erst die Trümmer wegräumen lassen.
2. Sie haben die Steine verwendet, die noch brauchbar waren, also das Bewahrenswerte aufgehoben und wieder verwendet.
3. Sie hatten eine Vision: die Silhouette der Stadt Dresden so wiederherzustellen, wie Canaletto sie gesehen und gemalt hatte.

Ich finde, auch unsere Gesellschaft sollte so wie diejenigen vorgehen, die die Dresdner Frauenkirche wiederaufgebaut haben, in drei Stufen.

Die Trümmer wegräumen

So wie zuerst die Trümmer der Frauenkirche entfernt werden mussten, um die Unterkirche freizulegen und Platz für den Wiederaufbau zu schaffen, müssen wir in unserer Gesellschaft auch erst einmal einige Trümmer beiseite räumen. An erster Stelle steht für mich hier die Überbetonung der Gleichmacherei zu Lasten der Individualität und der Freiheit. Mir ist nach 17 Jahren beruflichen Auslandsaufenthaltes und vielen Reisen immer klarer geworden, dass unsere Gesellschaft besonders stark darunter leidet, dass in ihr das Gebäude der Gleichheit übermächtig, gleichzeitig das Fundament der Freiheit immer brüchiger geworden ist. Die Gefahr besteht, dass alles einstürzt, Freiheit und Gleichheit mit sich reißend.

Dass die Freiheit bei uns immer mehr unter die Räder gerät, lässt sich an vielen Symptomen festmachen, die bei uns schon oft genug diskutiert wurden, ob sonntags bei Anne Will, donnerstags bei Maybritt Illner oder bei jeder sich bietenden Gelegenheit im Bundestag. Wir leiden an einer überbordenden Bürokratie, die auch immer ein Entzug von Freiheit ist. Wir leiden an einem übermächtigen Staat, der mit seinen hohen Kosten Existenzen gefährdet und Arbeitsplätze ins Ausland treibt. Wir leiden an einem Übermaß an Fürsorge, die die Leistungskraft des Einzelnen langsam verkümmern lässt und dadurch immer wieder neue Ansprüche an staatlicher Fürsorge schafft. Wir leiden an einer unsäglichen Gleichmacherei, die dazu führt, dass bei uns meist der Langsamste das Tempo der gesamten Gesellschaft festlegt.

Übertragen wir das mal auf den Sport: Deutschland funktioniert so wie eine Gruppe von Langstreckenläufern, die nicht nur zur gleichen Zeit am Start losläuft, sondern sich unterwegs auch noch in die Hände verspricht, zur gleichen Zeit am Ziel anzukommen. Kein Wunder, dass wir langsamer laufen als andere, dass die Leistungskraft der gesamten Gesellschaft Schaden nimmt.

Zwischen Freiheit und Gleichheit gibt es einen Gegensatz, der sich nicht wegdiskutieren lässt. Schon die alten Griechen haben darüber philosophiert, und nachdem die französischen Revolutionäre 1789 an die Macht kamen, entdeckten auch sie plötzlich, dass sie sich über ihre Ziele uneinig waren. Die einen hatte die Bastille für die Freiheit erstürmt, die anderen für die Gleichheit. Wenn man heute einen in Frankreich geprägten Euro in die Hand bekommt, dann kann man auf einer Seite die Prägung „Liberté, Egalité, Fraternité" lesen, was wir mal großzügig ins Deutsche mit „Freiheit, Gleichheit vor dem Gesetz und Solidarität" übersetzen wollen. Die „Solidarität" wurde erst nach langem Palaver und teilweise gewalttätigen Auseinandersetzungen zwischen den Revolutionären sozusagen als Kitt zwischen den beiden anderen einander widersprechenden Polen „Gleichheit" und „Freiheit" eingefügt. Damit wurde zwar der Streit beendet, der Widerspruch aber nicht.

In jedem demokratischen System gibt es heute jeweils eine große politische Kraft, die mehr Freiheit will, und eine andere, die mehr auf Gleichheit setzt. Erinnern wir uns an den Wahlkampf zwischen dem damaligen Präsidentschaftskandidaten der Republikaner, John McCain, und dem Demokraten, Barack Obama. In den Diskussionen zwischen beiden ging es neben dem Krieg im Irak vor allem darum, ob man die Steuern senken solle (McCain) oder mehr für die Sozialversicherungssysteme des Landes tun müsse (Obama). Einer machte sich im Wahlkampf zum Advokaten für mehr Freiheit, der andere für mehr Gleichheit. Auch in Großbritannien findet dieser Streit seit Jahrzehnten statt: Die Konservativen waren für weniger Steuern, weniger Bürokratie, mehr Selbstverantwortung, Labour dagegen für mehr Solidarität. Auf der Achse, auf der diese Auseinandersetzung stattfindet, können die jeweiligen Positionen aber sehr unterschiedlich sein. Überträgt man das im Vergleich zu den britischen Konservativen „linke" Programm von Labour auf die Achse der deutschen Parteienlandschaft, müsste man konstatieren, dass es durchaus „rechts" von dem der FDP liegen würde. Zwar findet man den Konflikt zwischen Freiheit und Gleichheit heute in allen Demokratien, aber der jeweilige Grad der Freiheit und der Gleichheit kann völlig unterschiedlich sein.

Mir ist im Laufe der vielen Jahre, in denen ich mich mit den Ursachen der deutschen Reformschwäche befasst habe, immer deutlicher geworden, dass es in Deutschland kaum noch Advokaten für mehr Freiheit gibt, aber eine Armee von beauftragten und selbsternannten Anwälten für mehr Gleichheit. Kein Wunder, dass man auch nach der Bildung der schwarz-gelben Koalition mit Fug und Recht von der Sozialdemokratisierung ganz Deutschlands sprechen konnte. Kurz nachdem sie zu Anfang ihrer Kanzlerschaft „mehr Freiheit wagen" als Leitmotiv ihrer Politik in ihrer ersten Rede als Bundeskanzlerin im Bundestag vorstellte, kassierten sowohl Angela Merkels eigene Sozialpolitiker als auch die Sozialdemokraten alle Versuche in Richtung von mehr Freiheit wieder ein. Nun mag man fragen, wieso sich der Begriff „Gleichheit" trotz meiner Beobachtungen eher selten in Reden und Aufsätzen unserer politischen Führung findet. Bei uns hat sich dafür ein Begriffspaar durchgesetzt, welches wiederum in keiner Rede eines Politikers in Deutschland – egal von welcher Partei – fehlen darf: das der „sozialen Gerechtigkeit". Ich muss gestehen, mir ist dieses Begriffspaar zutiefst zuwider. Zum einen, weil die Verknüpfung von „sozial" mit „Gerechtigkeit" unnötig erscheint, denn „Gerechtigkeit" müsste eigentlich genügen. Ist nicht Gerechtigkeit von vornherein nur in einem sozialen Kontext möglich? Man stelle sich vor, man wäre allein auf einer Insel. Wonach würde man sich sehnen? Vielleicht nach einem Partner oder einer Partnerin, einer eiskalten Coca-Cola, einem Boot oder, dass einem eine weitere Kokosnuss von oben in den Schoß fallen möge. Aber einem Menschen, der allein auf einer Insel lebt, käme nie in den Sinn, Gerechtigkeit zu fordern! Erst in dem Augenblick, in dem man nicht mehr allein ist, macht der Wunsch nach Gerechtigkeit überhaupt Sinn, und schon deshalb sollte dieser Begriff ohne weiteres Adjektiv genügen. Trotzdem, mit dem tautologischen Pathos von „sozialer Gerechtigkeit" bewaffnen sich gerade in Deutschland gern Politiker, um sich damit zum Anwalt der Gleichheit, ja meist Gleichmacherei, zu machen. Gerechtigkeit in einer Gesellschaft ist die unabdingbare Voraussetzung für das Funktionieren einer jeden Gesellschaft. Diejenigen, die dauernd das Begriffspaar „soziale Gerechtigkeit" im Munde führen, unterstellen entweder fälschlicherweise, dass Gerechtigkeit als Ziel allein nicht ausreiche, oder, dass es sie nicht gibt. Sie verschreiben meist Rezepte, die die Freiheit weiter aushöhlen und letzten Endes die Gleichheit mit. Nicht umsonst prägte Ludwig Erhard den Satz: „Zu sozial ist unsozial".

Sollte der geneigte Leser immer noch meinen, dass wir in Deutschland einen gewaltigen Nachholbedarf an Gleichheit zu Lasten der Freiheit haben, dass wir, statt unter einem eklatanten Mangel an Wettbewerbsfähigkeit unter einem zu großen Unterschied zwischen Arm und Reich leiden, dann beantworte er einmal ganz für sich allein im stillen Kämmerlein diese Frage: „Hand aufs Herz – kennen Sie ein Land, wo der Unterschied zwischen Arm und Reich geringer ist, als in Deutschland?"

Das Bewahrenswerte erhalten

Von Anfang an hatten die Verantwortlichen für den Wiederaufbau der Frauenkirche die Idee, möglichst viele der Steine zu verwenden, die im Trümmerberg und anderswo seit Jahrzehnten lagerten. Das war natürlich nicht so einfach, denn nicht nur mussten alle Steine vermessen und auf ihre Stabilität überprüft werden. Es musste ja genau die Stelle gefunden werden, an der sich der betreffende Stein einmal im Mauerwerk befunden hat. Das war nur mit moderner Computertechnik möglich. So wurden die Messdaten der Steine und ihr genauer Fundort registriert und diese Daten mit denen in den Originalbauplänen verglichen. So waren die Steinmetze in der Lage, viele der unbeschädigt gebliebenen Steine an ihre alten Plätze einzufügen. Steht man heute vor der Frauenkirche oder sieht sich ein Foto von ihr etwas genauer an, kann man unschwer erkennen, wo die alten Steine eingefügt werden konnten. Im vorwiegend hellen Mauerwerk sind sie als eingesprenkelte schwarzgraue, rechteckige Flecken zu erkennen. Fachleute erzählten mir, dass in spätestens 50 Jahren der Unterschied zwischen alt und neu nicht mehr zu erkennen sein wird. Dafür soll schon die Schadstoffbelastung in der Luft sorgen.

Ich finde, gerade die Wiederverwendung vieler der Originalsteine macht aus der neu erbauten Dresdner Frauenkirche ein bauhistorisch besonders interessantes Experiment. Auch im Inneren der Kirche wurde auf Originales zurückgegriffen. Der schwer beschädigte Altar wurde zwar behutsam restauriert, aber nicht völlig repariert. So wurde eine ausgesprochen gelungene Kombination zwischen altem, bewährtem, und neuem Material gefunden.

Ich meine, auch beim Wiederaufbau unserer Gesellschaft sollten wir so vorgehen. Es ist ja nicht so, dass Deutschland alle seine Tugenden über Bord geworfen und dass wir nichts mehr zu bieten hätten, was nicht auch im Zeitalter der Globalisierung einzusetzen wäre. Ganz im Gegenteil. Wir sollten uns gerade wieder auf die klassischen deutschen Stärken und Tugenden besinnen. Vor allen Dingen sollten wir dafür sorgen, dass wir unsere noch existierenden Stärken nicht auch noch verlieren.

Beispielhaft für so eine Tugend ist unser „Made in Germany". Bildlich gesprochen, ist „Made in Germany" zwar ein alter schwarzer Stein, aber ein eminent wichtiger für das ganze Fundament unserer Gesellschaft.

Wir müssen unbedingt dafür sorgen, dass er in unserer Gesellschaft einen prominenten Platz bekommt, denn ohne diesen hätten wir auch den letzten Rest unserer Wettbewerbsfähigkeit eingebüßt, würde unser ganzes volkswirtschaftliches Modell einstürzen. Exportweltmeister sind wir nicht mehr, das ist jetzt China. Aber auch unsere immer noch eindrucksvolle Vizeweltmeisterschaft bei den Handelsgütern ist vor allem dem guten Ruf geschuldet, den deutsche Produkte durch ihre Qualität in vielen Jahrzehnten begründet haben. Anmerken muss ich allerdings, dass dabei nur die Güter, die man anfassen kann, berücksichtigt sind, wie Maschinen, Autos oder Spielzeuge. Zählt man solche hinzu, die man nicht anfassen kann, wie Software, Copyrights, Patente, Lizenzen, industrielle Dienstleistungen usw., dann haben wir eine nur knapp leicht positive Leistungsbilanz.

Insbesondere bei den Produkten, die man nicht anfassen kann, die mehr auf geistigem Eigentum als auf handwerklicher Arbeit beruhen, ist das Wachstum besonders stark. Das sind dann auch die gleichen Produkte, mit denen meist mehr Geld zu verdienen ist. Überspitzt gesagt heißt das: Betrachtet man Deutschlands Volkswirtschaft einmal als ein einziges Unternehmen, müssen wir selbstkritisch feststellen, dass wir unser Geld mit reifen, ja, teilweise auslaufenden Produkten verdienen.

Um „Made in Germany" zu bewahren, müssen wir in der ganzen deutschen Gesellschaft das Bewusstsein für Qualität wieder schärfen. Allen Schichten, angefangen von den Schülern über die Beschäftigten hin zu den gesellschaftlichen Vorbildern in Wissenschaft, Wirtschaft, Kultur und Politik muss die Bedeutung der sogenannten Sekundärtugenden wie Zuverlässigkeit, Genauigkeit, Pünktlichkeit wieder klar gemacht werden. Sie ist Voraussetzung nicht nur für die Qualität unserer Produkte und Dienstleistungen, sie ist die Grundlage unseres Wohlstandes. Wenn deutsche Konsumenten bereit sind, für ein Flachbildschirm-Fernsehgerät aus Asien mehr Geld auszugeben als für ein entsprechendes aus Deutschland, dann zeigen sie selbst, dass sie inzwischen immer öfter die Qualität aus Asien höher einschätzen als die aus Deutschland.

Deshalb brauchen wir eine umfassende Bewegung, die alle gesellschaftlichen Schichten und viele Themen umfasst. Das beginnt mit einer Verbesserung unseres Schulsystems („PISA"), umfasst die Notwendigkeit, auch in Deutschland Elite-Universitäten zu schaffen, die sich im internationalen Vergleich messen und halten können, bis hin zu den deutschen Vorstandsetagen, in denen – nach meiner Beobachtung – die Behandlung des Themas „Qualität" zu oft nach unten delegiert wird. Meine Oma sagte immer: „Eine Treppe kehrt man von oben!" In der Tat, alle gesellschaftlichen Vorbilder sind gefordert, „Made in Germany" als Markenzeichen für unser Land zu erhalten. Beim Wiederaufbau unserer Gesellschaft müssen wir, wie auch die Baumeister der neu aufgebauten Frauenkirche, auch auf Bewährtes setzen.

Eine Vision verfolgen

Welche Vision aber ist die richtige für Deutschland? Meine ist die einer „wettbewerbsfähigen Gesellschaft". Ich bin fest davon überzeugt, dass die Deutschen mit dieser Vision auch etwas anfangen können, obwohl sie schon seit Jahrzehnten in vielen Bereichen an Wettbewerb nicht mehr gewöhnt sind. Man denke nur an das Thema Schule. Aber es sollte doch mit dem Teufel zugehen, wenn eine Bevölkerung, die sich jeden Samstagabend vor der Sportschau für ihr jeweiliges Team bei der Bundesliga begeistert, den deutschen Medaillen-Aspiranten bei den Olympischen Spielen die Daumen drückt, nicht in die Lage versetzt werden könnte, auch in anderen Bereichen den Wettbewerb als Anreizsystem für mehr Leistung zu akzeptieren. Die Reform des deutschen föderalen Systems ist nach meiner Überzeugung genau der richtige Schritt. Die Diskussion um das Für und Wider ist dabei aber auch typisch für den von mir bereits erwähnten Konflikt zwischen Freiheit und Gleichheit. Überspitzt formuliert wollen die Gegner der Reform, dass in allen Schulen das Gleiche gelehrt und wohl auch geleistet wird, mit dem scheinbar plausiblen Argument, damit einen Übergang von einer Schule zur anderen zu erleichtern. Die Befürworter dagegen wollen durch den Wettbewerb ein insgesamt leistungsfähigeres Niveau erreichen.

Die Neuordnung unseres föderalen Systems ist eine unabdingbare Voraussetzung zur Wiederherstellung des Wettbewerbs in unserem Land und damit zur Wiederherstellung unserer Wettbewerbsfähigkeit. Dazu gehört nicht nur die Neuordnung von Verantwortlichkeiten zwischen Bund und Ländern, wie bei der sogenannten Föderalismusreform beschlossen, dazu gehört auch als nächster Schritt eine Änderung unserer Finanzverfassung. Ein Grund für die Überschuldung von Bund, Ländern und Kommunen ist die wild durcheinander geratene Verantwortung für die jeweiligen Finanzierungsaufgaben. Man kann eher von organisierter Verantwortungslosigkeit sprechen, wenn jeder jedem in die Tasche greifen, niemand aber für die weiter steigenden Schuldenberge verantwortlich gemacht werden kann. Heute kann der Bundestag das Recht auf einen Kindergartenplatz für jedes Kind beschließen, obwohl die wenigsten Kommunen das Geld haben, diesen Beschluss überhaupt in die Tat umzusetzen. Im Länderfinanzausgleich ist inzwischen eine Situation entstanden, in der 12 von 16 Bundesländern zu Nehmerländern geworden sind. Nach Saarland und Bremen will nun auch Berlin sich vom Bundesverfassungsgericht bescheinigen lassen, dass es Anspruch auf zusätzliche Finanzhilfen von anderen Ländern hat. Inzwischen haben schon 12 Bundesländer keinen verfassungsmäßigen Haushalt mehr. Wenn es so weitergeht, müssten bald alle Bundesländer beim Verfassungsgericht auf mehr Finanzmittel klagen. Spätestens, wenn die Einsicht fortgeschritten ist, dass auch das Bundesverfassungsgericht kein Geld hat, wird man um eine Neuordnung der Finanzverfassung nicht herumkommen. Diese Einsicht sollten wir uns heute schon zumuten.

Das deutsche politische Entscheidungssystem, 1948 im Schnellgang unter alliierter Oberaufsicht zustande gekommen, war darauf angelegt, zu verhindern, dass sich unser Land noch einmal so schnell wie zwischen 1933 und 1945 bewegen konnte. Es konstruierte eine große Zahl von „checks and balances", von Blockaden zwischen Bund und Ländern. Es gab den Parteien eine große Machtfülle zu Lasten der einzelnen Bürger. Es sorgte für Langsamkeit und gab uns damit paradoxerweise einen großen Standortvorteil: Stabilität. In den ersten Jahrzehnten nach dem Krieg war Deutschland synonym für stabile Verhältnisse. Wir hatten die geringste Arbeitslosigkeit, im August 1963 waren weniger Menschen arbeitslos, als die Nürnberger Arbeitsbehörde heute zur Verwaltung der Arbeitslosen beschäftigt. Die Deutsche Mark war die stabilste Währung in Europa. Gestreikt wurde selten bei uns, aber oft woanders. Der erste deutsche Finanzminister erwirtschaftete im immer noch zerstörten Westdeutschland kräftige Haushaltsüberschüsse, die er im damals noch bestehenden imaginären „Juliusturm" versteckte. Heute werden auch mit dem Hinweis auf die Wiedervereinigung Jahr für Jahr neue Rekorde in der Gesamtverschuldung aufgestellt.

Deutschland hat seine Wettbewerbsfähigkeit eingebüßt, nicht etwa weil es sich geändert, sondern weil es sich nicht geändert hat. Durch die sich dauernd verändernden technologischen Veränderungen, die zunehmende Globalisierung hat sich aber um uns herum alles verändert. So konnte aus dem klassischen deutschen Standortvorteil „Stabilität" der inzwischen auch schon wieder klassische deutsche Standortnachteil „Unbeweglichkeit" werden, und nicht weil wir, sondern weil alle und alles um uns herum sich geändert hat, haben wir den Verlust unserer Wettbewerbsfähigkeit kaum bemerkt.

Nachdem ich mich viele Jahre lang um die eine oder andere Reform in Deutschland bemüht habe, ist mir in den letzten Jahren immer deutlicher geworden, dass wir ein Problem mit unserer Reformfähigkeit selbst haben. Den Anstoß zu diesem Gedanken gab mir 1997 Bundespräsident Roman Herzog mit seiner zu Recht berühmt gewordenen „Ruckrede", mit der er die Tradition der Berliner Reden deutscher Bundespräsidenten begründete.

Wie man wettbewerbsfähig wird? Ganz einfach: durch Wettbewerb. Diese vordergründig tautologisch klingende Forderung macht Sinn, denn es gilt, in Deutschland den Wettbewerb wieder zu organisieren und dadurch insgesamt wieder leistungsfähiger zu werden. Das ist eine Vision, die die Verantwortlichen für den Wiederaufbau unseres Landes verfolgen sollten, so wie die Herren Burger, Güttler & Co. die Wiederherstellung der Dresdner Stadtsilhouette nach dem von Canaletto gemalten Bild verfolgt haben.

KAREN HORN

Die Freiheit und der Staat

Eine Auseinandersetzung mit Paul Nolte

„Die alte Geschichte von der großen Freiheit ist brüchig geworden und verliert an Überzeugungskraft." Mit diesem Paukenschlag beginnt der Berliner Historiker Paul Nolte im Frühjahr 2010 seine Rede zur Freiheit[1]. Es ist eine wichtige Rede, die sich an alle Liberalen wendet. Wir befänden uns in einer „postheroischen Zeit", proklamiert Nolte. Die Liberalen müssten das endlich zur Kenntnis nehmen und ihren Diskurs grundlegend ändern, ihn modernisieren, um ihn wieder überzeugend zu machen.

Dieses rhetorische Strickmuster ist geschickt.[2] Obschon als Gelehrter den Blick zurück geübt, zieht Paul Nolte es vor, nach vorn zu schauen. Natürlich, wem erginge es anders? Der Zweck der Sache: épater les bourgeois. Der Abschied von Überkommenen erschreckt und weckt den konservativen Geist, der Vorwurf des Überholtseins der eingeübten Denkmuster macht ihm ein schlechtes Gewissen, und der Aufbruch weg vom Überholten verspricht etwas verlockend Progressives. Diesmal ist es die Art und Weise, wie wir über die Freiheit reden, die zwar überkommen, aber auch überholt sein soll und von der es sich folglich zu verabschieden gilt. Ist dieser Schuh wert, dass man ihn sich anzieht?

---

1 Die „Rede zur Freiheit" ist eine Institution, die im Jahr 2007 von der Friedrich-Naumann-Stiftung für die Freiheit, der liberalen Parteistiftung, ins Leben gerufen worden ist. Die erste Rede hielt damals der Rechtswissenschaftler und Bundesverfassungsrichter Udo di Fabio, die zweite Rede 2008 der Historiker Heinrich August Winkler, die dritte Rede 2009 der Pastor, Bürgerrechtler und frühere Beauftragte für die Stasi-Unterlagen Joachim Gauck. Paul Noltes Rede lässt sich unter folgender elektronischer Adresse im Internet herunterladen: http://www.freiheit.org/files/62/4te_Berliner-Rede_72.pdf.
2 Siehe Paul Nolte, Abschied von der Gerechtigkeit, in: Abschied von der Gerechtigkeit, hg. von Katja Gentinetta und Karen Horn, FAZ Buch / NZZ Buch 2009.

Wenn jemand wie Paul Nolte den Liberalen die Leviten liest, dann gilt es seine Warnungen ernst zu nehmen und zu ihnen Stellung zu beziehen. Nolte ist ein hochgradig respektabler Kopf, der immer wieder wichtige Denkanstöße gibt, einer der kreativsten Intellektuellen der Berliner Republik. Ein Thema, das seine Schriften durchzieht, ist unter anderem das Verhältnis zwischen Freiheit und Bindung, zwischen Individualität und Gemeinschaft – und dieser Topos ist auch der Schlüssel zu seiner Rede zur Freiheit. Mit Noltes Argumenten gilt es sich also ernsthaft auseinanderzusetzen, und das soll im Folgenden geschehen.

Ich gestehe, als ich im Gutmann-Haus am Pariser Platz zu Berlin Noltes Worten lauschte, war ich épatée. Ich fühlte mich, was Absicht war, gegen den Strich gebürstet. Aber auch, als der erste Schreck sich gelegt hatte, fand ich mich immer noch im Dissens, ich als Liberale, die ich oft das Lied von der „großen Freiheit" singe und den Blick zurück in die Geschichte nicht scheue, nicht anders als Gerhard Schwarz, dem zu Ehren – und unter gelegentlicher Referenz und Reverenz an welchen – ich mich hier der Mühe unterziehe, meine Gedanken zu sortieren.

Fangen wir vorne an. Was versteht Nolte also unter der „großen Freiheit"? Natürlich meint er nicht jene berühmte, anrüchige, einst von Hans Albers besungene Straße im Hamburger Stadtteil St. Pauli, jene Seitenstraße der Reeperbahn, wo das Haus mit der Nummer 7 eine gewisse Rolle spielt. Nolte bezieht sich auf jene Freiheit, die unsere Nummer 1 ist und immer sein sollte: auf die Freiheit als unserem zwar durchaus nicht einzigen, aber „wichtigsten Wert"[3]. Er bezieht sich auf jene „klassische Freiheit, die uns mit ihrer vielhundertjährigen Geschichte ergriffen macht, auf die wir uns immer wieder, in heroischen Erzählungen von Freiheitskämpfen und Freiheitsverlusten, berufen" – aber, so schränkt er ein, uns „doch nicht mehr ohne Weiteres berufen können", nicht zuletzt weil der Jugend dieses Pathos unverständlich oder sogar peinlich ist. Nolte spricht von der

---

3 Die Unterscheidung ist wichtig. Wird Freiheit absolut gesetzt, folgen rasch Fundamentalismus und Utopismus. Gerhard Schwarz warnt nachdrücklich hiervor und merkt an: „Die wenigsten Menschen (sind) eben so eindimensional, dass sie nicht verschiedene Anliegen und Vorstellungen in sich vereinigen würden. Das zwingt zum Abwägen und Relativieren." Gerhard Schwarz (2001): Freiheit, Wohlstand und Fortschritt, S. 10, in: Robert Gilmour / Gerhard Schwarz, Freiheit und Fortschritt, Zürich 2001, S. 179–198.

„großen Freiheit" als „Anspruch" und „Aggregatzustand", als normatives Ziel und den Grad von dessen Realisierung, mit folgenden wesentlichen Komponenten: „die Freiheit des Individuums zu seiner Entfaltung in einem ungestörten privaten Raum, zu selbstbestimmtem Umgang mit Eigentum und Handeln am Markt, zur Gestaltung der politischen Ordnung in einer Demokratie".

Die „große Freiheit", das ist also, kurz gefasst, die Nolte'sche Chiffre für den normativen Wert und die Realität von erstens persönlicher Freiheit, Privatsphäre und Abwesenheit von Willkür und Zwang, zweitens wirtschaftlicher Freiheit und garantierten Eigentumsrechten, drittens politischer Freiheit und ihrer aktiven Nutzung. Auf diese umfassende Freiheit, so konstatiert er treffend, beziehen sich Liberale in ihrer politischen Rhetorik. „Wir mahnen zur Erinnerung an die Kämpfe und Rückschläge und appellieren an die Bereitschaft, sie zu verteidigen und aktiv auszufüllen." Der Befund ist korrekt, zumindest dann, wenn man die theoretisch überdurchschnittlich Geschulten unter den Liberalen in den Blick nimmt. Dass das von Nolte inkriminierte, weil angeblich nicht mehr zeitgemäße Freiheitspathos die Sprache der Politik sei, insbesondere der als solche im Parteienregister eingetragenen Freien Demokraten, ist in der Summe leider nur ein Gerücht. Damit tut er der Politik ein wenig viel der Ehre. Ihr Problem ist es eher, dass den Worten selten Taten folgen und dass man sich hinter Worthülsen, die auf die „große Freiheit" anspielen, nur verschanzt, ohne wirklich über deren Inhalte zu reden. Die Freiheitsliebe, die nicht nur Attitüde, sondern ernstes Anliegen ist, findet sich eher in den intellektuellen Eliten. Diese würden es freilich nicht versäumen, auch auf die grundsätzliche Unteilbarkeit der „großen Freiheit" hinzuweisen, also darauf, dass es konzeptionell unangemessen, wenn auch mitunter nützlich ist, der Freiheit verschiedene Sparten zuzuweisen.[4]

---

4 Gerhard Schwarz hat freilich darauf hingewiesen, dass es in politischen Übergangsphasen – wenn es etwa darum geht, mit Hilfe eines autoritären Regimes die Marktwirtschaft einzuführen – durchaus akzeptabel, weil zielführend sein mag, den einen Aspekt der Freiheit zugunsten eines anderen zurückzustellen. Darin liegt aber keine Rechtfertigung einer theoretischen Aufspaltung des Freiheitskonzepts. Und es bedeutet auch nicht, einen Second-Best-Zustand dauerhaft zu tolerieren: „Ein autoritäres Regime, das sich der Marktwirtschaft verschreibt, sorgt ganz automatisch für die zeitliche

Die „vielhundertjährige Geschichte" der Freiheit, die uns ergriffen mache, helfe allerdings wenig mit Blick auf die Herausforderungen der Gegenwart und der Zukunft, warnt Nolte. „Unser Reden über die Freiheit droht immer mehr zu einer historischen Erinnerungsgeste zu erstarren: der Geste der Erinnerung an die Zeiten der radikalen Unfreiheit, der Diktatur, deren Abstand mit jedem Jahr weiter wächst – und für einen immer kleineren Teil der Bevölkerung unmittelbar, lebensgeschichtlich nachvollziehbar ist." Es ist nicht zu leugnen: die Generation der bis etwa 1925 Geborenen, also derer, die das horrende Unrecht und die Unfreiheit des Nationalsozialismus in Deutschland noch bewusst miterlebt haben, und bei denen sich mit solchen argumentativen Referenzen folglich die erwünschten Konnotationen wecken lassen, ist nicht mehr sonderlich reich an Zahl. Allerdings, und das wäre in diesem Punkt als erstes gegen Nolte einzuwenden, gibt es durchaus zweite und dritte Generationen, denen das Erlebnis der radikalen Unfreiheit durch die eigenen Vorfahren prägnant überliefert und tief in die eigene Psyche eingesenkt ist. Nicht alle Eltern der Achtundsechziger-Generation haben geschwiegen.

Und ist es nicht unsere Aufgabe, die Erinnerung wach zu halten für jene, die von zu Hause keine solche Überlieferung mitbekommen haben? Verfahren wir auf einem weitläufig verwandten, obschon spezifischeren und noch sensibleren Feld, der Judenverfolgung durch die Nationalsozialisten, nicht ganz ähnlich und würden dort nie auf die Idee kommen, unseren Ansatz zu ändern? Dort haben wir das Wachhalten der Erinnerung als moralische Pflicht, ja als Selbstverständlichkeit eingeübt – wie ich meine, sehr zu Recht. Und wir versagen es uns auf diesem Feld ebenfalls zu Recht, in Extremen zu denken und eine unnötige Opposition zwischen dem Blick zurück und dem Blick nach vorn herbeizureden. Zwischen dem Wachhalten der Erinnerung als Mahnmal und dem Ziel einer gedeihlichen, versöhnlichen Gestaltung der Zukunft muss keine Spannung bestehen. Das eine schließt das andere nicht nur nicht aus, der Blick zurück erneuert und stabilisiert vielmehr immer wieder die emotionale Basis für den aufgeklärten Blick nach vorn.

Begrenzung der eigenen Macht. Es ist strukturell instabil." Gerhard Schwarz (2001), Marktwirtschaft und Demokratie – eine Hassliebe. Ist Freiheit wirklich unteilbar?, S. 189, in: Robert Gilmour / Gerhard Schwarz, Freiheit und Fortschritt, Zürich 2001, S. 179–198.

Das Zweite, was einzuwenden wäre, ist die Beobachtung, dass der Nolte'sche Befund mit Blick auf Ostdeutschland ohnehin nicht passt. Denn die Diktatur endete dort bekanntlich erst 1989. Hier gibt es gut zwanzig Jahre später noch genug Menschen, die Unfreiheit am eigenen Leib erlebt haben, angefangen mit der mangelnden Reisefreiheit und endend mit dem noch viel engeren physischen Eingesperrtsein für all jene Rechtlosen, die sich mit der Diktatur angelegt hatten. Beschneidung der Berufswahl, der Meinungsäußerung, der Koalitionsfreiheit, Bespitzelung, fast vollständige Abschaffung des Privateigentums, manipulierte Wahlen, all das war DDR-Alltag. Alle drei von Nolte genannten Aspekte der „großen Freiheit" fehlten: die persönliche Freiheit, die wirtschaftliche Freiheit, die politische Freiheit.

Und dennoch breitet sich in Ostdeutschland heute etwas aus, was die Westdeutschen unter den beschönigenden, weil fast verständnisvollen und humorigen Begriff „Ostalgie" fassen. Jeder dritte Ostdeutsche klagt, dass nur noch wenig vom DDR-Alltag übrig geblieben sei. Wie eine Dimap-Umfrage ergeben hat, wagt auch nur die Hälfte der Ostdeutschen die Aussage, die Wiedervereinigung habe im Osten eine materielle Besserung gebracht. Das ist eine Ungeheuerlichkeit, wenn man bedenkt, dass die Wirtschaft im Osten seit dem Mauerfall doppelt so schnell gewachsen ist, wie es nach allen Erfahrungen zu erwarten war. Seit 2000 holte das ostdeutsche Bruttoinlandsprodukt je Einwohner jedes Jahr um einen Prozentpunkt auf. Und 2009 erreichte es immerhin schon 70 Prozent des westdeutschen Wertes.

„Ostalgie": Nicht einmal die Verfolgten eines Unrechtsregimes sind gefeit vor diesem Trick, den ihnen das Gedächtnis in einer Art nachträglichem Stockholm-Syndrom spielt, wie der Pastor, Bürgerrechtler, frühere Beauftragte für die Stasi-Unterlagen und im Juni 2010 unterlegene Präsidentschaftskandidat Joachim Gauck über seinen eigenen Vater berichtet. Vater Gauck war fünf Jahre in Sibirien interniert. Nicht nur in seinem Buch von 2009, „Winter im Sommer – Frühling im Herbst"[5], hält Joachim Gauck seinen Landsleuten den Spiegel vor. In allem, was er tut und sagt, verkörpert und beflügelt er das Erinnern für die Zukunft. Und das ist umso dringlicher, als in manchen Familien im Osten der Dis-

---

5 Joachim Gauck, Winter im Sommer – Frühling im Herbst, 2009.

kurs über das Geschehene in ähnlicher Weise eingestellt worden ist wie einst in der Bundesrepublik die Auseinandersetzung der Zeitgenossen mit dem Nationalsozialismus, vor allem aber mit der eigenen Rolle und der eigenen Verantwortung in dieser Zeit. Auch in der DDR fand diese Auseinandersetzung damals nicht statt, unter dem Motto des „Antifaschismus" gab es zwar eine staatliche Abgrenzung, nicht aber ein profundes individuelles Aufarbeiten. Das kollektive Verdrängen hat System. Es ist allerdings brandgefährlich. Für die Individuen: Wie Psychologen wissen, müssen Traumata konfrontiert und aktiv verarbeitet werden, sonst wirken sie zerstörerisch von innen fort. Und für die Gesellschaft: Das haben nicht zuletzt die gewaltsamen Eruptionen in den 1960er-Jahren gezeigt.

Wie erschreckend die Lage jetzt schon ist, zeigt eine Aufsehen erregende Studie zum DDR-Bild von Schülern im Ost-West-Vergleich, die der Soziologe und Politikwissenschaftler Klaus Schroeder von der Freien Universität Berlin, gemeinsam mit seiner Frau, der Politologin Monika Deutz-Schroeder, angefertigt hat.[6] Die beiden Wissenschaftler haben mehr als 5000 Schüler in Ost und West im Alter zwischen 16 und 17 Jahren befragt. Die Studie belegt: Die meisten Schüler aus Ostdeutschland verklären heute die DDR, ihre soziale Seite wird betont. Weniger als die Hälfte der Schüler meint, das SED-Regime sei eine Diktatur gewesen. Rund ein Viertel der Schüler hält die DDR sogar „ausdrücklich für keine Diktatur". Es fehle eklatant an Tatsachenwissen. „Ursache für die Verklärung oder Verharmlosung der DDR-Diktatur sind Milieu und Elternhaus", sagt Schroeder. Die Eltern und Großeltern verdrängten das Geschehene, und die Kinder wagten in der Regel nicht, sie auf das heikle Thema anzusprechen. Sie hätten die instinktive Wahrnehmung, dass die Eltern oder Großeltern mit den Brüchen in ihren Biografien nicht fertig würden, dass sie die rückwirkende Entwertung ihrer früheren Lebensumstände nicht verkraften – und wollten sie gleichsam vor der Konfrontation schützen. „Aber hier hätte die Schule gegenwirken müssen. Und das hat sie nicht getan." Im Gegenteil: in vielen ostdeutschen Schulen wird gedankenlos und deswegen auch bedenkenlos selbst das alte propagandistische DDR-Liedgut weiter gepflegt.

---

6 Monika Deutz-Schroeder / Klaus Schroeder, Soziales Paradies oder Stasi-Staat? Das DDR-Bild von Schülern – ein Ost-West-Vergleich, 2009.

Was ist das Problem am Verdrängen und Vergessen? Das Problem ist nicht nur die fehlende Untermauerung des Wertes der Freiheit durch Erfahrung. Diese Untermauerung fehlt auch in den Ländern, in denen solche traumatischen Erlebnisse noch viel weiter zurückliegen oder denen sie ganz erspart geblieben sind. Doch die Menschen in diesen Ländern können sich die Liebe zur Freiheit auch theoretisch, intellektuell erarbeiten. Vor allem aber zehren sie vom Wachhalten der „Erinnerung an Zeiten der radikalen Unfreiheit" in den unmittelbar betroffenen Ländern. In der Erfahrung der Unfreiheit ist die Welt letztlich eins. Das Problem am Verdrängen und Vergessen ist die zwangsläufig damit einhergehende Verharmlosung der Unfreiheit, ist die erschlaffende Wachsamkeit gegenüber Anzeichen sich anschleichender neuer Unfreiheit. Und solche Anzeichen lauern an allen Ecken und Enden, betrieben von einem bevormundenden Staat, dessen Politiker nicht einmal ein Sensorium mehr haben für ihre ordnungspolitischen Sünden – im ungebremsten Zugriff hoch verschuldeter Staaten auf die Einkommen künftiger Generationen, in der Steuerung von Lebensentwürfen durch Frauenquoten und Erziehungsgeld, in ungezählten Eingriffen in die wirtschaftliche Freiheit, in der zunehmenden Kollektivierung und Entmündigung in den Sozialsystemen, der von Wissenschaftlern auch noch das beschönigende Label „liberal paternalism" umgehängt wird. Wenn eine Gesellschaft die Erfahrung großer Unfreiheit verdrängt und vergisst, dann ist sie auch gegenüber diesen schleichenden Bedrohungen der Freiheit nicht länger wehrhaft. Dann begibt sie sich nur allzu leicht auf den „Weg zur Knechtschaft"[7], wie es der große liberale Ökonom und Sozialphilosoph Friedrich August von Hayek schon 1944 kommen sah.

Der Weg zur Knechtschaft, zum Totalitarismus, ist gepflastert mit mehr oder minder stark ausgeprägten sozialen oder sozialistischen Idealen und kollektivistischen Strukturen in der Gesellschaft. Demgegenüber setzt Freiheit nach Friedrich August von Hayek – in Anlehnung an Benjamin Constant[8] – voraus, dass staatliche Willkür ausgeschlossen, der Zugriff der Politik eingehegt und die Macht der Regierung somit begrenzt

---

7 Friedrich August von Hayek, Der Weg zur Knechtschaft, 1971/2004 (die englischsprachige Erstausgabe „The Road to Serfdom" erschien 1944).
8 Benjamin Constant, De la liberté des anciens comparée à celle des modernes, 1819.

ist. Nach Paul Nolte hingegen soll man so heute besser nicht mehr reden. Denn: „In der Fixierung auf den Staat droht die Freiheitsdebatte in eine Sackgasse zu geraten." Diese Fixierung hält er für pathologisch. Diese Pathologie sei zwar nicht gerade ein deutsches Spezifikum, er betrachtet sie aber im Falle Deutschlands zumindest als verständlich angesichts der historischen Erfahrungen – die nun auf einmal auch für Nolte wieder eine wichtige Rolle spielen. Gerade in Deutschland sei es schließlich um die „Verfassung der Freiheit" lange Zeit nicht besonders gut bestellt gewesen, konzediert er, wobei er die Autorenrechte an diesem facettenreichen Terminus kurzerhand Ralf Dahrendorf verleiht – dabei bezog sich der von Nolte gern zitierte große Soziologe selbst stets ausdrücklich auf Friedrich August von Hayek und dessen gleichnamiges Werk von 1971[9]. Auf jeden Fall will Nolte ausbrechen aus der Enge des eingeübten Freiheitsdiskurses, der sich auf die „große Freiheit" konzentriert, der traditionell „auf das Verhältnis von Individuum und Staat hin entworfen worden" ist und somit auch die klassische Opposition von Markt und Staat produziert. Sein Grund ist ein pragmatischer: „Die Standpunkte scheinen wie fest zementiert." Der Berliner Historiker will kleinere, aber essbare Brötchen backen.

Es stimmt, in wirtschaftspolitischen Debatten dauert es nicht lange, bis die Frage aufkommt, wer zur Lösung eines bestimmten Problems die Führungsrolle übernehmen soll, der Markt oder der Staat, ob man also auf die spontane Ordnung setzen soll oder auf den hoheitlichen Eingriff. Die Meinungen hierzu sind meist präzise und einigermaßen vehement. Und es dauert nicht viel länger, bis sich dann auch der erste Protest angesichts derart vereinfachender Frontstellungen regt. Beides führt oft zum Abebben des Gesprächs. Aber ist das ein Grund, die „Ausrichtung" des Freiheitsdiskurses auf das Verhältnis von Individuum und Kollektiv, von Markt und Staat aufzugeben? Ist das nicht eher ein Anlass, subtiler zu argumentieren, geduldiger und weniger konfrontativ? Ist die Ausrichtung auf den Staat nicht essenziell?

Die Preisfrage ist, aus welcher Richtung die Freiheit denn bedroht sein kann. Nolte insinuiert, dass die Bedrohung heute nicht mehr vom

---

9 Friedrich August von Hayek, Die Verfassung der Freiheit, 1971/2005 (die englischsprachige Erstausgabe „The Constitution of Liberty" erschien 1960).

Staat ausgeht, sondern von ganz anderen, von der gesellschaftlichen, auch von der technischen Entwicklung getriebenen Themen und Trends: der Individualisierung, der Globalisierung, der Virtualisierung durch das Internet. Aber alle diese Herausforderungen werden erst dann zu Gefahrenherden für die Freiheit, wenn sie auf keine „Verfassung der Freiheit" stoßen, auf keine staatlich eingebettete und sanktionierte Herrschaft des Rechts, die verhindert, dass Menschen im Zuge des Wandels zum Mittel der Zwecke anderer gemacht werden, durch andere Menschen oder eben doch durch den Staat. Es geht am Ende immer irgendwie um den Staat. Wenn wir von der Ausrichtung unseres Freiheitsdiskurses auf den Staat abrückten, würden wir es unterlassen, die entscheidenden Fragen zu stellen und die entscheidenden Abgrenzungen vorzunehmen.

Nolte warnt, die Kritik am Staat fördere die Demokratieverachtung. Der Staat sei ein unverzichtbarer Verbündeter im Kampf um die Freiheit, man dürfe ihn nicht über Gebühr schwächen. „Gerade die Liberalen müssen sehr Acht geben mit ihrem Credo, der Staat drohe unsere Freiheit, offen oder unmerklich, aufzufressen; er drohe den Bürger zu erdrücken und zu ersticken. Denn da draußen sind falsche Freunde." Das ist allzu wahr und dennoch kein valides Argument, sondern eher eine Immunisierungsstrategie mit Totschlagpotenzial. Ein liberaler Diskurs, der sich dem ordnungstheoretischen Denken verpflichtet fühlt, wie es beispielsweise die Freiburger Schule verkörpert, muss sich diese Polarisierung nicht gefallen lassen. Denn auf der Basis liberaler Grundüberzeugungen und realistischer politökonomischer Einsichten kann man sehr wohl dafür plädieren, den Staat und die Fähigkeit der Regierung zu prozesspolitischen Eingriffen so klein wie möglich zu halten, und gleichzeitig den Staat einsetzen als höchste Instanz der Ordnungspolitik und damit als Hüter der Ordnung der Freiheit. Auch hier schließt das eine das andere nur dann aus, wenn man in Extremen denkt.

Letztlich erscheint Noltes Appell als Forderung, die sich zwar durchaus breiter Zustimmung derer erfreuen muss, die sich von den in der Tat häufig unfruchtbaren Debatten angeödet fühlen, die aber ihrerseits ebenfalls kaum in einen produktiven Diskurs führt. Was soll das sein, ein produktiverer Diskurs? Welche immaterielle Produktionsleistung hätte er zu erbringen, welchen praktischen Gewinn dürften wir von ihm erwarten? Wer sich von etwas Überholtem verabschieden will, der muss zumindest eine konstruktive Grundvermutung haben, in welche neue Richtung die Reise denn gehen soll – und die bleibt Nolte natürlich nicht schuldig. Er wünscht sich einen Diskurs, der explizit an der Lebenswirklichkeit der Menschen von heute ansetzt. Gegenüber den Zeiten, aus denen sich das – heute angeblich überholte – Freiheitspathos speist, habe sich die Welt insofern fundamental gewandelt, als wir Freiheitsgefährdungen gegenwärtig „nicht primär in einer neuen Diktatur, sondern in ganz unterschiedlichen Herausforderungen des Alltags registrieren". Auf diese gelte es Antworten zu finden, wenn man nicht Gefahr laufen wolle, dass die Freiheit als Wert immer mehr an Zustimmung verliere. Nolte warnt vor der „Verschiebung grundlegender Wertepräferenzen", die in der Öffentlichkeit in der Tat zu beobachten ist, besonders, aber nicht nur in Deutschland: „Freiheit ist weniger wichtig geworden – einen höheren Rang genießt jetzt häufig die soziale Gleichheit bzw. die soziale Gerechtigkeit, auch wenn man nach der Abwägung zwischen diesen beiden Gütern fragt"[10]. Auch dieser Befund ist nicht zu leugnen.

Heute bestehe die Herausforderung darin, schreibt Nolte, „Freiheit unter den Bedingungen der Freiheit zu gestalten." Wir sind frei – was machen wir uns da noch einen Kopf um die „große Freiheit"? Die Sache so anzugehen, wäre grob fahrlässig. Wir sorgen uns um die Freiheit, weil sie strukturell gefährdet ist, solange es einen Staat gibt und Regierende, die – sei es aus Machtstreben oder aus Paternalismus – nach einer Ausdehnung ihres Tätigkeitsfeldes streben. Zugleich ist das freilich eine verletzliche Flanke: Diese Sorge macht uns Liberale in unserer Rhetorik allzu defensiv. Und alles Defensive wirkt traurig und verzagt. Es hinterlässt den Eindruck, dass wir der Freiheit selber nicht viel zutrauen, dass sie ein zerbrechliches Gut ist, dass sie spontan gar nicht immer wieder an die Oberfläche kommen könnte, obwohl sie doch zum Wesen der Menschen gehört. All diese Eindrücke sind verfehlt. Was wir ändern müssen, ist also die Rhetorik, nicht das Tun. Die Freiheit gilt es weiter mit Nachdruck zu verteidigen – aber nicht verzweifelt und verzweifelnd und in Angst, sondern im festen Vertrauen auf ihre Robustheit. Wie es Christian Lindner, der Generalsekretär der deutschen FDP, auf dem „Forum Freiheit 2010" formuliert hat, gilt es, ein modernes, ungestümes, mitreißend positives

---

10 Vgl. Robert Vehrkamp, Andreas Kleinsteuber, Soziale Gerechtigkeit 2007, Bertelsmann-Stiftung.

Freiheitspathos in dem Sinne zu finden, dass wir „Freiheit wieder als jenen Lust- und Glücksgewinn der Emanzipation" zu verstehen und zu preisen lernen, der eintritt, wenn wir „Entscheidungen über das eigene Geschick ohne staatlichen Einfluss" fällen.

Wenn wir zu einem solchen Ton finden, dann erobern wir uns damit auch die Chance, wieder einen so ernsthaften wie umfassenden Wertediskurs in der Gesellschaft zu führen. Ein solcher Wertediskurs ist notwendig, weil das „Gestalten" der Freiheit, von dem Nolte spricht, dem Einzelnen obliegt, und weil er dafür einen normativen Kompass braucht. Um einen solchen Kompass zu entwickeln, müssen sich die Menschen austauschen – austauschen im weitesten Sinne, kommunizieren. Um nichts anderes geht es in dem einen der beiden bahnbrechenden, an Sinn und Tiefe unerschöpflichen Werk des schottischen Philosophen Adam Smith, der „Theory of Moral Sentiments"[11], der Theorie der ethischen Gefühle. Adam Smith hat gezeigt, wie die individuellen und auch die gesellschaftlichen Moralvorstellungen entstehen in einem Prozess der von Empathie getragenen, tätigen und kommunikativen Rückkopplungen zwischen verschiedenen Menschen, aber auch innerhalb der Seele ein und derselben Person, zwischen dem „Ich" und dem „Über-Ich". In seinem anderen großen Werk, dem „Wealth of Nations"[12], zog er dann die Parallele und zeigte, dass genauso auch der Wohlstand auf dem Weg über Austauschprozesse entsteht, in denen Gegenseitigkeit gewährleistet ist. In der Kleingruppe sorgen soziale Kontrolle und emotionale Nähe für diese Reziprozität, in der Großgesellschaft wird dies ersetzt durch tradierte Konventionen und Institutionen. Das macht die Großgesellschaft stabil. Und nur so konnte Smith den legendären Satz schreiben, dass wir „nicht vom Wohlwollen des Metzgers, Brauers und Bäckers [das erwarten], was wir zum Essen brauchen, sondern davon, dass sie ihre eigenen Interessen wahrnehmen."

Ein umfassender gesellschaftlicher Wertediskurs braucht keine großen Plattformen. Die Kommunikation findet nicht nur – und sogar noch am wenigsten – in der Politik und in den Organen der öffentlichen Meinung

---

11 Adam Smith, Theory of Moral Sentiments, Indianapolis 1982, Reprint von Oxford University Press 1976.
12 Adam Smith, Wealth of Nations, Indianapolis 1981, Reprint von Oxford University Press 1976.

statt, sondern vor allem in kleinen und kleinsten Zirkeln, in der Familie, in der Kirchengemeinde, am Stammtisch, in alle dem, was wir gelernt haben, „Bürgergesellschaft" zu nennen, in Abgrenzung von der Staatsgesellschaft. Da ist sie wieder, die Ausrichtung des Freiheitsdiskurses auf den Staat: Sie ist eben unverzichtbar, auch für Paul Nolte, der in seiner Rede darauf zielt, die Bürgergesellschaft zu stärken und den Menschen vor einer Individualisierung zu behüten, die in Isolierung mündet. Das ist sein klassischer Topos. So fragt er: „Kann eine Gesellschaft – nicht: eine Summe von Individuen! – frei sein, wenn jeder seines Glückes Schmied ist und seine Freiheit möglichst unabhängig von anderen sucht?" Die Freiheit der Selbstverwirklichung, an die wir uns gewöhnt hätten, drohe „in einem Privatissimum der Freiheit stecken zu bleiben."

Hier springt Nolte nun selbst mitten hinein in den Wertediskurs, definiert Gemeinschaft und Gemeinschaftlichkeit als ein wichtiges Ziel, warnt vor einem leeren, einem isolierten Leben. Ein solcher Diskurs ist richtig und in der Tat dringend geboten – aber er findet auf einer anderen Ebene statt als jener andere Diskurs, der sich mit dem Haben oder Nicht-Haben von Freiheit beschäftigt. Wie Gerhard Schwarz in der Dankesrede für den Förderpreis 2009 der Stiftung für Abendländische Ethik und Kultur formulierte: „*Freiheit wovon?* ist die Frage aller Liberalen, *Freiheit wozu* die finale Frage aller Menschen."[13] Zwar interessiert die Menschen die Freiheit wenig, wenn sie nicht wissen, wozu sie diese Freiheit nutzen sollen. „Orientierungslosigkeit macht Freiheit unattraktiv."[14] Mit Blick auf die Motivierung ist also die *Freiheit wozu* in der Führungsrolle. Mit Blick auf die Funktionalität hingegen verhält es sich umgekehrt. Nur wenn man die Freiheit errungen hat und nur wenn man sie effektiv verteidigen kann, wenn man also die Grenze zwischen Staat und Individuum immer wieder sauber zieht, kann sich das Individuum nicht nur träumerisch, sondern handelnd der Frage widmen, wofür es diese Freiheit nutzen, wie es sie gestalten will, wo es jene „Ligaturen", jene Bindungen knüpfen und eingehen will, von denen einst Dahrendorf sprach. Diese Frage nach dem „Wozu" ist essenziell – und die Frage nach dem

---

13 Gerhard Schwarz, Journalisten ohne Werte sind wertlos, Neue Zürcher Zeitung, 02.11.2009. http://www.nzz.ch/nachrichten/kultur/medien/journalisten_ohne_werte_sind_wertlos_1.3957028.html.
14 Ebd.

"Wovon" ist existenziell. Und so ist es beinahe gefährlicher Nonsens, wenn Nolte dazu aufruft, „einen zeitgemäßen Entwurf der Freiheit nicht im Staat und nicht im Individuum, sondern in der Bürgergesellschaft zu verankern." Ohne Abgrenzung vom Staat gibt es keine Bürgergesellschaft; ohne den Rekurs auf das Individuum ist die Bürgergesellschaft ein Monstrum. Und Noltes rechtfertigende Bemerkung, niemand vermöge für sich allein frei zu sein, ist – mit Verlaub – eine Binse.

Paul Nolte insistiert freilich: Der Freiheitsdiskurs dürfe nicht abstrakt bleiben, wie es leicht geschieht, wenn er historisch oder theoretisch aufgezogen wird. Die Liberalen müssen „das Problem der Freiheit in der konkreten Erfahrung der Menschen ernst nehmen", und dazu gehört, die sozioökonomischen Bedingungen von heute zur Kenntnis zu nehmen. Zu diesen Bedingungen zählten eine sich öffnende Einkommensschere, eine Blockade des sozialen Aufstiegs, eine gesteigerte Unsicherheit in Zeiten von globaler Wirtschaft und globalen Krisen. Den dadurch ausgelösten Ängsten in breiten Schichten der Bevölkerung könne man nicht mit der „bloßen Bekräftigung der Marktfreiheit begegnen oder mit dem Hinweis darauf, die Schwierigkeiten resultierten gerade aus Unvollkommenheiten oder Einschränkungen eines erst noch zu befreienden Markts". Warum eigentlich nicht, sofern und wenn es stimmt? Ein gutes Argument wird nicht schon dadurch schlecht, dass es nicht gern gehört wird.

Unter Anspielung auf das Schlagwort „Hartz IV" mahnt Nolte: „Auch und gerade Liberale muss es umtreiben, wenn ein erheblicher Teil unserer Bevölkerung einen Verlust an Freiheit erfährt, der zugleich als ein elementarer Verlust von individueller Würde verspürt wird." Es sei schon möglich, dass hier Wahrnehmung und Realität divergieren, dass subjektive und objektive Freiheit auseinanderklafften, konzediert Nolte. Präziser formuliert: Es ist schon möglich, und es wäre beileibe auch nicht das erste Mal, dass die positiven Freiheiten, die von materieller Ausstattung abhängigen, von stets veränderlichen und gefährdeten Möglichkeiten, mehr in den Vordergrund rücken als die in der westlichen Welt errungene negative Freiheit, also die von formellen Vorkehrungen, von der Herrschaft des Rechts abhängige Abwesenheit von Zwang. Wenn dem aber so sei, meint Nolte, dann müsse sie sich diesem Phänomen offen stellen. „Eine freie Gesellschaft muss sich auch daran messen lassen, dass sie Lebenschancen bereithält", deklariert er. Stimmt. Hier hat Nolte zweifelsohne einen wichtigen Punkt, auch wenn dies wieder ein immunisierter Satz, eine Selbstverständlichkeit, ein Truismus ist. Aber was meint er damit? Worin soll dieses „Sich stellen" konkret ausdrücken, im Gegensatz zu dem, was die Liberalen bisher tun? Wie soll es aussehen, wenn man nicht gleichzeitig in der Theorie eine logische Unsauberkeit begehen und dann auf dieser Basis in der Praxis unter dem Gesichtspunkt der „großen Freiheit" genau das Falsche tun will? Soll man etwa die „große Freiheit", die Freiheit in ihren persönlichen, wirtschaftlichen und politischen Facetten, den Schutz von Privatsphäre, Privateigentum und Souveränität aufgeben zugunsten eines immer weiter aufgeblähten Wohlfahrtsstaats, nur damit wir dem Arbeitslosengeldempfänger eine, wie er selbst am besten weiß, trügerische Sicherheit vorgaukeln können, die mit Freiheit nicht viel zu tun hat? Die ihn abhängig macht, dem Leben und sich selbst entfremdet? Die zukünftige Generation in der Schuldenfalle zurücklässt?[15] Ist es nicht wesentlich sinnvoller, dafür zu sorgen, dass die Gesellschaft frei, flexibel und mobil bleibt, dass sozialer Aufstieg möglich und üblich ist und nicht von verharz(t)en Strukturen und Bürokratie unterbunden wird? Wer ihn kennt, kann mit Fug und Recht vermuten, dass es dies ist, was Paul Nolte eigentlich meint. Und hierin ist ihm uneingeschränkt zuzustimmen.

Ja, wir Liberalen müssen positiver werden – zwar nicht in unseren Konzepten, nicht in unserem Verständnis von Freiheit, aber in unserem Elan. Wir müssen offensiver werben, deshalb aber nicht konfrontativer auftreten. Wir müssen geduldiger erklären. Wir müssen dabei konkreter werden. Wir müssen die Erfahrungen aus der unfreien Vergangenheit besser übersetzen für die Menschen von heute, denen es erspart geblieben ist, solche Erfahrungen zu sammeln. Wir müssen die Mechanismen des Markts immer wieder verständlich machen und stärken, statt einfach zuzusehen, wie sie außer Kraft gesetzt werden. Wir müssen helfen, institutionelle Blockaden und Verkrustungen aufzulösen. Wir müssen Stolz vermitteln auf das Wunder der immer neuen Chancen und Perspektiven, die in den spontanen Prozessen der Interaktion entstehen. Zur Freude anstiften über die Kraft jedes Einzelnen, die in einer Ordnung der Frei-

---

15 „Der moderne Wohlfahrtsstaat hat sich finanziell selbst ad absurdum geführt", konstatiert Gerhard Schwarz. Gerhard Schwarz, Die „soziale Kälte des Liberalismus – Versuch einer Klärung", St. Augustin 1977, S. 34.

heit zur Blüte kommen kann. Appetit machen auf den „Lustgewinn" der Freiheit.

Und wir müssen uns zutrauen, uns auch mit anderen wichtigen Werten auseinanderzusetzen, die das Leben in der Gesellschaft begleiten und prägen, gerade so, wie Paul Nolte es stets so hilfreich tut, mit Fragen der Gerechtigkeit, der Solidarität, des „guten Lebens". Wir müssen dabei auf die Befindlichkeiten anderer Menschen eingehen und danach trachten, uns allen neue Optionen zu eröffnen. Aber wir dürfen den materiellen Begehrlichkeiten nicht blindlings willfährig sein vor lauter Furcht, dass die Freiheit sonst an Zuspruch verliert. Und, so viel Dissens muss sein: Wir dürfen uns nicht einengen lassen in einem Diskurs nur mehr über die kleinen, die dividierten, die deshalb letztlich unechten Freiheiten. Die „große Freiheit" ist und bleibt die „Nr. 1" – natürlich in ihrem essenziellen Staatsbezug und gerade auch mit ihrem mitreißenden Pathos. Nur so lässt sich einlösen, was Gerhard Schwarz als wahrer Freund der Freiheit verlangt: „Der Liberalismus sollte für die Freiheit nie nur aus Gründen der Nützlichkeit eintreten, sondern sie als Grundprinzip verteidigen. Und damit Ja sagen zum Unvorhersehbaren, das Fortschritt und Rückschritt bedeuten kann, Gutes und Schlechtes."[16]

---

16 Gerhard Schwarz; Journalisten ohne Werte sind wertlos, Neue Zürcher Zeitung, 02.11.2009. http://www.nzz.ch/nachrichten/kultur/medien/journalisten_ohne_werte_sind_wertlos_1.3957028.html.

HANS JÖRG HENNECKE

„Was mit dem Ganzen zu geschehen hat,
ergibt sich aus der Anlage des Einzelnen".
Zur politischen Philosophie des Dezentrismus

I.

Zumindest war Otto Neurath ein mutiger Mann. Als er im Januar 1919 im Auftrage des bayerischen Ministerpräsidenten Kurt Eisner vor den Münchner Arbeiterrat trat, um den Revolutionären seine Vorstellungen zur Neuorganisation der Wirtschaft zu erläutern, kündigte er nicht nur vollmundig an, dass „alles" dank eines umfassenden Wirtschaftsplanes „durchsichtig und beherrschbar" werde und dass „umfassende statistische Übersichten" den Staatsmann befähigen sollten, „für das Glück aller Bürger zu sorgen". Darüber hinaus machte er seinen Zuhörern auch noch unmissverständlich klar, dass in einer solchen wissenschaftlich gelenkten Planwirtschaft an eine wie auch immer geartete Selbstverwaltung der Betriebe und ihrer Arbeiterräte, die tatenhungrig vor ihm saßen, nicht zu denken sei: „*Sozialisiert muss von oben werden. Was mit dem Einzelnen zu geschehen hat, ergibt sich aus der Anlage des Ganzen*".[1]

Man mag Neurath zugutehalten, dass er diesen Satz mit den besten Absichten vortrug und seine Überzeugung ehrlich aussprach. Aber die lakonische Kälte und Brutalität seines Bekenntnisses waren nur die notwendige Konsequenz einer geistigen Haltung, auf die sich die finstersten Erscheinungen des Totalitarismus im 20. Jahrhundert stützten. Zugegebenermaßen sind offene Befürworter einer Planwirtschaft im Sinne Neuraths inzwischen selten geworden. Aber nach wie vor verbreitet ist die dahinter stehende Überzeugung, dass die gesellschaftliche Ordnung um so vernünftiger, gerechter und sozialer sei, je gründlicher Wissen und

---

1 Otto Neurath, Wesen und Weg der Sozialisierung. Gesellschaftstechnisches Gutachten, vorgetragen in der 8. Vollsitzung des Münchener Arbeiterrates am 25.01.1919, in: ders., Wissenschaftliche Weltauffassung, Sozialismus und Logischer Empirismus, hg. von Rainer Hegselmann, Frankfurt 1979, S. 242–261 (S. 248 f. und S. 252).

Macht in einem Punkt miteinander verschmolzen werden und je kompromissloser man allem Ungleichen, Spontanen, Überlieferten, Gewachsenen und Ungenehmigten von oben herab den Garaus macht. Aus vielen Debatten der Tagespolitik ist uns die Vorstellung vertraut, dass das Glück an zentraler Stelle definiert und den Menschen zugeteilt werden könne, indem man die Gesellschaft nach einem idealen Plan konstruiert. Wo immer Probleme und Unsicherheiten auftreten, wird der Ruf nach einer Kompetenzbündelung an zentraler Stelle laut, um die wirre, unüberschaubare und unberechenbare Vielfalt durch genormte, vernünftige und gerechte Einheitlichkeit zu ersetzen.

Wer beispielsweise nach dem Motto „allen dasselbe" an ein nach Begabungen und Neigungen differenziertes Schulsystem die Axt ansetzen und für die Einführung von Bildungskolchosen in Gestalt von Gesamt- oder Einheitsschulen ficht, muss längst nicht mehr mit unüberwindlichem Widerstand in bürgerlichen Kreisen rechnen. Auch die europäische Wissenschaftspolitik hat mit dem „Bologna-Prozess" einen Weg zur Vereinheitlichung von Studienordnungen, zur Standardisierung von Lehrinhalten und zur Ausdehnung hybrider Forschungsprofile beschritten, der keinen echten, pluralistischen Wettbewerb mehr zulässt, sondern eine Planwissenschaft hervorbringt, in der unter den Wissenschaftskombinaten ein Wettlauf um die Erfüllung vorgegebener Plansollvorgaben organisiert wird und in der Evaluations- und Akkreditierungsbürokratien definieren, welchen Grad von „Exzellenz" den verdienten Arbeitern des Geistes zugesprochen werden darf.

Auch politische Ordnungen selbst laufen immer wieder Gefahr, in den Sog der Verplanung, des Zentralismus und des Kollektivismus hineinzugeraten. Das Vertrauen in den Wettbewerb und Pluralismus der regionalen oder kommunalen Einheiten ist im Zweifelsfalle zu schwach ausgeprägt, um dem harmlos klingenden Ruf nach „Harmonisierung" zu widerstehen. Zudem ist die Tendenz unübersehbar, sich in Kartelle zu flüchten, mit denen man Verantwortung verschleiern und Selbstbestimmung durch Mitbestimmung ersetzen kann. Steuerverbünde in Finanzverfassungen oder komplexe Mitsprachebefugnisse der regionalen Einheiten bei der zentralen Gesetzgebung bieten bequemen Einfluss, ohne dass die regionalen Akteure sich vor ihren Wählern mit eigenständigen Leistungsbilanzen verantworten müssten. Erst recht sind solche Tendenzen in der Politik auf europäischer Ebene spürbar. Allen Sonntagsreden zum Trotz ist die europäische Integration bislang eine Einbahnstraße zu einer fortschreitenden Zentralisierung und Vereinheitlichung gewesen, ohne dass es jemals eine wirksame Aufgabenkritik gegeben hätte. Selbst Skeptiker geben sich inzwischen damit zufrieden, dass die unteren Ebenen mehr Mitspracherechte bei den zentralisierten Entscheidungen erhalten. Der Preis für grassierende Politikverflechtung ist hoch, ist doch überall der Druck spürbar, kommunale oder regionale Einheiten zu fusionieren, damit sie über genügend Verwaltungskraft verfügen, um der um sich greifenden Regulierung vieler Verwaltungsverfahren und Politikfelder gewachsen zu sein.

Wer nach Ursachen der zurückliegenden Finanz- und Wirtschaftskrise sucht, der wird neben einer gehörigen Portion Staatsversagen immer wieder auf die Neigung vieler Wirtschaftsakteure stoßen, sich der heilsamen Disziplin des Wettbewerbs zu entziehen und sich der Haftung für eigenes Handeln durch die Kollektivierung von Risiken zu entziehen. Auch die gemeinsame europäische Währung ist entgegen aller Beteuerungen längst auf dem Weg zu einer inflationären Transferunion, die nichts anderes als eine Haftungszwangsgemeinschaft und organisierte Verantwortungslosigkeit in europäischem Maßstab bedeutet. Gerade das Schicksal der Währungsunion macht deutlich, wie sehr im Gefolge der Finanzkrise die Hoffnung auf große, zentrale Lösungen eine Renaissance erlebt. Ungeachtet aller Legitimations- und Effizienzprobleme, unter denen europäische Institutionen oder internationale Organisationen und transnationale Konferenzrunden leiden, richten sich Heilserwartungen auf naive und leichtfertige Weise auf eine ominöse „Global Governance".

Es fiele leicht, die Liste der einschlägigen Beispiele aus Politik und Wirtschaft zu verlängern, in denen sich mehr oder weniger explizit bestimmte Grundüberzeugungen widerspiegeln, die auch Neurath und seine Gesinnungsgenossen zu Beginn des 20. Jahrhunderts angetrieben haben. Man glaubt, dass nur große Einheiten leistungsfähig genug seien, um den Herausforderungen einer komplexen Gesellschaft gerecht zu werden. Man ist davon überzeugt, dass große Einheiten kreativer, origineller, anpassungsfähiger als kleine Einheiten seien. Nicht „individuelle Freiheit", sondern „soziale Gerechtigkeit" ist die Legitimationsformel dieses Denkens; nicht Verschiedenheit und Vielfalt werden angestrebt, sondern Nivellierung und Gleichstimmung. Wo von „Freiheit" die Rede ist, geht es nicht um die

Abwesenheit von willkürlichem Zwang oder um die Möglichkeit des Einzelnen, eigenen Plänen und Präferenzen zu folgen, sondern Freiheit wird oft als eine Ausstattung mit Möglichkeiten und Rechten begriffen, die von der Politik möglichst gleichmäßig zugewiesen werden sollen. Die Verschiedenheiten an Begabungen, familiären Traditionen oder lebensweltlichen Prägungen werden nicht als Quelle kulturellen Reichtums empfunden, sondern als Kloake der Ungerechtigkeit, die möglichst schnell und umfassend trockengelegt werden müsse. Man vertraut darauf, dass es an zentraler Stelle eine Instanz gebe, die Freiheit, Gerechtigkeit und Chancen zuteilt und die Interessen der Menschen überblicken kann. Bei aller Politikverdrossenheit herrscht eine Staatsbesessenheit vor, die sich in dem naiven Glauben äußert, dass der Staat schon über das nötige Wissen verfüge und der beschränkten und egoistischen Sicht des Einzelnen überlegen sei. Selbstbestimmung und Selbstverantwortung werden zuallererst als gefährliche Zumutungen begriffen, von denen man den einzelnen durch Schaffung von kollektiven Vorsorgesystemen, durch Haftungsverbünde und Verantwortungskartelle entlasten muss. Die Präferenz für das Gemachte, Fabrizierte, Organisierte und Konstruierte äußert sich in radikalem und optimistischem, aber auch kurzsichtigem Reformdenken, das von der *tabula rasa* träumt, die der Gesellschaftsmacher ohne Rücksicht auf das, was vor ihm war, nach seinen Grundsätzen beschreiben kann.

Solchen Vorstellungen von Kollektivismus, Zentralismus oder geschlossener Gesellschaft liegt eine ganz bestimmte Vorstellung von Vernunft zugrunde. Man kann sie insofern als rationalistisch bezeichnen, als sie auf die gestalterische Kraft der planenden Vernunft vertraut und das Glück der Gesellschaft in der Verwissenschaftlichung der Politik sucht. Alles, was an Institutionen und Gewohnheiten vorgefunden wird, wird vor das Tribunal einer allmächtigen und unbegrenzten Vernunft gestellt und darf nur fortbestehen, wenn seine Vernünftigkeit nachgewiesen wird. Die Gesellschaft wird in diesem Sinne umso vollkommener, je gründlicher sie das nicht als vernunftgemäß Bewiesene verwirft, beseitigt und durch das ersetzt, was nach den Maßstäben der Vernunft neu konstruiert wird. Nichts Zufälliges und Ungenehmigtes bleibt übrig, die Gesellschaft gerät zu einem planvollen Konstrukt, zu einer zweckbestimmten Maschine, zu einer festgefügten Organisation mit vorgegebenen Zielen und Werten.

Diese Verabsolutierung und Überschätzung der Vernunft hat in der Neuzeit eine lange Tradition, ja sie ist geradezu eines der Kennzeichen der neuzeitlichen Geistesgeschichte. Sie hat den paternalistischen Absolutismus des 18. Jahrhunderts ebenso ermöglicht wie den revolutionären Totalitarismus, der Europa erstmals nach 1789 und in noch größerem Ausmaß nach 1917 erfasst hat. Auch der demokratische Interventions- und Wohlfahrtsstaat nach 1945 und in unseren Tagen der europäische Integrationsprozess stützen diese geistigen Voraussetzungen. Gewiss waren die politischen Vorzeichen oft entgegengesetzt, und Ausmaß und Radikalität des Rationalismus verschieden stark ausgeprägt: Kein Aufklärer des späten 18. Jahrhunderts sähe sich gerne mit Befürwortern absolutistischer Herrschaft gleichgesetzt, kein Demokrat des 20. Jahrhundert nähme es unwidersprochen hin, in die Nähe von totalitären Denkern gerückt zu werden. Doch auch wenn man wichtige Unterschiede zwischen den Herrschaftsordnungen und ihren intellektuellen Fürsprechern beachtet, bleibt es doch bemerkenswert, wie sehr sie alle von der gemeinsamen Vorstellung von der Steuerbarkeit der Gesellschaft und der Steuerungsfähigkeit einer wissenschaftlich erleuchteten Politik beseelt sind. So führt eine Linie von grundlegenden Denkern wie Descartes, Bacon und Hobbes über Theoretiker und Praktiker des Absolutismus wie Bodin und Colbert zu Bannerträgern der Aufklärung wie Rousseau, Voltaire und vielen anderen Enzyklopädisten bis hin zu den jakobinischen Gesellschaftsplanern der Französischen Revolution und zu Pionieren des Sozialismus im 19. Jahrhundert wie Saint-Simon, Fourier, Comte und Marx. Und diese Linie findet ihre Fortsetzung in Theoretikern der Planwirtschaft wie Neurath und Mannheim und in Anwälten des Interventions-, Planungs- und Wohlfahrtsstaats wie Lasky, Keynes, Myrdal und Galbraith und ihren geistigen Erben in unseren Tagen.

II.

Dieser Rationalismus war für die Neuzeit so prägend und hat in so wirkmächtigem Maße definiert, was Reform, Fortschritt und Modernisierung im Wandel der Zeiten ausmacht, dass es auf den ersten Blick schwer fällt, die Gegenposition zu ihm überhaupt zu identifizieren. Dabei gibt es sehr wohl eine geistige Tradition, die dem dominanten Rationalismus Widerstand geleistet hat und ein alternatives Verständnis wirtschaftlicher, sozialer und politischer Ordnung vermittelt. Die Bezeichnungen für diese Gegenhaltung wechseln freilich je nach Bezugspunkt: kritischer

Rationalismus, Antirationalismus, evolutionäre Aufklärung, Historismus, Kommunalismus, Föderalismus, Humanismus, Personalismus, Individualismus, christliche Soziallehre, Dezentrismus, Konservatismus, Liberalismus und manches andere mehr, das den eigentlichen Kern dieser alternativen Haltung mehr oder weniger gut erfasst. Trotz der Akzentunterschiede, die mit dieser oder jener Bezeichnung angedeutet sind, sollte man sich über die grundlegenden Unterschiede zur Gegenseite klar werden, denn wir stehen hier an einer Hauptwasserscheide, an welcher sich die Sozialphilosophien in zwei Einzugsbereiche teilen. An manchen Stellen mag ihr Verlauf schwer zu erkennen sein und es zu gefährlichen Annäherungen kommen, letztlich münden die Ströme aber zu sehr verschiedenen politischen Konsequenzen, je nachdem, ob man sich für die kollektivistisch-zentralistische oder für die personalistisch-dezentristische Seite entscheidet.

Diese „dezentristische" Ordnungsidee, wie wir sie hier aus Verlegenheit und in Ermangelung eines umfassenden Begriffs benennen wollen, ist immer wieder von der rationalistisch-zentristischen Organisationsidee überlagert und überdeckt worden, aber auch sie verfügt in der Neuzeit über eine eindrucksvolle Tradition von Protagonisten und Strömungen. Auffällig ist dabei, dass diese alternative Ordnungsidee vor allem dann ausgesprochen wurde und nicht bloße, unbewusste Praxis blieb, wenn sich Autoren angesichts der Herausforderung durch ein rationalistisches und zentralisierendes Politikverständnis geradezu dazu gezwungen sahen, ihre Gegenhaltung auszuformulieren.

Zu ihr gehören Autoren wie Petrarca, Erasmus, Montaigne und Boétie, die im Zeitalter des Humanismus und der Renaissance die Persönlichkeit des Individuums entdeckten und damit dem späteren Liberalismus eines Humboldt oder Acton den Weg bereiteten. Auch der städtische Republikanismus in Oberitalien, in den Niederlanden oder in der Schweiz lieferte in den Werken Niccolò Machiavellis, Francesco Guicciardinis oder Donato Giannottis wichtige Beiträge – den für unseren Zusammenhang gehaltvollsten wohl in Gestalt des Emdener Juristen Johann Althusius, der eine Theorie der Politik entwarf, die konsequent von den kleinen Einheiten her dachte und deshalb die Politik als die „Kunst der Zusammenfügung" von Individuen und deren autonomen Gemeinschaften und Genossenschaften verstand. Als große Mittlerfigur zwischen dem antiken und frühneuzeitlichen Republikanismus und der Aufklärung muss an den ebenso gelehrten wie amüsanten Montesquieu erinnert werden, dessen Werk viele Elemente dezentristischen Denkens vereint: die Sympathie für die kleine Einheit, das Plädoyer für die Notwendigkeit intermediärer Gewalten, die zwischen Individuum und Staat vermitteln, das Wissen um größere Regelungskraft der gewachsenen Sitte im Vergleich zu derjenigen einer konstruktivistischen Gesetzgebung und schließlich das Gespür für die Unterscheidung zwischen individueller Freiheit und kollektivistischer Freiheit bzw. Macht. Hervorzuheben sind auch diejenigen Repräsentanten der Aufklärung, die noch gründlicher als der aphoristisch denkende Montesquieu den Unterschied zwischen einer verabsolutierten und konstruktivistischen Vernunft und einer evolutionären und historischen Vernunft herausgearbeitet haben: von Neapel aus Querdenker wie Giambattista Vico und Ferdinando Galiani, von Edinburgh und Glasgow aus die großen Moralphilosophen David Hume, Adam Ferguson und Adam Smith, deren Vorstellungen zur kulturellen Evolution von Institutionen später zum Ausgangspunkt für die Österreichische Schule der Sozialwissenschaften, insbesondere für Carl Menger und Friedrich August von Hayek, wurden. Die angelsächsische Variante der Aufklärung wirkte auch tief auf den Osnabrücker Justus Möser, der als praktisch denkender Jurist, Beamter, Volkspädagoge, Historiker und konservativer Reformer anschaulich und humorvoll für die „Localvernunft" warb und vor der despotischen Einförmigkeit abstrakter Ideen warnte. Ein scharfsinniger Revolutionskritiker wie Edmund Burke, ein behutsamer und weitblickender Reformer wie Karl vom und zum Stein oder Napoleons zeitweiliger publizistischer Gegenspieler Benjamin Constant dürfen dieser Tradition ebenso zugerechnet werden wie einige Vertreter der politischen Romantik, unter ihnen Karl Friedrich Savigny oder Joseph von Eichendorff, aber nicht minder der große Mahner Alexis de Tocqueville mit seinen skeptischen Deutungen von Demokratie und Sozialismus. In die Portraitgalerie des Dezentrismus gehören aus der zweiten Hälfte des 19. Jahrhunderts der Föderalist Constantin Frantz, ein engagierter Kritiker der Einigungspolitik Bismarcks, und der Volkskundler Wilhelm Heinrich Riehl, der gegen Industrialisierung, Urbanisierung, Vermassung und Entwurzelung eine konservativ-nachhaltige Sozialpolitik vertrat. Diese Probleme waren auch wichtige Stichworte für die katholische Soziallehre, die – ausgehend von Wurzeln in der scholastischen Tradition nach Thomas von Aquin – ihre Vorstellungen zur sozialen und wirtschaftlichen Ordnung um den Begriff der „Subsidiarität" gruppierte und später vor allem in der prinzipienfesten Gesellschaftsethik Joseph Höffners ihren besten Ausdruck fand. Stellvertretend für die vielen Neoliberalen des 20. Jahrhunderts und die Gründerväter der „sozialen Marktwirtschaft" in Deutschland verdient vor allem Wilhelm Röpke Erwähnung, der sich im Zweifelsfalle nicht als Liberaler oder als Konservativer, sondern als Dezentrist bekannte und seine ganze Sozialphilosophie als Therapie gegen den kollektivistischen Geist seiner Zeit verstand. Auch an Erkenntnistheoretiker wie Karl Popper und Michael Polanyi oder an anstößige Außenseiterfiguren wie Ernst Fritz Schumacher oder Leopold Kohr sei erinnert. Selbstredend hat die Schweiz zu dieser dezentristischen Ordnungsidee immer wieder herausragende Beiträge geliefert: von Jacob Burckhardt und Philipp Anton von Segesser im 19. Jahrhundert über Werner Kaegi, Hans Zbinden oder Adolf Gasser in der Mitte des 20. Jahrhunderts reicht die Traditionslinie bis in unsere Tage mit dem rührigen Publizisten Robert Nef.

III.

Dieser Auszug aus der Ahnentafel erhebt keinen Anspruch auf Vollständigkeit, sondern soll nur andeuten, welche Richtungen dezentristisches Denken im Laufe der Zeit einschlagen und welche Akzentsetzungen es vornehmen konnte. Auf der Ebene der politischen Denkschulen kann sich der Dezentrismus mal in einer stärker liberalen und mal in einer eher konservativen Positionierung niederschlagen. Aber nicht jeder Liberale und erst recht nicht jeder Konservative ist ein Dezentrist. Vielmehr gibt es viele rationalistische Liberale, die Vorbehalte gegen das konservativ anmutende Argument haben, dass die Vernunft menschlicher Institutionen historisch wächst und deren Wirkungsweise von kulturell-moralischen Voraussetzungen abhängt. Erst recht gibt es viele kollektivistische Konservative, die vom Staat her denken und diesem das Individuum als bloßen Untertan unterordnen. Dezentrismus umschreibt gewissermaßen die Schnittmenge zwischen Liberalismus und Konservatismus.

Doch wichtiger als solche ideologischen Etikettierungen ist die Erkenntnis, dass hinter den möglichen Positionierungen in der Tagespolitik ein skeptizistischer Vernunftbegriff steht, der die Grenzen aller Planbarkeit und Steuerbarkeit betont und mehr Vertrauen in die Selbstordnungsprozesse sozialer Institutionen setzt. Dieser Vernunftbegriff ist umfassender und tiefer, weil er über die szientistische Vernunft hinaus auch eine historische und evolutionäre Vernunft anerkennt und zu schätzen weiß, dass in Traditionen, Gewohnheiten, Überlieferung viel implizites Wissen steckt, das gerade deswegen so wertvoll ist, weil es sich bereits über lange Zeit bewähren musste und sich immer wieder aufs neue behaupten muss. Wer sich also in jakobinischem Eifer an die Flurbereinigung der Gesellschaft macht, der begeht aus Sicht eines Dezentristen den Fehler, dass er nur einen engen Ausschnitt von Vernunft, nur die bewusst wahrnehmbare und aussprechbare Vernunft, anerkennt und damit in seiner Borniertheit viel Wertvolles unterschätzt und zerstört. Dem Dezentristen ist bewusst, dass alle menschlichen Institutionen auf kulturellen und moralischen Voraussetzungen beruhen und deshalb nicht beliebig übertragbar sind. Wirtschaft und Gesellschaft deutet er nicht als gemachte, auf vorgegebene Ziele und Funktionen ausgerichtete Organisation, sondern als einen lebendigen Organismus, der eine Fähigkeit zu Selbstordnung entwickelt hat und dessen Beschaffenheit nur indirekt über die Gewährleistung bestimmter Rahmenbedingungen und Regeln beeinflusst werden sollte. Aufs Engste hängt diese Haltung, die nicht zufällig bei angelsächsischen Autoren wie David Hume, Edmund Burke oder Michael Oakeshott besonders rein und klar zum Ausdruck kommt, auch mit der Neigung zusammen, sich lieber am Gegenwärtigen zu erfreuen, als fernen Visionen nachzujagen. Nicht das Streben nach Vollkommenheit treibt das dezentristische Politikverständnis an, sondern der nüchterne Wunsch, konkrete Probleme lösen. Man will bewahren und verbessern, ohne das Kind sogleich mit dem Bade auszuschütten.

Dahinter steht die Vorstellung, dass Politik, Wirtschaft und Gesellschaft vom Einzelnen her verstanden und gedacht werden müssen. Die Beweislast wird denen aufgebürdet, die Kollektivierung und Zentralisierung befürworten und das Recht auf Selbstbestimmung, Selbstverantwortung und Selbstverwaltung nehmen wollen. Der Dezentrismus wird die Person des Einzelnen als Maßstab der Ordnung nehmen – und zwar in mehrfacher Hinsicht: Er legt nicht nur Wert darauf, dass die einzelne Person in ihrer Würde und ihrer Einzigartigkeit geachtet wird, sondern er will auch die Potenziale individueller Kreativität und Wissens sich frei entfalten sehen. Er wird überdies immer auf die handlungsleitende Kraft persönlicher Verantwortung setzen und persönlicher Urteilskraft im Zweifelsfalle mehr vertrauen als allen anonymisierten und standardisierten Evaluations- oder Ratingverfahren, mögen diese auch noch so ausgeklügelt sein.

IV.

Der Dezentrist stützt sich zumeist auf zwei Gruppen von Argumenten: Zum einen ist er von den Vorteilen überzeugt, die aus der Kleinheit und Menschennähe von Einheiten resultieren, zum anderen schätzt er die Vielfalt und den Wettbewerb der Einheiten verschiedenster Größe. Kleine Einheiten gefallen ihm, weil sie über flache Hierarchien und kurze Entscheidungsprozesse verfügen, mit denen sie auf neue Herausforderungen flexibel reagieren können und die dem Einzelnen Mitglied Identifikation, Treue, Bindung und Zugehörigkeitsgefühl erleichtern. In kleinen Einheiten sieht er bessere Chancen dafür, dass die gefundenen Lösungen den Interessen aller dienen. Eher hier als in großen Einheiten erwartet er Sensibilität dafür, dass Verschiedenes verschieden behandelt wird und nicht alles über einen Kamm geschoren wird. Für den Einzelnen sieht er in kleinen Einheiten bessere Chancen, dass Gleichheit vor dem Recht als Grundsatz gilt und dass nicht der Versuch gemacht wird, den Einzelnen durch das Recht mit anderen gleich zu machen und ihm damit seine Individualität zu nehmen.

Zu den Vorteilen kleiner Einheiten rechnet der Dezentrist auch, dass das Individuum in überschaubare Gemeinschaften eingebettet bleibt, von denen einige wie Familie, Nachbarschaft oder Heimat ihm vorgegeben, andere wie Vereine oder Genossenschaften wiederum von ihm selbst als Lebensumfeld ausgewählt werden können. Kleine Einheiten erleichtern es aus seiner Sicht auch, dass Freiheit und Bindung des einzelnen aufeinander bezogen sind. Ohnehin wird der überzeugte Dezentrist aus dem Zusammenhang von Freiheit und Bindung seine schlagkräftigsten Argumente für die individuelle Freiheit ableiten. Vertrauen und Sympathie sind in kleinen Einheiten fühlbarer und deshalb eher geeignet, das Handeln in Freiheit mit der Freiheit der anderen in Einklang zu bringen. Kleine Einheiten erleichtern die Entfaltung und Pflege einer Kultur der persönlichen Verantwortung und erschweren es, Verantwortung für Fehlverhalten auf die Gemeinschaft abzuwälzen. Daraus erklärt sich auch, warum Dezentristen so großen Wert auf einen breiten Mittelstand von Eigentümern und selbstständigen Unternehmern legen. Ein Mittelstand, dessen Angehörige mit Freiheit und Verantwortung umzugehen wissen, die Selbstbestimmung und Leistungsbereitschaft vorleben und die bereit sind, für ihr wirtschaftliches Handeln notfalls persönlich zu haften, ohne sich unter staatliche „Rettungsschirme" zu flüchten, ist am ehesten in der Lage, die moralischen Voraussetzungen einer freien Gesellschaft zu erhalten. Der Eigentümerunternehmer, der mit seinem eigenen Namen und seinem vollen Vermögen gerade zu stehen hat, ist dem Dezentristen allemal sympathischer als der anonyme Konzern, in dem Verantwortung zwischen Aktieninhabern, Vorständen, Aufsichtsräten und Regulierungsbehörden diffundiert.

Dezentristische Politik hat unverzichtbare, aber eng begrenzte Aufgaben. Sie soll die Anwendung der Regeln sichern, die für eine freie Gesellschaft erforderlich sind, aber sie soll nicht zu einer allgemeinen Beglückungs- und Perfektionierungsmaschinerie werden. In der Hauptsache soll sie die äußere und innere Sicherheit einer freien Gesellschaft gewährleisten und im Übrigen durch kluge Regeln dafür sorgen, dass persönliche Verantwortung klargestellt wird und dass ein Signalsystem wahrhaftiger Preise besteht. Anreize dafür zu geben, dass die Individuen ihr Verhalten selbst prüfen und korrigieren, steht der Politik besser zu Gesicht als der Versuch, durch ein allzu dichtes Gewebe an Regulierung den Individuen ihr Verhalten vorzuschreiben und ihnen damit die Last zu nehmen, selbst die Folgen ihres Handelns vorausschauend abzuwägen und risikobewusst zu handeln.

Soweit Politik überhaupt nötig ist, wird der Dezentrist für den Vorrang der Selbstbestimmung der Betroffenen plädieren und deshalb die Kultur der Selbstverwaltungskörperschaften in Kommunen, Universitäten oder Berufsgruppen schätzen, die besonders geeignet sind, den Kreis der Entscheider, der Finanziers und der Betroffenen von verbindlichen Entscheidungen in Übereinstimmung zu bringen und damit dem volkstümlichen Grundsatz „Wer bestellt, bezahlt!" Geltung verschaffen. Nur hilfsweise wird der Dezentrist an eine Kollektivierung von Entscheidungen denken, also an die Unterwerfung von Minderheiten unter das Mehrheitsvotum einer Allgemeinheit mit all den Gefahren, die damit gerade in Demokratien verbunden ist. Die Begrenzung auch und gerade der demokratisch legitimierten Macht ist ihm daher ein wichtiges Anliegen. Zur Unabhängigkeit von Notenbanken oder zur Verteidigung des Eigentums vor dem Zugriff durch die demokratische Politik wird er sich daher im Sinne von Jacques Rueff und anderen wachsamen Liberalen deutlich bekennen und rechtsstaatliche Prinzipien hochhalten.

Der Dezentrist wird von der Politik nicht nur erwarten, dass sie sich als Ordnungspolitik auf die Stärkung von Selbstbestimmung und Selbstverantwortung konzentriert und alle Verantwortungsflüchtlingen und Haftungsdrückebergern, kurzum allen „Zechprellern der Marktwirtschaft", die Wilhelm Röpke gelegentlich aufs Korn nahm, zur Anerkennung eines freien Leistungswettbewerbs anhält. Er wird diese ordnungspolitische Philosophie auch auf jene Regeln anwenden wollen, nach denen die Politik selbst zu handeln hat. Im Sinne des Dezentrismus muss auch in der Politik Verantwortung eindeutig zugewiesen sein, denn individuelle Verantwortung ist auch hier immer wirksamer als kollektive Verantwortung. Insbesondere für die Kompetenzverteilung zwischen politischen Ebenen gilt, dass eine transparente Abgrenzung von Zuständigkeiten einer schleichenden Verflechtung und Kartellbildung der politischen Zuständigkeiten vorzuziehen ist. Nicht zuletzt in Finanzverfassungen kommt es darauf an, die Finanzautonomie jeder Ebene zu stärken und die Flucht in undurchsichtige Verbundsteuersysteme und komplizierte Finanzausgleichssysteme zu unterbinden.

Er wird für eine Staffelung der Kompetenzen nach Ebenen eintreten und dabei instinktiv eine Zuständigkeitsvermutung zugunsten der niedrigsten Ebene haben und Beweislast für Aufgabenverlagerungen den Zentralisten aufbürden. In der dezentralen Ansiedelung von Zuständigkeiten sieht er nicht zuletzt ein wirksames Instrument zur Eindämmung von Bürokratie und Milderung von Interessenkonflikten. Nicht die Kollektivierung von Erziehung und Lebensvorsorge, sondern die Präferenz für starke Familien und eine verantwortungsvolle Eigenvorsorge, nicht Zentralismus und Harmonisierung, sondern Föderalismus, Regionalismus und Kommunalismus, nicht europäische Integration um jeden Preis, sondern strikte Subsidiarität, nicht Großkonzerne, Aktiengesellschaften, Managerkultur, sondern Mittelstand, Handwerk und Eigentümerunternehmen – das sind einige der Alternativen, die sich ergeben.

Aus Sicht des Dezentristen sind kleine Einheiten nicht nur besser dazu in der Lage, individuelle Freiheit zu stärken, sondern sie stärken auch die Qualität der politischen Mitwirkung an gemeinsamen Entscheidungen.

Soweit die Unterwerfung des einzelnen unter kollektivierte Entscheidungen nötig ist, kommt es dem Dezentristen darauf an, dem Einzelnen die Mitbestimmung an diesen Entscheidungen leicht zu machen. Über die liberale Betonung der individuellen Freiheit oder die konservative Sympathie für das Bewährte hinaus wird der Dezentrist – selbst als treuer Monarchist – daher auch stets eine republikanische Ader haben. Je bessere Möglichkeiten der Einzelne hat, gemeinsame Entscheidungen zu beeinflussen, und je unmittelbarer er sich von den Entscheidungen betroffen fühlt, desto geringer ist die Gefahr, dass das Gemeinwesen zu einer bloßen Zuschauerdemokratie verkommt, in der Politik und Bürger entfremdet werden. Der Dezentrist wird daher große Sympathien für bürgerschaftliches Engagement diesseits und jenseits der Politik hegen und in bester republikanischer Tradition darauf setzen, dass politische Partizipation auch eine selbsterzieherische Wirkung auf den Bürger ausübt.

Die „Mannigfaltigkeit der Situationen", wie sie für so unterschiedliche Köpfe wie Möser, Humboldt oder Riehl gleichermaßen der Ausgangspunkt ihrer Sozialphilosophie war, wird der Dezentrist mal aus stärker funktional-utilitaristischen Gründen und mal aus bloßer Anhänglichkeit an liebgewonnene Traditionen und Eigenheiten befürworten. Sich an dem historisch Gewachsenen und singulär Gewordenen zu erfreuen und die Buntheit und Kontinuität des Lebens zu genießen, ist das eine. Etwas anderes ist es, wenn man diese Vielfalt deshalb schätzt, weil sie implizite, verborgene Vernunft speichert oder weil sie gar die wettbewerblichen Anreize zu einer besseren Verwendung verstreuten Wissens nutzt. Der Wettbewerb kleiner Einheiten führt nicht zu perfekten Ergebnissen, die Vorzüge des Wettbewerbs liegen vielmehr gerade darin, dass er mit Irrtum und Versagen besser umzugehen weiß. Je weniger Einheiten es gibt und je größer sie sind, desto schwerwiegender müssen die Fehler sich auswirken – seien es verfehlte Unternehmensstrategien, seien es verfehlte politische Steuerungs- und Regulierungsmaßnahmen. Fehler, die auf einer zentralen Regulierungsebene passieren, sind dagegen viel gravierender, da ihre Reichweite so umfassend ist. Große Einheiten werden zur Sicherung von Minderheiteninteressen auch eher dazu neigen, institutionelle Reformblockaden aufzubauen und Entscheidungshürden zu erhöhen. Wenn nur eine zentralistische Lösung zugelassen oder angestrebt wird, ist die Gefahr groß, dass der Suchprozess nach besten Lösungen nicht ernstlich vorangetrieben wird, sondern die Diktatur des bequemen und faulen Kompromisses herrscht. Lässt man dagegen mehrere Lösungen parallel zu, muss die Aussicht wachsen, dass von Beginn an Wissen verarbeitet wird und auf lange Sicht ein dynamischer Lernprozess in Gang kommt. Das Vorbild alternativer Lösungen, die von konkurrierenden Einheiten aufgezeigt werden, kann Ansporn geben, eigene Routinen zu überprüfen und nach neuen, besseren Lösungen zu suchen. Wenn viele Einheiten existieren, können zwar auch Fehler etwa bei Regulierung von Finanzmärkten, auftreten, aber die Fehler sind in ihrer Wirkung begrenzt. Der Konsens, der neuen Entscheidungen vorausgehen muss, muss weniger umfassend sein, da das Spektrum der Interessen und Betroffenheiten in kleinen Einheiten geringer als in großen Einheiten sein wird.

Der Dezentrist ist daher auch nicht per se ein Feind von Grenzen. Ganz im Gegenteil: wenn für den Einzelnen die Möglichkeit besteht, sich über Grenzen hinweg zu bewegen, eröffnen sie ihm Alternativen. Überwindbare Grenzen begrenzen nicht das Individuum, sondern die kollektivistische Macht, die den Einzelnen zu einem bestimmten Verhalten zwingen will. Wo es keine Grenze mehr gibt, ist der Einzelne der zentralen Macht schutzlos ausgeliefert. Dort aber, wo er notfalls ausweichen kann, wird die Grenze für ihn zu einem Weg in die Freiheit. Vorausgesetzt, dass der Einzelne das Recht auf Auswanderung besitzt, beschränken Grenzen die Reichweite einer jeden Obrigkeit oder einer jeden Wertegemeinschaft. Je weiter eine Integration und Harmonisierung um sich greift, desto wertvoller sind Enklaven, die sich dieser Sogwirkung zu entziehen wissen. Deshalb kommen dem Dezentristen Vorstellungen, wonach die Bürger sich auch unabhängig von ihrem Wohnort politischen Gemeinschaften für bestimmte politische Dienstleistungen anschließen können, sehr entgegen. Solche überlappenden, konkurrierenden Jurisdiktionen, wie sie von Bruno Frey und Reiner Eichenberger verfochten werden, reduzieren Abwanderungskosten und erhöhen den Wettbewerbsdruck auf die Politik. Schließlich gibt es noch ein wichtiges Motiv, das für kleine Einheiten spricht: Kleinheit fördert Offenheit, denn kleine Einheiten können sich keine autarkistische Abschottung leisten, sondern sind auf Kooperation mit anderen angewiesen. Der wahre Dezentrist pflegt seinen Standesstolz, seinen Lokalpatriotismus und seine Vaterlandsliebe ebenso wie Toleranz, Aufgeschlossenheit und Weltbürgertum. Geschlossenen Ordnungsvorstellungen wie Partikularismus oder Nationalismus, die Grenzen zu Bollwerken ausbauen und im Inneren eine Wagenburgmentalität kultivieren, wird er wenig abgewinnen können.

Schließlich besitzt die Unterscheidung zwischen dezentristischen und kollektivistischen Haltungen auch eine erkenntnistheoretische Dimension. In den Wirtschafts- und Sozialwissenschaften entspricht die Wasserscheide zwischen dezentristischen und kollektivistischen Haltungen dem Konflikt zwischen mikro- und makrotheoretischen Perspektiven. Der Dezentrist wird Kausalitäten sozialer Phänomene niemals in aggregierten Daten wie Bildungsgrad, Wachstum, Inflation, Arbeitslosigkeit oder anderen suchen, sondern Verhalten und Institutionen im menschlichen Zusammenleben immer auf das Denken, Fühlen, Wissen, Erwarten des Individuums zurückführen, das im Kontext von Institutionen handelt. Subjektive Wahrnehmung, unvollständiges Wissen, begrenzte Rationalität, Handeln unter Regeln, der Umgang mit Ungewissheit der Erwartungen, Kooperation und Vertrauen sind daher für den Dezentristen die entscheidenden Faktoren. Das führt unweigerlich zu einer weiteren Differenz: Der Dezentrist ist ausgesprochen skeptisch gegenüber allen Formen der Kurvenklempnerei und Modellschreinerei, gegenüber idealen Laborwelten und einfach geschnitzten Menschenbildern, gegenüber dem im doppelten Wortsinne vermessenen Positivismus, die allesamt den Eindruck erwecken, als könne man alles Wesentliche messen, zählen und wiegen. Der Dezentrismus entzieht sich diesem mathematischen und ingenieurmäßigen Idealismus und gibt sich als Realist, der die Buntheit und die Überraschungspotenziale des Lebens ernst nimmt und um die Grenzen der Beherrschbarkeit, Planbarkeit und Vorhersehbarkeit weiß. Die Rechts-, Wirtschafts- und Sozialwissenschaften wird er daher nicht als Anwendungsfeld einer mehr oder wenigen anspruchsvollen Mathematik betreiben, sondern den qualitativen, verstehenden Methoden ihren angemessenen Platz zuerkennen. Die Wissenschaften vom Menschen stehen für ihn im Kontext der Moralwissenschaften, weil er weiß, dass die Herausbildung und Wirkungsweise von Institutionen in hohem Maße von der Geltung von Werten abhängen. Gegen alle Neigung zur Spezialisierung und Scheuklappenwissenschaft bewahrt er sich nach Kräften den Sinn für die großen Zusammenhänge der Geschichte, der Politikwissenschaft, des Rechts, der Psychologie, der Wirtschaftswissenschaft, der Soziologie und Philosophie bis hin zur Theologie.

V.

Bei alledem ist der Dezentrist gut beraten, in seinem politischen Handeln Realist zu sein und mögliche Nachteile kleiner Einheiten zu erkennen. Ihm muss klar sein, dass kleine Einheiten äußeren Bedrohungen ausgesetzt sein können. Als Befürworter eines Kleinstaates wird er nach Strategien suchen, welche die äußere Sicherheit gegen große Nachbarn bewahren können – je nach Situation kann die Antwort in einer klugen Gleichgewichtspolitik, in konföderativen Lösungen oder in vorsichtiger Neutralität liegen. Als Befürworter eines breiten Mittelstandes ist ihm bewusst, das kleine Unternehmen von Übernahmen oder von Marktverdrängung durch die Großen bedroht sind. Im politischen Geschäft muss der Dezentrist mit dem besonderen Problem zurechtkommen, dass sich kleine Akteure oft schwer damit tun, ihre Positionen und Interessen in Konkurrenz zu großen Akteuren nach außen wirkungsvoll zu vertreten und die Deutungshoheit über relevante Themen zu gewinnen. In ihrer Kampagnenfähigkeit und Lobbykraft sind sie gegenüber den Großen benachteiligt und verschaffen sich nur mühsam Gehör.

Dass die dezentristische Idee im politischen und publizistischen Alltagsgeschäft oft einen schweren Stand hat, hängt allerdings nicht nur mit diesen und anderen Nachteilen zusammen, sondern auch mit der habituellen Distanz zur Politik, die den Dezentristen oft charakterisiert und ihm immer wieder hinderlich ist. Sein mangelnder Machbarkeitsglaube lässt ihn zögern, mit politischen Reformvorschlägen hervorzutreten. Auch widerstrebt es ihm als Utopieskeptiker, ähnlich wie die Zentralisten, Kollektivisten und Szientisten ein konkretes Zukunftsbild als attraktive Vorstellung anzubieten. In der liberalen Variante ist der Dezentrist durchaus zur Formulierung einer Ideologie disponiert, und er kann bisweilen auch kämpferisch auftreten. Aber sein programmatisches Angebot bleibt in erster Linie negativ, oft fällt es ihm sogar schwer, den Gemeinwohlaspekt der Freiheit zu artikulieren und dem Eindruck entgegenzuwirken, als sei die Idee der Freiheit ein bloßes Minderheitenproblem für ohnehin schon Privilegierte. Dazu hat der liberale Dezentrist auch tief sitzende Skrupel im Umgang mit politischer Macht. Tendiert der Dezentrist mehr zum Konservativen, so wird er in demonstrativer Gelassenheit und Geduld seine Distanz zu Ideologien jedweden Inhalts betonen und nur in Grenzsituationen ein wenig Leidenschaft zum politischen Kampf entwickeln.

Dem Dezentristen ist die Politik ein notwendiges Geschäft, das auf ihn nicht unbedingt eine große Faszination ausübt. Bevor er an die große Politik denkt, folgt er seinem Ideal im Privaten und Alltäglichen – heutzutage indem er das kleine Altbauprogrammkino den nach Popcorn duftenden Multiplex-Centern vorzieht, indem er seinem langjährigen Buchhändler, Metzger oder Weinhändler um die Ecke die Treue hält und die großen Filialisten mit ihren reißerischen Rabattschlachten nach Kräften meidet, indem er die öden, uniformen Haupteinkaufsstraßen und Shopping-Malls der Großstädte umgeht und sich lieber in der verträumten Kleinstadt, im traditionsbewussten Vorort oder im versteckten Kiez bewegt, indem er nicht der Suggestionskraft großer Marken nachgibt, sondern sich den stillen Sinn für das Handgemachte, Seltene, Stilvolle oder dezent Luxuriöse bewahrt, indem er auch im Kleinen und Alltäglichen das Unprofessionelle und Unsolide der ihn umgebenden Einweg- und Wegwerfkultur verschmäht und stattdessen auf fachmännische Qualität, Dauerhaftigkeit und Solidität setzt oder indem er kleine Inseln, verwunschene Städte und einsame Berge den lärmenden Clubschiffen, Freizeitparks und Ferienparadiesen vorzieht.

All das macht den Dezentristen zu einer sympathischen, wertvollen Erscheinung, aber auch zu einer Figur, die sich in der Politik zu oft unter Wert verkauft. In vielen Rollen hat es der Dezentrist jedoch selbst in der Hand, den Neurath-Menschen unserer Tage etwas entgegenzusetzen: als Pädagoge, der an einem humanistischen Bildungsbegriff festhält und sich der allgegenwärtigen Neigung zu leistungsscheuer und egalitärer Eintopfpädagogik widersetzt; als Wissenschaftler, der ohne Rücksicht auf das Drittmittelwürdige die Wirtschafts- und Sozialwissenschaften als Moralwissenschaften versteht und synoptisches Ordnungsdenken pflegt; als Verbandsrepräsentant, der nicht nach kurzfristigem Vorteil für seine Interessengruppe schielt, sondern ordnungspolitisch geläutert das Gemeinwohl im Blick hat; als Unternehmer oder Manager, der im Markt und im Unternehmen für eine echte Verantwortungskultur eintritt und sich bereitwillig den unbequemen Regeln des freien Leistungswettbewerbs unterwirft; und nicht zuletzt als Publizist, der für die Prinzipien des Dezentrismus mit spitzer Feder in den Scharmützeln der Tagespolitik zu werben weiß und damit vielen kurzsichtigen Politikern wenigstens ab und an ein wenig geistige Orientierung gibt – ganz so, wie es unser Jubilar seit vielen Jahrzehnten so eindrucksvoll und bewundernswert versteht.

ERBPRINZ ALOIS VON UND ZU LIECHTENSTEIN

Zukunftschancen von Kleinstaaten

Die Geschichte hat Kleinstaaten unterschiedlich gute Zeiten gegönnt. Kleinstaaten blühten auf, solange die Militärtechnologie den Verteidiger begünstigte und gute Vorraussetzungen bestanden, grenzüberschreitend Handel zu treiben. War hingegen der Angreifer im Vorteil und grenzüberschreitender Handel nur schwer möglich, gerieten die Kleinstaaten in eine bedrohliche Lage. Wie sieht die Situation heute für Kleinstaaten aus, und wie steht es um die Zukunftschancen von Kleinstaaten?

Der folgende Beitrag versucht am Beispiel Liechtensteins eine Antwort auf diese Frage zu geben. Dazu wird zunächst auf die Vor- und Nachteile der Kleinstaaten eingegangen und wie sich diese Vor- und Nachteile in der Vergangenheit unterschiedlich ausgewirkt haben, um dann einen Blick in die Zukunft zu wagen.

„Kleine Staaten", „Zwergstaaten", „Mikrostaaten" sind relative Begriffe. Bezogen auf die Bevölkerung ist Deutschland klein im Vergleich zur USA, die Schweiz klein im Vergleich zu Deutschland und Liechtenstein klein im Vergleich zur Schweiz. Liechtenstein selbst tut sich schwer, einen Staat zu finden, dessen Bevölkerung klein im Vergleich zur liechtensteinischen ist. Es bleibt eigentlich nur der Vatikan. Bezogen auf die Fläche sieht die Situation anders aus. Hier ist Liechtenstein mit 160 Quadratkilometern groß im Vergleich zu Monaco mit 2 Quadratkilometern und dennoch der sechstkleinste Staat der Welt. Unter dem Begriff „Kleinstaaten" sind im Folgenden Staaten von ähnlicher Bevölkerungsgröße wie Liechtenstein mit ca. 35.000 Einwohnern gemeint.

Viele Menschen glauben, dass ein Kleinstaat vor allem *Nachteile* hat. Das hat wohl damit zu tun, dass die meisten in großen Staaten leben und die Vorteile großer Staaten gewohnt sind – sei es nun die größere Rolle in der Politik, in der Wirtschaft, in der Kultur oder im Sport.

Es ist einleuchtend, dass dem Kleinstaat die wirtschaftliche wie auch militärische Macht fehlt, seine Interessen gegenüber großen Staaten durchzusetzen. Man kann allerdings versuchen, die aufgrund der geringen Größe fehlende Macht durch Allianzen mit anderen Staaten zu kompensieren. Da die Interessen der Allianzpartner aber selten deckungsgleich sind, kann dies nie wirklich die geringe Größe wettmachen. Trotzdem ist ein gut eingebundener und vernetzter Kleinstaat sicherlich stärker als ein auf sich allein gestellter.

Ein weiterer Nachteil der Kleinheit sind die fehlenden „economies of scale". Die Kosten des Staatsapparates können nur auf wenige Schultern verteilt werden. Kleinstaaten heben diesen Nachteil oft durch ein Outsourcing der Erbringung von staatlichen Leistungen auf. So kooperiert Liechtenstein vor allem mit der Schweiz, aber auch mit Österreich in verschiedensten Bereichen. Dazu gehören neben der bekannten Zusammenarbeit mit der Schweiz beim Zoll und der Währung viele weitere Kooperationen mit den beiden Nachbarstaaten wie bei der Bildung, beim Gesundheitswesen, bei der Katastrophenhilfe und bei der Vertretung im Ausland.

Dieses Outsourcing ist mit jenem der kleinen Schweizer Kantone vergleichbar, die beispielsweise keine eigenen Universitäten haben und für ihre Studenten die Kosten des Studienplatzes in den anderen Kantonen übernehmen. Dies ist natürlich viel günstiger und sinnvoller, als selbst für nur wenige Studenten pro Jahr einen Universitätsbetrieb mit sämtlichen Studienfächern aufzubauen.

Mit dem Outsourcing der Erbringung von staatlichen Dienstleistungen geht allerdings auch ein großer Nachteil einher. Man wird abhängiger vom Ausland. Dies wird vor allem dann zu einem Problem, wenn man unzuverlässige Kooperationspartner und „unfreundliche" Nachbarn hat.

Glücklicherweise ist Liechtenstein diesbezüglich mit der Schweiz und Österreich in einer für Kleinstaaten beneidenswerten Situation, nicht zuletzt auch weil unsere beiden Nachbarstaaten selbst kleinere Staaten sind und entsprechend Verständnis für unsere Anliegen haben. Dieses Verständnis ist auch wichtig, wenn man bedenkt, dass Liechtenstein von den Humanressourcen seiner Nachbarstaaten profitiert. Ein nicht unerheblicher Anteil qualifizierter Mitarbeiter in der Verwaltung und dem Privatsektor kommt aus der Schweiz und Österreich. Von 33.500 Beschäftigten sind 22.600 Ausländer und rund die Hälfte der Beschäftigten pendelt täglich aus St. Gallen, Graubünden und Vorarlberg nach Liechtenstein.

Einer der größten Nachteile der Kleinstaaten ist der kleine Heimmarkt. Sie sind dadurch wesentlich mehr auf den grenzüberschreitenden Handel angewiesen als die großen Staaten. Viele wichtige Produkte müssen importiert werden. Die Importe können meist nur durch entsprechende Exporte finanziert werden. Die Vorteile der Arbeitsteilung der heutigen Marktwirtschaften kann ein Kleinstaat ebenfalls nur durch den grenzüberschreitenden Handel erreichen. Die weltweit exportierenden liechtensteinischen Industrieunternehmen müssten ihre Produktion in Liechtenstein einstellen, könnten sie ihre Produkte nur noch im Kleinstaat absetzen. Daher ist es auch nicht verwunderlich, dass der Aufschwung der liechtensteinischen Wirtschaft erst nach dem Zweiten Weltkrieg mit dem Wegfall vieler Handelshemmnisse begann.

Ein Kleinstaat hat aber auch viele *Vorteile*. Eine kleine Bevölkerung zwingt die Politik zur Bürgernähe. Die Gefahr, dass politische Entscheidungen an den Bürgern vorbei in einem Elfenbeinturm gefällt werden, ist dadurch sehr gering. In Liechtenstein wird dieser Effekt ähnlich wie in der Schweiz noch durch eine große Gemeindeautonomie und weitgehende direktdemokratische Rechte verstärkt.

Die kurzen Wege zwischen Politik und Bürger bzw. Politik und Wirtschaftstreibenden führen zu einem viel besseren Informationsfluss als in großen Staaten. Ein ehemaliger liechtensteinischer Regierungschef hat einem Kollegen aus einem großen europäischen Staat auf eine etwas provokante Frage einmal treffend geantwortet: Wir lösen bei uns die Probleme schon lange, bevor ihr sie bei euch überhaupt bemerkt.

Dies führt zu einem anderen Vorteil der Kleinstaaten: zu ihrer Schnelligkeit. Einer kleinen Bevölkerung kann die Notwendigkeit politischer Maßnahmen wesentlich rascher erklärt werden. Werden sie dann noch von der Bevölkerung breit getragen, können sie auch schnell umgesetzt werden.

Die Kleinheit bringt außerdem mehr Transparenz in die Abläufe des Staates. Mögliche Interessenskonflikte der Politiker und das Lobbying von Interessensgruppen werden bald durchschaut. Dies hat vielfach auch eine bessere Wirtschaftspolitik der Kleinstaaten zur Folge. Sinnlose Subventionen, die einen nötigen Strukturwandel nur aufschieben und später umso unangenehmer machen, sind in Kleinstaaten kaum anzutreffen. Einerseits sind die Budgets der Kleinstaaten meist sowieso zu klein, um bei größeren Unternehmen mit Subventionen einen Effekt zu erzielen. Andererseits regt sich sofort Widerstand, wenn der Bürger sieht, dass seine Steuermittel in die schlecht gehende Firma des Nachbarn fließen.

Die Kleinheit führt ganz generell zu einer geringeren Komplexität in der Staatsverwaltung: Es gibt weniger Organisationsstufen, die Verhältnisse sind überschaubarer und es gibt weniger Schnittstellen zwischen den Verwaltungseinheiten. Dies führt auch dazu, dass in der Verwaltung von Kleinstaaten mehr Generalisten tätig sind und häufiger Synergien wahrgenommen werden.

Diese Vorteile sind so erheblich, dass gut organisierte Kleinstaaten häufig in einer wesentlich besseren finanziellen Situation sind als die Großstaaten trotz großer Nachteile bei der Interessensdurchsetzung auf internationaler Ebene und bei den „economies of scale".

In den letzten Jahrzehnten hatten wir in Europa eine besonders günstige Phase für Kleinstaaten. Es herrschte weitestgehend Frieden, die Verhältnisse waren stabil und der Abbau der Handelshemmnisse im Rahmen der Globalisierung schaffte hervorragende Bedingungen für den grenzüberschreitenden Handel.

Auch außerhalb Europas hat sich die Situation von Kleinstaaten verbessert. Dank internationaler Einrichtungen, insbesondere solche der UNO, wurde es schwieriger, Souveränitätsrechte von Kleinstaaten einzuschränken oder sich diese gar einzuverleiben. Auch wenn das Völkerrecht weiterhin leider vor allem das Recht des Stärkeren bleibt, haben Institutionen wie der internationale Strafgerichtshof der UNO sicherlich eine abschreckende Wirkung auf die verschiedensten Aggressoren dieser Welt.

Welche Chancen haben aber kleine Staaten in der *Zukunft* und was benötigt ein Kleinstaat, um diese Chancen zu ergreifen?

Auf die lange Sicht kann man die Chancen der Kleinstaaten optimistisch beurteilen. Die verschiedensten Entwicklungen, die zur Globalisierung geführt haben, vor allem im Bereich der Technologie, werden auch in Zukunft die Welt weiter zusammenwachsen lassen. Dies wird den für Kleinstaaten so wichtigen grenzüberschreitenden Handel zusätzlich erleichtern. Zwar besteht aufgrund der Finanz- und Wirtschaftskrise momentan die Gefahr, dass Staaten protektionistische Maßnahmen ergreifen. Bisher ist es aber glücklicherweise gelungen, auf die Gefahr solcher Maßnahmen für eine baldige Erholung der Weltwirtschaft aufmerksam zu machen, sodass es in den letzten Monaten nur zu verhältnismäßig wenig Protektionismus gekommen ist.

Viele der künftigen Herausforderungen wie die Umweltprobleme, die Immigration und die negativen Nebenwirkungen der Globalisierung benötigen internationale Lösungen. In Europa werden außerdem aufgrund des Binnenmarktes ganz generell für immer mehr Bereiche die Regeln auf multilateraler Ebene festgelegt. Bei der Gestaltung dieser internationalen Regeln haben die kleinen Staaten zwar bedeutend weniger Einfluss als die Großstaaten – die Schweiz, Österreich und Liechtenstein mussten es unlängst wieder bei den Finanzfragen erfahren. Dies hat den Nachteil, dass die Regeln eher auf die Interessen der Großstaaten hin ausgerichtet werden. Da die Interessen der einzelnen Großstaaten aber doch sehr unterschiedlich sind, gelingt es dann allerdings selten einem der Großstaaten, die internationalen Regeln auf seine eigenen Bedürfnisse hin Maß zu schneidern. Daraus resultieren meist sehr allgemeine Regeln. Für die kleinen Staaten bleiben dann ausreichend Spielräume übrig, bei der Umsetzung die internationalen Regeln ihrer jeweiligen Situation und ihren Bedürfnissen gemäß anzupassen.

Außerdem können sich die Kleinstaaten auf die neuen Gegebenheiten hin viel schneller und gezielter anpassen. Bis in Großstaaten die Gesetzesmühlen in Gang kommen, vergeht viel Zeit, und häufig kommt aufgrund der vielen zu berücksichtigenden Interessensgruppen nur ein viel kleinerer gemeinsamer Nenner heraus als bei den Kleinstaaten. Gerade im Zeitalter der Wissensgesellschaft sind aber Geschwindigkeit und Beweglichkeit entscheidend – nicht nur für Unternehmen, sondern auch für Staaten.

Den Kleinstaaten sollten sich somit auch in Zukunft gute Chancen bieten. Was sind die Voraussetzungen, dass die Kleinstaaten diese auch ergreifen? Sie brauchen fähige Entscheidungsträger, die die Chancen erkennen, und Entscheidungsmechanismen, die erlauben, Entscheidungen breit abzustützen, schnell zu treffen und umzusetzen.

Kleinstaaten müssen außerdem fit sein. Fit sind Staaten dann, wenn sie stark sind und kein unnötiges Fett haben, d. h., wenn sie sich auf ihre eigentlichen Aufgaben konzentrieren, diese gut machen und jene Aufgaben, die besser durch andere wahrgenommen werden, ob Gemeinden oder Private, diesen überlassen. Eigentliche Staatsaufgaben sind die Sicherung des Rechtsstaates und die Außenpolitik sowie die Gewährleistung eines sozialen Sicherheitsnetzes, einer guten Infrastruktur und die Bildung, ohne dass der Staat unbedingt selbst überall als Anbieter und Finanzierer auftritt.

Fit sollte auch die Bevölkerung des Kleinstaates sein. Dazu braucht er eine kluge Zuwanderungspolitik und ein ausgezeichnetes Bildungssystem. Betreffend Zuwanderung haben attraktive Kleinstaaten häufig sehr restriktive Regeln, um eine innenpolitisch schwer zu bewältigende Überfremdung zu verhindern. Liechtenstein versucht, den Ausländeranteil bei einem Drittel der Bevölkerung zu halten. Die größte Herausforderung einer restriktiven Zuwanderung ist es, die Zuteilung der Aufenthaltskontingente so zu gestalten, dass diese den Vorgaben internationaler Abkommen entsprechen und gleichzeitig möglichst gut ausgebildete Fachkräfte zugesprochen werden.

Damit Bildungssysteme in Zukunft gut funktionieren, müssen sie die besten Lehrer anziehen bzw. ausbilden und flexibel sein, damit auf die sich immer schneller ändernden Anforderungen auch entsprechend reagiert wird. Beides ist nur möglich, wenn die Schulen autonom sind und nicht – wie im deutschsprachigen Raum oft zu beobachten – gleichsam wie in Planwirtschaften zentral vom Staat gelenkt werden. Es ist nicht verwunderlich, dass Finnland mit einem sehr strengen Selektionssystem für Lehrer und die Niederlande mit weitgehend autonomen Schulen bei den PISA-Vergleichen regelmäßig auf den vordersten Plätzen zu finden sind.

Die Schulen sollten möglichst frei sein, ihr Angebot den Bedürfnissen der Schülerinnen und Schüler sowie der Eltern entsprechend zu entwickeln. Das bedeutet nicht, dass der Staat die Schulen in Zukunft einfach nur frei walten lassen soll. Der Staat muss entschieden eingreifen, wenn Schulen ihre Freiheiten missbrauchen und ihr Schulangebot ungenügend ist. Er muss klare Regeln für die Zulassung von öffentlichen Schulen setzen und das Curriculum für den Pflichtschulbereich festlegen. Der Staat muss auch das Einhalten der Regeln und das Erfüllen des Curriculums durch Schulinspektionen und flächendeckenden Tests überwachen. Die Regulierung sollte dabei so gestaltet sein, dass der Hauptanreiz für die Schulen nicht ein möglichst gutes Abschneiden der Schüler bei den vergleichenden Tests ist. Vielmehr sollte sichergestellt werden, dass die Schulen ihre Schüler optimal für die weiterführenden Schulen, die Hochschulen und den Arbeitsplatz ausbilden. Dazu sollte der Staat die Bildungseinrichtungen zu einer öffentlichen Berichterstattung verpflichten, die unter anderem darlegt, wie gut die Schüler nach dem Verlassen der Schule abschneiden.

In Zukunft braucht es somit ein dezentrales System von autonomen Schulen, die untereinander einen fruchtbaren Ideen- und Leistungswettbewerb um das beste Bildungsangebot für ihre Schüler stehen. In einem solchen dezentralen System sollten die Schulen selbst über den Einsatz ihrer Mitarbeiter und die Verwendung ihrer Finanzmittel entscheiden können. Sie sollten selbst entscheiden können, ob in gute Lehrer oder in das Schulgebäude investiert wird.

Um den Wettbewerb zwischen autonomen Schulen weiter zu verbessern – insbesondere durch den Einbezug der Privatschulen sowie der Schulen im Ausland –, sollte zusätzlich die staatliche Finanzierung der Bildung umgestellt werden: von einer direkten Finanzierung der Schulen hin zu einer subjektbezogenen Finanzierung des Schulbesuches der Schüler und Schülerinnen. Am besten wird dazu für jeden Einwohner bei dessen Geburt ein Bildungskonto eingerichtet, das er bis zu seinem Lebensende behält. Auf dieses Konto erfolgen staatliche Gutschriften, deren Höhe je nach Lebensabschnitt unterschiedlich ist und die an staatlich anerkannte Bildungseinrichtungen oder Bildungskurse überwiesen werden können.

Durch die Einführung von Bildungskonten könnte außerdem das heutige Zweiklassensystem im Bildungsbereich beseitigt werden, das nur den finanziell gut Gestellten den Besuch von Privatschulen im In- und Ausland erlaubt. Auch die Erwachsenenbildung könnte gestärkt werden, weil Bildungskonten einen wesentlich stärkeren Anreiz zur immer wichtiger werdenden Weiterbildung geben. Wenn jeder Bürger weiß, dass er ein Guthaben zur Weiterbildung hat, das verfällt, wenn es ungenutzt bleibt, wird er sich viel eher weiterbilden. Dadurch werden vor allem auch jene stärker angesprochen, die bis jetzt kaum Weiterbildung betreiben, es aber wahrscheinlich am nötigsten bräuchten.

Wenn die Schulen in diesem Sinne unternehmerisch denken und handeln können, bieten sie viel schneller das an, was den wahren Bedürfnissen der Gesellschaft entspricht. Erfolgreiche Neuerungen werden rasch von anderen Schulen kopiert, wenn eine entsprechende Nachfrage besteht.

Autonome Schulen in einem dezentralen Schulsystem werden auch ein viel größeres Interesse haben, ihr Angebot ständig weiter zu verbessern. So entstehen „lernende Schulen" und die Motivation der Lehrkräfte wird erheblich gesteigert. Begeisterte Lehrer, die losgelöst von unnötiger Bürokratie sich ganz den Schülern und Schülerinnen widmen können, sind letztlich der entscheidende Faktor für den Lernerfolg.

Die jüngste Finanz- und Wirtschaftskrise hat die Bedeutung einer weiteren Voraussetzung für den Erfolg von Staaten vor Augen geführt: ihre gesunde finanzielle Verfassung. Damit Staaten auch in dieser Hinsicht fit sind, braucht es vor allem ein gutes Steuersystem, nachhaltig finanzierbare Sozialsysteme – speziell was die Gesundheits- und Altervorsorge betrifft – eine breit diversifizierte Wirtschaft sowie Disziplin beim Staatshaushalt. Eine gesunde finanzielle Verfassung ist für einen Kleinstaat im Grunde noch wichtiger als für die großen Staaten. Aufgrund der Kleinheit sind die Einnahmen und Ausgaben des Staatshaushaltes volatiler und meist fehlen eigene Währungen und andere Mechanismen, die den großen Staaten zusätzlichen fiskalischen Spielraum geben.

Ein gutes Steuersystem ist einfach und transparent, sodass die Steuerlasten für jeden Steuerzahler einsehbar und verständlich sind. Es ist in sich kohärent und abgestimmt mit den Sozialsystemen. Dies vermeidet Armutsfallen und fördert die schnelle Reintegration von Arbeitslosen in die offiziellen Arbeitsmärkte. Ein gutes Steuersystem hält außerdem die Kosten des Besteuerungsverfahrens für die Steuerverwaltung wie auch für die Steuerzahler möglichst niedrig. Es behandelt Eigen- und Fremdkapital sowie Investitionen in Sach- und Humankapital gleich, und es lässt die Unternehmen jene Rechtsform wählen, die frei von steuerlichen Gesichtspunkten nach wirtschaftlichen Überlegungen die beste ist. Schließlich erlaubt es eine große Flexibilität bezüglich Änderungen der Rahmenbedingungen, ohne dass es in seiner Grundstruktur angetastet werden muss. Dadurch garantiert es Planungssicherheit für die Steuerzahler wie für die politisch Verantwortlichen.

Nachhaltig finanzierbare Sozialsysteme, insbesondere in der Gesundheits- und Altersvorsorge, sind ebenfalls transparent und einfach, stellen die Eigenverantwortlichkeit der Menschen in den Vordergrund und legen hohen Wert auf die Vermeidung von Fehlanreizen. Dies gelingt, wenn die Funktionen der Vorsorge, der Privat- und der Sozialversicherung so weit wie möglich getrennt und die verschiedenen Rollen des Staates (als Risikoträger, Regulierungsbehörde usw.) klar umrissen und begrenzt werden. Risiken, die privat versichert werden können, gehören individuell über private Versicherungen abgesichert. Staatliche Unterstützung sollte grundsätzlich nur im Ausmaß nachgewiesener Bedürftigkeit erfolgen. Im Gesundheitsbereich sollten staatliche Subventionen zielgerichtet für Personen mit hohen Risiken und für Arme eingesetzt werden, um wirtschaftliche und soziale Härten zu vermeiden, ohne aber die Anreize zum kostenbewussten Handeln der Einzelnen zu verdrängen.

Eine gute Diversifikation der Wirtschaft ist für Kleinstaaten eine Herausforderung. Häufig entstehen in Kleinstaaten aufgrund von speziellen Rahmenbedingungen nur ganz wenige Cluster, die dann deren Wirtschaftspfeiler bilden und entsprechend anfällig auf Änderungen der Rahmenbedingungen sind. Die Politik kann aber vermeiden, dass durch eine ungenügende Diversifikation der Wirtschaft die Stabilität des Staatshaushaltes unnötig gefährdet wird. Dazu muss sie versuchen, die Bedürfnisse der Wirtschaft gut zu verstehen, gleichzeitig aber darauf achten, die Rechtsvorschriften so zu gestalten, dass diese nicht einzelne Branchen zulasten anderer bevorzugt. Liechtenstein ist ein gutes Beispiel dafür, dass auch ein Kleinstaat eine breit diversifizierte Wirtschaft haben kann. Zwar wurde der Pfeiler Finanzplatz durch einige regulatorische Fehler unnötig verwundbar, meist ist aber viel zu wenig bekannt, dass Liechtenstein in Europa das Land mit dem relativ größten Industriesektor ist.

Wegen der erwähnten fiskalischen Nachteile ist Disziplin beim Staatshaushalt für Kleinstaaten eine wichtige Voraussetzung für den künftigen Erfolg – gerade in einer Zeit, in der das Vertrauen in die Finanzen der Staaten erschüttert wurde. Für die Kleinen ist es nochmals bedeutender als für die Großen, dass in guten Zeiten für die schlechten vorgesorgt wird. Liechtenstein kennt seit etlichen Jahren den Staatshaushalt betreffend klare gesetzliche Vorgaben, die insbesondere das Halten einer Reserve verlangen, und zwar in der Höhe bis maximal der doppelten Höhe der jährlichen Staatsausgaben. Daher sind in Liechtenstein weder der Staat noch die Gemeinden verschuldet. Dies erlaubt es, in schlechten Zeiten wie den jetzigen, in denen die Ausgaben höher als die Einnahmen sind, überlegt jene Reformen zu erarbeiten, die den Staatshaushalt wieder ins Lot bringen.

Schließlich wird es für die Zukunft der Kleinstaaten von Bedeutung sein, dass diese sich untereinander gut organisieren, um ihre Interessen auf internationaler Ebene effektiv zu vertreten. Dies gilt besonders auch wegen der neuen Rolle der G20, der 20 größten Industrie- und Schwellenländern, bei der Definition von weltweit gültigen Regelungen. Die teilweise konstatierte Schwerfälligkeit von internationalen Organisationen, wie der UNO, hat zu einer gewissen Frustration und Ungeduld geführt. Zwar ist die UNO die weltweit legitimierte Institution zur Rahmen- und

Rechtssetzung. Aber die G20 sind in der Abwägung von Legitimität und Effektivität wohl zu dem Schluss gekommen, dass besonders in Krisenzeiten die Effektivität vorgeht.

Kleinstaaten gehören per definitionem nicht zu den G20. So wird es eine weitere zentrale Aufgabe für die Kleinstaaten sein, neue Mechanismen zu schaffen und Netzwerke zu knüpfen, mit welchen man sich auch unter der Realität der G20 Gehör verschaffen kann. Kleinstaaten sollten sich insbesondere dafür einsetzen, dass ein möglichst freier Zugang zu den Weltmärkten besteht, auch auf internationaler Ebene rechtstaatliche Prinzipien eingehalten werden und ein sogenanntes „level playing field" zwischen großen und kleinen Staat herrscht.

Dabei können sie durchaus darauf verweisen, dass der Erfolg von Kleinstaaten auch den Großstaaten zugute kommt. Kleinstaaten können hilfreiche Vermittlerrollen zwischen den Großstaaten wahrnehmen. Auch im Entdeckungsprozess um die beste Organisation und Regulation von Staaten kommen gerade von den Kleinstaaten immer wieder wertvolle Beiträge, von denen die großen Staaten dann profitieren können. Blickt man in die Vergangenheit, so sind entscheidende Errungenschaften von eher kleinen staatlichen Gebilden ausgegangen, wie den griechischen und italienischen Städten sowie den Hansestädten. Die kleinen Staaten haben gute Chancen für die Zukunft. Es liegt vor allen an den kleinen Staaten selbst, ob sie diese auch wahrnehmen.

VIII.
ZUM SCHLUSS – EIN GRUSS VON DEN VORARLBERGER FREUNDEN

Gerhard Schwarz und die Vorarlberger Käsknöpfle

Nicht ganz ernste Reflexionen von Vorarlberger Exilanten über die Wechselwirkung von Vorarlberger Gastronomie und freiem Denken

Die besten Käsknöpfle der Welt gibt es im Vorarlberger Rheintal und im Bregenzer Wald. Das liegt am heimischen Käse und an den Vorarlberger Müttern und Frauen. Die Rezepte für die Köstlichkeit variieren von Ort zu Ort etwas. So gibt es grundsätzliche Glaubensunterschiede, ob suurer Käs ins Gericht gehört und wie braun die Zwiebeln sein dürfen. Seit Urzeiten bestehende diesbezügliche Dogmen werden traditionstreu geglaubt, die Gebote zur Erreichung der höchsten Knöpfleseeligkeit streng befolgt. Dafür sorgen die Mütter.

Gerhard Schwarz erfuhr seine Prägung in diesem Umfeld, kein Wunder glaubt er an die heilende Kraft des freien Denkens, das sich innerhalb strenger dogmatischer Leitplanken des Liberalismus entfalten kann – so wie die Zwiebel und Suubierer gesteuerte Reinigung nach einem reichlichen Knöpfle-Schmaus.

Im Vorderwald, nahe bei den Wurzeln, wo Geri jetzt seinen Zweitsitz eingerichtet hat, beengen keine schroffen Bergspitzen den Blick, das weite Panorama weichzeichnet selbst die Stallungen der Kavallerie im Norden. Darum bleibt Geri – bei aller Fixierung auf die Leitplanken seiner Überzeugungen – ein großzügiger, in Maßen toleranter Dogmatiker, der anders Denkenden mit milde verzeihendem Lächeln ihre Thesen lässt. Allerdings nicht ohne zu suggerieren, wer wirklich recht hat. Schließlich werden ja auch Knöpflerezepte nicht – sowenig wie die zehn Gebote – entsprechend den Torheiten der Mode geändert. Das ist eine voralpine, in der Stetigkeit des soliden Vorarlbergers ruhende Lebenshaltung. Solche Geradlinigkeit kontrastiert scharf zum Verhalten von Züriberg Revolutionären, die je nach Wind und Alter den Kurs wechseln.

Dem Rechtschaffenden bleiben Enttäuschungen nicht erspart, sie vermögen ihn aber nicht vom einmal eingeschlagenen Weg abzubringen. So hat Gerhard Schwarz 2006 einen Workshop über Vertrauen moderiert, bei dem Banker, Anwälte und andere Anführer das Vertrauenerweckende ihres Tuns betonten. Als dann das von Greenspan für unmöglich Gehaltene eintrat: „ (...) if a significant number of people violated the trust upon our interactions are based, our economy would be swamped into immobility", war zwar auch Gerhard Schwarz in der Neuen Zürcher Zeitung tief enttäuscht, nicht aber bereit, über das System den Stab zu brechen. Er ist nicht nur schockresistent liberal, sondern in tiefer Verpflichtung optimistisch, sonst wären die vielen Irrwege dieser Welt und der Gesellschaft tatsächlich unerträglich.

Vielleicht braucht Geri darum zur Tröstung manchmal Kaiserschmarren, dann leuchtet das Gesicht im Erleben der Qualität des Überlieferten und solid monarchistisch Autoritären. Gebeichtet werden muss solche Lusterfüllung nicht, ein längerer Fußmarsch vermittelt Absolution.

Karl Popper hat im Laufe seines Lebens manche Meinung geändert und Theorien sterben lassen, so flexibel ist Gerhard Schwarz nicht. Zumindest bei den Genüssen des Leibes aber ist er zu gewissen Zugeständnissen bereit: Seit gut einem Jahrzehnt besuchen Störköchinnen aus dem Bregenzer Wald die Vorarlberger Wohnungen in Zürich und erfüllen die weitere Umgebung mit Duft von gerösteten Zwiebeln und auf Knöpfli erwärmtem heimischen Käse. Manchmal darf dann gar noch Fohrenburger Bier, Most und natürlich immer Suubierer genossen werden. Da finden sich dann die Mitglieder der Diaspora ein, sie zelebrieren die vermisste heimische Labsal sogar in Zürich. Geri besucht jedes dieser konspirativen Treffen, bei solchen Anlässen gerät alles wieder an seinen rechten Platz.

Oswald Oelz – auch im Namen der Vorarlberger Freunde Ernst Fehr, Schurle Rhomberg, Johann Steurer und ihren eingemeindeten Gefährtinnen Eva, Esther, Claudia und Vanessa.

IX.
ANHANG

GERHARD SCHWARZ – ZUR PERSON UND ZUM WERK

Gerhard Schwarz, Jahrgang 1951, geboren und aufgewachsen in Bregenz (Vorarlberg), hat an der Hochschule St. Gallen für Wirtschafts-, Rechts- und Sozialwissenschaften studiert und nach einer mehrjährigen Assistenz bei Prof. Walter Adolf Jöhr sowie längeren Studienaufenthalten in Kolumbien und den USA mit einer Dissertation aus dem Bereich der Entwicklungsländerforschung 1980 zum Dr. oec. promoviert. 1995 absolvierte er das Advanced Management Program der Harvard Business School. Seit 1989 nimmt er an der Universität Zürich einen Lehrauftrag zum Thema „Wirtschaftsordnungen" wahr. Nach einer kürzeren Tätigkeit in einem Liechtensteiner Industriebetrieb trat er 1981 in die Wirtschaftsredaktion der Neuen Zürcher Zeitung ein. Von 1982 bis 1986 war er als Wirtschaftskorrespondent in Paris tätig. Von 1994 bis 2010 war Gerhard Schwarz Leiter der Wirtschaftsredaktion der NZZ, wo er sich vor allem mit Ordnungspolitik, Wirtschaftsethik, Geldpolitik, Konjunkturfragen, Problemen des Strukturwandels und Wirtschaftswissenschaften beschäftigte. Seit 2008 war er zudem stellvertretender Chefredaktor der Neuen Zürcher Zeitung (NZZ). Seit November 2010 ist Gerhard Schwarz Direktor von Avenir Suisse, eines liberalen Schweizer Thinktanks. Schwarz ist Vorsitzender oder Mitglied zahlreicher Stiftungen und Vereine im In- und Ausland, darunter Vorsitzender der Friedrich August von Hayek-Gesellschaft, Berlin, und Vizepräsident der Progress Foundation, Zürich.

In zahlreichen Buchpublikationen beschäftigte sich Gerhard Schwarz (als Autor, Herausgeber oder Mitherausgeber) u. a. mit „Die *soziale Kälte* des Liberalismus – Versuch einer Klärung" (^{3}1997), „Neidökonomie" (2000), „Freedom and Progress" (2001), „Psychologische Grundlagen der Ökonomie" (^{3}2003), „Das Recht auf sich selbst" (2003), „Die Fortschrittsidee und die Marktwirtschaft" (2006), „Lust und Last des Liberalismus" (2006), „Vertrauen – Anker einer freiheitlichen Ordnung" (2007), „Die Idee der Freiheit" (^{2}2008). 1996 wurde er mit dem Ludwig-

Erhard-Preis für Wirtschaftspublizistik ausgezeichnet, 2009 mit dem Preis der Stiftung für Abendländische Ethik und Kultur, 2010 mit dem Goldenen Ehrenzeichen der Republik Österreich. Gerhard Schwarz ist verheiratet und Vater von drei erwachsenen Töchtern. Er lebt in Zürich.

Übersicht der Autoren

Ernst Baltensperger, Prof. Dr., lehrte bis 2009 an der Universität Bern Volkswirtschaftslehre, insbesondere Geldtheorie.

Charles B. Blankart, Prof. Dr., ist emeritierter Professor für öffentliche Finanzen an der Humboldt-Universität zu Berlin

Christoph Blocher, Unternehmer, Vizepräsident der Schweizerischen Volkspartei (SVP), Alt-Bundesrat.

Silvio Borner, Prof. Dr., Professor für Wirtschaft und Politik an der Universität Basel.

Hardy Boullion, Prof. Dr., lehrt an der Universität Trier das Fach Philosophie.

Detmar Doering, Dr., Leiter des Liberalen Instituts der Friedrich-Naumann-Stiftung in Potsdam.

Ernst Fehr, Prof. Dr., ist ordentlicher Professor für Mikroökonomik und Experimentelle Wirtschaftsforschung an der Universität Zürich. Er erhielt 2008 den Marcel-Benoist-Preis.

Bruno S. Frey, Prof. Dr., emeritierter Professor für Wirtschaftswissenschaft an der Universität Zürich.

Beat Gygi ist stellvertretender Leiter der Wirtschaftsredaktion der Neuen Zürcher Zeitung.

Gerd Habermann, Prof. Dr., ist Vorsitzender der Friedrich August von Hayek-Stiftung und Honorarprofessor an der Universität Potsdam.

HANS JÖRG HENNECKE, DR., PD, ist Privatdozent an der Universität Duisburg-Essen.

HANS-OLAF HENKEL, PROF. DR., Manager, ehemaliger Präsident des BDI und der Leibniz-Gemeinschaft, lehrt an der Universität Mannheim am Lehrstuhl Internationales Management.

ERIC HONEGGER, DR. PHIL., Alt-Regierungsrat des Kantons Zürich, Präsident des Europa Institutes an der Universität Zürich, ehemals Präsident des Verwaltungsrates der Neuen Zürcher Zeitung.

KAREN HORN, DR., Wirtschaftsjournalistin, Leiterin des Hauptstadtbüros des IW (Institut der deutschen Wirtschaft Köln).

KONRAD HUMMLER, unbeschränkt haftender Gesellschafter der Bank Wegelin & Co. Privatbankiers, St. Gallen, Präsident der Vereinigung Schweizerischer Privatbankiers.

FRANZ JAEGER, PROF. DR., ist emeritierter Professor für Wirtschaftspolitik an der Universität St. Gallen.

ANTHONY DE JASAY, ehemaliger Banker, freier Schriftsteller und liberaler Sozialphilosoph.

NECLA KELEK, DR., freie Autorin, ständiges Mitglied der von der Bundesregierung berufenen Deutschen Islam Konferenz.

VÁCLAV KLAUS, Präsident der Tschechischen Republik, Politiker (ODS) und Wirtschaftswissenschafter.

ROGER KÖPPEL, Verleger und Chefredakteur des Schweizer Wochenmagazins Die Weltwoche.

OTTO GRAF LAMBSDORFF, DR., war ein bekannter FDP-Politiker in verschiedenen Funktionen, verstorben 2009.

Übersicht der Autoren

ERBPRINZ ALOIS VON UND ZU LIECHTENSTEIN, Stellvertreter des Fürsten von Liechtenstein.

ROBERT NEF, Präsident des Stiftungsrats des Liberalen Instituts, Zürich, und Mitherausgeber der Schweizer Monatshefte.

OSWALD OELZ, PROF. DR., war Chefarzt der Medizinischen Klinik des Triemlispitals, Zürich, heute freier Autor, Schafzüchter und Bergsteiger.

PETER RUCH ist evangelischer Pfarrer und sozialphilosophischer Schriftsteller.

KLAUS-WERNER SCHATZ, PROF. DR., war Leiter der Grundsatzabteilung des Bundesministeriums für Wirtschaft und Honorarprofessor an der Freien Universität Berlin.

URS SCHÖTTLI, Journalist, Korrespondent der Neuen Zürcher Zeitung (NZZ) in Hongkong, Tokio und Peking.

ALFRED SCHÜLLER, PROF. DR., zuletzt Professor für Ordnungstheorie und Wirtschaftspolitik an der Philipps-Universität Marburg, ist Mitherausgeber der Zeitschrift „ORDO".

THOMAS STRAUBHAAR, PROF. DR., ist Professor für Volkswirtschaftslehre an der Universität Hamburg und Direktor des Hamburgischen Welt-WirtschaftsInstituts (HWWI).

MARCEL STUDER, DR., ist Präsident der Progress Foundation Zürich, Gründer und Mehrheitsaktionär der Treuco AG, Zürich, und Honorarkonsul der Republik Irland.

VIKTOR J. VANBERG, PROF. DR., war bis 2009 Inhaber des Lehrstuhls für Wirtschaftspolitik an der Universität Freiburg und bis 2010 Direktor des Walter Eucken Instituts.

ROLAND VAUBEL, PROF. DR., ist Inhaber des Lehrstuhls für Volkswirtschaftslehre an der Universität Mannheim.

ERICH WEEDE, PROF. DR., Soziologe und politischer Ökonom, ehemals Rheinische Friedrich-Wilhelms-Universität Bonn.

Die Liberale Bibliothek — OLZOG Verlag

Michael von Prollius
Die Pervertierung der Marktwirtschaft
Der Weg in die Staatswirtschaft und zurück zur Sozialen Marktwirtschaft
224 Seiten, Hardcover
€ 22,90
ISBN: 978-3-7892-8314-7

Angesichts des Versagens herkömmlicher Wohlfahrtspolitik mit wachsenden Massen enttäuschter und geprellter Bürger ist es Zeit, dem vorherrschenden wirtschaftspolitischen Schwindel entgegenzutreten.

Detmar Doering
Traktat über Freiheit
288 Seiten, Hardcover
€ 24,90
ISBN: 978-3-7892-8310-9

»Die Menschen haben stets zu Millionen und Abermillionen die Flucht vor dem vermeintlichen Utopia hin zur größeren und realen Freiheit oder zumindest den mit ihr verbundenen Vorteilen bevorzugt.«

Robert Nozick
Anarchie – Staat – Utopia
Neuauflage 2010, 480 Seiten, Hardcover
€ 29,90
ISBN: 978-3-7892-8099-3

in neuer Ausstattung

Mit zwingender Logik und gedanklicher Tiefe legte der Autor schon 1974 dar, welcher Illusion unsere Gesellschaft erliegt, wenn sie dem Staat immer mehr soziale Aufgaben aufbürdet.

Friedrich A. von Hayek
Der Weg zur Knechtschaft
335 Seiten, Hardcover
€ 39,00
ISBN: 978-3-7892-8262-1

Das Kultbuch des renommierten Nationalökonomen und bekennenden Neoliberalen. Pflichtlektüre für alle Anhänger der freien Marktwirtschaft.

Ludwig von Mises
Vom Wert der besseren Ideen
Sechs Vorlesungen über Wirtschaft und Politik
144 Seiten, Hardcover
€ 19,90
ISBN: 978-3-7892-8266-9

»Wie klar und eindeutig sich doch die Mises'schen Grundgedanken in diesem Buch abzeichnen – jene Ideen über Wirtschaft und Gesellschaft, die ihm die Bewunderung seiner Anhänger und die Feindseligkeit seiner Gegner eintrugen ...« *Fritz Machlup, Princeton 1979*

Henry Hazlitt
Economics!
Über Wirtschaft und Misswirtschaft
256 Seiten, Hardcover
€ 24,90
ISBN: 978-3-7892-8311-6

Eine überzeugende, scharfsinnige und für jedermann verständliche Analyse der verhängnisvollen Auswirkungen der wirtschaftspolitischen Irrtümer in der Gegenwart. Ein Klassiker von 1946.

OLZOG Verlag GmbH, Welserstraße 1, 81373 München, www.olzog.de